俄 国 史 译 丛 · 历 史 与 文 化
Серия переводов книг по истории России

Россия

Методы исторического исследования

俄国史译丛·历史与文化
СЕРИЯ ПЕРЕВОДОВ КНИГ ПО ИСТОРИИ РОССИИ

张广翔 赵子恒/译
［俄］И.Д.科瓦利琴科/著
Иван Дмитриевич Ковальченко

历史研究方法
Методы исторического исследования

社会科学文献出版社
SOCIAL SCIENCES ACADEMIC PRESS (CHINA)

Методы исторического исследования / И. Д. Ковальченко ;
Рос. акад. наук. Отделение историко-филологических наук.
2-е. изд., доп. -М.: Наука, 2003.

本书根据俄罗斯科学出版社 2003 年版本译出

本书获得教育部人文社会科学重点研究基地
吉林大学东北亚研究中心资助出版

俄国史译丛编委会

主　编　张广翔
副主编　卡尔波夫（С. П. Карпов）　钟建平　许金秋
委　员　彼得罗夫（Ю. А. Петров）　鲍罗德金（Л. И. Бородкин）
　　　　　姚　海　黄立茀　鲍里索夫（Н. С. Борисов）
　　　　　张盛发　戈里科夫（А. Г. Голиков）
　　　　　科兹罗娃（Н. В. Козлова）李牧群　戴桂菊

著者简介

伊万·德米特里耶维奇·科瓦利琴科（Иван Дмитриевич Ковальченко，1923－1995），历史学博士，苏联科学院院士、莫斯科大学功勋教授，苏联计量经济史学派奠基人之一。1969~1988年任《苏联历史》主编。20世纪70年代初，科瓦利琴科在莫斯科大学组建了使用定量方法和计算机的历史教研组，参与编写相关教科书、论文集，倡导在历史学、史料学、考古学等领域使用计量方法、数学方法和计算机，率先将西方计量史学的研究成果介绍至苏联。主要研究方向为19~20世纪俄国社会经济史、计量经济史、史料学、史学理论。代表作品有：《19世纪上半叶梁赞省和坦波夫省的农民与农奴制经济》（1959）、《19世纪上半叶的俄国农奴》（1967）、《苏联史史料学》（1973）、《18~20世纪初的全俄农业市场：定量分析的经验》（1974）、《资本主义时代欧俄地区的地主经济的社会经济结构：史料与研究方法》（1982）、《历史研究方法》（1987）。

译者简介

张广翔 历史学博士,吉林大学东北亚研究院、吉林大学东北亚研究中心教授,博士生导师。

赵子恒 吉林大学东北亚研究院硕士研究生。

总　序

我们之所以组织翻译这套"俄国史译丛",一是由于我们长期从事俄国史研究,深感国内俄国史方面的研究严重滞后,远远满足不了国内学界的需要,而且国内学者翻译俄罗斯史学家的相关著述过少,不利于我们了解、吸纳和借鉴俄罗斯学者有代表性的成果。有选择地翻译数十册俄国史方面的著作,既是我们深入学习和理解俄国史的过程,也是鞭策我们不断进取的过程,培养人才和锻炼队伍的过程,还是为国内俄国史研究添砖加瓦的过程。

二是由于吉林大学俄国史研究团队(以下简称"我们团队")与俄罗斯史学家的交往十分密切,团队成员都有赴俄进修或攻读学位的机会,每年都有多人次赴俄参加学术会议,每年请2~3位俄罗斯史学家来校讲学。我们与莫斯科大学历史系,俄罗斯科学院俄国史研究所、世界史所、圣彼得堡历史所、乌拉尔分院历史与考古所等单位学术联系频繁,有能力、有机会与俄学者交流译书之事,能最大限度地得到俄同行的理解和支持。以前我们翻译鲍里斯·尼古拉耶维奇·米罗诺夫的著作时就得到了其真诚帮助,此次又得到了莫大历史系的大力支持,而这是我们顺利无偿取得系列书的外文版权的重要条件。舍此,"俄国史译丛"工作无从谈起。

三是由于我们团队得到了吉林大学校长李元元、党委书记杨振斌、学校职能部门和东北亚研究院的鼎力支持和帮助。2015年5月5日李元元校长访问莫大期间,与莫大校长萨多夫尼奇(В. А. Садовничий)院士,俄罗斯科学院院士、莫大历史系主任卡尔波夫教授,莫大历史系副主任鲍罗德金教授等就加强两校学术合作与交流达成重要共识，李元元校长明确表示吉林大学将大力支持俄国史研究，为我方翻译莫大学者的著作提供充足的经费支持。萨多夫尼奇校长非常欣赏吉林大学的举措，责成莫大历史系全力配合我方的相关工作。吉林大学主管文科科研的副校长吴振武教授，社科处霍志刚处长非常重视我们团队与莫大历史系的合作，2015年尽管经费很紧张，还是为我们提供了一定的科研经费。2016年又为我们提供了一定经费。这一经费支持将持续若干年。

我们团队所在的东北亚研究院建院伊始，就尽一切可能扶持我们团队的发展。现任院长于潇教授自上任以来的3年时间里，一直关怀、鼓励和帮助我们团队，一直鼓励我们不仅要立足国内，而且要不断与俄罗斯同行开展各种合作与交流，不断扩大我们团队在国内外的影响。在2015年我们团队与莫大历史系新一轮合作中，于潇院长积极帮助我们协调校内有关职能部门，与我们一起起草吉林大学东北亚研究院与莫斯科大学历史系合作方案（2015~2020年），获得了学校的支持。2015年11月16日，于潇院长与来访的莫大历史系主任卡尔波夫院士签署了《吉林大学东北亚研究院与莫斯科大学历史系合作方案（2015~2020年）》，两校学术合作与交流进入了新阶段，其中，我们团队拟4年内翻译莫大学者30种左右学术著作的工作正式启动。学校职能部门和东北亚研究院的大力支持是我们团队翻译出版"俄国史译丛"的根本保障。于潇院长为我们团队补充人员和提供一定的经费使我们更有信心完成上述任务。

2016年7月5日，吉林大学党委书记杨振斌教授率团参加在莫斯科大学举办的中俄大学校长峰会，于潇院长和张广翔等随团参加，会议期间，杨振斌书记与莫大校长萨多夫尼奇院士签署了吉林大学与莫大共建历史学中心的协议。会后莫大历史系学术委员会主任卡尔波夫院士、莫大历史系主任杜奇科夫（И. И. Тучков）教授（2015年11月底任莫大历史系主任）、莫大历史系副主任鲍罗德金教授陪同杨振斌书记一行拜访了莫大校长萨多夫尼奇院士，双方围绕共建历史学中心进行了深入的探讨，有力地助推了我们团队翻译莫大历史系学者学术著作一事。

四是由于我们团队同莫大历史系长期的学术联系。我们团队与莫大历史系交往渊源很深，李春隆教授、崔志宏副教授于莫大历史系攻读了副博士学位，张广翔教授、雷丽平教授和杨翠红教授在莫大历史系进修，其中张广翔教授三度在该系进修，与该系鲍维金教授、费多罗夫教授、卡尔波夫院士、米洛夫院士、库库什金院士、鲍罗德金教授、谢伦斯卡雅教授、伊兹梅斯杰耶娃教授、戈里科夫教授、科什曼教授等结下了深厚的友谊。莫大历史系为我们团队的成长倾注了大量的心血。卡尔波夫院士、米洛夫院士、鲍罗德金教授、谢伦斯卡雅教授、伊兹梅斯杰耶娃教授、科什曼教授和戈尔斯科娃副教授前来我校讲授俄国史专题，开阔了我们团队及俄国史方向硕士研究生和博士研究生的视野。卡尔波夫院士、米洛夫院士和鲍罗德金教授被我校聘为名誉教授，他们经常为我们团队的发展献计献策。莫大历史系的学者还经常向我们馈赠俄国史方面的著作。正是由于双方有这样的合作基础，在选择翻译的书目方面，才很容易沟通。尤其是双方商定拟翻译的30种左右的莫大历史系学者著作，需要无偿转让版权，在这方面，莫大历史系从系主任到所涉及的作者，克服一切困难帮助我们解决关键问题。

五是由于我们团队有一支年富力强的队伍，既懂俄语，又有俄国史方面的基础，进取心强，甘于坐冷板凳。学校层面和学院层面一直重视俄国史研究团队的建设，一直注意及时吸纳新生力量，使我们团队人员年龄结构合理，后备有人，有效避免了俄国史研究队伍青黄不接、后继无人的问题。我们在培养后备人才方面颇有心得，严格要求俄国史方向的硕士研究生和博士研究生，以阅读和翻译俄国史专业书籍为必修课，硕士学位论文和博士学位论文必须以使用俄文文献为主，研究生从一入学就加强这方面的训练，效果很好：培养了一批俄语非常好、专业基础扎实、后劲足、崭露头角的好苗子。我们组织力量翻译了米罗诺夫所著的《俄国社会史》《帝俄时代生活史》，以及在中文刊物上发表了70多篇俄罗斯学者论文的译文，这些都为我们承担"俄国史译丛"的翻译工作积累了宝贵的经验，锻炼了队伍。

译者队伍长期共事，彼此熟悉，容易合作，便于商量和沟通。我们深知高质量地翻译这些著作绝非易事，需要认真再认真，反复斟酌，不得有半点的马虎和粗心大意。我们翻译的这些俄国史著作，既有俄国经济史、社会史、城市史、政治史，也有文化史和史学理论，以专题研究为主，覆盖的问题方方面面，有很多我们不懂的问题，需要潜心翻译。我们的翻译团队将定期碰头，利用群体的智慧解决共同面对的问题、单个人所无法解决的问题，以及人名、地名、术语统一的问题。更为重要的是，译者将分别与相关作者直接联系，经常就各自遇到的问题用电子邮件向作者请教，我们还将根据翻译进度，有计划地邀请部分作者来我校共商译书过程中遇到的各种问题，尽可能地减少遗憾。

我们翻译"俄国史译丛"能够顺利进行，离不开吉林大学校领导、社科处和国际合作与交流处、东北亚研究院领导的坚定支持和可靠后援；莫大历史系上下共襄此举，化解了很多合作路上的难题，将此举视为我们共同的事业；社会科学文献出版社的恽薇、高雁等相关人员将此举视为我们共同的任务，尽可能地替我们着想，我们之间的合作将更为愉快、更有成效。我们唯有竭尽全力将"俄国史译丛"视为学术生命，像爱护眼睛一样呵护它、珍惜它，这项工作才有可能做好，才无愧于各方的信任和期待，才能为中国的俄国史研究的进步添砖加瓦。

上述所言与诸位译者共勉。

吉林大学东北亚研究院、东北亚研究中心
张广翔
2016 年 7 月 22 日

前　言

在现代社会发展中，科学发挥着巨大的作用——这已经是人尽皆知的事情了。当前，科学已经成为一种直接的生产力。总有人认为，只有自然科学和技术科学，才能够被称作"直接生产力"，但事实并非如此：无论何种科学，都可以被转化为直接生产力。如果不充分利用社会科学、人文科学的研究成果，无论是社会精神生产（社会人文科学是社会精神生产的基础），还是社会物质生产，都不可能得到充分发展。

当前，物质与精神在社会实践中的联系日益密切，我们越来越需要全面地解释社会提出的各种命题。除此之外，各学科融合的趋势越发明显，自然技术科学与社会人文科学之间的界限逐渐淡化。现代科学的发展证实了马克思的预言，在科学发展的过程中，"自然科学往后将包括关于人的科学，正像关于人的科学包括自然科学一样，这将是一门科学"，① 而这门统一的科学，将以历史主义（историзм）为底色。总之，必须对科学发展的现状抱有充分的认识——这无论是对于理解科学发展的总体趋势，还是对于解决某一学科所面临的问题而言，都是必不可少的。

从古至今，历史学一直是社会科学的重要组成部分。作为一门最为广阔的社会人文学科，历史学具有重要的社会功能。在社会主义社会，随着历史方法对其他社会人文科学的影响越来越大，历史知识的重要性与日俱增。当前，许多经济学、社会学、政治学、人口学问题，一旦离开了历史

---

① Маркс К., Энгельс Ф. Соч. 2 - е изд. Т. 42. С. 124.

分析的研究方法，将完全无法解决，这更加彰显了历史学的重要性。

对于任何一个学科来说，本学科的认知能否得到深化，社会实践的需要能否进一步得到满足，该学科自身发展所面临的问题能否得到解决，都是由多种因素共同决定的。可以说，科学发展的"基础设施"非常重要。所谓基础设施，一方面，指的是"是否具备一定的研究基础""是否拥有资质合格的研究者""是否具有进行研究的物质条件""研究的各个环节是否完备""是否具有将科学研究的成果运用到实践中去的条件"等；另一方面，则指的是研究过程本身的情况。科学发展已经证明，对于研究过程本身的状况而言，起决定性作用的是科学认知的理论和方法论。不过，具体来说，能够挖掘理论、方法论潜质的，推动认知向前发展的，使获得对研究对象的新认识成为可能的直接因素，是科学研究的方法。

众所周知，一切科学认知过程都由三个构成要素组成：认知客体（объект познания）、认知主体（субъект познания）和认知方法（метод познания）。借助一定的认知方法，认知主体获得了对认知客体的认识。很明显，新认识的数量和深度，取决于选用的认知方法有没有得到有效应用。当然，无论何种认知方法，都存在被正确使用或被误用的可能，也就是说，单凭认知方法，无法保证一定能够获得新认识；但是，如果不遵循一定的认知方法，就不可能获得认识。因此，检验科学发展水平的重要依据，就在于研究方法的多样性及其在认知方面的有效性。

研究方法（метод исследования）是推动科学向前发展的关键。研究方法对科学的意义是永恒的。随着新的研究方法不断产生，或许新方法的研究效率会更高，或许研究会逐渐侧重于使用新方法，但这些都不会抹杀旧方法存在的意义。因此，不同于某些具体的科学事实以及某些关于认知客体内容的概念，研究方法最大的特点就在于它的"持久性"：它不会随着时代的发展而被迅速淘汰。

鉴于研究方法在科学认知中的特殊作用，来自各个领域的学者们都对研究方法的作用给予了高度评价。相关例证实在不胜枚举，笔者在此仅举两个例子。

前言

恩格斯在评价马克思在政治经济学领域的贡献时写道："马克思对于政治经济学的批判就是以这个方法作基础的，这个方法的制定，在我们看来是一个其意义不亚于唯物主义基本观点的成果。"① 在这段话中，恩格斯强调的是从抽象上升到具体的方法的作用。

К. А. 季米里亚泽夫指出："科学史的研究者们必须时刻反思：自己有没有创制新的研究方法？有没有对新方法予以正确使用？有时，在认识的发展过程中，新的研究方法所起到的作用，甚至不亚于新观念、新理论。"②

虽然我一直在强调研究方法的重要性，但是，在科学认知的过程中起决定作用的，仍然是理论和方法论——理论是创制研究方法的基础，而方法论（以及逻辑学）则是总结、概括研究方法的工具。

20世纪下半叶，科学发展的速度前所未有，科学发展的成果举世瞩目，这主要是因为研究方法得到了更新、改进。众所周知，科学研究已越来越多地使用计量方法、数学方法等研究方法以及电子计算机等研究工具。科学研究想要朝着深层次、复杂化的方向发展，必须仰赖研究方法的更新和研究工具的改进——这是提高一切科学研究的质量和有效性的最重要的途径。历史研究自然也不例外。

总之，科学研究方法的重要性与日俱增，复杂程度有加无已，我们需要对其予以特别关注。为此，甚至出现了一个独立的学科，专门研究科学研究的方法论问题。同时，上述情况也迫使专家学者必须充分掌握各自研究领域内的各种研究方法，并在研究中对其进行妥善利用。因此，有人认为："在现在这个时代，只有那些受过良好教育的人，才能成功地进行科学研究。他们的智慧是我们这个民族最宝贵的财富。"③ 很明显，这里的"教育"，不仅指学校教育，更指的是研究者在研究实践中自主学习。因此，我们不仅需要不断创制新的研究方法，并将其引入科学研究的实践中去，还

---

① Маркс К., Энгельс Ф. Соч. 2-е изд. Т. 13. С. 497.
② Тимирязев К. А. Соч. М., 1939. Т. VIII. С. 73.
③ Сачков Ю. В. Научный метод: вопросы его структуры // Вопросы философии. 1983. №2. С. 41.

需要提高科研工作者在宏观方法论以及具体研究方法方面的造诣。为此，我们必须面向科学研究的实践，充分研究科学认知的宏观理论、方法论，总结、概括针对具体学科的科学研究方法。对于历史学而言，这显得尤为重要，遗憾的是，相对于研究其他领域（无论是自然技术科学，还是社会人文科学）的专家学者，历史学家往往更疏于关注这些重要问题，也不太注重相关经验的积累。

因此，我试图阐释一些与历史研究方法论有关且具有一定普遍性的问题。这也正是本书的主旨所在。

***

科学认知是一种最为复杂的精神活动。但迄今为止，科学认知的规律和机制，无论是对于构成具体科学研究各个环节的逻辑顺序、相互关系，还是对于影响科学认知过程的各种因素（如个人因素、社会因素），都没有得到充分的研究。在这种情况下，我们显然很难在具体学科的层面上，对科学认知过程的特点做出阐释。哪怕只是总结已知的特点，都不是一件简单的事。

不过，在具体科学中，研究具有多样的层面（如认识论层面、方法论层面、逻辑—方法论层面、社会应用层面等）和不同的层次（如具体问题层次、哲学层次等）。由于本书旨在探讨历史研究的方法，因此，我将主要基于方法论层面进行阐述。不过，鉴于科学研究的方法论问题与理论问题密切相关，因此我在对理论问题进行阐释时，难免受到一定的影响。

无论是哪一门学科，其研究方法都是数量众多且特点各异的。历史学自然也是如此。因此，往往很难对某一学科内部的所有研究方法全部做到充分表征。所以，应当先去研究那些适用于历史研究各个领域的一般方法。如此，不仅能够促进各种研究方法的发展，还能以此为基础，进一步研究那些能够涵盖历史发展的各个方面、各类现象和过程的研究方法。不过，后者应该由那些专门研究历史学内部各个方向的专业学者来完成。

想要明确历史研究方法的一般特征，一方面，要充分了解历史认知的各类客体以及与之相关的各种研究方法的特点；另一方面，要充分掌握一般科学方法、一般认知方法的特点，明确科学认知所固有的原则、要求和规范。

在本书的第二部分，我论述了计量方法在历史研究中的应用。计量方法、数学方法以及电子计算机彻底改变了当代科学的面貌，是当前科学研究最有效的研究方法和研究工具。因此，有必要对其加以特别关注。未来科学的发展，必然建立在上述三者更加充分、更加广泛的应用上。计量方法、数学方法和电子计算机不仅适用于自然科学和技术科学，对于社会科学和人文科学（当然包括历史学）来说，它们同样有自己的用武之地。不过，在人文科学研究中，计量方法的使用要求更高、更严。想要成功使用计量方法，需要首先解决一些具体的方法论问题，并且在使用时，需要严格遵守一系列要求、规范。

本书在阐释理论、方法论问题时，援引了大量具体的历史例证。示例的价值不在于时间、空间上的多样性，追求"古今俱备，遐迩咸集"没有必要，关键是示例的含义必须足够清晰、直观，能够充分证明要论述的问题。因此，书中几乎所有的例子都来自我主要研究的俄国史①领域。

之所以研究关于科学认知的理论、方法论以及历史研究的方法论问题，自然是为了昭示马克思主义对于上述问题的解答方案。但是，一些不信奉马克思主义的学者，对上述问题也有自己的解答。他们的研究与苏联学者大相径庭：有人从非马克思主义的立场来解释，但更多的则是不遗余力地从反马克思主义的立场来进行研究。本书不对这些观点进行具体批判，但我提请读者注意这些观点与马克思主义的差异性，或者说它们的局限性。

通过论述历史研究的方法论和具体研究方法，笔者希望能够推动历史学家更加自觉地掌握、使用历史学科的研究方法。如今，全社会对历史学

---

① 这里指的是与其他国别史相对应的"俄国史"，而非我国习称的、专指 1917 年以前的"俄国史"。——译者注

的要求不断增加，历史研究自身也日益复杂，充分掌握、正确使用历史学的研究方法，对于提高历史学的研究质量、研究效果都是必要的。很明显，这对于那些刚刚进入历史研究大门的青年历史学者来说格外重要。毕竟，一名富有经验的研究者，必须能够全面认识全新的研究对象，必须能够充分运用科学认知的最新研究成果。只有在长期的、反复的科学研究的实践中，才能掌握科学研究的方法、技能。俗话说"要学会游泳，就必须先下水"，这是完全正确的。当然，有时候即使我们不通水性，不习泳技，也能以某种方式在水中四处移动，但若想成为一名出色的游泳运动员，必须了解水的特性和掌握游泳的技能。总而言之，必须在历史研究的实践中，实现理论与实践的统一，否则一切皆是空谈。

我对莫斯科大学历史系苏联史史料学教研室及苏联历史编纂学教研室的同事深表感谢，感谢他们对本书给予的宝贵建议。没有这些学术同人的帮助，就没有本书的问世。

目 录

第一部分 历史研究的宏观方法论问题与具体方法

引 言 ·· 5

第一章 理论、方法论在科学认知中的主导作用 ····················· 10
  第一节 理论——科学知识的表现形式 ····························· 12
  第二节 科学研究中的方法与方法论 ································ 26

第二章 历史学在科学体系中的地位、历史认知的客体及历史认知
  方法的特点 ·· 44
  第一节 历史学在人文社会科学体系中的地位 ··················· 45
  第二节 主观与客观、可能与现实、历史发展的未然性问题
     ·· 66
  第三节 过去作为认知客体的特点及其在历史研究中的表现
     ·· 99

第三章 史料与史实 ·· 115
  第一节 信息学视角下的史料 ··· 115
  第二节 史实：基本方法论问题 ······································ 138

第四章 历史研究方法 ··· 150
  第一节 一般科学方法及其在历史研究中的地位 ··············· 153

第二节　历史研究的基本方法 …………………………… 184
　　第三节　概念与范畴在历史研究中的作用 ………………… 213

第五章　历史研究的结构与层次 …………………………………… 227
　　第一节　设定研究任务 ……………………………………… 227
　　第二节　对历史现实的重构及经验认识 …………………… 239
　　第三节　对历史认识的解释及理论认识 …………………… 252

第六章　历史认知的主观与客观 …………………………………… 263
　　第一节　主观社会因素：党性原则与客观性原则 ………… 265
　　第二节　历史研究中的主观个体因素 ……………………… 274
　　第三节　历史认识的真理性 ………………………………… 282

第二部分　历史研究中的计量方法

引　言 …………………………………………………………………… 309

第七章　计量方法在历史研究中的地位 …………………………… 322
　　第一节　科学研究的数学化及其在历史研究中的应用 …… 323
　　第二节　计量方法在历史研究中的地位 …………………… 336

第八章　对历史现象的形式化与量化 ……………………………… 354
　　第一节　对社会现象进行形式化和量化的一般问题 ……… 355
　　第二节　计量历史现象时的特点 …………………………… 365

第九章　构建历史现象、历史过程的模型 ………………………… 386
　　第一节　模拟的目的、阶段以及模型的分类 ……………… 388
　　第二节　历史现象、历史过程的结构测量模型 …………… 397
　　第三节　历史研究中的仿造模拟 …………………………… 436
　　第四节　历史研究中的多维类型学 ………………………… 447

不仅探讨的结果应当是合乎真理的,
而且得出结果的途径也应当是合乎真理的。
对真理的探讨本身应当是真实的。①

——卡尔·马克思

---

① Маркс К., Энгельс Ф. Соч. 2 - е изд. Т. 1. С. 7.

第一部分

历史研究的宏观方法论问题与具体方法

引 言

本书第一部分旨在介绍历史研究的宏观方法论问题与历史研究的基本方法。无论何种历史现象，在研究时，历史学家总要基于一定的基本原则、研究路径和研究方法。在下文，笔者将首先阐释历史认知的客体的基本特点以及相应的历史认知方法；其次，笔者将明确一般科学方法在历史研究中的地位及其使用特点。

在阐述上述问题时，笔者既借鉴了苏联历史学家针对具体问题的研究成果，同时也参考了相关学者探讨科学认知（научное познание）问题的理论著作。理论著作可分为以下两类：一类是关于各类科学认知问题的宏观性、概括性著作（其中也包括研究社会科学理论、研究方法论的著述）；另一类则是专门探讨历史认知和历史研究的理论、方法论问题的著作。

探讨科学认知问题的著作内容包罗万象且充满深厚哲理。不过，这类著作往往并不涉及历史认知。但尽管如此，如果我们在研究中未能充分吸收这类研究的研究成果，就无法提炼出科学认知的基本原则、研究路径和研究方法。笔者的任务并不是对现有的研究成果进行分析、评判——那毕竟是哲学家要做的事情。但是，考虑到这些著作目前已经成为，除了马克思、恩格斯和列宁的著作之外，在阐述宏观理论、方法论问题和历史研究方法时最基础的研究成果，笔者不得不接受这一艰巨而又关键的任务——对上述研究进行评析。

但问题是，在很多（甚至可以说是压倒性多数）科学认知理论、方法论问题上，苏联哲学家往往各抒己见，没有形成统一的观点。虽然大家都坚持用辩证唯物主义来统摄自己的研究，但各方的观点仍存在分歧，这一方面体现了上述问题的复杂程度；在另一方面，又能看出相关学者在各自研究中的创造性、积极性。而对于那些不从事哲学研究的学者，他们面临的困难是，必须从现有的各种观点中做出选择，选出一种足够有根据的观点，对其进行概括和总结，以便作者本人的观点能够被明确地表达出来，并进而在研究中一贯地坚持下去。那么，该如何从林林总总的观点中做出选择？该如何对观点进行某种补充、调整？选择和调整的依据，就是历史研究的实践。当然，这也并不是放之四海而皆准的，历史研究的实践无法对一切哲学解释做出完全如实的判断。但对于历史学家而言，历史研究的实践就是上面两个问题的判断依据，因为"通过历史研究的实践来检验研究对象"——这符合辩证唯物主义的观点，因此，这是一种客观的判断依据。

任何一个哲学家，都可以对科学认知的宏观方法论问题提出这样或那样的理解，笔者对此十分清楚。本书第一章就属于这种情况。第一章是本书的理论导论部分，简明扼要地归纳、总结了苏联哲学家对科学认知的宏观理论、方法论问题的研究成果。或许有人会认为，这样的概论似乎是冗余的，完全没有必要存在。但实际上，理论导论对历史学家而言可谓大有裨益：理论导论不仅将科学认知的理论、方法论纳入了历史学的基本研究范畴，而且使之成为史学理论、历史概念的一部分。

有关历史学理论、方法论问题的著作虽然林林总总，① 但都要么旨在描述作为认知活动的一种形式的历史认知（историческое познание），要么重在揭示历史研究（историческое исследование）的原则和方法。第一类著作一般侧重于理论阐释，历史研究的实践反倒占据次要地位。② 这类

---

① 参见 Баряз В. Н., Астапова Д. Д. Философско‐методологические вопросы исторической науки. Основная советская литература. М., 1981; Уваров А. И. Философские и методологические проблемы исторического познания. М., 1982（обзор литературы за 1971–1981 гг.）.

② 可参见 Философские проблемы исторической науки. М., 1969; Ирибаджаков Н. Клио перед судом буржуазной философии. М., 1972; Уваров А. И. Гносеологический анализ теории в исторической науке. Калинин, 1973; Дьяконов В. А. Методология истории в（转下页注）

著作揭示了历史认知的特点，历史认知的发展阶段、发展规律，历史认知在整个科学认知体系中的地位，历史知识（историческое знание）的社会功能等问题。这类研究虽不涉及具体的研究方法，但毫无疑问，它们有助于提高历史研究的水平，使历史研究更具针对性，最终获得更佳的研究效果。

第二类著作旨在阐述与历史研究直接相关的理论、方法论问题。① 不过应该指出的是，这类著作和前一类著作相比往往区别不大，因为这类著作所探讨的问题具有很强的认识论性质，而并非直接指向历史研究的具体实践。不过，相较于第一类著述，这类著作更加"贴近"历史学家。特别是，如果能做到将对历史研究中一些宏观问题的阐释同对具体历史现象或过程的分析结合起来，那么对历史学家而言，这样的研究，其学术价值最为深远。М. А. 巴尔格的著作《历史学的范畴和方法》堪称这方面的典范。该书具体地、历史地阐述了封建所有制的性质、封建制度解体的过程，对16~18世纪的资产阶级革命进行了比较研究；并在此基础上，对历史学中一系列重要的范畴与研究方法进行了具体而深入的诠释。

随着学者们对历史研究的理论、方法论问题越发关注，历史研究的范

（接上页注②）прошлом и настоящем. М., 1974；Скворцов Л. В. История и антиистория. М., 1976；Могильницкий Б. Г. О природе исторического познания. Томск, 1978；Лооне Э. Современная философия истории. Таллин, 1980；Иванов Г. М., Коршунов А. М., Петров Ю. В. Методологические проблемы исторического познания. М., 1981；Келле В. Ж., Ковальзон М. Я. Теория и история. М., 1981；Жуков Е. М. Очерки методологии истории. М., 1981；Ракитов А. И. Историческое познание. Системно - гносеологический подход. М., 1982；Коршунов А. М., Шаповалов В. Ф. Творчество и отражение в историческом познании. М., 1984；Иванов В. В. Методология исторической науки. М., 1985；等等。

① 可参见 Грушин Б. А. Очерки логики исторического исследования. М., 1961；Ерофеев Н. А. Что такое история. М, 1976；Косолапов В. В. Методология и логика исторического исследования. Киев, 1977；Жуков Е. М, Барг М. А, Черняк Е. Б., Павлов В. И. Теоретические проблемы всемирно - исторического процесса. М, 1979；Маслов Н. Н. Марксистско - ленинские методы исторического исследования. М, 1983；Барг М. А. Категории и методы исторической науки. М., 1984。另外，托木斯克国立大学出版的"历史科学的方法论和历史编纂学问题"系列丛书对历史研究方法论着墨甚多。

围也越发扩大。① 科学研究的一体化趋势日趋明显，在社会科学领域内，比较历史研究和综合研究日益兴盛。为此，需要提炼专门针对社会科学领域的方法论和研究原则。在这方面比较早的探索莫过于Д. Ф. 马尔科夫的专著《社会科学中的比较历史研究与综合研究》。② 在该书中，马尔科夫对社会主义国家的文学现象、历史文化现象进行了分析。该书凭借其对方法论问题的精彩论述，引起了历史学家的极大兴趣。

时至今日，除了相关研究专著之外，还涌现出了一批围绕历史研究的理论、方法论和具体研究方法的历史专业教科书、教学参考书。③

总之，无论是宏观的科学认知领域，还是历史认知、历史研究领域，都存在着大量著述（哲学类居多）。不过，由于这些著作数量庞大、哲学性和专业性较强，想要将相关研究成果运用到历史研究的实践中，还是颇有难度的。但是，出于历史研究的需要，我们有必要将相关研究成果系统化。除此之外，事实上，任何一部探讨历史研究理论、方法论的著作（更不要说那些讨论宏观的科学认知的著作了），在某种程度上都包含着某些历史研究需要解决的基本问题。至于其中或多或少地存在某些哲学倾向，其实非常正常，并没有什么可奇怪的。

在本书第一部分，笔者试图从历史研究的具体实践入手，概括现有的研究成果，对科学认知的方法论加以系统化。请注意，虽然笔者的工作面向研究实践，但这并不意味着笔者将从纯粹的实用主义层面阐释上述问题。

---

① 可参见 Марксистско-ленинская методология военной истории: Сб. статей. М., 1973; 2-е изд. М., 1976; Варшавчик М. А., Спирин Л. М. О научных основах изучения истории КПСС. М., 1978; Он же. Теория, методология и методика исследований по истории КПСС. М., 1982; Пронштейн А. П. Методика исторического источниковедения. Ростов н/Д, 1976; Фарсобин В. В. Источниковедение и его метод. М., 1983; 等等。

② 参见 Марков Д. Ф. Сравнительно-исторические и комплексные исследования в общественных науках. М., 1983。

③ 可参见 Петряев К. Д. Вопросы методологии исторической науки. Киев, 1976; Дебров Л. А. Введение в изучение истории. Саратов, 1978; Котов В. Н. Введение в изучение истории. Киев, 1982; Санцевич А. В. Методика исторического исследования. Киев, 1984; 等等。

想要将对科学认知问题的哲学探讨贯彻到历史研究的具体实践中，只通过二者的"表面接触"，无异于雾里看花、水中望月，是绝对不可能实现的。当然，二者的接触仍极为必要。但总的来说，历史研究的理论、方法论水平仍需提高（在某些方面甚至需要大幅提高）。在当前的理论、方法论水平下，历史学家往往对哲学知识缺乏关注。因此，在尽量清晰、简明地阐述理论、方法论问题的同时，笔者也尽可能地避免将这些问题过于简单化——毕竟，对理论、方法论问题的简单化，将大幅削弱二者在宏观科学认知方面（即哲学方面）的意义。

以上便是本书第一部分的主要任务。

第一章
理论、方法论在科学认知中的主导作用

本章将对当代马克思主义关于宏观科学认知的理论、方法论的认识进行简要阐述。此类阐述十分必要，否则将无法广泛地理解历史研究的方法论问题以及具体的历史研究方法。

认知活动（познавательная деятельность）是人类最重要的活动之一。首先，在进行实践活动（практическая деятельность）之前，需要事先具备关于客观实在的知识。没有这些知识，无论是物质生产（материальное производство），还是精神生产（духовное производство），都无从谈起。其次，人作为一种有意识、有目的的生物，对认知的追求是人类本性所固有的。因此，认知活动在人类社会发展的各个阶段一直存在，人类社会永远无法与关于自然界和人类社会的知识相割离。

人类的认知活动是多样的，大体可归结为以下三种：实践经验型（практически-эмпирический вид）（有时称为常识）的认知活动、艺术审美型（художественно-эстетический вид）的认知活动和科学理论型（научно-теоретический вид）的认知活动。

在科学产生以前的一段时期，实践经验型的认知活动是人类认识客观世界的唯一途径。即使在科学产生之后，在相当长的一段历史时期内，这一形式的认知活动仍然占据着主导地位。人类在长期从事劳动实践的过程中，对客观世界中纷繁复杂的现象产生了感性认识（чувственное восприятие)，现有的经验（опыт）得以积累并世代相传，从而逐渐获得了知识（знание）。

知识的表现形式，是对外部客观世界中各种现象的感性而直观的反映。但这种反映只能表明客观实在外部的、表面的特征，无法揭示其内在本质。因此，通过实践经验而获得的知识（或者说常识）经常同神话、宗教信仰紧密地交织在一起。这一点，在科学产生前的一段时期内体现得尤为明显。

通过实践经验的方法获取知识，是人类认识客观世界过程中的必经阶段。通过实践经验的方法所积累下来的知识，为认知向科学认知转变奠定了基础。

通过艺术审美型的认知活动，人类可以借助形象（образ）来认识客观世界。通过艺术形象（художественный образ），人类可以充分发挥自己的主观想象（艺术构思），强调研究对象最重要的本质。①

科学理论认知是认知的最高层次，其特点在于揭示、阐明客观实在的内在本质。但是，如果本质能够和现象一样具体，并且仅凭感性就能够被认知的话，那么正如马克思所指出的"如果事物的表现形式和事物的本质会直接合而为一，一切科学就都成为多余的了"。② 换言之，科学理论认知的任务，在于通过揭示客观实在所固有的形式与内容、现象与本质、量与质③的有机统一，来如实地反映客观实在。显然，想要达到这一目的，必须通过专门的认知方法。科学理论认知具有独特的表现形式。有别于实践经验认知的具体性和艺术审美认知的形象性，科学理论认知无论就其内容、获取方式还是表现形式而言，都具有显著的理论逻辑性。④

---

① 参见 Родчанин Е. Г. Научное и художественное познание истины. Киев，1982。
② Маркс К.，Энгельс Ф. Соч. 2 - е изд. Т. 25. Ч. 2. С. 384.
③ 请注意：质（качество）与本质（сущность）是不同的哲学范畴。——译者注
④ 参见 Черняк В. А.，Талипов К. Т. Диалектика теоретического и обыденного сознания. Алма - Ата，1985；Наливайко Н. В. Социальные основы и гносеологическая природа научной деятельности. Новосибирск，1985；Феофанов В. П. Социальная деятельность и теоретическое отражение. Новосибирск，1986。

科学作为一种知识体系，具有复杂的结构，各结构又由许多要素构成。理论（теория）是科学知识的最高表现形式。科学不仅是现有科学知识的总和，而且是获得新知识的基础，我们应该去探索科学认知的方法（метод）。但这一目标最终能否实现，取决于我们能否正确认识研究对象。何谓"研究对象的正确认识"？即认识必须反映出研究对象的根本性质。如何获得这一根本性质？即在选取认知方法时，必须充分顾及研究对象的性质；而研究对象的性质，又体现在现有的知识当中。恩格斯在研究科学认知的过程时强调："历史①从哪里开始，思想②进程也应当从哪里开始，而思想进程的进一步发展不过是历史过程在抽象的、理论上前后一贯的形式上的反映；这种反映是经过修正的，然而是按照现实的历史过程本身的规律修正的。"③

由于客观实在具有多样性和复杂性的特点，研究客观实在的方法自然种类繁多。于是，一个专门研究科学认知方法的学说便应运而生。这就是方法论（методология）。同时，科学认知的重要性和复杂性，决定了认知本身同样是科学研究的客体，于是诞生了关于认知的宏观理论——认识论（гносеология）。

本章将具体研究理论、方法论和具体研究方法在科学认知中的作用。

第一节 理论——科学知识的表现形式

1.1 科学理论及其构成要素的本质

无论是哲学家、科学学（науковедение）家，还是其他领域的专家学者，都对宏观科学认知的世界观、理论、方法论、社会、逻辑等问题情有

---

① 即现实。——作者注
② 即知识。——作者注
③ Маркс К.，Энгельс Ф. Соч. 2 - е изд. Т. 13. С. 497.

独钟。从普通作品到科学专著，学者们对理论问题给予了极大的关注。①

"理论"这一概念的含义十分多元。人们常常把思想与观点的总和称为理论。思想和观点会在某种程度上，对物质世界或精神世界中的各种现象（如自然科学现象、社会思潮、观念等）做出解释，也就是说，科学研究的成果以及智力活动的产物同样被包括在理论的覆盖范围之内。此外，一些科学分支也被认为是理论。这些学科有的专门研究某些宏观性的、普遍性的问题（如理论史料学），有的则高度依赖抽象的、逻辑的研究方法（如理论物理学）。已经得到科学事实证实，或者已经为实践所检验了的论旨或结论，一般也被视为理论。不过，它们和假设是有区别的。审视上述对理论的定义，其共同点在于，都认为理论是关于客体的知识；换句话说，理论是关于客观实际中某些现象的知识——这是理论的重要特征。但是，这些表述仍然未能点破理论的本质。理论作为一种科学知识的形式，其本质究竟是什么？

理论不仅仅是知识，它还是科学知识的最高层次，同时也是其最为复杂的一种表现形式。所以，我们应该将理论理解为科学知识的一种表现形式，它"揭示了物质世界和精神世界中的某些现象的运行、发展规律，描述并阐明了这些现象，并致力于实现推动自然界、人类社会以及人本身不断进步的变革"。②换句话说，理论是一种关于认知客体的具体的、体现自身实质内容的知识，它能够被用于指导具体的实践和认知活动。

只有在全面而深入地研究客观存在中的各种现象之后，才能总结出相

---

① 参见 Копнин П. В. Диалектика как логика и теория познания. М., 1973; Он же. Гносеологические и логические основы науки. М., 1974; Рузавин Г. И. Научная теория: логико – методологический анализ. М., 1978; Андреев И. Д. Теория как форма организации научного знания. М., 1979; Марков В. А. Современные проблемы теории познания. Рига, 1979; Федосеев П. Н. Философия и научное познание. М., 1983; Козлов Д. Ф. Структура и функции социологической теории. М., 1984; Марков Б. В. Проблемы обоснования и проверяемости теоретического знания. Л., 1984; Швырев В. С., Карпович В. Н. Системность теоретического знания (логический аспект). Новосибирск, 1984; 等等。

② Андреев И. Д. Указ. соч. С. 9.

关的理论。按照这个程序，总结出的理论的认知层次会非常高。在下文，笔者将借着划分科学认知的层次，专门分析理论知识的形成过程。因此，笔者暂时只先介绍理论知识所具有的一些基本特点。既然我们将理论定义为了一种科学知识的形式，那么这些特点是一定会存在的。

理论，就其本质而言，是一种概括性的、阐释性的（逻辑法则式的）知识。理论不仅能够描述现象，还能通过揭示现象的内在本质，对现象进行阐释。

理论应该能够在基本思想、原则和规律的基础上阐明事实，并且能够将一切事实囊括在某种统一的体系之下。一旦离开了系统性，"理论"便无从谈起。科学理论内部应该是封闭的，理论内部的各个观点不得在逻辑上彼此矛盾。理论内部各个观点的矛盾程度越低，理论的逻辑性便越强。因此，理论的逻辑性的实质就在于，作为理论起点的那些基本思想和概念，其数量应该越少越好。

总之，任何一门科学理论都具有复杂的内部结构。科学理论中包含了许多普通的科学知识。①

任何一门科学理论，都具有作为自己理论起点的经验基础（эмпирическая основа）。经验基础囊括了客观实在中所有与该理论相关的事实（факт）。不过，重要的是，为了进行理论性概括，我们所需要的不仅仅是事实，还需要包含了全部（具体数量取决于所提出的研究任务）认知客体的事实的系统。

事实在理论中并不是孤立的，而是以众多基本概念（понятие）的形式存在。这些基本概念反映了客观世界中林林总总的现象的本质特点、性质和联系。概念中关于现象的知识极为丰富。因此，概念是科学思维和认知过程的重要成分，能够表达出理论的内在本质。范畴（категория）在这方面也起到了极为重要的作用。范畴是含义极为广泛的概念，也是现实世界中那些最重要的知识的集中体现。

---

① 参见 Копнин П. В. Гносеологические и логические основы науки. С. 503 等处、Андреев И. Ю. Указ. соч. С. 9 等处。

第一章 理论、方法论在科学认知中的主导作用

规律（закон）是理论最重要的构成要素。概念的内在含义通过规律得以表达，也就是说，规律反映了理论所涵盖的各种现象之间本质的、稳固的、重复的、必然的性质及联系。"规律和本质是同一类的（同一序列的）概念，或者说得更确切些，是同等程度的概念。"① 一种理论可以包含多种规律，但理论的内在含义却是由总结、概括了该类现象的主要规律来决定的。理论的主要规律不是由包含在理论内部的规律提炼出的。② 不过，无论是概念、范畴，还是反映了二者的规律，抑或是客观世界中现象运行和发展的趋势，都还无法在理论认识层面创造出关于这些现象的知识。想要做到这一点，必须进行更高层次的综合。理论，在高度综合之后，产生的要素究竟是什么？哲学家对此观点不一，有人认为是观念（идея），③ 有人则认为是原则（принцип）。④

应该指出，观念与原则实际上是同一种类型的两个概念。观念和原则都是概念及知识体系的基础，都是起主导作用的开端，但在科学认知的过程中，特别是在科学理论的形成过程中，观念和原则的功能是不同的。科学观念是理论的各个组成部分（概念、规律和理论本身）能够有机结合在一起的基础。观念的完整性、综合性体现在：和理论的其他构成要素相比，观念能够最为广泛地反映出研究对象的基本性质。

原则也是一种起主导作用的开端，但在科学认知中，原则并不是将理论的各个构成要素有机结合在一起的基础，而主要是一种将各个构成要素有机结合在一起的手段。原则，虽然也是一种观念，但并不存在于理论自身的结构中，而是存在于理论构建的方法里。⑤

总之，科学观念可以是纯理论的，也可以是纯方法论的。

---

① Ленин В. И. Полн. собр. соч. Т. 29. С. 136.
② 参见 Голованов В. Н. Закон в системе научного знания. М.，1970。
③ 参见 Копнин П. В. Гносеологические и логические основы науки. С. 506 等处。
④ 参见 Андреев И. Д. Указ. соч. С. 10 等处。
⑤ 参见 Зеленков А. И. Принцип отрицания в философии и науке. Минск，1981. С. 68 等处、Иванова Р. И.，Симанов А. Л. Реализация методологической функции философии в научном познании и практике. Новосибирск，1984. С. 36。

***

　　判断（суждение）是一种构建及揭示理论内涵的逻辑方法。判断能够通过自然语言，表达人类观念（其中也包括科学知识）。因此，对于某些学者"认为判断是一种理论结构"的观点，笔者认为，未必十分合理。

　　可见，理论是一种极端复杂的科学知识，它包含了许多密切联结、高度综合的成分和要素。不过，这并不意味着，在认识客观世界中的现象时，对各个理论构成要素的研究是同步进行的，甚至是同等顺利的。各个构成要素都具有一定的独立性，它们不会立刻"准备好"被综合为理论。所以，在构建理论时，研究者需要付出极大的努力，只有站在较高的认知层次上，才能构建出相关理论。

　　当然，科学理论并不是一成不变的。随着理论不断对研究对象所固有的新特点、新联系和新规律进行阐释，理论自身也不断得到深化、修正甚至变化。但理论作为一种科学知识，总是能提供给我们真理性的认识。如果做不到这一点，即使再不遗余力地将某一理论想象、包装为科学理论，结果也一定会事与愿违。这是因为，首先，这些"理论"是一种人为构建的结构，而不是在对客观实在进行具体科学分析的基础上，概括、总结得出的；其次，这些"理论"所依据的事实过于零散且不够典型，所依据的观念也缺乏依据。这些"理论"所包含的，只是关于客观现象形式内容方面的知识，而并非像真正的科学理论那样，包含的是关于现象实质内容方面的知识。在社会科学的历史（也包括历史编纂学——历史学的历史）当中，存在太多这类貌合神离的"理论"，有的"理论"甚至干脆就是伪科学。例如，П. 司徒卢威对于俄国民粹主义本质的阐释。司徒卢威提出，俄国民粹主义思想本质上是一种自由资产阶级思想。他认为，既然民粹派反对资本主义发展，那么，民粹派运动就是反动的。司徒卢威对民粹主义运动的认识非常肤浅，他只考虑到了民粹主义在思想理论上的特点，却忽略了民粹主义运动的客观历史意义，那就是：正如列宁正确指出的那样，尽管民粹主义在理论上具有种种错误，但他们坚持以一条资产阶级民主的、农民式的道路在俄国发展资本主义，并与鼓吹走资产阶级保守的、地主式的资本主义发展道路的人展开了激烈斗争。因此，民粹派的斗争具有历史进步意义。

观念在科学理论的形成过程中是否起到了主导作用？由于观念是理论的基础，观念的性质既决定了理论在科学认知方面的价值，又决定了理论在社会实践方面的用途。因此，无论是哪一种科学，想要获得发展都必须经历各种在世界观方面与自己存在本质差异的观念、理论反复而不间断的攻讦，经受各种在世界观方面与自己并无二致的各种观念、理论的论争。

不同科学理论所具有的知识容量可能不尽相同。科学理论的知识容量一来取决于该理论所涵盖的现实世界中现象的范围，二来取决于该理论对这些现象的实质内容进行揭示的深度和全面程度。为了更为具体地阐释科学理论知识的认知价值，应当首先关注科学理论的类型。

1.2 科学理论的分类

众所周知，在对一切客观事物和现象进行分类时，分类的标准形形色色，分类的目的千差万别。对科学理论的分类也是如此。[①] 接下来，笔者将详细介绍几种现有的、切实可行的并且对历史学而言极具重要性的分类方法。

例如，有人主张将科学理论按照其普遍程度（общность）加以分类。这种分类方法使用得非常普遍。科学理论的普遍程度，取决于其内部规律的性质。由于规律构成了理论的根基，那么这些规律的性质，也就决定了科学理论的性质。既然规律根据其涵盖的现象的范围，可以被划分为特殊规律（специфический закон）、一般规律（общий закон）和普遍规律（всеобщий закон），那么科学理论同样也可以被划分为特殊理论（специфическая теория）、一般理论（общая теория）和普遍理论（всеобщая теория）。为了使这种分类方法更适合于人文社会科学，我们不妨更进一步，按照理论的普

[①] 参见 Андреев И. Д. Указ. соч. С. 55 等处。

遍程度，将其划分为一般哲学理论（общефилософская теория）、哲学社会学理论（философско-социологическая теория）、专门科学理论（специально-научная теория）和具体问题理论（конкретно-проблемная теория）。例如，辩证唯物主义理论是一般哲学理论层面的马克思主义，而历史唯物主义理论则是哲学社会学理论层面的马克思主义。专门科学理论指的是那些适用于各个科学门类的理论，在下文，笔者将通过历史学研究的实例对其进行具体介绍。具体问题理论则旨在描述各个科学门类所具体研究的现象或过程。具体问题理论的范围非常广，并且不同的具体问题理论，其普遍程度也各不相同。

上述四种类型（或者说层次）的理论彼此辩证相关，互有从属。较低层次的理论从属于较高层次的理论。较高层次的理论是较低层次的理论思想基础的来源。较低层次的理论同时也是较高层次理论的构成要素，它们在较高层次的理论中彼此联结，共同构成一个整体。

另一种分类方法根据的是科学理论的认知程度（глубина знаний）。虽然普遍程度可以反映理论的认知范围，但如此分类毕竟稍显单薄，按照认知程度对理论进行分类，则可更显充分。科学理论的认知程度主要取决于，思想究竟可以在多大程度上如实地反映现实世界中的根本规律。从这一点出发，一切社会历史理论以及构成其基础的思想观念，都可以被划分为唯物主义（庸俗唯物主义、辩证唯物主义）的和唯心主义（主观唯心主义、客观唯心主义）的两种。当前广泛流行的多元论，实际上仍然是一种唯心主义，只不过在形式上要稍隐蔽一些罢了。①

事实早已证明，只有历史唯物主义思想，才能够完全如实地认识社会生活的多样性，完整地反映历史发展的深层实质。马克思主义的起点，正如恩格斯所强调的那样，"一切观念②都来自经验，都是现实的反映——正

---

① 参见 Момджян А. В. Плюрализм: Истоки и сущность. Критический анализ философских основ. М., 1983.
② 包括科学观念。——作者注

确的或歪曲的反映"。① 只有"作为事物同人所需要它的那一点的联系的实际确定者"② 的社会实践，才能够保证观念客观且如实地反映现实世界，才能够保证获得科学的认知。唯心主义却认为观念来源于思维，于是，在唯心主义中，观念曲解客观实在的情况便不可避免了。

历史唯物主义作为一种社会认知理论，其真理性已得到了证实。通过历史唯物主义理论，我们能够获得社会现象在各个层面上的理论认识——从具体问题层次到一般哲学层次，无所不包。不过，这并不能说明其他关于社会生活现象的理论（如庸俗唯物主义理论、唯心主义理论等）不具备科学性。例如，理性主义理论也能够在一定程度上如实地反映社会生活中的现象。但它们要么在宏观理念上存在局限性，要么在论证上不够充分，导致反映能力非常有限。对于这一点，即使是资产阶级学者也表示认同，于是他们不断地探寻，"研制"新的社会理论。但那些唯心主义理论和庸俗唯物主义理论已无法修正，只能被迅速淘汰。

资产阶级社会学理论形形色色，风靡一时却又如昙花一现。这些理论为资产阶级学者服务，故而频频向马克思主义发难，在它们眼中，马克思主义社会学理论的稳定性，恰恰成了马克思主义"教条主义"的罪证。事实上，对于任何一种物质或精神系统来说，其基本构成要素的稳定性，反而是该系统富于生命力和有效性的有力体现，绝不是什么缺陷、不足或局限性（当然，也不是说这些系统已经完美无瑕，不再需要完善和发展）。至于那些非马克思主义的社会学理论，它们如"乱纷纷你方唱罢我登场"般此起彼落的态势，恰好能够证明其间存在一定的局限性、片面性。

从一般哲学层面上对科学理论进行分类，可以较为明晰地显示出科学理论的认知价值。不过，任何知识都是相对而言的，而且科学观念的认识过程是永无止境的。我们可以通过理论对研究对象的内在本质的反映程度，对理论进行研究、分类、评价。

---

① Маркс К.，Энгельс Ф. Соч. 2 - е изд. Т. 20. С. 629.
② Ленин В. И. Полн. собр. соч. Т. 42. С. 290.

事物的性质规定性（качественная определенность），指的是使该事物之所以成为该事物，且使之有别于其他事物的特征。事物的性质规定性反映在事物的实质当中，并且构成了事物的内在本质。列宁指出："现象是本质的表现。"① 现象有时是多样的、偶然的，因此很难直接表现出事物的本质。本质则是一种完整的性质关系。但客观实在的复杂性以及其性质和联系的多样性，决定了客观实在在保有自己的性质规定性的情况下，还会具有其他性质或者其他类型的本质。比如，人类作为现实世界中的客体，具有众多作为其自身所固有的物理、化学、生物、社会、精神及其他方面的本质。这些本质是不同性质、不同类型的性质的综合体，这些性质彼此相互联结，以一种整体的形式构成了人的性质规定性。② 其他事物亦是如此。所以，"要真正地认识事物，就必须把握住、研究清楚它的一切方面、一切联系和'中介'"。③ 但是，由于客观现象的性质及联系具有无限性，这一点永远无法做到。因而，在理解事物本质的过程中，阶段性不可避免：人总是先认识事物第一阶段的本质，再认识接下来的阶段的本质。列宁指出："人的思想由现象到本质，由所谓初级本质到二级本质，不断深化，以至无穷。"④

想要评判科学理论的认知程度，必须首先明确这些理论是如何揭示研究对象的本质的——这就需要仔细研究具体问题的研究史乃至整个学科的发展史。历史学中，专门研究这一问题的分支被称为历史编纂学（историография）。

对于科学理论，还有一种分类方法。这种方法历史学家或许会格外关注，它主要根据的是科学理论得以形成的逻辑方法或方式（логический способ или метод）。⑤ 按照这种方法，科学理论可以被划分为比较理论（сравнительная теория）、分析理论（аналитическая теория）和综合理论

---

① 参见 Ленин В. И. Полн. собр. соч. Т. 29. С. 154。
② 参见 Авалиани С. Ш. Абсолютное и относительное: (Отношение философии и специальных наук). Тбилиси, 1980. С. 14 等处。
③ Ленин В. И. Полн. собр. соч. Т. 42. С. 290.
④ Ленин В. И. Полн. собр. соч. Т. 29. С. 227.
⑤ 参见 Андреев И. Д. Указ. соч. С. 63–64。

（синтетическая теория）。

比较理论是这样获得的：将研究现象的特征和性质同与之类似的特征和性质进行观察、比较。当然，也可以将研究对象同已经研究过的事物进行比较，或者将所研究的现象的特征和性质同该现象在其他发展阶段下的状态进行比较。比较理论在社会学研究中（特别是在对历史现象进行研究时）应用得格外普遍，不过，这种理论的认知层次比较低，仅仅是对客观实在的初步认知。类比法（метод аналогии）是比较理论中最常使用到的研究方法。

分析理论则主要适用于在一个相对狭小的范围内，描述客观现象的特点。分析法（метод анализа）和归纳法（метод индукции）在分析理论的构建中起到了重要作用。分析理论广泛应用于各个学科之中，历史学也不遑多让。同比较理论相比，分析理论的认知层次要高一些。

综合理论能够深刻反映客观实在。从认知层次的角度来看，综合理论的认知程度最高。综合理论能够概括研究范围内的一切知识，故而能够最为深刻地描述所研究现象的特点，同时能够整合其他相比之下并没有那么全面的理论。想要形成综合理论，综合法（метод синтеза）、演绎法（метод дедукции）、从抽象上升到具体的方法（метод восхождения от абстрактного к конкретному）都是必不可少的。

总之，通过从三个方面对科学理论进行分类，我们能够明确科学理论对于所研究的现实世界的认知层次、获得知识的认知方法以及理论得以形成所依据的各种研究方法。这无论是对于评价当前的研究状况，还是判断科学研究未来的研究趋势，都具有十分重要的意义。

1.3 科学理论的功能

科学理论作为科学认知的最高形式，具有广泛的功能。其中最主要的一种功能，是本体—认知功能（онтологически-познавательная функция）。这一功能的目的，在于科学地认知客观世界。正如笔者在上文中已经阐明的那样，从内容上看，科学认知倾向于解释客观世界中的事件、现象与过程，揭示它们运行、发展过程中的基本特点、联系和规律。从而，我们可以"意识到被解释的客体在自然或社会中的联系、规律中的地位,以便在认知和(或)实践领域内,更有效地发挥作用"。① 最高层次的科学解释,就是形成了研究对象的科学理论。科学理论在进行解释时,依据的是各类基于理论构成要素(概念与范畴、规律与思想)的判断。这些构成要素,以逻辑推论或观点体系的形式表现出来——这也正是科学解释与通过实践经验或经验观察而获得的实践经验知识的差别所在。

获得一般科学知识(尤其是科学理论知识)的主要目的,在于将其运用到物质、意识的实践活动(包括科学认知活动)中去。这一目的之所以能够实现,是因为科学解释能够将科学概念、范畴、规律和思想中所体现和表达的客观世界中各种现象的本质,转化为逻辑推论和逻辑结论——这能够强烈地激发人们的实践兴趣,推动人们在社会实践中对其加以运用。②

科学解释(научное объяснение)和科学理论一样,是相当繁复多样的。科学解释同样有着自己的分类标准。在实际应用方面,人们一般按认知的普遍程度,对科学理论进行分类。比如,人们会根据科学理论对社会发展的认知情况,将其划分为一般哲学理论、哲学社会学理论、专门科学理论和具体问题理论。科学解释也是如此。任何一种类型的科学解释,都在科学认知以及对知识的实际应用方面发挥着重要作用。不过,具有哲学形式的科学知识往往具有特别的意义。具有哲学形式的科学知识,其中综合了专门科学知识和具体问题知识,并以最为概括、最为普遍的形式,表达了客观世界运行、发展最基本的特征与规律。我们一切的研究,归根结底,都是要探索人在客观世界中的位置,所以,研究最终要反映客观世界的状况。

哲学除了可以概括较低理论层次的科学知识,在这类科学知识的获取上,同样起到了重要作用。如果没有观念(或众多观念的总和)在其中发挥关键作用,任何科学理论都不可能被构建出来——这也正是哲学在科学

---

① Философская энциклопедия. М.,1967. Т. 4. С. 125.
② 参见 Никитин Е. П. Объяснение - функция науки. М.,1970;Проблема объяснения и понимания в научном познании:Сб. статей. М.,1982;Дубинин И. И.,Гуслякова Л. Г. Динамика обыденного сознания. Минск,1985.

理论认知中扮演重要角色的原因所在。对于专门科学理论和具体问题理论来说，在其形成的过程中起关键作用的观念，主要来源于哲学知识的范畴和规律。但即便如此，某些非马克思主义学者（主要是资产阶级哲学家）仍旧宣称，要将科学"非意识形态化"，要将哲学从科学中剔除。考虑到哲学的上述功能，显然，他们的主张是毫无根据的。

总之，科学，尤其是科学理论认知，只有在同哲学的密切接触中，并且以哲学为基础，才能实现自身认知、解释的功能。

***

现代科学认知过程的特点在于，各学科相互交叉、相互渗透的趋势越来越明显。为什么会产生这种趋势？不仅是因为过往对客观现象所进行的差异性的、专门化的研究，有必要进行总结和概括，更是因为有必要在更为广阔的背景下，仔细研究这些客观现象同其他现象以及这些现象同客观实在的其他方面之间的相互联系、相互作用。这两个必要性是随着科学认知不断发展自然而然产生的。随着认知不断深化，不断深入事物更深层的本质，对客观现象的研究范围不断拓展，形成了众多交叉的区域。这些交叉区域也是各个学科的认知对象。在这些交叉区域中，各个学科仿佛相互叠加，从而促进了综合性研究的产生。这类研究在交叉领域——确切地说，在不同学科相互交叉的领域内的有效性，已经为当前各类学科的发展所证明。对科学理论知识而言，综合性研究最重大的意义在于其认知—解释功能（познавательно-объяснительная функция）。

科学理论知识的另一个社会功能是它的有效实践功能（действенно-практическая функция）。科学理论中的科学知识，其价值在于，这些知识能够在人类的物质、精神活动中得到运用，进而成为人类认识和改造客观世界的认知基础。

如今，随着社会面临的问题日益复杂，人们对科学的依赖也大大加强。当然，社会对科学的要求也随之提高。

科学知识虽然是理论形式的，但它最显著的特点，就是适用于实践应用。有学者非常公正地指出，科学观念当中熔铸了两个要素：从一方面讲，科学知识是对现实世界的客观反映，这指的是科学知识的直观认知意义；而从另一方面讲，科学知识是一种思想上的变革能力，这指的是科学知识的有效实践意义。所以，思想是人类认知的界限和范围。"就其实质而言，理论认知会逐渐走向自我否定。"① 因为知识终将转化为实践，并且在知识被应用的过程中，会产生一些新的、物质的或精神的客体，现实世界也因此而变得更加多样、多彩。

自然技术科学可以保障物质生产发展，但对于某些攸关社会实践的重大命题，人文社会科学同样能够起到重要作用。人文社会科学的实践意义，体现在与对社会生活进行组织、管理相关的一系列重大问题上。在当代苏联社会，对国民经济进行组织、管理，以及对社会生活的其他方面（如社会生活、政治生活、文化生活等）进行协调、管理，对于社会整体发展而言具有特殊意义。

与对社会生活进行组织、管理密切相关的，是对社会发展进行预测和远景规划。想要做到这两点，不具备广泛而深刻的科学观，则无异于水中望月。只有当预测所依据的科学理论能够对新事实、新事件做出预判时，我们所做出的预测才能如实地反映客观实在。无论是在自然科学还是在社会科学当中，都不乏这样的理论。

科学理论知识最重要的实践功能体现在教育方面。在苏联，一切教育活动的根本目的，都在于培养苏联社会的全体成员形成科学的、马克思主义的世界观。

世界观（мировоззрение）是一种完整的、理性的、以间接方式表达社会与个人需求的思想体系。"世界观是一种对整个世界的概括性认识，其中反映了自然界、人类社会以及人与世界关系方方面面的内容。"② 世界观历来是对

---

① Копнин П. В. Гносеологические и логические основы науки. С. 507.
② Федосеев П. Н. Философия и научное познание. С. 17.

相应时代人类精神活动发展的总结和概括。世界观能够体现社会观念、社会理想、社会追求。世界观可能是科学的,也有可能是非科学的。世界观对客观世界的反映越正确,世界观的科学性就越高。马克思主义的世界观,是一种最科学的世界观,能够最为如实地反映客观世界的发展规律。

一切科学都为科学世界观的形成做出了自己的贡献。但哲学塑造了整个世界,塑造了世界的过去、现在和未来。因此,哲学在世界观的形成过程中起到了主导作用。① 马克思主义作为最为科学的哲学体系,最重要的功能就在于它的世界观功能。

在科学的基础上,世界观首先会作用于科学的发展。这是因为,居于科学认知过程中心的,是认知主体,而认知主体,恰恰是具有一定的世界观的研究者。

科学理论知识除了能够推动世界观形成,还是文化教育任务得以完成的基础。在文化教育工作中居于核心地位的是历史学。

科学理论知识还有一个重要作用,那就是它的方法论功能(методологическая функция)。科学理论知识的方法论功能有助于获得新的科学理论知识。方法论功能是研究认知过程的基础。认知过程的复杂性、认知形式、认知方法的多样性,决定了一门专门研究认知的学科——认识论(гносеология)的产生,而关于科学认知的理论,或者说认知论(эпистемология),是其中最重要的内容。无论从总体上研究认知的理论(指认识论),还是研究科学认知的理论(指认知论),都旨在探索有关认识的宏观的、具有普遍性的问题——当然,这离不开关于自然界、人类社会和人的思维的最广泛的科学知识,而哲学,恰恰是最广泛的科学知识的集中体现。所以,无论是认识论还是认知论,都是哲学的附属学科。

为了获得关于客观实在的新知识,必须掌握一些具体的研究方法。不过,只有在认知客体具有客观性的前提下,借助这些研究方法,才能获得关于认知客体的如实的知识。只有具有客观性的知识,才能够被反映在科

---

① Федосеев П. Н. Философия и научное познание. С. 18 – 21.

学知识（主要是科学理论知识）当中。所以，科学理论是提炼科学研究方法的理论基础。

最后，客观实在是纷繁复杂的，这就要求我们灵活运用各种研究方法。总结、提炼研究方法，已经成为科学认知过程中的一个重要且独立的环节。这便引出了科学认知的方法论和逻辑。科学认知中的方法论和逻辑同科学理论知识密切相关：它们一方面与现有的科学理论知识相联，而另一方面，它们又是总结、提炼研究方法的认识论基础。

总之，科学理论、方法论和具体研究方法三者是紧密相联、互为依存的。三者之间关系的性质、方法论的内容及其在科学认知中的作用，都值得深入研究。

第二节 科学研究中的方法与方法论

2.1 认识论——关于认知的科学理论

和科学理论知识一样，科学认知的方法与方法论问题同样引起了苏联学者们的广泛关注，[①] 不过对于许多问题，各方学者往往各执一词。

认识论能够将认知作为社会现实中的一种现象来研究。"认识论是一种

---

① 参见 Андреев И. Д. О методах научного познания. М., 1964; Он же. Научная теория и методы познания. М., 1975; Штофф В. А. Введение в методологию научного познания. Л., 1972; Быков В. В. Методы науки. М., 1974; Рузавин Г. И. Методы научного исследования. М., 1974; Копнин П. В. Гносеологические и логические основы науки; Солдатов В. Методология научного познания. Киев, 1975; Ильичев Л. Ф. Философия и научный прогресс: Некоторые методологические проблемы естествознания и обществознания. М., 1977; Пальчевский Б. А. Научное исследование: Объект, направление, метод. Львов, 1979; Эвристическая и методологическая функции философии в научном познании: Коллективная монография / Под ред. В. А. Асеева и Г. А. Подкорытова. Л., 1980; Лекторский В. А. Субъект. Объект. Познание. М., 1980; Методология наук в системе вузовского преподавания: Коллективная монография. Воронеж, 1982; Гносеология в системе философского мировоззрения: Коллективная монография / Под ред. В. А. Лекторского. М., 1983; Иванова Р. И., Симанов А. Л. Реализация методологической функции философии в научном познании и практике. Новосибирск, 1984; 等等。

对知识的特殊反射形式,它担当着认识认知、区分认知的普遍形式的重要任务。"① 研究科学认知的理论(即认知论)是认识论的重要内容。

认识论的认知客体,是认知主体与被认知的客体之间一切形式的相互作用、相互影响,也就是说,认识论一直研究的是现实中的事实和知识。与任何一种科学理论一样,认识论的目的,就在于揭示所研究的现象的本质。由此产生了许多认识论中的概念:反映、感性与理性、经验与理论、抽象与具体、真理与谬误、历史与逻辑等等。

认知过程是复杂而多样的,因此,认知的不同方面需要由不同的学科来研究,各学科的研究成果最终由认识论来概括总结。各个学科(如哲学、语言学、研究感知器官及心理思考过程的生理学等)的学科发展史为我们提供了丰富的研究材料,以便能够更好地理解认知过程。认识论充分吸收了具体科学的研究成果,辅之以自己的研究经验,为我们揭示了认知过程(特别是科学认知)的完整图景。从这个角度看,认识论是哲学的一门附属学科。正如列宁所指出的,"辩证法也就是(黑格尔和)马克思主义的认识论"。② 一些哲学家认为,不应该把认识论单独划分出来,也不应把它归为马克思主义哲学下属的一门学科。③ 唯物辩证法,毫无疑问,其中包括最为普遍、最具概括形式的认识论(例如逻辑),但这并不等于认识论没有获得独立发展的空间,也不能排除认识论依据辩证法的思想和原则,对普遍的认知问题和特殊的科学认知问题进行具体研究、具体分析的可能性。

由于认识论研究的是整个认知过程,所以,认识论"是像方法论、逻辑这样专门研究认知的机制、过程、形式等问题的学科的理论基础"。④ 不过,在我们深入分析方法论和逻辑(主要是方法论)在科学研究中的具体作用之前,我们应当先来关注科学认知方法的性质和特点,因为正是凭借科学认知方法,我们才有机会使用现有的科学知识,获得新的科学知识。

---

① Лекторский В. А. Указ. соч. С. 307.
② Ленин В. И. Полн. собр. соч. Т. 29. С. 321.
③ 可参见 Копнин П. В. Гносеологические и логические основы науки. С. 43 – 45。
④ Гносеология в системе философского мировоззрения. С. 127.

2.2 研究方法在科学认知过程中的地位

什么是研究方法？对于这个问题，回答似乎是无可争议、显而易见的。有人认为，对"研究方法"做出定义，甚至"是一项比定义规律、理论还要艰难得多的任务"。① 在非马克思主义者中，即使是一些最为杰出的学者，都普遍认为"不可能对研究方法做出定义"。例如，约翰·贝尔纳（John Bernal）就曾断言："科学方法，如同科学本身一样，是无法轻易做出定义的。"② 这种论断绝非空穴来风，之所以说科学方法"难以定义"，是有着一定的实际理由和根据的：首先，无论是科学方法，还是实践活动方法，都是极为丰富多变的；其次，任何一种科学方法，都具有复杂且多变的结构，并且往往会与其他方法一起使用；最后，在研究的不同阶段（如提出问题阶段，认识事实、梳理事实的经验认识阶段，阐述事实、形成理论的阶段，等等），科学方法所起到的作用也是各不相同的。所有的科学方法都可以被分为两种：一种是倾向于运用现有的科学知识的方法，另一种是倾向于获取新的知识的方法。两种方法具有本质上的不同。第一种方法主要关注的是先前所获得的知识究竟在多大程度上做到了对客观实在的客观反映，第二种方法则主要关注该如何获得真理性知识。显然，两种方法关注的问题是不一样的。

虽然为科学方法下定义并不是一件简单的事，但这并不意味着我们无法定义科学方法的本质。不过，不同的学者对科学方法所做出的定义也各有差异。例如，有学者认为："方法是一系列连续的、符合逻辑的行为、手段、工序。为了实现事先设立的目标，必须使用一定的方法。"③ 其他的定义与之类似，都强调了方法的系统性、协调性以及方法在使用时的程式性。④

---

① Петров Ю. А. Логические функции категорий диалектики. М.，1972. C. 242.
② Бернал Дж. Наука в истории общества. М.，1956. C. 21.
③ Рузавин Г. И. Методы научного исследования. C. 21.
④ 参见 Эвристическая и методологическая функции философии в научном познании. C. 33；Методология наук в системе вузовского преподавания. C. 11 – 12；等等。

第一章 理论、方法论在科学认知中的主导作用

换言之，科学方法是方法与原则、要求与标准、规则与程式、手段与工具的总和。科学方法维系着认知主体同认知客体之间的相互作用，以便完成所提出的研究任务。

总之，如果说科学理论是一种主体对客体进行反映所获得的知识，那么科学方法就是主体对客体所进行的认知活动的一种手段。

想要阐明方法在认知活动中的地位，应当深入探究方法与认知活动的其他要素之间的联系。有时，我们会将科学认知方法（метод научного познания）和科学认知方式（способ научного познания）视为同一概念。不过，二者虽然在实质上属于同一类型的概念，但并不能被完全等同。

方式（способ）是一种认知手段，它既没有严格的依据，又没有明确表达出的目的，还没有连续的、符合逻辑的研究程式。总之，方式是一种自然发生的、实践性的、经验性的认知手段。方法虽然也是一种认知手段，但与方式相比，方法的特点是"高度的专业化。方法的功能与作用总是有着明确的规定。方法是从理论上把握客观实在的一种形式"。① 简单地说，方法是一种科学的、有根据的认知手段。

研究过程中总会包含着一定的工序（операция）和程式（процедура）。研究方法，毫无疑问离不开某些工序和程式，但是，研究方法又不仅限于工序和程式。就"工序"和"程式"这两个概念本身而言，二者的含义也不是单一的。工序是一种最简单的行为（例如，对某些数量指标进行汇总、相加），程式却是一定数量的工序的总和（比如，对某一事物进行量化）。

最后再来看看"认知手段"（средство познания）这个概念。认知手段的含义最为宽泛、最具综合性。无论是认知方式还是认知方法，都属于认知手段。除此之外，认知工具、各种符号系统（如各种自然语言及人造语言）、逻辑运算、程式程序等等也都属于认知手段。

总之，科学方法是一种在理论上得到充分论证的、有根据的、规范的认知手段。

---

① Эвристическая и методологическая функции философии в научном познании. С. 32.

2.3 理论与方法

正确理解方法中主、客观因素的相互关系，对于理解科学方法的实质、提炼科学方法而言具有重要意义。唯心主义，无论是就科学方法的实质而言，还是就科学方法的成因来说，总是把科学方法想象为一种主观性非常强烈的认知手段，总是把科学方法想象为认知主体的一种创造。科学方法的确是研究者的一种创造，研究者个人在其中的作用不容轻视和忽略。但是，正如辩证唯物主义所强调的，任何一种认知方法，都具有一定的客观基础。这种客观基础，就是独立于主体而存在的、被认知的客观实在。忽视了这一客观性，就不可能总结出什么正确的认知方法。因此，任何一种科学认知方法，都是主观与客观的统一。

科学理论中包含着关于现实的客观知识，而研究方法的目的，在于进一步认识现实，因此，科学理论是总结、提炼研究方法的基础。不过，科学理论仅仅是总结研究方法的基础，而不是像人们有时所认为的那样，就是研究方法本身。① 任何一种理论，其范畴、规律和思想虽然都能够反映认知客体的本质和特性，但理论绝不是对客体进行认知的过程。由于理论反映了认知客体的本质和特性，所以，科学理论使我们能够预见客体的某些新性质，并据此提出新的认知任务，从而为总结、概括认知方法奠定基础。更何况，方法本身即具有客观性。

以往的研究已经指出，理论与方法之间存在辩证关系。理论是总结方法的基础，而方法则是一种获得能够对理论进行丰富、发展的新知识的手段。随着方法不断证明现有理论的正确性，理论也会不断得到完善和深化。每当出现一些未能被纳入旧有的知识体系的事实（而这些事实又常常和新研究方法的运用相关联）时，现有的知识体系便会被打破，并为新的知识体系所接替，新体系可以从研究对象中，揭示出与原来相比更为深刻的实

---

① 可参见 Бухалов Ю. Ф. Соотношение теории и метода в научном познании // Философские науки. 1981. No 4。

质内容。

方法是否具有真理性（истинность）和正确性（правильность）；方法能否使我们获得研究对象的客观知识——这两个问题极为重要，值得特别关注。请关注下面这个重要观点："由于方法所基于的，是一个客观真理性的理论体系①，因此，就其实质而言，方法不可能是错误的。当然，主体在使用方法时，也有可能会出现这样或那样的错误，特别是——例如在探讨研究对象的规律时——一旦某一研究方法发挥作用的范围超出了该方法根据自己所依据的理论体系所能够反映出的范围时，谬误便很容易产生。"方法的客观真理基础，从认识论的角度看，意味着"由真理性向正确性的转变"。不正确的方法只能被看作谬误。② 这一观点，毫无疑问是正确的，不过还不够全面。上述观点是在考察现有的、有关客体的知识是否具有真理性，这当然是重要的，但并不是确定方法正确与否的唯一因素。除了本体论，我们还可以从认识论的角度讨论方法是否具有正确性。此外，方法还具备有效性（эффективность）这一特点，正是有效性，决定了方法具有洞察力。

为确保自身的正确性和有效性，方法不仅要依据关于认知客体的真理性知识，还要依据关于科学认知过程的特点、规律和本质的真理性知识。换句话说，方法既要依据普遍性的认识论，又要依据相应学科的认知论。为了明确方法的认识论作用，应该注重研究方法的结构，注重总结方法在形成过程中的各个主要阶段。

提出问题、设置研究任务、明确研究目的，这是一切研究的起点。客观实在的多样性决定了研究者必须明确具体的研究任务。否则的话，任何研究最终都将徒劳无功。③ 问题从来不是随便提出的，问题必须符合研究的具体实践，必须符合直接研究活动和科学认知的要求，至于所提出的问题的实质内容，则取决于现有的科学知识。

---

① 即关于客观实在的知识体系。——作者注
② Копнин П. В. Гносеологические и логические основы науки. С. 512–513.
③ 可参见 Берков В. Ф. Научная проблема. Минск，1979。

历史研究方法

无论是评价某一问题的实践意义，还是揭示某一问题的存在状态，研究问题的提出都有着复杂的研究程式：需要对现有的知识进行分析，揭示出通过这些知识所得出的认知产物，核验这些知识是否与当前研究领域内有关客观实在的科学图景相匹配，这些知识的体系（即理论）又是否与其他理论相呼应，等等。如果，经核验，现有的知识中存在某些与理论相异、相矛盾（即逻辑矛盾）或相悖的地方，则说明要研究的问题与实际不匹配，需要提出新的研究问题。①

2.4　科学方法的构成要素及其结构

解决问题要使用到各种不同的研究方法。鉴于提出科学问题是一个复杂的过程，阿尔伯特·爱因斯坦（Albert Einstein）和利奥波德·英费尔德（Leopold Infeld）认为："定义问题往往比解决问题重要得多。"②

解决科学问题需要用到各种研究方法，即使研究的范围并不宽泛，仅局限于某一领域，也不能指望仅凭某一种研究方法就能完成研究任务。任何一种研究方法，都具有一定的构成要素，拥有自身的内部结构。

方法中包含一些极为重要的前提。这些前提是方法得以形成的基础，并体现了方法的性质。观点（подход）和原则（принцип）便是这样的前提。观点决定了研究任务的基本解决方法，指出了解决问题的先后步骤。有学者认为："观点是符合逻辑的、有目的的，主要与科学研究的方向性、目的性有关。"③ 根据他们的观点，观点已不再是方法的一个前提，它已经远远超越了方法的范畴，并且将研究方法仅仅局限为一种研究的"工艺"。笔者对此不敢苟同，因为方法一旦缺少了方向性（направленность），甚至连"工艺"都算不上了。

可以完成研究任务的观点有很多，它们是各式各样的科研实践活动的产物。某些研究观点具有普遍科学意义，换句话说，这些观点可应用于一

---

① 参见 Зеленков А. И. Принцип отрицания в философии и науке. Минск，1981。
② 引文出自 Зеленков А. И. Указ. соч. С. 78。
③ Готт В. С.，Семенюк Э. Л.，Урсул А. Д. Категории современной науки. 1984. С. 148.

切或者说大多数的学科之中，例如：抽象的观点（абстрактный подход）和具体的观点（конкретный подход）、逻辑的观点（логический подход）和历史的观点（исторический подход）、归纳的观点（индуктивный подход）和演绎的观点（дедуктивный подход）、分析的观点（аналитический подход）和综合的观点（синтетический подход）、动态的观点（динамический подход）和静态的观点（статический подход）、描述的观点（описательный подход）和量化的观点（количественный подход）、起源的观点（генети ческий подход）、类型的观点（типологический подход）、比较的观点（сравнительный подход）等等。随着现代科学研究的不断进展，学者们又提炼出了许多新的、具有普遍科学意义的研究观点，例如：系统的观点（системный подход）、结构的观点（структурный подход）、功能的观点（функциональный подход）、信息的观点（информационный подход）、概率的观点（вероятностный подход）、模拟的观点（модельный подход）等等。① 每一种观点，同时也都是一种可行的科学研究方法。

一切研究观点（方法），都可以被归纳为两种相互对立的哲学观点（方法）——辩证法的观点（方法）和形而上学的观点（方法）。研究观点（方法）背后的哲学观点的性质，决定了研究观点（方法）的性质。

虽然研究观点能够透过研究任务，反映出研究客体的主要特征，但是，对于研究方法来说，研究观点只能反映出研究方法最普遍的那些特征。至于研究方法的具体内容，则是通过研究观点本质上所固有的原则表达出来。对于原则的定义，哲学界目前尚无定论。一般来说，原则被认为是一种规则、手段、方法、本质判断、规律、基础、起始状况等。在此，笔者要指出的是，原则具有双重性质和双重作用，也就是说，我们不仅要将原则理解为一种关于客观实在的知识（本体论层面），还要将其理解为一种认识客

---

① 这些研究观点的一般性，可参见 Готт В. С.，Семенюк Э. Л.，Урсул А. Д. Категории современной науки. 1984. С. 148。

历史研究方法

观实在的手段（认识论、方法论层面）。①

正如研究实践所表明的那样，原则是一个认识论、方法论概念。原则是解决一切科学问题、完成一切研究任务的主要出发点（在这方面，原则的作用和观念的作用是类似的），其内容表现在某些具有规范性、调节性的要求中。充分关注这些要求，是我们成功使用研究方法的必要条件。

原则是研究观点（方法）得以实现的一种认识论、方法论手段。不同的原则在方法中发挥作用的机制是不同的。例如，比较的观点之所以能够实现，其内部发挥作用的原则之一是类比原则（принцип аналогии）。类比原则要求比较对象必须在性质上属于同一类型，也就是说，比较对象的结构和功能必须相同，并且在发展的过程中，需要具有阶段性的差异。所以，需要首先从内容上对比各对象的性质。在比较的观点之下，另一个发挥作用的原则是类型化原则（принцип типологизации）。该原则要求，根据统一的共同的标准和某些具体指标，将一切研究对象的类型进行区分。

研究的观点和原则彼此虽然紧密相联，但在某些时刻又有所区别。例如，起源的观点在原则上是历史主义的，而历史的观点，则要求用起源的原则（генетический принцип）来分析现象。乍看起来，二者似乎是一码事，但事实上却非如此，因为事物或现象的历史与起源并不是一回事。

观点与原则密切相关，因此，人们常常把二者简称为"方法"。这是因为，观点和原则都既基于关于客观实在的知识，又要照顾到关于认识过程的知识。也就是说，观点和原则的理论基础，既包含客观实在，又离不开认识论，二者都是知识的最高形式。在观点和原则中，在性质方面，本体论知识和认识论知识既具有实践认识性，又具有研究性；在形式方面，二者既具有抽象知识的形式，又具有理论知识的形式。所谓理论知识，指的就是作为研究方法的基础的研究理论。

以上便是笔者对提出研究问题、研究的基本观点（方法）、研究的原则

---

① 参见 Подкорытов Г. А. Особенности принципа как формы научного познания // Роль принципов и понятий в социальном познании. Л., 1976. С. 3 等处。

以及为了能够如实地反映客观实在，在使用研究方法时的基本要求等问题的阐释。

***

虽然关于科学认知方法的理论问题具有重要的认识论意义，但迄今为止，它还没有引起学者们的足够重视，相关研究尚处于起步阶段。①

在当前的研究中，方法论无可辩驳的决定性作用还没有被完全彰显。获得新知识的原则，实际上"体现在具体的操作方法和逻辑运算当中，并且借助它们的帮助，原则才能发挥作用"。② 在实践中，能够将研究方法所依据的规则与程式、使用方法和工序（即研究方法本身）、思想与原则熔为一炉，是相应研究方法的方法论。方法论是研究方法必然具备的构成要素。

最后，在具备一定研究工具、研究手段的情况下，规则与程式、使用方法和工序的作用同样不可小视，它们共同构成了科学方法的第三个构成要素——具体研究方法。

在科学方法的构成要素中，理论、方法论以及具体研究方法彼此紧密相联，辩证统一。毫无疑问，理论在三者中居主导地位，理论决定了方法论的内容，方法论又决定了具体研究方法的性质。这一结构一般体现在最终形成的方法之中。但对于新方法来说，其三者的关系可能是：问题—理论—方法论—具体研究方法（技巧）。许多例子都可以证明，所谓总结出了新的研究方法，实际上指的是使用了新的研究技巧。所以，当我们在以理论、方法论的方式解决问题时，往往一个问题还未解决，便又产生了全新的、前所未有的问题。

这说明，如果需要或渴望获得全新知识的条件已经成熟，仅依靠现有

---

① 参见 Методология наук в системе вузовского преподавания. С. 19 – 20。
② Зеленков А. И. Указ соч. С. 70.

知识（无论它是关于所研究的现实本身，还是关于认知过程），或许仍无法有效获得新知识。必须从本体论、认识论、逻辑方法论方面，对现存的科学传统进行彻底的再认识，这要求我们改变思维方式和风格，积极寻找所需要的知识。我们可以充分汲取其他学科的经验；可以深耕历史学科，在苦心孤诣之后终有所获；也可以诉诸实验。但无论如何，这不会改变方法的客观性，不会将方法转变为一种完全主观性的认知手段——我们之所以能够获得彻底的、全新的、高层次的知识，是因为在此之前，知识自身已经获得了发展。也就是说，新知识之所以能够产生，是因为已经具备了产生的客观前提，而不像人们有时认为的那样，新知识是突然间、本能地产生的。

总之，方法具有十分明确的结构，概括、总结方法是一个相当复杂的过程。在研究任何一门学科时，所用到的方法都是多样的。恩格斯指出："运用这些概念的艺术不是天生的，也不是和普通的日常意识一起得来的，而是要求有真实的思维。"① 在这种情况下，无论是总结、概括科学方法，还是使用科学方法，抑或是研究科学方法，都应该依据科学认知的方法论。

2.5　科学方法论及其层次

对于科学方法论的定义问题，目前还不存在统一的观点。② 笔者认为，方法论是一种关于科学认知活动的理论。通过方法论，我们可以总结、概括、提炼科学认知方法，所以，方法论，毫无疑问，应该被视为认识论的一个基本组成部分。众多学者对此表示认同。③ 在认识论中，方法论是一种关于认知方法的学说，即一种关于方法的理论。这是因为，方法论从本体论知识和认识论知识出发，对这些知识加以改造，并将其引入研究领域。方法

---

① Маркс К., Энгельс Ф. Соч. 2 – е изд. Т. 20. С. 14.
② 参见 Андреев И. Д. О методах научного познания. С. 230 – 232；Иванова Р. И., Симанов А. Л. Указ. соч. С. 40；等等。
③ 参见 Штофф В. А. Введение в методологию научного познания. Л., 1972. С. 14；Рузавин Г. И. Методы научного исследования. С. 24 – 25。

论不仅决定了所提出的问题的性质,而且影响了为解决问题所需要使用到的方法和原则的选择,更决定了这些方法和原则能否被进一步标准化、规范化。

该如何判断方法论水平的高低?哲学界对此争执不下。一些学者认为:"世间只存在一种科学方法论,那就是辩证唯物主义的方法论。辩证唯物主义方法论既是人类研究客观世界所应该坚持的普遍原则和方法,又是一种关于普遍认知方法的学说。辩证唯物主义方法论是独特且多样的,在每一种具体科学中都有着各自的特色。"① 另一部分学者在承认"辩证唯物主义方法论是一种认知活动、实践活动普遍适用的方法论"的同时,认为除了辩证唯物主义的方法论,还存在一种"具体科学的方法论——一种关于具体理论自身内容的方法论",② 也就是说,"具体科学的方法论"是一种反映了某种客观现象的知识。既然方法论的基础是关于客观实在的知识,而这些知识又反映了处于不同发展水平的客观实在,那么很显然,第二种观点是正确的。

该如何划分方法论的层次?方法论的层次,归根结底在于对客观实在的理论认知的层次。就社会现象而言,存在四种理论认知层次:一般哲学层次—哲学社会学层次—专门科学层次—具体问题层次。四种层次紧密相联,其中最为重要、对其他层次具有决定性作用的是一般哲学层次。一般哲学层次是处于其他层次的方法论的综合成果。一般哲学层次的巅峰,是唯物辩证法。唯物辩证法,代表着方法论的哲学发展的最高水平。辩证唯物主义方法论要求我们,在事物的联系、发展、内部规律中研究事物,在矛盾的同一与斗争中、内部矛盾的决定性中揭示出研究客体的全部特点。③

社会存在是第一性的,社会意识是第二性的——这便是历史唯物主义方法论在阐释社会生活现象时的主要原则。④ 这一原则,在总结、概括科学

---

① Андреев И. Д. О методах научного познания. С. 231.
② Иванова Р. И., Симанов А. Л. Указ. соч. С. 44.
③ 参见 Принципы материалистической диалектики как теории познания. М., 1984.
④ 关于历史唯物主义方法论的功能,可参见 Исторический материализм как социально-философская теория // Под ред. В. И. Разина. М., 1982. С. 27 等处、Категории исторического материализма и их методологическая функция. Киев, 1986。

历史研究方法

方法的规范性（регулятивно-нормативный характер，用来保障研究过程的客观性）、结构性（конструктивный характер，用来保障获得如实的知识）要求和规范方面，具有决定性的意义。①

说起唯物辩证法原则和观点的规范性要求（регулятивное требование），以下内容可谓重中之重。

首先，客观实在具有多样性，我们应当从多样性的角度来分析认知客体，并且在提出问题时，不应该人为地设置任何限制。

其次，任何一种科学认知方法都不可能是绝对的。想要顺利完成研究任务，必然会使用到各种不同的、能够触及问题实质的研究方法。

最后，当我们以唯物主义为基础，描述具体科学事实，或揭示研究对象的实质时，应当充分考虑到作用于研究对象的各种因素。也就是说，研究的视野要开阔，在阐释问题时，研究者所持有的观点应该是开放的。

在认知社会现象时，唯物辩证法原则还具有结构性要求（конструктивное требование）。该要求意在揭示：第一，该社会现象产生、运行的物质制约性；第二，该社会现象在整体社会机制中所处的地位；第三，该社会现象所固有的规律性、特殊性和典型性；第四，该社会现象在整体社会发展中所起到的社会作用与发挥的社会功能。②

显然，上述方法论观点、原则、要求具有相当深刻的哲学意义。在提炼研究方法时，应当对其加以充分考虑。

不过，方法论的内容并不仅限于此。方法论除了具有哲学意义之外，还具有专业的、具体的科学理论意义。因为方法论只能为研究提供一种宏观的策略，既无法决定研究的具体内容，也无法决定研究的阶段——它们只有在充分考虑研究对象的实质及认知特点（即在相应水平的认知理论、认知方法论）的基础上，才能被改变。

---

① 相关文献正确地指出"关于辩证方法规则的系统论证和制定的工作现在才刚刚开始"，参见 Иванова Р. А.，Симанов А Л. Указ. соч. С. 36 – 37。
② 参见 Келле В. Ж.，Ковальзон М. Я. Теория и история：(Проблемы теории исторического процесса). М.，1981. С. 45。

第一章 理论、方法论在科学认知中的主导作用

　　最后需要指出的是，方法论，作为一种理论，在世界观，特别是在一般哲学的理论认知层次上起到了重要作用。这是非常合理的，因为哲学方法论最重要的任务，就是在普遍理论的层次上，分析认识的普遍观点、原则、方法，探讨它们在使用时的可能性与局限性，研究科学认知发展的主要方向和趋势以及制定科研活动的总体策略。所以，一部科学史，就是一部理论的斗争史。无论是对世界进行认知的理论，还是获取这些认知理论，都一直存在无休无止的斗争。马克思主义的诞生，带来了辩证唯物主义和历史唯物主义，世界历史就此进入了新纪元。马克思主义是唯一不断发展的、科学且客观的科学认知理论。

　　总之，方法论是一种关于科学认知方法的理论。但在认知方法中，理论要借助具体的研究方法才能发挥作用。这便要求方法论的原则、观点和要求必须转化为逻辑规则和逻辑程式。

***

　　逻辑学（логика，无论是形式逻辑还是辩证逻辑）是一种关于思维的形式和规律的科学。逻辑研究的是科学认知向真理转变的规律，它不仅是一种对现有知识进行分析、改造的方法，还是一种获得新知识的手段。恩格斯指出："甚至形式逻辑也首先是探寻新结果的方法，由已知进到未知的方法。"① 但是，由于形式逻辑的研究对象都是一些出离于联系和发展过程之外的事物，这就决定了形式逻辑的认知能力存在一定的局限性。辩证逻辑弥补了形式逻辑的这一缺陷。辩证逻辑主要致力于分析客观现象的复杂性、变化性、矛盾及运动。②

　　形式逻辑和辩证逻辑在认知过程中发挥着不同的作用。辩证逻辑是科

---

① Маркс К., Энгельс Ф. Соч. Т. 20. С. 138.
② 参见 Ильенков Э. В. Диалектическая логика. М., 1974; Диалектика научного познания: Очерк диалектической логики. М., 1978; Проблемы материалистической диалектики как логики и теории познания. М., 1978; 等等。

· 39 ·

学认知方法论的一个结构成分，侧重于总结、提炼研究方法的理论；形式逻辑，则是总结、提炼研究方法的一种手段，所以其中包含了一些简单的规则和程式。

逻辑中的概念、范畴、规律和原则是人的主观意识对客观事物的如实反映。因此，逻辑是科学认知活动的强大工具。

但是，一方面，逻辑所具备的这一特点，导致逻辑受制于人的实践活动，即"人的实践活动必须亿万次地使人的意识去重复不同的逻辑的式，以便这些式能够获得公理的意义"。① 而另一方面，人类客观反映现实世界的认知能力是"人脑的产物，归根到底亦即自然界的产物，并不同自然界的其他联系相矛盾，而是相适应的"。② 因此，"概念的辩证法本身就变成只是现实世界的辩证运动的自觉的反映"。③

总之，无论从理论上看，还是从具体方法上讲，总结、概括出正确的研究方法既是可能的，又是现实的。至于研究的方法或良或莠、工具或优或劣，则取决于社会实践活动所取得的物质、精神成果的层次。社会实践活动要么能直接为我们提供科学研究所必需的工具，要么能够在社会实践成果的基础上，专门设计、产生科学研究所必需的研究工具。

2.6 科学方法的类型

最后一个问题——科学认知方法的层次和水平。有人认为，"无论哪一门学科，都不存在所谓专属的、不可借鉴的方法"。某种研究方法，即使经常被用于某一学科，也不过是"一种广为人知的研究方法被使用在了一个较为局限的范围内"而已。所以，"研究方法在应用时所呈现出来的一切新特点，均受制于它们所研究的客体的性质"。④ 这种情况确实存在，但问题在于——方法，不仅仅是各种研究方法相加的结果（即使这些研究方法已

---

① Ленин В. И. Полн. собр. соч. Т. 29. С. 172.
② Маркс К., Энгельс Ф. Соч. 2-е-изд. Т. 20. С. 35.
③ Маркс К., Энгельс Ф. Соч. 2-е-изд. Т. 21. С. 302.
④ Эвристическая и методологическая функции философии в научном познании. С. 41.

第一章　理论、方法论在科学认知中的主导作用

足够标准），它更是一种受制于认知客体特点的，集理论、方法论和具体方法于一体的复杂事物。因此，为了弄清楚用于认知一切具体社会现实的研究方法构建、发挥功能的机制，我们需要对研究方法进行分类。可以说，在"研究方法"这一范畴的内部，各个组成部分的垂直结构是清晰可见的（其水平结构是理论—方法论—具体研究方法）。我们根据研究方法的普遍程度，即研究方法能够涵盖的现实的范围，对研究方法的层次（即范畴）进行了分类，① 具体分类如下。

科学认知的哲学方法（философский метод）能够揭示对现实世界进行认知的总体观点和原则。哲学方法具有一定的普遍性，它能够描述整个研究过程的特点。哲学方法一般用于研究全体客观现象的场合。辩证唯物主义的认知方法和形而上学的认知方法都属于哲学方法。如果说在理论领域，自古以来斗争的主线是唯物主义和唯心主义的斗争的话，那么在科学方法论和研究方法领域，则是辩证法和形而上学之间的斗争。形而上学，众所周知，是科学发展过程中的一个规律性阶段。在科学发展的过程中，形而上学曾经起到了一定积极、建设性的作用，它有助于研究者关注那些存在于联系和发展之外的事物。②

但是后来，由于形而上学自身的发展停滞不前，且内部存在片面性、抽象性的缺陷，其逐渐成为科学进步的一大障碍。科学史已经表明，当前，在科学认知方面发挥着积极作用的方法，是辩证唯物主义的认知方法。

科学研究方法的另一个范畴是科学认知的一般科学方法（общенаучный метод）。一般科学方法在各个学科中均有使用。有别于一般哲学方法，一般科学方法只关注科学认知活动的某一方面，目的是完成具体的研究任务。例如，演绎法和归纳法虽然都能揭示出所研究的对象的本质，但二者是两种不同的观点；分析法和综合法，是两种在起源上即存在本质差异的方法；描述法（описательный метод）和定量方法（количественный метод）虽然

---

① 科学认知方法的分类，可参见 Копнин П. В. Гносеологические и логические основы науки. С. 514 等处。
② 参见 Маркс К., Энгельс Ф. Соч. 2-е изд. Т. 20. С. 20–21。

都能反映、传达出所研究现象的相关信息，但二者反映信息的手段与形式是不同的；而模拟研究（моделирование）则是一种在更高的认知层次的基础上，对研究对象进行形式化认知的方法。

随着科学的不断发展，全新的、能涵盖各个学科的一般科学方法不断涌现，科学研究方法日益丰富（例如系统—结构分析法、功能分析法、模拟方法、信息熵法、算法优化的方法等等）。

在科学研究的实践中，究竟选用哪种一般科学方法，取决于研究对象和研究任务的性质。

一般科学方法只能反映认知活动的个别方面，因此，在进行研究时，必须综合运用各种一般科学方法。例如，想要使用模拟方法，就必须抱有系统—结构的观点，使用系统—结构分析法加以分析。又比如，无论是归纳类的模拟，还是演绎类的模拟，都必须建立在描述法或定量方法的基础之上。

一般科学方法能否被成功使用，既取决于该方法的宏观理论、方法论基础，又取决于它们所依据的一般哲学方法。只有建立在唯物辩证法基础上的一般科学方法，才能够无往不利。建立在唯物辩证法基础上的一般科学方法，使我们得以在实践中，体悟辩证唯物主义认知客观世界的原则。马克思主义集中体现了辩证唯物主义的思想观点，因此，马克思主义能够直接、客观、如实地认知客观现实，并取得了丰硕的认知成果。正是因为有了马克思主义，一般科学的认知方法才得以形成统一的体系。许多一般科学方法之所以能够产生，马克思主义厥功甚伟。

总之，一般哲学方法和一般科学方法是科学认知方法的两个层次，二者彼此密切相关。

除了一般哲学方法和一般科学方法之外，科学认知方法的第三个层次是专门科学方法（специально-научный метод）。专门科学方法根植于一般哲学方法和一般科学方法的基础之上。专门科学方法的理论基础是专门科学层面的理论。专门科学理论在专门科学方法形成的过程中发挥着本体论作用，它决定了专门科学方法的方法论原则和规范性要求。专门科学方法的方法论原则和规范性要求的特点，是由相应学科认知客体的特殊性决定的。例如，历史学有别于其他人文社会科学的特点，在于它研究的客体是一切过去的事物。因此，历史研究的研究方法也将不可避免地带有特殊性。

处于最低认知层次的研究方法，是具体问题方法（конкретно-проблемный метод）。具体问题方法的研究对象，一方面反映了客观实在的某个方面（或者本身就是客观实在中的某一现象），另一方面，其自身也是某一学科的认知客体。通过具体问题层面的理论，我们可以明确具体问题方法的研究客体的实质。反过来，具体问题方法的研究对象的特点，也决定了具体问题方法的方法论（理论）特点，即具体问题方法所基于的原则及要求的特点。比如说，如果我们要研究某一国家在一定历史时期内的经济发展进程，那么，研究本身以及研究方法应该能够揭示出经济发展的生产经济（结构）实质，应该能够反映出各个阶段的经济发展水平、生产力和生产关系相互作用的性质以及二者对经济发展速度的制约性等等。换言之，经济发展应当是一个客观的、规律性的、存在内部制约性的历史过程。又比如，假如我们研究的是某种社会思想现象，那么研究和分析的必要原则和要求，应当是推动个体信息向社会信息的转化，从物质的方面来揭示意识的本质，也就是说，要根据客观事物，来揭示主观现象的本质。很明显，在前后两种情况下，使用到的研究方法是不同的。

具体问题方法依靠具体问题理论来揭示研究对象的性质。除此之外，在使用具体问题方法时，同样离不开专门科学方法、一般科学方法、一般哲学方法的配合。

总之，尽管科学研究方法纷繁复杂、千头万绪（主要是由于各种具体问题方法太过多样），但是科学研究方法内部是一个有层次、有秩序、彼此紧密相联的体系。

以上便是本章所涉及的内容。想要深入分析历史研究的具体方法及宏观方法论，必须从上述问题开始理解。

第二章
历史学在科学体系中的地位、历史认知的客体及历史认知方法的特点

科学认知方法的特点是由要研究的客观实在的性质、研究任务的本质以及研究所隶属的学科在整个科学体系中的地位所决定的（这一点又决定了该学科能否使用其他学科的研究方法）。鉴于此，本章主要探讨人文社会科学和历史学的认知客体以及历史学在科学体系中的地位。核心是确定历史唯物主义和历史学、社会学认知和历史学认知的关系，因为在这些学科内部，认知的客体是相同的。

与社会学（социология）所具有的概括性不同，历史学是一门具体的学科。社会学与历史学的关系一直是学者关注和争论的焦点。在苏联，哲学家和历史学家对于二者的关系莫衷一是。

包括历史学在内的人文社会科学，其认知客体的特点在于：在社会生活中，客观事物与主观事物是有机结合在一起的。对这一特点最重要的表现形式，莫过于社会历史发展的未然性（альтернативность）。想要厘清历史未然（историческая альтернатива）形成的前提以及研究的目的和途径，需要对其进行专门的研究。不过，在当前的苏联，历史发展过程中的未然性（选择性）还没有得到历史学家的足够重视，更遑论将其置于历史学的视野之下进行研究了。

与其他社会人文科学相比，历史学的特点在于，历史认知的客体主要

是过去的社会发展情况。这便决定了历史认知具有一定的特殊性。既然历史认知的客体不能够以观察或实验的形式进行复制,那么,作为认知客体的过去,究竟是不是真实的;人类对过去进行认识,究竟是不是可能的——不同史学流派对此有着原则性的分歧,有的流派基于辩证唯物主义方法,有的流派则依靠主观唯心主义方法。总之,这是一个十分重要但又有待研究的问题。

本章的主要任务在于研究以下问题:历史认知究竟在多大程度上服从于科学认知的普遍规律;历史认知是否具有科学认知的基本特点;历史认知的特点究竟是什么。

第一节 历史学在人文社会科学体系中的地位

1.1 科学认知的客体与对象

辩证唯物主义认为,一切认知及其所形成的认知产物,都是人类的意识对自然界和人类社会中的现象或过程的特点、性质、联系、规律、发展趋势的反映。所有的认识都具有反映性(отражательный характер)。因此,反映论(теория отражения)是马克思主义认识论的基础。

一切科学认知,都是认知的社会主体(познающий общественный субъект)与认知客体(объект познания)之间相互作用的结果。不同学科之间的差异,主要体现在认知客体的差异上。

认知客体是现实中具有特定性质的现象和过程的总和。在内在本质、基本特征、运行和发展的规律等方面,认知客体与现实世界中其他客体之间存在根本区别。

部分苏联哲学家认为,客体不只是独立于主体存在的全部现实,更是与主体存在相互作用的那一部分现实。换句话说,被纳入认知过程的那部分现实,同样属于客体的范畴,而没有被纳入认知过程的那一部分现实,则是客观实在(объективная реальность)。客观实在具有某种普遍性,它融合了现实的全部性质和特点。① 如果单纯从认识论的角度来看的话，上述论断虽然具有一定的局限性，但其中也不乏个别合理的成分。尽管如此，我们应该考虑到：第一，在从认识论的角度探讨认识时，仍不可脱离本体论，并且认识具有能动性；第二，从认识论的角度看，当论及实践—认知活动的重要性时，认知客体指的是全部的客观实在。因此，认识的现实目的在于对自身的扩展和深化。

实际上，在任何一个历史发展阶段，认识均只包含现实的一部分，因此，必须有一个概念能够指代认知客体中被纳入认知过程的那一部分。这个概念就是认知对象（предмет познания）。之所以说上文对认知客体的认识具有一定局限性，就是因为该理论认为没有必要使用"对象"这一概念，②并在事实上将"认知对象"与"认知客体"混为一谈。在接下来的行文中，笔者将按照传统观点，将一定的客观实在视为认知客体，而将研究中所需要的认知客体的某些方面和特点视为认知对象。

在客观实在中，自然现象（естественное явление）与社会现象（общественное явление）存在本质差异。恩格斯在《路德维希·费尔巴哈和德国古典哲学的终结》一书中对此评价道："……社会发展史却有一点是和自然发展史根本不相同的。在自然界中（如果我们把人对自然界的反作用撇开不谈）全是不自觉的、盲目的动力，这些动力彼此发生作用，而一般规律就表现在这些动力的相互作用中……反之，在社会历史领域内进行活动的，全是具有意识的、经过思虑或凭激情行动的、追求某种目的的人；任何事情的发生都不是没有自觉的意图，没有预期的目的的。"③ 根据这些差异，形成了两类科学——自然科学（естественная наука）和社会科学（общественная наука）或社会人文科学（общественно-гуманитарная наука）。无论是社会生活（общественная жизнь），还是自然生活（естественная жизнь），都是具

---

① 可参见 Петров Ю. В. Практика и историческая наука: Проблемы субъекта и объекта в исторической науке. Томск, 1981. С. 231 – 234。

② Петров Ю. В. Указ. соч. С. 233.

③ Маркс К., Энгельс Ф. Соч. 2 - е изд. Т. 21. С. 305 – 306.

有特定性质的各种现象或过程的复杂集合。社会生活现象包括：社会经济现象、政治法律现象、社会意识形态现象、艺术文学现象、道德伦理现象、社会心理现象等。伴随着对这些社会现象进行认识，人文社会科学就此产生。人文社会科学的认知客体是社会发展的组成部分。

1.2　历史学认知的对象以及不同史学流派对它的阐释

历史学的认知客体是整个社会历史发展过程中一切社会生活现象的总和。因此，同其他具体的人文社会科学相比，历史学是一门综合性的、整体性的学科。历史学所研究的，是其他人文社会科学所研究的社会现象的总和。因此，在任何一项历史研究中，历史学家都扮演着双重甚至多重的角色。例如，如果要研究社会经济发展的过程，那么研究者就应当既是历史学家，又是经济学家；而如果要从整体上论述某个历史发展过程，那么研究者就应当既是历史学家，又是经济学家，同时还是法学家、艺术理论家……。这虽然是尽人皆知的事情，但遗憾的是，研究者却不总是能得出圆满的结论。因为，这要求历史学家除了掌握历史学的认知理论、认知方法论、具体认知方法之外，还要掌握来自其他学科、专门适用于研究者所研究的现象或过程的认知理论、认知方法论和具体认知方法。不过，苏联史学界已成功地将各类人文科学的观点、原则和方法有机地结合到了一起，成果卓著，成效斐然。例如，Н. М. 德鲁日宁的18~19世纪俄国农业史研究、Б. А. 雷巴科夫的古罗斯史研究、Е. А. 科斯明斯基的中世纪英国农业史研究等，都属于这样的研究成果。

可见，某些人文社会学科的认知客体并不唯一，因此，在这些学科中，适用于专门科学和具体问题的理论、方法论、具体认知方法也不是单一的。由于这些学科主要研究的是当前的问题，所以它们不仅为历史学提供理论、方法论的视角和具体的认知方法，还能帮助历史学确定具体研究任务，选择在内容上最具现实意义的研究方向。当然，在研究现实问题时，其他人文社会学科的研究者同样可以使用历史学的研究视角、研究方法，甚至完全以历史研究为本，支撑起对一切社会生活现象的研究来——这样的话，

历史研究方法

所进行的研究和对研究结果的阐释将更加全面，更有根据。总之，在研究实践中，各人文社会学科必须建立起紧密的联系。但遗憾的是，随着科学认知的不断积累，科学研究越发走向精细化、专门化，这阻碍了由单一学科向跨学科研究发展的趋势。

在现实世界，现象和过程固有的性质和联系是无限的，这决定了我们无法仅凭一次之力，便能完全、彻底地认识客体。从这个角度上讲，认识总是或多或少地带有某种相对性、局限性。因此在认知过程中，除了认知客体，认知对象也颇为重要。

认知对象是研究中认知客体最本质的属性和特征的完全集合。显然，如果认知客体是不依赖认知主体而独立存在的现实，那么认知对象就是由认知主体划分出来的或者引起主体注意的那部分现实。随着认知的不断深化，认知对象的范围也在不断扩展。以历史学的发展为例，便能很清楚地理解这一问题。①

历史认知之所以能够转变为一种科学，是因为人类解释社会生活现象的角度逐渐由天命论（провиденциалистская позиция）转向了唯理论（рационалистическая позиция）。这种转向的实质在于，人类开始从自身的活动以及能够对社会生活施以最大影响的精神、心理因素，来解释社会发展的性质和进程，而不再依靠什么彼岸力量、宗教力量或"神力"——当然，后者在君主、国务活动家、达官显贵中仍深具影响，他们信奉：过去的一切都来源于某种彼岸的神秘力量。因此，在相当长的一段时间内，历史学的研究对象是政治史，换言之，就是描述帝国、王朝、君主统治的历史。只有当封建制度崩溃，资本主义制度确立之后，在先进史学思想家的努力推动下，社会经济发展史、人民史、人民群众的斗争史才被纳入历史研究的范围，历史学研究对象的范围才得以不断扩大。

在马克思主义史学诞生以前，关于历史学研究对象的问题，阐述得最

---

① Б. Г. 莫吉利尼茨基在对"历史学的对象"的阐释上厥功甚伟，不过他并没有把"客体"与"对象"区分开来，参见 О природе исторического познания. Томск, 1978（第一章）。

第二章　历史学在科学体系中的地位、历史认知的客体及历史认知方法的特点

为广泛、最为深刻的，莫过于18世纪法国的启蒙思想家和19世纪40~60年代俄国的革命民主主义者。他们的独特之处，在于承认物质因素、人民的活动、斗争与革命在历史发展中的作用。① 伏尔泰这样表述他们对历史学研究的对象和目的的认识："几乎在所有的地方，我看到的都是君主的历史，而我想撰写的是人民的历史。"② 尽管西欧和俄国的思想家只是部分地实现了自己的理想，但与当时占主导地位的贵族史学相比，历史学的研究对象能够得到如此根本性的扩展，这些思想家的贡献功不可没。

同启蒙运动时期相比，19世纪自由资产阶级史学的研究对象十分狭隘。尽管当时的资产阶级史学家已经开始研究除政治史之外的社会经济发展现象，但他们所研究的，只是后者的外在表现形式（如自然经济、商品—货币经济等），人民的主体作用被忽视，社会进步被说成是资产阶级改良的功劳。

到了20世纪，资产阶级史学陷入了深刻的理论、方法论危机，主要表现在资产阶级史学无法客观地、如实地认识过去，无法深刻认识历史发展的整体进程、主要表现、发展规律，无法判断当前社会进步的需求以及未来历史发展的趋势。但是，资产阶级"史学危机"并不意味着资产阶级史学的绝对停滞和衰落。资产阶级史学在研究问题的提出、史料的积累、研究方法和研究技术的总结概括以及具体研究等方面的发展仍没有中断。但是，由于资产阶级史学的理论、方法论前提是有局限性的甚至是完全错误的，因此，资产阶级史学不会得出什么具有重要科学认知价值和实践意义的结果。表现之一就是资产阶级史学的研究范围十分狭窄。

只有个别的资产阶级史学流派对"历史研究的对象"的认识比较宽泛。法国年鉴学派是其中的佼佼者。年鉴学派诞生于20世纪20~60年代，由著名

---

① 参见 Историография нового времени стран Европы и Америки. М., 1967；Иллерицкий В. Е. Революционная историческая мысль в России (домарксистский период). М., 1974；等等。

② 引文出自 Державин К. Н. Вольтер. М., 1946. С. 207。

历史学家马克·布洛赫（Marc Bloch）、吕西安·费弗尔（Lucien Febvre）、费尔南·布罗代尔（Fernand Braudel）领导，以《年鉴》（*Annales*）杂志为阵地。①

布罗代尔论证了历史学研究对象的全面性。他认为，归根到底，历史学家应该研究一切社会现象，并且反对将历史学研究的对象看作一个单义的概念。他写道："对我而言，历史②是对一切有可能的事件、视角和观点（过去、现在和未来）的总和。"③尽管布罗代尔呼吁将一切关于历史学研究对象的认识统一起来，但正确地讲，历史学的研究对象（其他学科也是如此）是动态的。随着历史研究越来越多地涵盖社会发展现象，历史学的研究对象也会逐渐增加，在这一方面，二者的发展轨迹是一致的。由于我们永远不可能完全认识过去，因此，合理的做法是提炼出认知对象中最核心、最本质、最重要的部分，以便更加有效地发挥历史学的社会功能。然而，布罗代尔虽然倡导历史认知对象的全面性，但这只是一个在理论上存在的命题，实际上，历史研究的具体任务已经被大大缩小了。完全可以说，他实际上是在呼吁放弃历史学的"社会发展"（общественное развитие），代之以"某一个时间段内的历史现实状况"（состояние исторической действительности на данном отрезке времени）。④那样的话，发展便从历史学中消失了，因为"将社会系统结构分析与其发展相结合"的方法论观点已不复存在。

尽管如此，马克·布洛赫、吕西安·费弗尔、费尔南·布罗代尔时期的年鉴学派⑤（到了20世纪70年代，年鉴学派已经发展成了一种和以往完

---

① 参见 Афанасьев Ю. Н. Историзм против эклектики: Французская историческая школа "Анналов" в современной буржуазной историографии. М., 1980.
② 即历史学。——作者注
③ Бродель Фернан. История и общественные науки: Историческая длительность // Философия и методология истории: Сб. статей. М., 1977. С. 128.
④ Афанасьев Ю. Н. Указ. соч. С. 123.
⑤ 后期，《年鉴》杂志日渐转向资产阶级主观唯心主义史学，越发将社会历史发展中的个体性和独特性绝对化，也就是说，越来越强调社会历史发展的精神因素。

第二章　历史学在科学体系中的地位、历史认知的客体及历史认知方法的特点

全不同的学派）仍是资产阶级历史学家为克服资产阶级"史学危机"所进行的最成功的尝试。虽然这种尝试在它的初始阶段，即对"历史学研究的对象"的定义中，就已经注定了必然是徒劳无功的。纵使部分史学流派承认"人能够获得客观的历史认知"，但在现代资产阶级史学中，主流做法仍然是将历史学的对象限制为历史发展中的某些个别表现。这些"个别现象"，在那些重点描述历史事件的历史学派中，指的是个体的、独特的历史事件；而在结构主义史学中，指的是原始的、内在自洽且稳定不变的结构。

只有从马克思主义的理论和社会认知方法论的角度出发，才能对历史学的研究对象做出最科学、最全面、最具体、最完整的定义。这是因为，确定科学的研究对象，实质上就是确定科学研究任务的范围和性质。只有当理论完全如实地反映出历史认知客体的基本属性，方法论完全如实地反映出历史认知的基本途径，才能正确地揭示研究任务的范围以及性质。这一目标，对于社会历史发展而言，只有马克思主义实现了。马克思主义指出，历史发展的实质不在于个别人甚至是某些"伟人"的活动，不在于单次的、偶然的事件或结构，也不在于所谓万物的"不可分割性"。历史发展是追求着自己目的的人的活动。这种活动是一个自然历史的、不断进步的、合乎规律的、受内在条件制约的过程。在具体的发展进程中，物质与意识、客观与主观、普遍性与特殊性、规律性与偶然性、可能性与现实性、自觉性与自发性是有机结合在一起的，并且，这种结合本身就是现象与本质、内容与形式、量与质的统一。

马克思主义所给出的这一历史认知客体的基本性质（未来还可以继续扩充），就是认知对象的内容（содержание）。马克思主义为历史学认知对象所下的定义、划定的范围最广泛，揭示的内容最深刻，古往今来的一切史学流派无出其右。列宁强调道："马克思以前[1]的'社会学'和历史学，至多是积累了零星收集来的未加分析的事实，描述了历史过程的个别方面。马克思主义则指出了对各种社会经济形态的产生、发展和衰落过程进行全

---

[1] 也包括马克思主义诞生之后的一切非马克思主义史学流派。——作者注

面而周密的研究的途径，因为它考察了所有各种矛盾的趋向的总和，把这些趋向归结为可以准确测定的、社会各阶级的生活和生产的条件，排除了选择某种'主导'思想或解释这种思想时的主观主义和武断态度，揭示了物质生产力的状况是所有一切思想和各种不同趋向的根源。"[1] 历史发展进程的唯物主义观点和历史认知的辩证方法，不仅为我们提供了揭示历史的可能，同时也是历史学研究的对象得以不断扩展的基础。

在马克思主义的指导下，历史研究对象的内容显著拓展，而该进程的一大铁证，就是苏联史学的发展史。如果说在苏联史学发展的初期阶段（大致在20世纪50年代末以前），历史学家还在千方百计地研究社会经济发展、阶级斗争、革命运动的话，那么当今的苏联史学，已经开始致力于全面阐述历史发展的过程了。当然，无论是从提出的研究任务，还是从研究的时空范围来看，我们对这一过程的认识还远远不够。例如，历史学家对不同时期（包括当下）的日常文化生活现象、社会心理现象、意识形态现象的研究还很滞后；在研究历史发展进程时，仍较少去研究自然界和人类社会相互影响的情况；对于自然和社会劳动分工以及二者在不同历史发展阶段下的专业化程度和生产力状况的研究也很薄弱（舍此将无法全面地认识生产力的发展）……这份清单还可以继续补充，并且可以从时间和空间的角度进行细化。

总之，苏联史学的发展进程和各种史学流派的理论探讨都证明了历史研究对象的实际内容是在不断扩展的。

1.3 历史唯物主义与历史学的关系

除历史学外，还有一门科学的认知客体是全部社会生活现象的总和——那就是历史唯物主义。历史唯物主义是马克思主义的社会学理论。由于历史学和社会学的认知客体都是全部社会生活现象的总和，那么，作为一门概括性的、哲学式的学科的社会学和作为一门具体性的学科的历史学，二者之间究竟是何种关系——不同的流派对这一问题的解答各不相同。

---

[1] Ленин В. И. Полн. собр. соч. Т. 26. С. 57 – 58.

第二章　历史学在科学体系中的地位、历史认知的客体及历史认知方法的特点

实证主义（以及所有受其影响而产生的流派）认为：二者的关系是对立的。历史学的任务在于揭示社会发展的具体进程，发现其中所固有的、直接的因果联系及因素；社会学的任务，则在于揭示社会发展的根本特点及规律，并对其进行概括性的解释。以新康德主义及其他流派为代表的主观唯心主义也同样将社会学和历史学对立起来，但与此同时，其又完全否认了人类获得关于过去的客观认识的可能性。①

历史唯物主义和历史学的关系问题（即社会学与历史学的研究对象问题）在苏联的社会学家（首先是哲学家）中同样引起了激烈的争论。但令人诧异的是，对于"历史学的认知对象"问题，历史学家却并没有表现出什么特别的兴趣，即使这明明是同自己学科相关的事情。既然如此，显然，争论是不会朝着对历史学有利的方向行进的。此外，这也暴露出历史学家对于研究史学理论、方法论问题的必要性认识得非常不足。

20世纪60年代前半期，就历史唯物主义和历史学的关系问题，苏联的哲学家认为，历史学只是叙述历史现实，而历史唯物主义则是在诠释社会发展现象，并发现其中的规律。② 这种论断显然是毫无根据的。如果不对所研究的现象或过程的本质进行分析，科学又怎能产生？这显然与哲学家们的论断相冲突。

---

① 参见 Кон И. С. Позитивизм в социологии. Л., 1964; Грзал Л., Попов С. Критика современных буржуазных социологических теорий. М., 1976; Вайнштейн О. Л. Очерки развития буржуазной философии и методологии истории в XIX – XX веках. Л., 1979; История и буржуазная социология XIX – начала XX века. М., 1979; Буржуазная социология на исходе XX века: Критика новейших тенденций. М., 1986; 等等。

② В. И. 普里皮斯诺耶指出，"历史唯物主义旨在研究历史现实，解释社会发展的规律"，历史学的任务则是"描述历史现实"（参见 Приписное В. И. О соотношении исторического материализма и исторической науки // Вопросы философии 1961. № 1. С. 12）。В. П. 罗任也在自己的著作中对此表示认同（参见 Рожин В. П. Введение в марксистскую социологию. Л., 1962. С. 36）。《马列哲学》（1964年）的作者们认为，"历史学一直在追随着事件的步伐，研究各种具体的社会现象的历史"，马克思主义的社会学则旨在"解释社会现象一般的、特殊的本质以及社会发展的规律"（见第294页）。在教科书《马列哲学》（1981年）中所描述的历史唯物主义与历史学的关系虽然不如前几本著作中那样对立，但认为历史学"研究的是各个国家、民族按时间顺序排列好的历史"（见第184页）。

历史研究方法

　　为什么说哲学家们的论断"毫无根据"？笔者认为，个中原因在下面这段话里体现得淋漓尽致："（哲学家们）对于历史学对象的定义，所说的多半是千百年来历史学家主要做了些什么，而不是在现代科学概念体系的大范围内，特别是在马克思主义历史主义的基础上，历史学家应该去做些什么。"①

　　显然，哲学家对于历史唯物主义和历史学的分野遭到了人们的反对，于是，又有人提出了一种我们姑且称为"折中式"的论调。他们认为，既然一切科学的主要任务，都在于揭示那些决定了客观实在的运行和发展的规律，那么，我们应当从科学认知规律的性质中，寻找历史唯物主义和历史学的认知对象的差别。据此，这些人把社会规律（социологические законы）归入了历史唯物主义的范畴，把历史规律（исторические законы）归入了历史学的范畴。不过，对于某些规律而言，我们究竟应当将其分至何类，应当以何作为划分的标准，还需要进一步的探究。

　　社会发展中的那些最普遍的规律，属于社会规律。这些规律在发展的各个阶段都发挥着作用。因此，这些规律是一切社会经济发展阶段所共同固有的规律（例如生产力与生产关系相适应的规律、经济基础决定上层建筑的规律、人类主观活动产物的客观决定性规律、阶级对抗和阶级斗争的规律等）。与此相对，那些没有那么普遍的规律，则属于历史规律。历史规律揭示了历史发展中某些阶段或方面的特点。某些学者试图具体地揭示历史规律本质，但他们并没有取得什么效果。有人认为，具体的历史规律是在众多在社会生活中发挥作用的规律相互交叉、相互影响的情况下产生的。他们指出，历史规律"产生的基础不仅仅只有社会规律，除此之外，还有纯粹的经济规律、人口规律、人类生活的生物学和心理学规律、社会精神生活规律、与人类互相影响的自然规律。历史规律在这些规律共同作用的基础上得以形成。所有这些规律加在一起，产生了历史运动。因此，具体的历史规律是在各种不同种类的规律相互作用、彼此交叉的情况下形成的。而对社会而言在众多相互

---

① Барг М. А. Категории и методы исторической науки. М. , 1984. С. 13.

第二章 历史学在科学体系中的地位、历史认知的客体及历史认知方法的特点

交叉的规律中居主导地位的,是社会规律"。①

总的来说,历史规律描述的是社会现象或状态。"历史情境"的规律(законы "исторических ситуаций")是一种特殊的历史规律。这种规律"表现普遍规律的作用机制,确定历史情境的类型、在该情境下可能会产生的后果以及二者之间的关系"。②

总之,历史规律的本质实际上可以归结为"对社会规律的一种具体的、历史的表现"。这一本质得到了部分历史学家的明确认同:"历史规律揭示了在特定的、具体的历史条件下,社会普遍规律的运行机制。从这一方面来说,历史规律从属于社会普遍规律。"③但这同时也意味着,历史规律只是社会规律的一种变体。所以,一些不赞成该观点的学者指出:任何把规律划分为社会规律和历史规律的人,都无法发现、具体描述任何一种特殊的历史规律。④

***

还有一些人反对将历史规律从社会规律中单独划分出来。⑤他们注意到,由于社会规律具有时间上的延展性,因此一切社会规律,实际上也是历史规律(即使是那些主张将历史规律单独划分出来的人,也对此表示承认)。因此,如果将历史规律单独划分出来,会导致历史规律和社会规律的

---

① Гуревич А. Я. Об исторической закономерности // Философские проблемы исторической науки. М., 1969. С. 63. 亦可参见 Уледов В. К. Социологические законы М., 1975. С. 211–212。
② Кертман Л. Е. Законы исторических ситуаций // Вопросы истории. 1971. № 1. С. 66。
③ Жуков Е. М. О соотношении общесоциологических и исторических закономерностей // Вопросы философии. 1977. № 4. С. 51. 亦可参见 Он же. Очерки методологии истории. С. 68。
④ 参见 Ирибаджаков И. Клио перед судом буржуазной философии. М., 1972. С. 202–203。
⑤ 参见 Иванов Г. М., Коршунов А. М., Петров Ю. В. Методологические проблемы исторического познания. М., 1981. С. 243 等处、Петров Ю. В. Практика и историческая наука. С. 372 等处、Методология наук в системе вузовского образования: Коллективная монография. Воронеж, 1982. С. 223 等处及其他著作。

·55·

割裂,会制约使用历史方法、逻辑方法分析社会现象的合理性——毕竟只有借助历史方法,才能认识历史规律。反对将历史规律独立划分的另一条最重要依据是:在现实社会里,客观上并不存在能够形成特殊的、被单独划分出来的历史规律的"特殊的历史活动"。①

对于"如何看待社会规律和历史规律"的问题(即历史唯物主义和历史学认知对象的问题),还存在另外一种观点。M. A. 巴尔格指出:"区分社会学与历史学研究对象的唯一可能性,在于区分这两门学科的本质层次。"② 在此笔者再引用一段马克思的话:"因为思维过程本身是在一定的条件中生成的,它本身是一个自然过程,所以真正能够理解的思维只能是一样的,只是……逐渐表现出区别,其余的一切都是废话。"③

在说明社会学认知和历史学认知的本质层次时,巴尔格写道:"社会实际的历史研究所能达到的本质层次……接近于并在逻辑上体现为特殊性。""特殊性的本质层次(形态内部诸变体)乃是以历史本身规律的概念来揭示的普遍性(全世界历史的一般性)之特殊形式。自然,从哲学的观点看来,后者仅仅是一般社会规律的表现形式,但从历史编纂学的角度来说,完全可以把它视为一定的变体以及视为历史本身的规律。"④

无疑,我们所面临的任务,在于提出更为深刻的问题。如果说,社会现实的运行、发展规律在不同的时空条件下不断延展的话,那么可以说,社会现实的本质确实具有不同的表现层次,这是因为,社会生活是一般性、特殊性、个别性的结合。但是,这依旧没有回答"历史唯物主义和历史学的认知对象究竟是什么"的问题。将历史学的认知对象仅仅局限于某些特殊事物的本质,这种做法是缺乏根据的。事情不在于,或者说不只在于历史学有一定的"残缺性"(因此历史学不能细致地、深入地揭示所认识的客

---

① Попов С. Существуют ли "специфические исторические" законы? // Философские науки. 1971. № 6. С. 150, 151.
② Барг М. А. Указ. соч. С. 24 – 25.
③ Маркс К., Энгельс Ф. Соч. 2 – е изд. Т. 32. С. 461.
④ Барг М. А. Указ. соч. С. 23, 24.

第二章　历史学在科学体系中的地位、历史认知的客体及历史认知方法的特点

体，只能安于屈居社会学之下，对客体做出低层次的认识），而在于这种局限性缺乏客观的基础，尽管在社会现实中存在一般性、特殊性和个别性。列宁指出："个别一定与一般相联而存在。一般只能在个别中存在，只能通过个别而存在。任何个别（无论怎样）都是一般。任何一般都是个别的（一部分，或一方面，或本质）。"① 一般性（即"一般"）、特殊性和个别性（即"个别"）是有机地结合在一起的，这意味着：第一，我们不仅可以在一般性认识的基础上认识特殊性（即历史认知应当依靠社会学的认识），而且只有在深入认识特殊性的基础上才能完全揭示一般性（即社会学应当充分吸纳历史学及其他具体社会科学的研究成果）——这一点是显而易见的，并且得到了普遍的认同；第二，同时也是很主要的一点，一般性、特殊性和个别性的有机融合表明，任何一门科学都不能局限于对特殊性的研究，因为随着认识的不断深入以及试图向揭示客体更高层次的本质过渡（这是一切认知过程所固有的），认识不可避免会需要一般性，并且需要通过特殊性来揭示一般性——否则的话，这门科学便无法实现自身科学认知的功能。同其他科学一样，历史学不仅能够，而且应当既在时空上又在内容上认识所有层次的本质和规律。

总之，对历史唯物主义和历史学认知对象范围的"折中式"的理解/划分仍然无法解决问题。

**

正如许多学者正确指出的那样，在区分历史唯物主义和历史学的认知对象时，依据的不应当是二者"认识了什么"，而应当是"怎样认识""为什么认识"这些社会生活的基本现象、特点和规律。

社会学之所以需要综合性、概括性地认识社会生活，原因在于以下几方面。第一，这种认识是人作为社会（集体）中的个体认识周遭世界的本

---

① Ленин В. И. Полн. собр. соч. Т. 29. С. 318.

质以及自身在社会中的地位所必需的。世界是变幻无穷的,故而只有在最概括的层面上,才有可能达到这种认识。在众多认识中,哲学认识对世界观的形成具有决定性的意义。第二,这种认识作为理论、方法论的基础,对于具体地研究社会发展状况是必要的。列宁指出:"如果不先解决总的问题就去着手解决局部性问题,那么随时随地都必然会不自觉地'碰上'这些总的问题。"① 应当指出,虽然历史唯物主义的奠基人反复强调历史唯物主义的重要方法论作用,但历史学家却常常没有对其予以足够的重视。② 历史唯物主义原理中往往蕴含着具体历史问题的解决方法。恩格斯指出:"我们的历史观首先是进行研究工作的指南,并不是按照黑格尔学派的方式构造体系的方法。"③ 他还强调:"马克思的整个世界观不是教义,而是方法。它提供的不是现成的教条,而是进一步研究的出发点和供这种研究使用的方法。"④

总的来说,马克思主义哲学、社会学理论对科学认知的积极作用是显而易见的。马克思主义哲学、社会学理论的认知对象是将发展的外在表现和深层规律融为一体的、成系统的社会生活。这些表现形式能够反映出社会生活的"结构、功能和发展的完整性";而这些规律则描述了"在任何社会都会表现出来"的纷繁复杂的历史特点、历史关系、历史联系。⑤ 社会学认知能够借助那些不那么一般的、个别的但与要揭示的一般规律相关联的规律。社会学认知的方法是逻辑方法。

但是,如果想要借助对过去的认识,来认知当下的活动或某一直接的、实践性的活动,仅凭对历史发展的一般性认识是不够的。届时,我们除了需要具备能够体现时空特点的一般性规律的具体认识之外,还需要具备能

---

① Ленин В. И. Полн. собр. соч. Т. 15. С. 368.
② 参见 Категории исторического материализма и их методологическая функция. Киев, 1986.
③ Маркс К., Энгельс Ф. Соч. 2-е изд. Т. 37. С. 371.
④ Маркс К., Энгельс Ф. Соч. 2-е изд. Т. 39. С. 352.
⑤ Исторический материализм как социально-философская теория // Под ред. В. И. Разина. М., 1982. С. 9.

第二章　历史学在科学体系中的地位、历史认知的客体及历史认知方法的特点

体现特殊性和个别性规律的认识。历史学恰恰能够提供这种认识，并以此实现其最重要的社会功能。因此，历史学的认知对象是人类活动。这种活动是一个自然历史的、不断进步的、受内在条件制约的、合乎规律的过程，并且具有多样性和时间、空间上的具体性。历史学的认知对象与历史唯物主义的认知对象究竟有何差异？二者的根本区别就在于这种具体性（конкретность），而不是被认识的本质的层次性（уровень познаваемой сущности）。历史学能够并且应当既在个别性和特殊性的层次上认知社会发展的本质，又在一般性的层次上认知社会发展的本质（尽管这一点是以具体的形式表现出来的）——这就是历史学与社会学对一般性的认知的区别所在。历史认知的具体性要求彻底地、连续地阐述历史发展进程，而且必须使用历史方法，否则将无异于镜里看花、水中望月；而社会学，则完全不需要：既不需要如此阐释历史发展进程，也不需要使用什么历史方法（当然，在具体研究中也避免不了使用一些逻辑方法）。总体上，从内容的角度看，历史学的认知对象要比社会学的认知对象丰富得多。

鉴于社会学和历史学的认知对象存在区别，在使用相关术语时，应注意特别厘清其中的差异。至于"将全部的社会发展规律划分为社会规律和历史规律"，上文已经强调过，一切社会规律都具有历史性。但是，由于历史现实的个别性、特殊性和一般性有机地结合在一起，仅仅以社会规律来统摄一切规律显然是不合理的。客观实在中的规律并不被人为地分为历史规律和社会规律，各个规律之间的区别只在于各自的时空延伸性、对社会生活运行和发展的影响程度和力度。所以，在认识论方面，合理的做法是：根据普遍程度（普遍规律、一般规律、特殊规律、个别规律）和实质内容（如经济规律、社会规律、政治规律等）对规律进行划分。这也是许多学者在描述社会规律时的共同选择。[①]

[①] 关于社会规律的分类，可参见 Попов С. Общественные законы. Сущность и классификация. М., 1980。

厘清术语间的差异，对"规律"进行区分，也有助于对某些观念进行祛魅。总有人认为："只有哲学家才能够揭示社会规律，而研究其他社会科学学科的学者则只能甘于发现、分析更低层次的规律。"事实显然并非如此。任何一门人文社会学科，都能揭示一切层次的社会发展规律，从最一般的规律到最基本的规律无所不包。社会科学认知的发展史已经证实了这一点。众所周知，作为"社会规律"的阶级斗争规律，恰恰是由历史学家，而不是哲学家发现的。或者说，难道马克思和恩格斯是作为社会学家，才发现了阶级斗争规律——这一构成了历史唯物主义核心的，社会发展中最普遍、最基本的规律的吗？客观实在（其中也包括社会现实）不仅具有多样性，还具有统一性。因此，揭示社会规律，绝不是社会学的"专利"，任何一门人文社会学科都能认知社会生活中一切层次的本质和规律——只是受制于对客体认知的程度，各学科对社会本质和规律的认知程度有所不同罢了。

1.4 历史学的社会功能以及历史研究的现实性和有效性

想要最终明确历史学在人文社会科学体系中的地位，还应当对历史学的社会功能进行简要叙述。对于历史学的功能，哲学家和历史学家均已有过详尽的阐述。① 早在远古时期，社会需求便早已寓于历史认知和历史学的自我认知之中。历史认知是自古至今不断积累的。最初，历史认知具有神话性质，对社会生活现象的解释也建立在天命论的思想基础上。随着历史认知逐渐转变为一门学科，专门解释、论证历史学社会功能的需求也越发旺盛。来自不同社会阶级的历史学派纷纷以不同的方式对历史学的社会意义、社会功能做出了自己的诠释，但只有马克思主义把历史认知转变为了

---

① 参见 Персов М. С. Обобщение и использование исторического опыта в работах В. И. Ленина. Саратов, 1970; Иванов В. В. В. И. Ленин о некоторых вопросах соотношения истории и современности. Томск, 1970; Он же. Соотношение истории и современности как методологическая проблема. М., 1973; Могильницкий Б. Г. О природе исторического познания. Томск, 1978; Петров Ю. В. Практика и историческая наука; Ракитов А. И. Историческое познание. М., 1982; 等等。

第二章　历史学在科学体系中的地位、历史认知的客体及历史认知方法的特点

一种连贯的、科学的、完全客观的认识，真正揭示出了历史认知的社会意义和社会功能。恩格斯对此雄辩地指出："历史就是我们的一切，我们比其他任何一个先前的哲学学派，甚至比黑格尔，都更重视历史。"①

马克思主义指出了历史与当下，过去、现在和未来之间的有机联系。马克思和恩格斯写道："历史不外是各个世代的依次交替。每一代都利用以前各代遗留下来的材料、资金和生产力；由于这个缘故，每一代一方面在完全改变了的条件下继续从事先辈的活动，另一方面又通过完全改变了的活动来改变旧的条件。"② 由此可见，离开了对过去的认识，不仅不能够认识当下，也不能够准确、客观、真实地确定下一个阶段的发展状况（也就是说，无法确定实践的任务及其实现途径）。据此，列宁在确定"俄国无产阶级革命斗争"的任务和途径时强调："要获得胜利，就必须懂得旧资产阶级世界的全部悠久的历史。"③ 他号召："应该更详细地探讨对俄国历史和现实的马克思主义观点。"④ 众所周知，列宁本人对此做出了决定性的贡献。

科学认知功能（научно-познавательная функция）是历史学的基本社会功能。在这一点上，历史学同其他任何一门学科都别无二致。一方面，具体研究通过对自古以来社会发展的各个发展历程进行梳理，明确了其内在的制约性、规律性，为我们提供了基本的、理论化的科学认知。科学认知的积累本身就是科学的重要任务。另一方面，科学认知是顺利实现历史学其他具有实践意义的社会功能的基础。这些功能可以归纳为预测功能（прогностическая функция）、积累并概括社会经验——社会记忆功能（функция социальной памяти）、教化功能（воспитательная функция）。由于上述功能的内涵、意义在相关文献中已经有了详细的阐述，⑤ 笔者在此仅阐述了那些较少被提及的问题。

---

① Маркс К., Энгельс Ф. Соч. 2-е изд. Т. 1. С. 592.
② Маркс К., Энгельс Ф. Соч. 2-е изд. Т. 3. С. 44–45.
③ Ленин В. И. Полн. собр. соч. Т. 40. С. 253.
④ Ленин В. И. Полн. собр. соч. Т. 1. С. 333.
⑤ 对于历史学的社会功能，Б. Г. 莫吉利尼茨基在他的著作《论历史认知的本质》中有系统阐述。

历史研究方法

　　首先应该探讨历史研究的现实性（актуальность）。毫无疑问，历史认知的现实性是由其实践性所决定的。因此，历史的现实性就在于："虽然历史在时间上属于过去，但对历史的把握有助于解决当下的紧要问题。"① 不过，我们也不应当将现实性理解为"只需研究历史上的那些能够满足当下需要的事物"，这样就过于狭隘了。科学应该走在实践的前面。科学不仅应当能够解决当下所面临的问题，还应准备去解决在不远的将来甚至在很遥远的未来可能出现的问题。为了实现这一点，历史学作为特定的认知体系，总体上应当综合、协调发展。当然，协调并不意味着平均，我们不可将其理解为"对历史研究的各个领域投入同等的精力"（当然也不可疏忽，造成明显的研究空白）。总之，在历史学中，史学理论、史学方法论、历史研究方法、历史编纂学、史料学等各个门类应当实现综合、协调发展。做到了这一点，无论当代社会实践对历史学提出何种任务，都将迎刃而解。

　　相对于非马克思主义历史学派，马克思主义史学的优越性体现在，马克思主义的历史认识论、方法论对历史学并不是简单的纵容，而是要求历史学作为一个完整的科学认知体系来发展，去涵盖历史发展的各个阶段和方面。当然，在其中居首要地位的是生产活动，因为它对社会生活的各个其他方面具有决定性作用；同时，社会生活的其他方面对生产活动具有反作用。非马克思主义史学就不具备这种完整性。它们要么将社会生活中的某些个别要素（如事件、结构、发展）绝对化，并将其作为历史认知的首要因素；要么将某些因素（如政治因素、心理因素、自然地理因素）绝对化，并将其作为历史认知的首要因素。

　　苏联历史学家的使命，就在于充分发扬马克思主义的优势，通过研究特定的历史现象或过程，在得出重要的、具体的科学结论（其中包含那些具有实践、应用价值的结论）之外，还应突破研究任务的局限，在史学理论、史学方法论、历史研究方法、历史编纂学和史料学等方面有所作为，从而为新的研究不断奠定基础。

---

① Могильницкий Б. Г. Указ. соч. С. 163.

第二章　历史学在科学体系中的地位、历史认知的客体及历史认知方法的特点

***

接下来，笔者将对历史学的预测功能稍作陈述。总的来说，资产阶级社会学家和历史学家不认为历史学具有预测功能，他们的主要依据是：历史活动参与者自由意志的存在，使得未来是不可预测的。所谓预测，只是某种可能存在的假设情况的主观具象而已，并且在这种情况下，做出的"预测"往往带有一定的悲观色彩——这就是资产阶级学者否认社会发展的规律性、进步性的必然后果。

马克思主义社会科学（包括历史学）承认科学预测下一阶段的社会发展的可能性，因此，预测功能是马克思主义社会科学的一项重要的科学任务。在苏联，所有的社会科学学者都承认，历史学具有预测功能。不过，不同学者对预测功能的具体水平认识不一。持乐观态度的学者认为："一方面，各学科科学认知能力的高低，就在于自身预测能力的高低。否认某一学科的预测能力，就是在否认该学科的科学性。另一方面，否认历史学的预测功能，客观上会贬低历史学的社会作用。"[①]

比较折中的观点是：时人往往会受到各种错觉的蒙蔽，历史学则能更加客观地描述出过去某一事件的面貌，理解、表达其中的发展趋势和规律。"这一点已经完全证实了历史学存在的必要性及其研究问题的现实性，完全没有必要把对未来的研究作为一项基本任务纳入历史学的职责范围。"[②]

还有部分学者对历史学的预测功能持否定意见。[③] 他们认为："社会预测功能所提供的，是在特定时间范围内对于某些稳定的类型和连续的、具有社会意义的活动的偶然性认识，而不是具体的、被确定下来的事件结果。"[④]

---

① Могильницкий Б. Г. Указ. соч. С. 202 – 203.
② Ракитов А. И. Указ. соч. С. 240.
③ Ракитов А. И. Указ. соч. С. 283 – 284.
④ Ракитов А. И. Указ. соч. С. 288.

究其本质，这几种观点的根本分歧在于，历史学的预测功能究竟是不是历史学的基本任务。无疑，第一种观点是正确的。显然，对社会未来发展进程的预测无法被表现为"具体的、被确定下来的事件结果"。没有任何人能对此做出预言。预测只能揭示未来发展的基本趋势、方向、阶段以及最普遍的结果。不过，有时对于某些重大的历史事件，预测也是可能的。这方面最有力的例子，莫过于恩格斯成功预测了第一次世界大战的爆发。1887年，恩格斯写道："对于普鲁士德意志来说，现在除了世界战争以外已经不可能有任何别的战争了。这会是一场具有空前规模和空前剧烈的世界战争。"① 即使只预测出了未来的基本走向、走势，也同样具有十分重大的意义。与那些在很大程度上依靠广泛而深刻的历史分析而做出的预测相比，这类预测更为可信。综上，预测功能显然是历史学的重要任务。

那么，历史学家如何才能做出预测？仅凭历史学家的力量，还远远不够，历史学家应当，也必须同其他社会科学学者共同努力。综观当前对社会发展所做出的预测（如人口预测、经济预测、社会预测等），结果都表明，尽管使用了大量的材料、充分利用了数学方法和计算机技术，但许多预测都是不准确的。原因之一在于，无论在时间、空间方面，还是在实质内容方面，历史方法都具有一定的局限性。

还有，历史学的预测功能不仅被用于预测社会发展未来的某种状况，还体现在其能够揭示当下已经完成的社会活动的客观结果。众所周知，许多社会实际获得的客观结果，与其希望达到的结果并不一致。这是由社会生活现象的复杂性及其内部各种利益和力量的碰撞所决定的。恩格斯写道："历史是这样创造的：最终的结果总是从许多单个的意志的相互冲突中产生出来的……这样就有无数互相交错的力量，有无数个力的平行四边形，而由此就产生出一个总的结果，即历史事变……而最后出现的结果就是谁都没有希望过的事物。"② 所以，对社会活动的客观结果的预测具有重要的意

---

① Маркс К., Энгельс Ф. Соч. 2-е изд. Т. 21. С. 361
② Маркс К., Энгельс Ф. Соч. 2-е изд. Т. 37. С. 395–396.

第二章　历史学在科学体系中的地位、历史认知的客体及历史认知方法的特点

义。历史学在这方面的作用尤其重大。历史学具备最丰富的经验和分析方法，能够根据相应的研究任务，推导出最终的客观结果。

***

历史学的社会记忆功能非常重要。历史学的这一功能是古往今来丰富多彩的实践经验和人类文明成果得以代代流传的保证。这一功能在当下得到了广泛应用，对未来也具有重大意义。从当下的利益与需求看，有目的、成体系、较具体地研究、总结历史经验教训是历史学的重要任务。任何经验，一旦离开了目的性和具体性，都将毫无意义。列宁指出："任何一般的历史的理由，如果用在个别场合而不对该场合的条件作专门的分析，都会变成空话。"① 历史学家在这方面的研究空间极为广阔。

当前，我们应当如何借鉴历史经验（исторический опыт）？从本质上看，历史经验具有阶级主观性（党性）。借鉴了历史经验的实践同样具有党性、阶级性。因此只有那些符合了特定利益的历史经验，才能够被人接受和使用；只有致力于使社会全面进步的社会力量，才能广泛而客观地借鉴历史经验。保守势力、反动分子一向反对运用历史经验，他们只有在进步力量的逼迫下，才会考虑去借鉴历史经验。在当前尖锐的意识形态斗争中，历史学家更应呼吁大众，充分借鉴历史经验。自然科学学者把自己的研究成果应用到物质资料的生产当中，作为历史学人，吾辈义不容辞的责任，就是把历史经验及其他历史学研究成果应用到社会实践的斗争当中去。

***

在阐述历史学的社会意义时，笔者就强调过历史学的教化功能。部分历史学家（以及其他领域的学者）错误地认为，历史学的教化功能主要体

---

① Ленин В. И. Полн. собр. соч. Т. 35. С. 373.

现在科学普及（научно-популяризаторская задача）上。的确，历史学家在对爱国主义、国际主义、战斗和劳动英雄、英模事迹、革命传统等问题进行研究时，确实常常是为了普及相关知识。实际上，只有对具有重大教化意义的历史事件进行深入的科学分析，才能教育好下一代，引导他们形成深刻的、科学的、马克思主义的世界观。只有彻底地、科学地展现社会生活的全部现象在过去和现在的表现，才有可能引导下一代形成马克思主义的世界观。在这个过程中，历史学的作用特别重大，因为它是一门具体的、整体性的人文社会学科。历史学家应更多关注历史学在塑造、培育世界观方面的意义。

以上便是在研究历史学的社会功能时需要注意的若干问题。

第二节 主观与客观、可能与现实、历史发展的未然性问题

2.1 人类活动——社会生活的基础

社会历史发展是一个自然历史的、受内在条件制约的、合乎规律的、不断进步的过程。正如马克思所指出的，与自然界不同，"历史不过是追求着自己目的的人的活动而已"。[①] 恩格斯也强调："在社会历史领域内进行活动的，全是具有意识的、经过思虑或凭激情行动的、追求某种目的的人；任何事情的发生都不是没有自觉的意图、没有预期的目的的。"[②] 这决定了在历史发展的过程中，物质因素和精神因素、客观因素和主观因素、集体因素和个人因素、自觉因素和自发因素、进步因素和反动因素有机地组合在一起。除此之外，必然与偶然、可能与现实的组合同样具有自己的特点。于是，我们不禁发问：历史发展过程中是否存在选择的可能性；这种可能

---

① Маркс К., Энгельс Ф. Соч. 2-е изд. Т. 2. С. 102.
② Маркс К., Энгельс Ф. Соч. 2-е изд. Т. 21. С. 306.

第二章　历史学在科学体系中的地位、历史认知的客体及历史认知方法的特点

性有多强；能扩展到何种程度；与事实完全不同的历史结果、历史情境是否有可能存在。

在讨论这些问题之前，我们先来了解一下非马克思主义的社会学和历史学对此的认识。这些学派试图将多样的社会历史发展简化成单一的形式，这是毫无根据的。主观主义把社会发展看成是若干个别的、特殊的事件的无序集合；结构主义主张把社会发展归结为各类结构的无序总和；相对主义者则强调发展并将其绝对化，认为一切都是相对的。实际上，社会历史生活既是事件、系统及其固有的结构和功能的有机组合，同时也是一种发展。

什么是形成社会历史现象和过程的原始"细胞"？这一问题引起了苏联学者（特别是哲学家）的广泛关注。显然，不同学者对这一问题的解答是完全不同的。在其中占主导地位的，是历史唯物主义的解释。因此，把人类活动视为社会生活原始"细胞"的观点得到越来越广泛的认同。[①] 在社会生活中，人类活动的实体性不容置疑。由于一切人类活动同时还体现了人与人之间的关系，并在一定的关系中进行，因而引发了"人类活动和关系究竟何者居主导作用"的争论。有人认为，这一争论，实际上等同于"空间与时间何者优先"的问题，也就是说，并没有进行争论的意义。我们认为，这种观点是正确的。

社会历史发展的复杂性决定了认识的困难性。与自然界不同，人类社会不仅是认识的客体，同时也是认识的主体。于是，在非马克思主义的唯心主义社会学、历史学中产生了并且仍在不断产生着下列两种倾向。第一种倾向试图把一切决定历史发展进程的因素全部归结为个体的主观意愿或行动。由于个体具有个体性和独特性，因此不可避免地将否定发展的客观规律性及其内在制约性，并将认识局限于对事件的描述或者历史学家的主观评价（事件性的、记述性的历史记载）之内。第二种倾向将认识的个体

---

① 参见 Философские проблемы деятельности：(Материалы "Круглого стола") // Вопросы философии. 1985. No 2-5。

因素绝对化，并以此来看历史发展。即使在承认历史发展存在内在联系和制约关系的情况下，如黑格尔依旧认为，意识是发展的推动力，"从外面，从哲学的意识形态把这种动力输入历史①"。②

庸俗唯物主义通过各种来自社会以外的自然因素对社会的影响，来解释社会发展进程。庸俗唯物主义虽然关注资产阶级经济主义历史编纂学中所特有的经济因素，但自身并没有揭示出社会生产方式及其固有的生产力和生产关系体系，而是仅仅局限在了经济活动的形式、变化以及更替上。

只有马克思主义，从社会历史发展的本质出发，依靠唯物主义观点和辩证的认知方法，如实地解答了社会历史发展过程中物质与意识、集体与个人、客观与主观、规律与偶然、可能与现实之间的关系。

本节将主要探讨主观与客观、可能与现实的关系问题，因为这些问题是讨论"历史情境的未然性"的基础。

2.2　社会历史发展中的主观与客观

社会历史发展是一种有意识（自觉的）、有目的的人类活动。恩格斯指出，"使人们行动起来的一切，都必然要经过他们的头脑"，③才能形成特定的思想和目的。但是，人类活动的思想和目的并不来源于意识，而是来源于客观。归根结底，"一切观念都来自经验，都是现实的反映——正确的或歪曲的反映"。④ 常常，"人以为他的目的是在世界之外得来的，是不以世界为转移的"，⑤ 但这是一种错觉。正如恩格斯所指出的那样，之所以会产生这种错觉，是因为"人们已经习惯于以他们的思维而不是以他们的需要来解释他们的行为（当然，这些需要是反映在头脑中，是被意识到的）"。⑥

---

① 指社会生活。——作者注
② Маркс К.，Энгельс Ф. Соч. 2 - е изд. Т. 21. С. 307.
③ Маркс К.，Энгельс Ф. Соч. 2 - е изд. Т. 21. С. 308
④ Маркс К.，Энгельс Ф. Соч. 2 - е изд. Т. 20. С. 629.
⑤ Ленин В. И. Полн. собр. соч. Т. 29. С. 171.
⑥ Маркс К.，Энгельс Ф. Соч. 2 - е изд. Т. 20. С. 493.

第二章　历史学在科学体系中的地位、历史认知的客体及历史认知方法的特点

需求（потребность）是社会历史发展的根本原因和本质动力。① 物质需求（материальная потребность）在人类纷繁复杂的需求中起着根本性作用，因为社会能否存在、能否发展，归根结底取决于人类的物质需求能否被满足。恩格斯指出，生产活动是"人的最重要的历史活动，使人从动物界上升到人类并构成人的其他一切活动的物质基础"。② 马克思则强调，劳动是"人类生活的永恒的自然条件"，③ 是人类全部活动的基础。这进一步决定了人民群众是社会历史进步的主要动力。

人的需求不仅需要被满足，还会不断自我增长。马克思和恩格斯指出："已经得到满足的第一个需要本身、满足需要的活动和已经获得的为满足需要用的工具又引起新的需要。"④ 因此，需求的超前增长与这种需求在现实中被满足的可能性之间的矛盾，是社会、历史进步的根本动力。

生产活动是一种必然的、不断周而复始的、受内在条件互相制约的、合乎规律的自然历史过程。归根结底，生产活动决定人类活动的其他范畴。这不仅是因为同其他需求相比，物质需求是第一位的，而且是因为在生产过程中形成的生产经济关系，会通过被确定的社会阶级结构，既影响着需求本身，也影响着由此衍生出的活动利益、活动动机和活动目的。

生产活动的客观性和规律性与其自觉性、目的性（主观形式）紧密地结合在一起。马克思强调，对于处于人与自然互相影响之中的物质生产活动，"不仅使自然物发生形式变化，同时他还在自然物中实现自己的目的，这个目的是他所知道的，是作为规律决定着他的活动的方式和方法的，他必须使他的意志服从这个目的"。⑤

---

① 详见 Марксистско－ленинская теория исторического процесса. М.，1981（Разд. второй. Гл. Ⅳ）；Келле В.，Ковальзон М. Теория и история：（Проблемы теории исторического процесса）. М.，1981. С. 98 等处、Исторический материализм как социально－философская теория. С. 297 等处、Здравомыслов А. Г. Потребности. Интересы. Ценности. М.，1986。
② Маркс К.，Энгельс Ф. Соч. 2－е изд. Т. 20. С. 358.
③ Маркс К.，Энгельс Ф. Соч. 2－е изд. Т. 23. С. 195.
④ Маркс К.，Энгельс Ф. Соч. 2－е изд. Т. 3. С. 27.
⑤ Маркс К.，Энгельс Ф. Соч. 2－е изд. Т. 23. С. 189.

总之，人类活动的自觉性和目的性（即人类活动的主观性）贯穿了社会历史发展的一切现象。所有关于马克思主义"忽视或贬低主观因素在历史发展过程中的作用"的指责，要么是因为不了解马克思主义，要么就是在故意歪曲马克思主义。

人的主观活动在特定的、不以人的意志为转移的条件下进行，并会产生一定的客观结果。"人在自己的实践活动中面向客观世界，以它为转移，以它来规定自己的活动。"① 这主要是由于，尽管"人们自己创造自己的历史，但是他们并不是随心所欲地创造，并不是在他们自己选定的条件下创造，而是在直接碰到的、既定的、从过去承继下来的条件下创造"。② 每一个历史代际，在每一个历史发展时刻都支配着一定的物质和精神资源，一定的成系统的生产关系、政治关系、文化关系等，人只有在此基础上才能进行活动。由于人类活动是有目的的，人所支配的资源可能会增加，关系可能会改变，但若不依靠这些东西，人类活动就无法进行。

此外，人类活动服从于客观规律。客观规律发挥着"刚性需求"（железная необходимость）的作用。③ 不了解客观规律，人就会变成"盲目的必然性"（слепая необходимость）的奴隶。"一经我们认识了这种不依赖于我们的意志和我们的意识而起着作用的规律，我们就成为自然界的主人。"④

由于社会历史发展是复杂的，而人类活动又是有意识（自觉）、有目的的，这决定了人类活动的结果未必会如人所愿，很可能会产生意料之外的结果。换句话说，人类活动具有客观性，不依赖人的主观愿望和目的而独立存在。恩格斯指出，这是因为：一方面，历史发展过程是多种不同的因素（如经济因素、社会因素、政治因素、思想因素等）之间的交互作用，

---

① Ленин В. И. Полн. собр. соч. Т. 29. С. 169 – 170.
② Маркс К. , Энгельс Ф. Соч. 2 - е изд. Т. 8. С. 119.
③ Маркс К. , Энгельс Ф. Соч. 2 - е изд. Там же. Т. 23. С. 6.
④ 参见 Ленин В. И. Полн. собр. соч. Т. 18. С. 198。

第二章 历史学在科学体系中的地位、历史认知的客体及历史认知方法的特点

但"归根到底是经济运动作为必然的东西通过无穷无尽的偶然事件向前发展";另一方面,"最终的结果总是从许多单个的意志的相互冲突中产生出来的",而且可能会产生"最后出现的结果就是谁都没有希望过的事物"。①所以在总体上,作为主观和客观的有机结合,社会历史的发展是一个自然历史过程,必然具有某种规律性。

但同时,"历史必然性的思想也丝毫不损害个人在历史上的作用"。②首先,主体不是客观实在的消极旁观者,而是客观实在的自觉的、积极的改造者;其次,人类活动的客观方向和方式方法取决于主体。主体越进步,主观因素在社会历史发展过程中的作用会越来越强,因为客观因素的发展水平越高,人类创造性活动的可选择性就越多,换句话说,主体自由的程度也就越高。主体自由能否实现,首先取决于社会经济制度。社会经济制度直接决定着社会成员参与创造性活动的程度、主体自由的程度,也决定着社会向前进一步发展的可能性。在这方面,相对于其他一切形式的社会制度而言,社会主义国家的社会制度无疑具有无可比拟的优越性。这一点在苏联和当今世界其他的社会主义国家中体现得尤为突出。在社会主义国家,人的因素发挥着越来越大的作用。

综上,我们论述了主观性与客观性在社会历史发展过程中的关系。可以看出,在历史发展的过程中,不存在什么绝对的、纯客观或纯主观的因素或现象。在进行具体的历史研究时,有必要充分认识这一点。客观性与主观性之间总是存在紧密的辩证关系,二者相互联结、相互影响,但在其中居基础地位的是客观性。之所以谈论这些,是因为在某些情况下,客观性与主观性会发生脱节,甚至互相对立:主观性只是从形式上归于客观性,客观性并没有具体地揭示主观性的作用。当然,正确处理了主观性和客观性关系的例子也不胜枚举。特别是部分学者成功揭示出了客观性在主观活动中的决定性作用,明确而雄辩地诠释了主观、客观

---

① Маркс К., Энгельс Ф. Соч. 2-е изд. Т. 37. С. 394–396.
② Ленин В. И. Полн. собр. соч. Т. 1. С. 159.

的辩证关系。

主观性与客观性不仅在社会历史发展进程中辩证统一，在每个具体的情境下，二者同样是辩证统一的。换言之，人类活动一方面可以作为主观因素，但从另一方面讲，它也可以是一种客观因素。从领导阶级斗争的那个阶级的代表人物的角度看，阶级斗争是一种主观活动，尽管受到一系列客观因素的制约。而从斗争所反对的那个阶级的角度看，阶级斗争又是一种客观因素。总之，任何个人或集体的主观愿望、目的和活动对任何其他个人或集体而言都是客观的。甚至某一主体的活动，其结果对于该主体的下一次活动而言也是客观的，不以主体的意志为转移。

在社会历史发展过程中，主观性与客观性之所以复杂相联，主观性之所以具有相对性，是因为人类活动既是一个客体不断主体化的过程（процесс субъективизации объекта），同时也是一个主体不断客体化的过程（процесс объективизации субъекта）。也就是说，人类活动既是一个人类为了实现自身利益而逐渐占有客观实在的过程，又是一个将主体活动全部转变为与之相对立的客观实在的过程。因此，总有人认为：所有已经发生的事物（即历史），都是客观的；所有正在发生的事物（即当下），都是主观的。① 这种理解虽然有一定的道理，但仍应注意到，正如列宁所强调的，"主观的东西和客观的东西的差别是存在的，可是差别也有自己的界限"，② 而这些界限，需要具体问题具体分析。

总之，历史学家的任务，就在于更加深入地理解主观与客观在社会历史发展进程中的辩证关系。③ 不断深入社会历史发展的本质，全面考虑到社会历史发展中可能性与现实性的联系。

---

① 参见 Яцукевич А. Ф. Диалектика объективного и субъективного в проявлении законов общества. Минск, 1982. С. 171。
② Ленин В. И. Полн. собр. соч. Т. 29. С. 90。
③ 关于主观与客观在现实与认知当中的关系，可参见 Кузьмин В. Ф. Объективное и субъективное：（Анализ процесса познания）. М, 1976；Лекторский В. А. Субъект. Объект. Познание. М, 1980；Воронович Б. А. Объективное и субъективное в социальных процессах // Философские науки. 1984. No 3；等等。

2.3 社会历史发展中的可能与现实

客观实在与主体是相互对立的。主体出于认知或实践应用的目的，会尽力通过意识"占有"客观实在。一方面，客观实在具有形形色色的方面、特点、性质和联系，这些反映了客观实在的内在本质和运行方式。另一方面，客观实在同任何物质一样，在内在矛盾、潜力和趋势的基础上，会朝着更高层次的发展状态过渡，最终达到更高的发展层次和状态。列宁曾强调："实际生活和实际历史本身却包含这些各不相同的趋向。"① 客观实在具有不同的性质和潜力，在一定的条件下，这些性质和潜力会产生新的现实，形成蕴含在现实内部的可能性（возможность）。因此，可能性既是客观实在所具有的一种性质，又是客观实在的特点和当前的发展趋势。可能性为未来的现实创造了前提，是未来的现实得以发展的一种潜质。可能性不独立于现实而存在，它与现实共处于一个有机的结合体之中。可能性是潜在的、未来的现实，而现实是已经实现的、完成了的可能性。

现实向另一种状态过渡的可能性并不唯一。有时，这种过渡具有唯一的规律性；有时，这种过渡具有偶然的规律性、概率性。因此，可能性能否实现，是一个与必然性（необходимость）、偶然性（случайность）和概率性（вероятность）都有关联的复杂问题。② 例如，在资本主义自由竞争阶段，资本主义的固有特征在于生产日趋集中，由此产生了"自由"资本主义向垄断资本主义和帝国主义转变的可能性。这种转变，对发达资本主义国家而言，具有唯一的、必然的规律性。但是，就某一工业领域或某个国家的某一地区而言，虽然存在形成垄断集团的可能性，但这种可能性能否转变为现实，只具有偶然的规律性，这是因为可能性能否最终实现，还取决于诸多原因，其合力结果只能借助于概率性才能进行评价。

可能性想要转变为现实性，必须具备一定的条件。在社会历史发展的

---

① Ленин В. И. Полн. собр. соч. Т. 20. С. 66.

② 参见 Пилипенко Н. В. Диалектика необходимости и случайности. М., 1980. С. 110。

历史研究方法

过程中，这些条件是主观因素相互作用的结果——因为最终形成的可能性只是向新的现实过渡的客观前提而已。例如，革命局势的不断变化创造了爆发革命的可能性及客观前提。因此，革命形势总是先于革命本身。但是，要使革命的可能性转变成真，还需要具备一定的客观因素。列宁指出："变革可能成熟了，但这一变革的革命创造者可能还没有充分的力量来实现这一变革。"①

在可能性向真实转变的过程中，主观历史因素的作用主要体现在：第一，选择某种真实存在的可能性；第二，创造可能性向新的现实转变的必要条件。社会力量会根据自身的利益和追求的目的做出选择，而这些利益和目的，自觉或不自觉地，会带有一定的阶级性。因此，只有当特定社会力量的利益与社会历史发展的客观进程同向时，才能认为可能性向真实的转变在最大程度上符合了社会历史发展的方向。

在选择可能性的时候，时人应该对现实具有一定的了解，应该能去判断该可能性是否确实存在。只有在对现实做出科学分析的基础上，才能做出有充分依据、客观的选择，并进而实现它。只有在马克思主义社会科学诞生后，人们才能在最大限度上选出存在的可能性。马克思主义最科学地指出，在社会历史发展的过程中，现实性与可能性发挥着重要作用。其他的科学方法最多只能做到相对正确地评价、选择而已，并且在更大程度上，所谓选择，也不过是迫于实践、经验方法的局限而被迫做出的罢了。

不过需要指出的是，在评价、选择可能性时，科学方法并不能保证选择的正确性。任何原则和方法都有可能被误用，因此，选择时也有可能会出现错误或偏差。广泛而积极地参与选择，使包括了广大人民群众在内的历史行为主体投身于各个层面的社会活动，是防止发生谬误、保证选择的可靠性、实现相应选择的基本保证。"主体自由"不是喊口号，而是真实的；不在纸面上，而在实践中（主要在生产活动中）。只有在主体自由程度最高的地方，如社会主义社会，才有可能做出正确的选择。苏联现阶段社

---

① Ленин В. И. Полн. собр. соч. Т. 11. С. 367.

第二章　历史学在科学体系中的地位、历史认知的客体及历史认知方法的特点

会主义社会发展的特征，就在于能够尽可能地动员社会主要力量，共同推动社会进步。

总之，真实性与可能性的辩证关系是社会历史发展的重要方面。历史学家在分析现实问题时，应充分顾及其中包含的可能性。

＊＊＊

社会科学学者对其所生活的时代进行研究，分析其中的可能性，这既是从总体上对社会下一个发展阶段进行预测的客观基础，也是对其中的某些方面进行预测的客观基础。马克思主义经典著作在这方面为我们树立了光辉的榜样：无论是对社会历史发展的下一阶段，还是对距今不远的未来，都做出了科学预判。通过对资本主义生产方式及其存在的可能性进行分析，马克思和恩格斯证明了从资本主义向共产主义的过渡是不可避免的。列宁在研究俄国19世纪末20世纪初的历史发展时指出，在俄国，不仅资产阶级民主革命是不可避免的，而且资产阶级民主革命会进一步发展为社会主义革命。通过分析在帝国主义和第一次世界大战条件下社会历史发展的性质，列宁揭示了社会主义在某一个国家取得胜利的可能性。所有这些预测都建立在对历史发展规律的深刻理解和对现实情况的严谨考察之上，因而这些预测也都为日后的历史发展所证实。

当然，历史学家在对可能性进行研究时，需要具有鲜明的针对性，需要特别关注各种可能性的特殊性。在历史研究中，社会现实始终保留着它终结时的面貌，一直保持不变。换句话说，在历史研究中，社会现实的面貌是唯一的。因为社会现实的可能性虽然是多变的、多样的，但最终被实现的结果只有一种。历史学家的主要任务，就在于以这种不变性认识过去。因此，历史学家在描述研究对象的本质时需要指出：第一，该本质是过去的哪种可能性最终被实现后的结果；第二，该本质中还包含了哪些客观的可能性和发展潜质。显然，这种方法既能更深刻地揭示研究对象，又能够具体地指出过去、现在和未来之间的有机联系（即指出历史发展是一个有

历史研究方法

目的，同时也是符合客观规律的过程）。不过，到目前为止，这种研究方法还没有被充分使用在历史研究之中。

在纷繁复杂的可能性中遴选出真实的、实质性的可能性，是对历史发展的可能性进行研究的必要条件。不同的历史现实，其特点、联系和趋势各不相同。因此，历史现实中包含的可能性极为多样（也包括那些貌似存在，实则不存在的可能性）。列宁特别强调区分可能性与现实性、实际可能性与形式可能性的必要性。他指出："任何的转化都是可能的，甚至一个傻瓜也可能转化为一个聪明人，但是这种转化很少成为现实。所以，我不能仅仅根据这种转化的'可能性'就认为傻瓜不再是傻瓜了。"①

在选择、评价可能性时，确定可能性的时空界限是一项重要的、复杂的但又不可或缺的任务。在一个特定的时间范围内，社会发展过程可以产生无数种可能性。只有社会力量创造了相应的实现条件，这种可能性才会转变为现实；但如果社会力量付诸的努力不够，则不会成真。有些可能性或许一直没有实现，一直处于"潜质"的状态，不为时人所知晓。但无论如何，任何可能性都具有现实存在的界限。在分析历史可能性时，如果忽视了这些界限，便会得出错误的结论。部分资产阶级史学的缺陷也在于此。

例如，资产阶级史学非常关注"20世纪初俄国的社会经济发展""俄国爆发社会主义革命的前提条件"等问题。一种很流行的观点认为，俄国的社会主义革命是一种历史偶然。如果不是第一次世界大战制约了斯托雷平农业改革的实施，那么俄国西欧式的资本主义制度就会得到巩固，十月革命也就不会发生了。这种观点是没有根据的，因为它忽视了一个无可争辩的事实：依靠斯托雷平农业改革，巩固俄国资本主义社会经济制度和专制制度的一切可能性，早在第一次世界大战开始前就已经穷尽了。最早注意到这一问题的是列宁。1912年1月，列宁写道，甚至一些改革的捍卫者

---

① Ленин В. И. Полн. собр. соч. Т. 49. С. 320.

第二章　历史学在科学体系中的地位、历史认知的客体及历史认知方法的特点

也"已经开始感觉到，这项'伟大的改革'死期临近了"。① 1913年4月，列宁强调，斯托雷平的农业政策"已经完蛋了，它已经把自己的社会力量耗尽了。目前的情况是：在今天的俄国，任何改革都是行不通的……在现行制度下，任何改革都是行不通的"。② 列宁的论断在苏联历史学家的著述中已经得到了具体的验证。③

总之，资产阶级学者之所以曲解了历史发展的真实进程，原因就在于他们在解释斯托雷平改革时期俄国资本主义制度得到巩固的可能性时，依据的是宽泛的、没有根据的时间概念。

***

在某些条件下，可能会出现这样的情况：某一事件确实存在某种可能性，但由于这种可能性没有被时人注意到，或没有被按照原本的样子被转变为现实，从而造成该历史事件甚至是整个历史发展过程都未能按照原本的样子发展、终结。历史学家不应当对此感到惋惜。列宁也注意到了这种倾向，他指出，应该像马克思所做的那样，"从正在创造历史，但无法事先绝对准确地估计成功机会的那些人们的观点出发的，而不是从瞎说'本来容易预见到……本来就用不着拿起……'等等的小市民知识分子的观点出发的"。④ 马克思本人也强调："如果斗争只是在有极顺利的成功机会的条件下才着手进行，那么创造世界历史未免就太容易了。"⑤ 所以，历史学家的任务，主要在于揭示和解释"为什么要考虑这些可能性"以及"为什么要实现这些可能性"。只有充分考虑到历史可能性，我们才能够从一项项具体的历史研究中积累历史经验，从而有助于解决现实问题。

---

① Ленин В. И. Полн. собр. соч. Т. 21. С. 119.
② Ленин В. И. Полн. собр. соч. Т. 23. С. 57.
③ 参见 Дубровский С. М. Столыпинская земельная реформа. М., 1963 等。
④ Ленин В. И. Полн. собр. соч. Т. 14. С. 379.
⑤ Маркс К., Энгельс Ф. Соч. Т. 33. С. 175.

想要分析暗含在研究对象内部的可能性，需要探索对概率进行量化的途径和方法。某种可能性能否转变为事实，这涉及概率问题。由于在历史现实之中，必然蕴含着某些潜在的可能性，所以，对这种可能性的实现概率进行量化，是评价某种可能性对未来影响程度的最精准、最客观的方法。探索量化概率的途径和方法——这是历史学家和其他领域的学者共同面临的任务。初看起来，或许会觉得这一任务并不现实，甚至缺乏根据，但事实并非如此。在社会历史发展的过程中，许多（可以说是大部分）可能性在向现实转变时都具有概率性，所以，我们需要探索出对这一概率进行量化的方法。其实，历史学家早已开始尝试对实现可能性的概率进行评估，只是暂时还没有达到量化的程度罢了。

历史学家天然渴望对历史发展的可能性做出评价；同时，历史发展的可能性也激发了历史学家对"历史发展中的未然情境"（альтернативная ситуация в историческом развитии）的研究兴趣。对未然情境进行分析，不仅能够具体地认识历史发展的可能性，还能充分了解客观性与主观性、现实性与可能性、必然性与偶然性在历史发展中的联系和相互作用。鉴于此，有必要更加详细地阐述历史发展过程中的未然性（альтернативность）以及历史学对这一问题的研究情况。

2.4 历史未然情境的主、客观前提

虽然不少著作都曾或多或少地论述过社会发展过程（包括历史发展过程）中的未然性问题，但与此相关的理论、方法论问题以及专门聚焦于社会历史方面的未然情境的研究则可谓寥寥无几。①

同其他问题一样，历史发展的未然性也可以从本体论和认识论两个角度进行研究。在本体论的角度下，历史发展的未然性就是历史现象本身；

---

① 可参见 Могильницкий Б. Г. Альтернативность исторического развития в ленинской теории народной революции // Методологические и историографические вопросы исторической науки. Томск, 1974. Вып. 9; Херманн Иштван. В. И. Ленин об исторической альтернативе // Вопросы философии. 1980. № 12。

第二章　历史学在科学体系中的地位、历史认知的客体及历史认知方法的特点

而在认识论的角度下，历史发展的未然性则是被当作历史认知的一项任务来研究。

如何将历史发展的未然性看成是一种历史现实？让我们从它的定义入手。所谓历史发展的未然性，指的是一种历史情境，其特征在于：置身其中的社会力量为了实现某种与当前的社会发展完全不同的可能性而不断进行斗争。所以，如果在现实中，第一，存在与当前的社会发展完全不同的可能性（潜质、趋势）；第二，存在为实现这种可能性而进行斗争的社会力量，那么历史未然性就是存在的。这意味着在社会历史发展中，未然性与可能性、现实性、客观性、主观性有机地结合在一起。鉴于客观性与主观性的有机结合是社会现象相对于自然现象的主要体现，故而我们可以认为，未然性就是社会现象的这种特殊性最典型的体现。自然界中不存在什么"未然"。尽管在自然界中，下一阶段的发展状态也不是唯一的，但是，这些可能的发展状态受制于多种因素；并且，各种状态中存在自发表现出来的、明确的必然性，这种必然性，决定了究竟哪种状态最终能够实现。

历史未然也是一种社会现象，并且与社会生活中的群体现象相关，因为只有群体现象、群体过程中的差异，才能够产生与当前完全不同的社会发展方案。怎样才算"完全不同"？要么检查社会力量的目的和利益在社会发展进程中的基础程度，要么通过斗争的客观结果来判断。斗争目标、斗争的效果以及社会力量本身的规模，是历史未然性的检验标准：社会力量的规模越大、斗争目标越明确、斗争结果越显著，历史未然性的规模就越大、意义就越强。这一点非常重要，因为在历史发展中，历史可能性和未然性除了会作用在群体、社会的层面上，也会作用在某一个小团体或个体的层面上。一切对历史事件的发展方向、发展方式所做出的决定，从本质上看，就是在从若干不同的可能性中进行选择，进而决定了历史事件究竟选择了哪种发展方向，最终产生了哪种发展结果。在这一点上，无论是社会整体，还是其中的某一小团体，无论是群体，还是个体概莫能外。不过，我们不应当把日常生活中的选择与历史抉择混为一谈，普通的、日常生活

中的选择不会对社会系统的功能、发展的内容、形式、方向、速度、结果产生影响，也不会影响到不同阶级和社会阶层的利益与地位。因此，本节接下来的内容只涉及历史抉择。

在历史现实中，之所以存在可供抉择的未然情境，自有其客观和主观原因。客观原因之一在于：在历史现实中，永远存在着与接下来的历史发展阶段完全不同的可能性、潜质和趋势。为什么会产生这些可能性？简而言之，因为历史发展中的条件是多样的，所以历史发展的内容也是多样的，历史发展的形式也不是单一的，由此便产生了历史可能性。历史发展的内容都有其表现形式，内容通过形式表现出来。Х. Н. 莫姆江强调："历史唯物主义认为，本质相同的事物会有各不相同的表现形式……在不同社会环境下，对于历史规律而言，其本质的、具有决定性的特征的表现形式是多样的。"① 这是一种非常公正的态度。

内容决定形式——对此，无论在经济基础范围，还是在上层建筑范围内，我们都可以举出许多例证。马克思指出，同一个经济基础"可以由于无数不同的经验的事实，自然条件，种族关系，各种从外部发生作用的历史影响等等，而在现象上显示出无穷无尽的变异和程度差别"。② 并且，变异和程度差别同样有可能完全不同。也就是说，这些变异，就是历史发展的未然情境（可能出现，但没有出现的发展状态）。比如，封建主义生产关系固有的特征，在于农民对封建主的人身依附关系以及与此相关的、封建主对农民的超经济强制关系，但二者的形式经历了从单纯的代役租，到人身奴役，再到"直接对农民使用暴力"的过程。

又比如，资本主义生产方式的基础，在于生产资料与生产资金的私人占有制以及对自由雇佣劳动的剥削。但与此同时，私人占有制的形式可能是不同的——从个人占有，到团体占有、国家占有，不一而足。当然，同任何的

---

① Момджан Х. Н. Единая сущность и многообразие форм проявления исторической закономерности // Диалектика общего и особенного в историческом процессе. М., 1978. С. 8.

② Маркс К., Энгельс Ф. Соч. 2-е изд. Т. 25. Ч. II. С. 354.

第二章 历史学在科学体系中的地位、历史认知的客体及历史认知方法的特点

一种经济基础一样,资本主义的经济基础决定了它的上层建筑:政权永远掌握在统治阶级——资产阶级手中,国家只是资产阶级利益的代言人和保护者。在这一点上,各个资本主义国家都是相同的。同时,这种相同性使资本主义国家的上层建筑从比较发达的资产阶级民主,逐渐转变为法西斯专政。

显然,虽然事物的内容是相同的,但形式却可以多种多样。多样的形式孕育了多样的可能性,因此,抉择的前提条件也不唯一。不过,这也并不绝对。有时,同一种形式之内包含着不同的内容。这种情况往往发生在由一种内容向另一种内容转变的过程中。当新内容的实质还不成熟时,就不会产生新的形式,于是,事物将按照原有的形式继续发展。但如果新内容的实质已经产生,并表现出了全新的形式,那么在一定条件下,就会出现多种不同的、彼此互相竞争的发展状况(即实然的情境和未然的情境)。

总之,在社会历史发展的过程中,内容与形式处于复杂的辩证关系之中。这种辩证关系决定了与现实完全不同的未然情境的产生,进而也决定了必然需要对这些发展潜质进行抉择。

***

在历史现实中,为什么会存在可供抉择的未然情境?另一个客观原因是,在社会发展历史进程中,社会力量的目的和实现方式是相互联系的。在这里,实现方式对目的同样不存在单一、单向的依赖性。在某一特定的历史条件下,同一个目的可能会通过不同的方式来实现。改革的方式与革命的方式、合法的方式与非法的方式、和平的方式与暴力的方式——这些都是为达到同一个目的而可能会用到的方式。实现方式的性质同样是可以选择的。显然,尽管不同的方式都能达到同样的结果但最终实现的结果,可能会有不同的表现形式、发展水平、完善程度,最终对社会历史发展的方方面面,对不同阶级和社会阶层的地位、需求和利益都将产生重要的影响。① 例如,俄国和日本在

---

① 关于目的、实现方式、结果三者的关系,可参见 Трубников Н. Н. О категориях "цель", "средство", "результат". М., 1967。

从封建制度向资本主义制度过渡时，两国都是通过改革而不是革命的方式来实现的，这一过渡方式对两国的社会、政治制度产生了重要影响。实际上，目的与实现方式的关系，就是内容与形式的关系，只不过是另外一种呈现方式罢了。总之，未然情境能否产生，在于现实中是否存在与下一阶段的发展状态完全不同的可能性。在这里应当澄清一个问题：历史未然，作为一种与现存的历史现实相对立、在本质上与其完全不同的发展状态，是否是历史现实的一种对立物；或者说，历史未然是不是一种蕴藏在历史现实当中，但尚未在现实中显现出来的下一阶段的历史发展状态。在历史学著作中，一般谈起"历史未然"，通常指的是事物发生在未来的、与现存现实中的发展方向相比的另一个发展方向。但笔者对此并不认同。现存现实（существующая действительность）要么是已经实现了的、过去的可能性，要么是为了实现与下一阶段的发展状态本质上完全不同的可能性而进行的斗争。未来，是当下自然且必然的延续。未来源于当下，但不可能是当下的未然情境，因为还不存在的事物又怎么会有未然情境？这意味着，所谓未然情境，实际上是一种现实存在，未来只是这种现实的一种潜质（其中蕴含着各种不同的可能性）。只有充分领悟过去、现在和未来三者之间紧密的辩证关系，才能正确理解历史未然在社会历史发展过程中的位置。所以，社会历史发展的未然性是在现实中为了实现与未来的发展方向完全不同的发展状态而进行的一种斗争。至于未然性的范围（在客观可能性方面），其始，是这种与未来的发展方向完全不同的发展状态甫一产生，以及为了实现这种可能性所进行的斗争甫一开端的时刻；其终，是该可能性成为现实或者随着新的可能性的产生，旧有的可能性被最终取代的时刻。一始一终，二者之间的社会时间范围，就是未然性的存在范围。

有人将未然性理解为一种历史现实的对立物，这种理解是不合理的。在这种理解指导之下，部分人认为未然性是一种发生在未来，具有单一、单向的规律性的状态。人们常说"社会主义是资本主义未来的归宿"，但从总体社会历史发展的角度看，社会主义不是资本主义发展的必然选择，因为同其他可能性一样，未然性可能会实现，也有可能会停留在一种"未实

第二章 历史学在科学体系中的地位、历史认知的客体及历史认知方法的特点

现"的状态。但资本主义向社会主义的过渡,这既是一个历史性的过程,同时也是一个不可避免的、单一的、单向的过程,不过还要具体取决于每个国家的历史发展条件。在具备一系列必要前提的情况下,向社会主义过渡的道路和形式是一种未然情境,但过渡本身不是一种未然情境。

还要再强调一下,历史未然得以产生的客观基础,是现实中存在在一定的概率下能够实现的可能性,并且这种可能性应当在本质上与下一个阶段的发展状态完全不同。显然,这里存在两个问题:符合这一标准的可能性有很多,究竟其中哪一种可能性最终能够被实现;决定可能性能否被实现的因素又是什么。为了回答这两个问题,我们需要研究客观历史因素在未然性产生、实现当中的作用。

***

首先需要指出,一些客观前提并没有产生未然情境。未然情境能够产生,必须具备一定的客观因素——积极致力于将本质上与下一个阶段的发展状态完全不同的可能性变为现实的社会力量。一旦具备了这种社会力量,便不可避免地会导致各种不同的社会力量彼此碰撞、斗争。不过,斗争一般发生在历史抉择(究竟哪种可能性会被实现)之前。在以往的研究状态下,对"历史抉择的可能性"的研究仍有一定的局限性,因为想要对历史抉择的可能性进行理论分析,所依据的理论、方法必须如实地反映客观实在。只有马克思主义符合这样的要求。所以,对于"历史抉择的可能性"的问题,目前仍主要依靠日常认知,并且仍停留在实践经验阶段。[①]

"历史抉择"由谁做出?做出抉择的不是个别人或者某一小团体,而是广泛的历史主体、社会中的整个阶级或阶层。

利益(интерес)指出了社会中的阶级或阶层在进行历史抉择时的现实

---

① 参见 Черняк В. А. Диалектика теоретического и обыденного сознания: (Мировоззренческий аспект). Алма-Ата, 1985。

方向。在这里应该谈一下引导人们积极参加社会历史活动的机制。上文已经指出，起初，人们参与社会历史活动的动力是需求。这种需求能否被满足，是由相应的生产方式决定的，也就是说，其具有客观性。在需求的刺激下，人们产生了对某些事物的追求，这种追求的直接表现形式是利益。利益是主体活动的动机，是主体参与社会历史活动积极性的直接来源。需求和利益都具有客观性。马克思和恩格斯指出："在现实世界中，个人有许多需要，正因为如此，他们已经有了某种职责和某种任务，至于他们是否也在观念中把这一点当作自己的职责，这在一开始还是无关紧要的。"①

利益外化为人类活动的动机（мотив）和激励（стимул）因素，并在二者的基础上，继续形成了活动的目的（цель）以及人类追求的理想（идеал）。

总之，当历史主体在认知当前现实的过程中，存在如下的链条：生产方式—需求和利益—动机和激励因素—目的和理想。② 这一认知链条是否完整并不重要，关键在于：第一，这一链条必须在理论认知和日常认知中共同存在；第二，对于当前的现实以及其中蕴含的可能性，时人心中必须存在一个完全确定的标准——他们的利益。

在历史未然情境产生过程中，客观与主观的因素是统一的。这意味着：虽空有一定的社会力量，但所进行的斗争在现实中不存在客观可能性，在这种情况下，依然不会产生未然情境。以俄国民粹派运动为例，民粹派认为，鉴于资本主义存在一系列固有矛盾，所以资本主义是一种历史的倒退。民粹派坚持借助村社，使俄国"有可能跨过资本主义阶段，直接过渡到社会主义"。秉持这一思想，民粹派为实现社会的革命性变革而不懈斗争。按照民粹派的想法，这种变革将会产生社会主义。但是，民粹派的主张是一种空想，因为在当时的俄国，客观上还不存在向社会主义过渡的历史可能性。民粹派的英勇斗争没有产生"俄国走向资本主义或社会主义"的历史

---

① Маркс К., Энгельс Ф. Соч. 2-е изд. Т. 3. С. 279。
② 详见 Черненко Л. К. Причинность в истории. М., 1983; Здравомыслов А. Г. Потребности. Интересы. Ценности. М., 1986。

第二章 历史学在科学体系中的地位、历史认知的客体及历史认知方法的特点

抉择,俄国最终确立了资本主义制度。所以,我们不能认为民粹派的斗争在俄国未来社会发展道路的选择上提供了什么未然方案。①

在错误的社会学理论指导下,民粹派既未能正确理解当时的历史现实,又未能认清历史发展下一阶段所固有的客观可能性,还错误地理解了农民的利益和愿望。列宁指出:"如果从资本主义的种种矛盾中得出结论说,资本主义是不可能的和不进步的等等,那就是再荒谬不过的了,——这是想逃避不愉快的但却是明显的现实,而躲到虚无缥缈的浪漫主义幻想中去。"②

我们之所以不能将民粹派的斗争看成是一种"俄国走向资本主义或社会主义"的历史未然,还有一个原因,那就是从客观上讲,民粹派运动不是一场反对资本主义的斗争,而是一场为反对资本主义发展中的某一个变体而进行的斗争。"民粹派的思想体系③的现实的历史意义,就在于把两条资本主义的发展道路对立起来:一条道路是使新的资本主义的俄国适应于旧的俄国……另一条道路是用新的代替旧的,完全排除阻挡新事物的旧障碍,加速发展的进程。"④ 客观而言,民粹派运动虽然也是在为选择一种历史未然情境而斗争,但这种选择并不是他们所认为的那个选择。

***

借助历史未然情境的主观因素,我们可以获得实现某种本质上完全不同的发展状态的可能性。通常,斗争的结果取决于不同社会力量的比例以及斗争目的的明确性、团结性和组织性。随着社会力量中的某一方获得胜利,或者某一种客观可能性最终实现,历史的未然性也宣告终结。这样的例子可以举出很多。例如,随着德国法西斯制度的建立,一种消极的历史可能性被实现,德国的反动势力战胜了民主力量。20世纪30年代初,德国

---

① 参见 Сухов А. Д. Прогресс и история. М., 1983. С. 146。
② Ленин В. И. Полн. собр. соч. Т. 3. С. 48.
③ 以及他们的斗争。——作者注
④ Ленин В. И. Полн. собр. соч. Т. 20. С. 168 – 169.

的社会政治形式无疑具有选择性。当时的德国既可以发展为资产阶级民主，也可以发展成法西斯专政，但社会力量中的大多数人支持后者，最终法西斯主义占了上风。

又如，一些走上了社会主义道路的发展中国家。在这些国家中，被实现的是一种积极的历史可能性。当然，在这些国家的内部或外部，暂时还存在着资本主义复辟的企图，因此，历史抉择的斗争还没有最终结束。

随着一种历史未然情境的实现，其他与之对立的历史可能性便不复存在，关于历史未然情境的抉择便就此结束。抉择结束之后，历史情境是否会发生反复，则取决于胜出的力量能够在多大程度上压制对立力量，能够在多大程度上消除其他可能发生但还未发生的发展状态。

但是也有可能出现这样一种未然情境：两种发展趋势相互对峙，其中的任何一方以及支持这种发展趋势的社会力量都无法占据上风。如果这种对峙长期存在，那么在历史发展进程中，有可能会产生新的历史可能性，从而将相互僵持的双方一并排除。俄国资本主义农业发展"两条道路"的斗争就是如此，后文还会详细论述这个问题。

2.5 未然性与规律性

还有一个与未然历史情境相关的问题——未然性与规律性的关系。既然存在未然的历史情境，并且未然情境在实现的过程中起主导作用的是主观因素，那么，这是否有违社会历史发展的规律性？无疑，无论是历史发展进程，还是实然的历史情境，抑或是未然的历史情境，都是符合历史发展规律的。历史现象的未然性（选择性）并不违背其历史发展的规律性，这是因为，尽管主观因素在历史抉择（即历史未然情境的产生与实现）中发挥主要作用，但主观因素的运行会受到客观条件的制约。所谓历史抉择，是从若干切实存在的可能性中做出选择，以及为了实现这一选择而进行的斗争。但是，要知道，这些可能性绝非平白无故就能产生，都有其产生的客观原因。所以，那些同等必要的、可供选择的历史发展进程，都是社会规律的体现——它们之所以会存在差别，只不过社会规律的表现形式有所

第二章　历史学在科学体系中的地位、历史认知的客体及历史认知方法的特点

不同罢了。① 在这些发挥作用的社会规律中，一部分规律是严格的、单向决定性的，主要是那些在社会历史发展过程中最为普遍的规律，如"生产方式在社会发展进程中起决定性作用"的规律、"生产关系与生产力发展的性质和水平相匹配"的规律、"社会存在决定社会意识"的规律、"社会经济基础决定政治、法律、思想文化等上层建筑"的规律等。这些单向决定规律（законы однозначной детерминации）决定社会系统的变化和发展。社会历史发展中的任何一个因素都无法摆脱这些规律的制约。

另外一种规律被称为概率决定规律（законы с вероятностной детерминацией）。这是一种存在于随机过程、偶然过程中的规律。只有当从整体的角度审视社会系统时，概率决定规律无可置疑的必要性才能显现出来。社会系统中，某些元素的行为只能通过概率的方式来确定。②

同其他规律一样，概率决定规律的特点是必要性、普遍性和重复性。这三个性质是大量偶然现象在运行、发展的过程中所固有的。马克思强调，社会"规律作为一种占统治地位的趋势，始终只是以一种极其错综复杂和近似的方式，作为从不断波动中得出的但永远不能确定的平均情况来发生

---

① 为描述客观现实运行、发展的内在条件以及必然的联系和趋势，学者们使用了"规律性"和"规律"的概念。但对于这两个概念之间的关系，不同学者的解释各不相同。例如，有人认为：规律性是现实世界的一种客观的性质和联系，规律则是规律性在科学认知中的反映。也就是说，规律是一个认识论概念（参见 Карпович В. Н. Проблема. Гипотеза. Закон. Новосибирск, 1980. С. 140 – 141）。笔者认为，将规律性和规律都理解为一种"在认知过程中通过意识被反映出来的真实性质"，似更为合理。列宁指出"规律是现象中持久的（保存着的）东西"（参见 В. И. Ленин. Полн. собр. соч. Т. 29. С. 136），马克思指出规律是一种"占统治地位的趋势"（参见 К. Маркс, Ф. Энгельс. Соч. 2 - е изд. Т. 25. Ч. 1. С. 176）。总之，规律是一种性质，在其运行、发展的过程中，表现为规律性（即事物的根本性质的稳定性、重复性）。

② 详见 Виноградов В. Г., Гончарук С. Н. Законы общества и научное предвидение. М., 1972; Сирин А. Д. Специфика законов общества и их роль в регулировании общественных процессов. Томск, 1979; Пилипенко Н. Я. Диалектика необходимости и случайности. М., 1980; Жуков Е. М., Барг М. А., Черняк Б. Б., Павлов В. М. Теоретические проблемы всемирно - исторического процесса. М., 1979; Попов С. Общественные законы. М., 1980; Панибратов В. Н. Категория закон. Л., 1980; Яцукевич А. Ф. Диалектика объективного и субъективного в проявлении законов общества. Минск, 1982; 等等。

作用"。①

　　社会历史发展进程中的未然情境受到概率决定规律的调节。单向决定规律是社会发展中最普遍的那些规律，概率决定规律是反映社会发展特殊性的那些规律。单向决定规律决定了概率决定规律的作用范围。单向决定规律决定对象最高级别的本质，概率决定规律则决定对象较低级别的本质，但这种本质是前者的具体化。具体化的形式虽然不尽相同，但都在普遍本质的范围之内。这就是说，社会历史发展中的未然情境不仅从属于规律，并且受到事实所固有的可能性以及决定未然情境的功能、发展、表达范围的规律性的客观制约。由于社会历史发展中的现象多数都是偶然现象，所以"概率决定规律在社会规律中起决定作用"。② 以上是大多数苏联学者所持有的观点。但也有学者对此表示异议。比如，有学者认为，"社会现象中不存在随机过程"，③ 按照这一观点，社会历史发展中的未然情境也就不复存在了。之所以会出现针锋相对的两派观点，是因为任何一种历史情境中都包含选择的可能性，历史允许世人选择自身的行为。因为，"在历史发展进程中，事件不具有绝对的、排除了其他可能存在的发展状态的必然性，相反，事件的发展趋势是多种多样的"。在特定的条件下，这些趋势便有可能得以实现。社会现象的多义性（即偶然性）使社会现象同时存在概率性。④ 因此，此说法的实质是，认为在社会历史发展过程中，事物内部只含有偶然概率决定性（случайно-вероятностная детерминированность）和规律性。⑤ 除此之外，因为选择是永恒存在的，所以这部分学者还认为，本质上，一切发展似乎都是可以选择的——这就将历史发展过程中的选择性（未然性）的范围理解得过于宽泛了，是没有根据的。

---

① Маркс К., Энгельс Ф. Соч. 2 - е изд. Т. 25. Ч. I. С. 176.
② Исторический материализм как социально - философская теория. М., 1982. С. 41.
③ Маслов П. П. Статистика в социологии. М., 1971. С. 4.
④ Гуревич А. Я. Об исторической закономерности // Философские проблемы исторической науки. М., 1969. С. 69, 72.
⑤ А. В. 古雷加也支持此说法，参见 Эстетика истории. М., 1974. С. 16 - 17。

总之，在强调社会历史发展中的未然性（选择性）的同时，无论如何也不能抹杀历史发展的客观性和规律性。

2.6 历史未然性研究的基本原则和意义

未然性在历史发展中占据着重要地位，历史学家必须对其进行研究。对这一必要性的怀疑是没有任何根据的。如果在研究时忽视了历史未然情境，便会制约历史学家对历史现实的认知。研究历史未然情境，有助于历史学家更加广泛、更加深入地理解历史发展进程。不过，考虑到未然情境自身的复杂性以及暂时缺乏适用于研究的原则、观点和方法，把握未然情境也绝非易事。在此，笔者仅指出一些最基本的问题。

必须先确定未然情境的现实性。也就是说，必须先去确定要研究的未然情境在历史发展中是真实存在的。之所以要强调这一点，是因为存在这样一种危险倾向：所研究的未然情境在历史现实中根本不存在。在这里，笔者指的不是某些资产阶级历史学家刻意为之的举动，而是由于历史未然情境的复杂性以及对其进行分析时的困难性，研究者无意中导致的错误。某些资产阶级历史学家基于主观主义的历史认识论，在一定的社会政治目的的指导下，呈现出的历史未然情境完全是预构的产物。

在研究历史未然性时，需要考虑到以下两个因素。第一，历史未然性不是现存的历史现实的对立物。历史未然性只产生在历史发展的紧要关头：比如历史从一种现实向一种新的现实过渡的时候，或者研究对象从一种本质属性向一种新的本质属性过渡的时候（且这种新的本质属性相较于前者具有不同的表现形式或实现途径）。第二，这种过渡的可能性必须是真实存在的（且过渡后产生的事物必须与过渡前的事物具有本质上的不同），并且现实中客观存在为了实现这一可能性而为之斗争的社会力量。

从方法论的意义上讲，第一种因素是极其重要的，它可以预防研究者毫无根据地扩大历史未然性的范围。更何况，这一因素在研究时常常被忽视。例如，某些人指出，1917年（二月革命后）的俄国似乎存在着未然情

历史研究方法

境：要么是无产阶级社会主义革命取得胜利，要么是资产阶级专政占据上风。① 列宁写道："不推翻资本的权力，不把国家政权转到另一个阶级即无产阶级手中，就不能跳出帝国主义战争，不能争得民主的非强制的和约。"② 众所周知，不实现这一过渡，就无法解决俄国一系列重要的问题（如农业问题、民族问题等）。但是，"要么无产阶级获胜，要么资产阶级专政"的未然情境并没有实现。原因在于：第一，"六月事件"后，资产阶级已独霸政权；第二，二月革命后，"俄国政权向无产阶级过渡"已经不再是一种未然的、非此即彼的历史选择，而是一种由历史发展总体进程决定的、无可置疑的历史必然。③ 1917年秋，不仅工人阶级认识到了这种必然，工人阶级的各路盟友也已对此了如指掌。于是，人民确定了革命的时间，最终取得了革命的胜利，政权也由此转至无产阶级手中。如果没有国际帝国主义的支持以及外国势力的武装干涉，就不会爆发强加给俄国无产阶级的国内战争，当然，这已经是另外一个历史情境了。这个例子清楚地表明，确定历史未然情境的现实性，对于正确理解历史发展进程十分重要。

很显然，无论是将历史未然情境看成是对下一阶段的历史发展进程的一种单向决定因素，还是把历史未然情境描述成某种可以替代现存现实的对立物，都不是对历史未然情境的正确理解，甚至是对历史发展进程的歪曲。

***

从构成历史未然情境的主观、客观因素的统一性角度来研究历史未然性同样非常重要。有人认为，只要具备若干种未然因素，就一定会出现未然情境。一般来说，在未然情境中起主导作用，同时也更为显而易见的是

---

① 可参见 Херманн Иштван. Указ. соч. С. 101。
② Ленин В. И. Полн. собр. соч. Т. 31. С. 161。
③ 赫尔曼·伊斯特万在论及俄国革命的"选择性"时，承认俄国的社会主义革命具有各种主观、客观条件，参见 Херманн Иштван. Указ. соч. С. 103 – 104。

第二章　历史学在科学体系中的地位、历史认知的客体及历史认知方法的特点

主观因素。因此，这类学者常常拿历史未然情境中的主观因素大做文章。在上文中，我们已经用民粹派运动的例子对此进行了批驳。类似的例证还可以举出很多。

在分析主观因素在历史未然情境中的作用时，需要注意，任何一种社会斗争都只存在两种结果：要么胜利，要么失败，也就是说，斗争的结果存在未然性。但是，如果从这一点出发，认为一切斗争都属于历史未然情境，那就是不合理的了。列宁同样注意到了这一点。在《怎么办？》一书中，列宁在反驳论敌"建立集中的革命组织"（他们认为，一个集中的组织形式有助于推动革命斗争）的观点时写道："……抽象地说，当然不能否认战斗组织可能会去作轻率的战斗，这可能会遭受在另外一种条件下决不是不可避免的失败。但是在这样的问题上决不能只作抽象的推测，因为任何一次战斗抽象地说都有失败的可能性，而除了有组织地准备战斗之外，再没有别的方法可以减少这种可能性。"①

总之，应当具体地、历史地看待历史未然情境。对社会斗争的结果（成功或失败）进行的客观抽象也可以作为一种真实的历史未然情境。只不过，需要斗争的双方在特定目的的指导下，意识到斗争可能的结果，却依旧做出选择，否则便不能被称为未然情境。巴黎公社就是一个很好的例子。正如马克思所指出的那样，工人阶级在选择面前"或是接受挑战，或是不战而降。工人阶级在后一场合下的消沉，是比无论多少'领导者'遭到牺牲更严重得多的不幸"。② 众所周知，即使获胜的机会并不存在，工人们仍然响应了斗争的号召。所以，未然性不在于工人斗争是成是败，而在于工人阶级究竟是应该接受失败、继续斗争，还是应该放弃斗争、为自身的纪律涣散付出代价。

为了使读者更加明确地认识到在构建历史未然情境时可能出现的错误，我们再举两个例子。如果在缺乏产生历史未然情境的主观、客观前提的条

---

① Ленин В. И. Полн. собр. соч. Т. 6. С. 137.
② Маркс К., Энгельс Ф. Соч. 2-е изд. Т. 33. С. 175.

历史研究方法

件下，历史学家一旦建构了未然情境，事实上也就宣告了这一未然情境是存在的。

例如，一些历史学家认为，在16世纪的俄国（罗斯），存在所谓"未然的历史抉择"。当时的俄国面临着"两种道路的抉择"——要么继续走封建农奴制的发展道路，要么走资本主义的发展道路，① 具体体现为处于上升阶段的社会第三等级为了使城市摆脱封建强权、反对国家的中央集权政策而不断斗争。当时，国家主张将各地富商巨贾全部集中到莫斯科。这种观点的客观基础是：各乡的工商业者和国有农民已经出现了显著分化，而这种分化，似乎能够证明当时的俄国已经产生了早期资本主义关系。上述现象究竟在多大程度上具有资本主义性质我们暂且不论，笔者将从其他角度来驳斥这一论断。我们不妨假设，历史现实恰如这些历史学家所论断的那样，但是，早期资本主义关系和工商业者的阶级斗争又怎能推导出"俄国将继续走封建农奴制的发展道路"的未然情境呢？要知道，封建制度向资本主义制度的过渡不是封建制度发展进程中的一个未然的、选择性的过程，而是一个在具备必要前提下的必然过程。如果农奴制得到了确立并将长期持续，那么19世纪俄国"走上资本主义发展道路"的客观可能性便不复存在了——即使存在，可能性也微乎其微。所以，在当时的俄国，能够在不同的发展道路之间做出选择的社会力量是不存在的。所以，把工商业者和国有农民的斗争解释为"争取资本主义发展道路的斗争"是没有根据的。无论是从主观上，还是从客观上，工商业者和国有农民的斗争都没能超越封建制度的框架。认同这一观点，也就是认同"由于推行了领地占有制、特辖制等制度，俄国农奴制才最终得以确立"的论断，那么这意味着，俄国近300年的历史发展进程是由主观因素决定的，这既不符合史实，在理

---

① 参见 Носов Н. Е. Русский город и русское купечество в XVI столетии // Исследования по социально‐экономической истории России. Л.，1971. С. 168；亦可参见 Он же. О двух тенденциях развития феодального землевладения в Северо‐Восточной Руси в XV–XVI в.：（К постановке вопроса）// Проблемы крестьянского землевладения и внутренней политики России. Л.，1972. С. 70.

第二章　历史学在科学体系中的地位、历史认知的客体及历史认知方法的特点

论上也站不住脚。

乍看起来，在中世纪的俄国，存在另一种"未然的历史发展道路"的论断非常有吸引力。这一论断大致是这样表述的，"15世纪末，俄国的封建农业发展存在非常明显的两条道路：第一条道路是没有地主（或私人世袭领地主）、没有农奴制的农业发展道路"；"另一条道路是强化领地占有制……提高对农奴的剥削和奴役程度的发展道路"。① 换言之，在当时的俄国，存在"国家封建主义制度"或"领地封建主义制度"的未然的历史抉择，第一条道路的支持者是农民，第二条道路的支持者是封建统治阶级。看起来一切都是那么的合乎逻辑。但是，第一条道路不存在任何的客观可能性。在封建时期，农民经济是农业生产的基础，农民离开地主的确能够继续生活，但是，这只是一种抽象的、只在表面上存在的可能性。没有地主和世袭领地主的参与，封建制度不可能得到发展。只有当客观上具备了废除封建领地关系的趋势，并且这一趋势能够转变为一种现实中的力量，这种可能性才有可能是真实的。但是，现实中既不存在这种趋势，也不存在这种力量；相反，却存在着强化封建私有制关系的趋势。所以，归根结底，尽管这一论断看上去很吸引人，但所谓的"历史抉择"是毫无根据的，在历史现实中根本不存在。

笔者通过援引一系列对历史未然情境的错误认识，意在证明，对历史未然情境的提出、分析是极为复杂的，在方法论上须务求准确。与之相反，真实的历史未然情境，则能够加深我们对过去的认识。

例如，1917年，俄国从资产阶级民主革命向社会主义革命过渡的过程，为历史学家构建、分析真实的历史未然情境提供了许多有意义的素材。这一过渡的历史必然性以及无产阶级取得胜利的确定性上文已经有过提及，在此不再赘述。现在我们主要探讨的是与过渡的具体方式相关的未然情境。

---

① Аграрная история Северо - Западной России. Вторая половина XV - начало XVI в. Л., 1971. С. 372.

是否存在"和平过渡"和"革命过渡"的未然历史抉择？换句话说，是否存在通过暴力革命，推动资产阶级民族革命向社会主义革命转变的可能？在凭空讨论这一问题时，两条道路似乎是并存的、可以选择的；但事实上，这种选择并不存在。列宁强调："觉悟的工人要取得政权，必须把大多数群众争取过来，因为在没有对群众使用暴力的时候，没有别的办法可以取得政权。"① 当时的情况是，在1917年秋季之前，"还不具备起义获胜的客观条件"，因为无产阶级还没有得到大多数人的支持。② 因此，不存在"和平过渡"或"武装起义"的选择。二月革命后，俄国形成了双重政权、两种专政：一个是资产阶级临时政府领导的资产阶级专政，另一个是彼得格勒工兵代表苏维埃领导的工农革命民主专政。但是，任何一个政权都不是完整的。临时政府掌握着国家机器、官僚系统，苏维埃政权则拥有被武装起来的人民群众。尽管临时政府实行了反人民的帝国主义政策，但它不能对武装起来的人民实行暴力——这就"开辟并保障了整个革命和平向前发展的道路"。③ 除此之外，再没有其他的道路可走，因为无产阶级武装夺取政权的可能性并不存在。

随着政权逐渐过渡到苏维埃手中，"以和平方式实现鼎革"的可能性是有可能实现的。想要实现无产阶级专政和社会主义改造，苏维埃政权必须掌握在无产阶级手中。具有革命自觉性的工人阶级在属于自己的政党的领导下，只有通过联合无产阶级及各路同盟，依靠苏维埃进行各种革命活动，才能够实现这个目标。也正是在这种情况下，布尔什维克"一切权力归苏维埃"的口号应运而生。但在苏维埃政权内部，占大多数的是小资产阶级的代表。小资产阶级政党和社会革命党占据了苏维埃的大多数席位，小资产阶级的声音压倒了一切。④ 因此，革命的和平过渡的道路能否实现，关键取决于小资产阶级控制的苏维埃政权能否夺取政权。在理论上，这种客观

---

① Ленин В. И. Полн. собр. соч. Т. 31. С. 147.
② Ленин В. И. Полн. собр. соч. Т. 34. С. 243.
③ Ленин В. И. Полн. собр. соч. Т. 34. С. 11.
④ 参见 Ленин В. И. Полн. собр. соч. Т. 31. С. 156。

第二章 历史学在科学体系中的地位、历史认知的客体及历史认知方法的特点

可能性是存在的;在实践上,这一可能性能否实现,取决于一个主观因素——在苏维埃内占统治地位的政党的行为。

然而,两政权并存的局面无法长期存在,苏维埃的命运也面临着历史抉择:"要么继续发展,要么无声无息地死去。"① 并且,形成了这样的一种力量对比局面:尽管以布尔什维克为首的革命无产阶级已经做出了全部努力,但小资产阶级政党从一开始就和资产阶级合作,这些政党的领导人在"六月事件"中最终背叛了革命。② 随着彻底的资产阶级专政的建立,两政权并存的局面宣告终结,从资产阶级民主革命和平过渡至社会主义革命的可能性不复存在,武装起义成为过渡的唯一途径。

为什么在两政权并存时期,苏维埃的发展状况具有未然性(选择性)?从二月革命到十月革命,俄国总体历史发展进程的未然性(选择性)又在哪里?对这些问题的思考能够带给历史学家哪些启示?历史学家在研究历史发展中的某些重要阶段时,要深入、具体地认识客观性与主观性、可能性与现实性、规律性与偶然性、自发性与自觉性、群体与个体,认识到它们是既是有机统一体,又处在矛盾之中。由于历史事件往往内容丰富、特征鲜明,因此对上述特性的考察一般集中在事实层面。通过对历史未然情境以及小资产阶级政党在极端历史条件下的行为进行分析,能够最深刻地揭露小资产阶级政党的社会政治本质、妥协性以及其奉行的政策的资产阶级倾向。通常,这些特征会很隐蔽,并且时常被革命民主主义的陈词滥调和蛊惑之词遮掩,令人难以察觉。在研究 1917 年前后小资产阶级政党的活动时,必须充分考虑到上述因素。

再举一个例子。俄国资本主义农业在废除农奴制之后,面临着两条发展道路——这也是一个未然的、可供选择的历史情境。列宁在自己的一系列著作中对此进行了详细分析,极大地丰富、深化了对俄国历史发展进程的理解。③ 列宁首先揭示了这种"选择"之所以能够存在的实质——俄国

---

① Ленин В. И. Полн. собр. соч. Т. 31. С. 358.
② Ленин В. И. Полн. собр. соч. Т. 34. С. 2.
③ Ленин В. И. Полн. собр. соч. Т. 16. С. 215 – 220; Т. 17. С. 77, 125 等处.

历史研究方法

资本主义农业既在农民经济的基础上，沿着资产阶级民主（美国式）的道路发展；又在地主经济的基础上，沿着资产阶级保守（普鲁士式）的道路发展。然而，"美国式道路"和"普鲁士式道路"是两条本质上完全不同的发展轨迹。

俄国的农业资本主义既根植于地主经济，又依赖于农民经济——这是两条道路之所以能够存在的客观历史前提。由于这两种农业生产的组织形式是俄国封建制度所固有的，因此，正如列宁所指出的那样，从封建主义向资本主义过渡的一切具体形式，最终都能够被归结为"普鲁士式道路"和"美国式道路"。农民以及代表其利益的社会政治团体是为了实现美国式农业发展道路而斗争的主导力量，他们同地主—资产阶级阵营是互相对立的。

农民和地主—资产阶级间的力量对比，致使俄国资本主义农业发展从"两条道路"中做出了历史抉择。在那些不存在地主土地所有制的地方（如美国），或者在那些由于爆发了革命，地主土地所有制在从封建制度向资本主义制度过渡的过程中彻底断裂的地方（如法国），美国式的资本主义农业发展道路迅速占据了上风；而在那些在向资本主义过渡过程中，地主经济在农业生产中起主导作用的地方（如普鲁士），普鲁士式道路则获得了胜利。

俄国的特殊性在于，1917年以前，农业发展模式总体上以资产阶级—地主模式为主（尽管在不少地区，如欧俄地区的南部和北部、西伯利亚和远东地区，以资产阶级—农民类型的农业发展模式为主），但这两条资本主义农业发展道路都没有在俄国实现。与此同时，在农业生产中起主导作用的却是农民。到帝俄晚期，全国超过90%的农牧产品以及超过50%的商品总量出自农民之手。① 但地主拥有全国最好的土地，并且得到了专制制度强有力的经济、政治扶持，也就是说，地主拥有压制农民经济的巨大可能性。

---

① 参见 Ковальченко И. Д. Соотношение крестьянского и помещичьего хозяйства в земледельческом производстве капиталистической России // Проблемы социально-экономической истории России. М., 1971.

第二章　历史学在科学体系中的地位、历史认知的客体及历史认知方法的特点

结果，斯托雷平改革在第一次世界大战前夕被打断，普鲁士式的农业资本主义发展道路在俄国实现的可能性就此终结。资产阶级民主革命的目的本应是消灭地主土地所有制，但革命的结果却是资产阶级—农民类型的农业发展模式占了上风，不过，历史对这一结果进行了修正。列宁指出："战争使各交战国遭到空前的灾祸，但同时它又大大地加速了资本主义的发展，使垄断资本主义向国家垄断资本主义转化，以致无论是无产阶级还是革命的小资产阶级民主派都不能把自己的活动局限于资本主义范围之内了。"①在这种条件下，类似"土地国有化"一类的资产阶级民主措施便具有了另外一重意义。列宁对此强调道："土地国有化不仅是资产阶级革命的'最高成就'，而且是走向社会主义的一个步骤。"②

总之，俄国人在坚信"资产阶级—地主模式的农业发展道路在俄国走不通"后，很快又发现，资产阶级民主、资产阶级—农民类型的农业发展道路也不可能实现。从本质上看，资产阶级民主模式的农业发展只能是社会主义农业发展道路的先导，成为社会主义革命的一部分。

列宁针对改革后俄国农业资本主义发展的选择性所进行的精彩分析，使我们能够更加深刻地理解这一时期的历史现象以及改革前的俄国历史发展状况。俄国的农业、农民问题不仅是俄国整个资本主义发展时期的一个基本问题，而且是资产阶级民主革命所应该解决的主要社会经济问题。更重要的是，一方面，俄国具备通过资产阶级—农民类型的农业发展道路发展农业资本主义的客观条件；而另一方面，俄国的贵族—资产阶级阵营和专制制度不断对这一发展道路联合围堵，使得"资产阶级—农民"道路在俄国完全走不通，俄国农业的转型（消灭地主土地所有制及封建农奴制残余）在资产阶级条件下不可能实现。毫无疑问，这大大加快了俄国资产阶级民主革命向社会主义革命过渡的进程。

通过对历史未然情境（历史选择性）问题进行分析，历史学家能够更

---

① Ленин В. И. Полн. собр. соч. Т. 16. С. 412.
② Ленин В. И. Полн. собр. соч. Т. 16. С. 413.

加深刻地理解封建主义时期俄国农业史的某些特点及其历史意义。例如，该如何理解俄国国家封建主义制度等封建关系的历史作用？国家封建主义（在废除农奴制前，俄国的国家农民占农民总数的40%）在俄国的推广，是决定俄国农民经济在农业生产中发挥主要作用的重要因素之一。

根据上文对"俄国农业发展道路"问题的阐述，笔者在此必须对有关农民村社的一些观点予以纠正。村社的重要性当然毋庸置疑。客观上，对资本主义农业发展来说，农民经济比地主经济要准备得更加充分，而村社恰恰在其中发挥了重要作用。毫无疑问，在村社内部，农民经济是不平等的。但在土地占有方面，每个农民都有权使用并获得份地。村社的连环保制度使村社内部的所有农户都能够从事生产活动，并能够缴纳赋税。除此之外，对于那些无力缴纳赋税的农民，村社中还存在着完善的救助体系，能够对其施以援手。这些具有一定的意义。身处实行村社土地所有制的地区，但不从事私人经营活动的农民数量并不多。除此之外，实行村社土地所有制的地区也比实行农民土地所有制的地区（俄国西部地区）要少得多。于是，自身从事私人经营并通过劳役制剥削农民的地主在农业生产上完全依赖农民经济，地主不仅将农民作为农业生产的劳动力，也不放过他们的农具和牲畜。结果是，大多数地主自身缺乏农业生产的技术，并且在农奴制被废除后，也没能获得什么农业经营经验。这决定了地主经济在农奴制衰落后，没能做好充分准备，无力实现向资本主义生产方式的变革。所以，地主经济不但在农业生产中所占的比重很小，而且生产技术薄弱、生产组织水平低下，因此，地主经济不可能在俄国农业朝着资本主义方向发展的过程中占据主导地位。

综上，分析改革后俄国资本主义农业发展道路的选择性，可以加深我们对其他历史现象的理解。类似的例证还能举出很多。为了能更加深入地理解历史发展的真实进程，研究未然的历史抉择问题十分必要。当然，关键是能够正确地构建未然的历史情境，具体地研究未然的历史抉择，并且用来研究的未然历史抉择情境必须是真实存在的。为此，除了要总结相关研究经验，首先必须确定相关研究的理论、方法论基础。

第二章　历史学在科学体系中的地位、历史认知的客体及历史认知方法的特点

总之，社会历史发展进程中的未然性（选择性）最鲜明地体现了社会历史发展的基本特点——客观性与主观性的有机统一。因此，历史学家在研究社会历史发展进程时，应该予以特别关注。

第三节　过去作为认知客体的特点及其在历史研究中的表现

3.1　科学认知——社会反映的形式

在上一节，我们探讨了社会历史发展在过去、现在和未来三个时间维度下的普遍特点。一切社会科学研究都绕不开这些特点。除了上文已经提及的这些特点之外，社会生活还具有一个特点。这一特点只有在研究社会生活的历史时才会表露，并且只有在进行历史研究时才会凸显。这一特点就是社会生活的过去性。历史认知之所以具有这一特点，原因在于，从历史认知的客体上来看，历史学家研究的就是过去的事情。甚至，当历史学家研究当下的问题时，其研究视角也与其他的社会科学学者不同：历史学家总是从过去的角度来看待当下的事物，并将其作为一种过去事物的发展的结果，予以揭示和分析。当然，这并不只是历史学家的特点，而是所有研究过去事物的社会科学学者的"通病"。

历史认知客体的过去性，决定了历史学家一般很难通过直接观察或实验的方式来还原认知客体固有的特点、性质。这便导致了一系列与历史认知相关的问题。第一，历史认知的客体以及过去的人类活动究竟在多大程度上是真实的；历史认知究竟在多大程度上服从于科学认知的普遍原则；历史认知是否具有科学认知所固有的特点；历史认知是不是科学认知的一种特殊形式。第二，认知客体的这一过去性，对历史认知造成了怎样的影响；历史认知由此具备了哪些特殊性。

学者们早早便关注到了以上问题。无论是哲学、社会学还是历史学，各种流派对这些问题都给出了不同的解答。因此，笔者既不可能，也没有

必要对各种观点一一评析。各种观点的实质差异，还是应该放到各自学科的具体研究中去检验。我们的主要任务，在于从辩证唯物主义的角度出发，通过马克思主义来揭示以上问题的实质。当然，这并不意味着其他的理解和阐述就是错误的。只要是在辩证唯物主义原则的框架内，各种观点都有自己的一席之地。

辩证唯物主义把科学认知过程看作一种社会反映形式，认为它是物质所固有的反映性的最高形式。① 列宁指出："一切物质都具有在本质上跟感觉相近的特性、反映的特性。"② 反映（отражение）是"物质客体在外界作用下发生变化的能力，即通过改变自身的性质和结构，重现自己所作用的或是被反映的物质客体的能力"。③ 换言之，反映是现实世界中的客体在直接或间接的作用下，再现、记录其固有的特点和性质的能力。

无论是直接作用，还是间接作用，都会产生因果联系（причинно-следственная связь）。因此，反映就是一种因果联系。被反映的客体是因，反映出的映象是果。在反映过程中，原因的性质会在结果中再现。正如多数苏联哲学家所强调的那样，相互作用是一切物质运行、发展的手段，联系的普遍性也决定了反映的普遍性。"相互作用是我们从现代自然科学的观点考察整个运动着的物质时首先遇到的东西……只有从这个普遍的相互作用出发，我们才能了解现实的因果关系。"④

社会生活中的反映，特别是认知领域内的反映，是一种最高级、最复杂的反映形式。众所周知，辩证唯物主义认为，一切认识都来源于客观实

---

① 参见 Урсул А. Д. Отражение и информация. М.，1973；Ленинская теория отражения. Свердловск，1974；Коршунов А. М. Отражение，деятельность，познание. М.，1979；Лекторский В. А. Субъект. Объект. Познание；Материалистическая диалектика. Т. 2. Субъективная диалектика. М.，1982；Ленинская теория отражения как методология научного познания. Минск，1985；Губанов Н. М. Чувственное отражение：Анализ проблемы в свете современной науки. М.，1986；Фофанов В. П. Социальная деятельность и теоретическое отражение. Новосибирск，1986；等等。
② Ленин В. И. Полн. собр. соч. Т. 18. С. 91.
③ Материалистическая диалектика. Т. 2. С. 11.
④ Маркс К.，Энгельс Ф. Соч. 2-е изд. Т. 20. С. 546.

第二章　历史学在科学体系中的地位、历史认知的客体及历史认知方法的特点

在（包括自然界和人类社会），认识是自然界和人类社会中固有的特点、性质、联系、规律在人的意识中的反映。尽管这种认识是相对的、不全面的，但它是如实的，因为"理性是不能和自然界矛盾的"。① 显然，第一，意识对现实世界中的客体的反映与该客体本身并不完全相同；第二，反映总是近似的、相对准确的。认识"并不是简单的、直接的、完整的反映，而是一系列的抽象过程，即概念、规律等等的构成、形成过程，这些概念和规律……包含了永恒运动着和发展着的自然界的普遍规律性"。② 因此，认知过程是一个永无止境的过程，不断趋近于完全涵盖客观实在，不断趋近于揭示客观实在所固有的形式与内容、现象与本质、量与质，不断趋近于绝对真理。一切认识都具有相对性和不完整性，但尽管如此，认识仍能趋近于绝对真理，原因在于，任何相对真理中都包含着绝对真理的成分。

反映—认识过程（отражательно-познавательный процесс）是由一系列彼此紧密联系的阶段共同构成的。列宁发展了马克思关于反映和认识的学说，他指出："从生动的直观到抽象的思维，并从抽象的思维到实践，这就是认识真理、认识客观实在的辩证途径。"③ 在反映—认识过程中，起决定性作用的是实际。这是因为：第一，"实践高于（理论的）认识，因为它不但有普遍性的品格，并且还有直接现实性的品格"，④ 因此，实践是检验真理的标准；第二，任何一种科学认知都服务于实践活动，满足实践的需求。也就是说，实践是一种认识、改造客观世界的手段。所以，任何一种认知过程，都不仅仅是"认知主体与认知客体之间的相互作用"那么简单，实践不断要求认知主体表现出一定的能动性。离开了这种能动性、目的性和认知性，就不可能获得什么认识。认知主体的能动性表现在认识的各个阶段。这种能动性在抽象思维和实践上体现得最为明显，但这一能动性在感性直观认识阶段同样非常重要。消极的感性直观认识只能得出一定的美

---

① Маркс К., Энгельс Ф. Соч. 2 - е изд. Т. 20. С. 537.
② Ленин В. И. Полн. собр. соч. Т. 29. С. 163 – 164.
③ Ленин В. И. Полн. собр. соч. Т. 29. С. 152 – 153.
④ Ленин В. И. Полн. собр. соч. Т. 29. С. 195.

学感知，而单凭美学感知无法构成对世界的认知。在论及所谓"鲜明的直观"（живое созерцание）时，列宁同样强调了它的能动性。

感性知觉、鲜明的直觉观是认识的初始阶段。列宁指出："一切知识来自经验、感觉、知觉。"① 由此我们不仅追问：人类对过去的认识是不是真实的？在处理历史认知时，科学认知的普遍原则是否可用？只有真实的事物才能够被感知，才能够产生鲜明的直观和感性知觉。接下来笔者将分析第一个问题：过去的事物是不是客观实在。

3.2 "过去"、"现在"与"未来"

过去的事物究竟是不是客观实在？"过去"与"现在"究竟是何关系？这两个问题与哲学的基本问题紧密相关——存在和虚无的本质是什么？二者之间存在怎样的联系？唯物主义和唯心主义，马克思主义的哲学、社会学流派和非马克思主义的哲学、社会学流派围绕这两个问题长期以来展开了激烈的争论。时至今日，这两个问题仍然具有非同寻常的意义。②

近现代非马克思主义的社会学、历史学学派在论及"过去与现在的关系"时，各派之间的差异非常大：有的学派认为二者是脱节的，有的学派认为二者完全是矛盾的，也有的学派将二者同等看待……不一而足。古典实证主义者从幼稚的现实主义角度出发，承认"过去"具有客观现实性，认为历史学家可以通过遗存（历史文献和文物）直接认识过去。因此，按照严谨、实际的（实证主义的）认知要求，历史学家不可能认识到文献以外的历史。所以，历史学家的任务就在于根据文献，尽可能准确地还原过去。在这种情况下，为了保持还原的客观性，历史学家必须尽量避免对史实进行阐述和解释，因为史实"自己可以说话"。

---

① Ленин В. И. Полн. собр. соч. Т. 18. С. 129.
② 苏联的史学理论、史学方法论研究尤为关注过去的客观实在性，相关论述可参见 Кон И. С. Философский идеализм и кризис буржуазной исторической мысли. М., 1959；Иванов Г. М. Исторический источник и историческое познание. Томск, 1973；Иванов Г. М., Коршунов А. М., Петров Ю. В. Методологические проблемы исторического познания. М., 1981；Барг М. А. Категории и методы исторической науки. М., 1984；等等。

第二章　历史学在科学体系中的地位、历史认知的客体及历史认知方法的特点

主观唯心主义（新康德主义及其各种变体）认为，存在与虚无、过去与现在是互相脱节的、互相对立的。过去是绝对的虚无，与现在没有任何联系。过去不是一种客观实在。认识的主体（历史学家）的意识是对过去的认识的唯一来源。

现在主义者认为，存在与虚无、过去与现在是一致的，并且只有现在才是真实的。过去已经完全转变为了现在，二者之间不存在任何差别。因此，现在是对过去的认识的唯一来源，也就是说，认识的来源又回到了历史学家的主观意识上。这种观点的问题在于：一方面将过去的事物现在化；而在另一方面，又用过去的历史来解释现在的事件，这便使解释往往流于空泛。

马克思主义根据辩证唯物主义的物质观、发展观，对过去、现在和未来三者之间的关系提出了独特的解释。物质是一种客观实在，以多种多样的形式存在，并且在时间和空间上不断发展。从整体上看，物质是一种永恒的、无限的客观现实；但同时，物质的每一种具体形态又都是暂时的，有着自己产生和消亡的时刻。不过，任何事物都不会彻底消失。由于发展是永恒的，在发展的过程中，物质只会从一种状态和形式转变为另一种状态和形式。因此，存在与虚无，"过去"、"现在"与"未来"之间，存在着联系和继承性。在发展的过程中，直接存在会转变为间接存在，在"现在"中逐渐聚积，以所谓"扬弃"的形式参与到"现在"当中。

社会生活是物质的最高形式。社会生活的发展服从于物质发展的普遍规律。在社会发展的过程中，存在从"过去"到"现在"、从"现在"到"未来"的不间断的继承性。首先，人类生活是这种继承性和连续性的基础；其次，每一次的发展都是在前一个阶段的活动所取得的结果的基础上实现的。从这个角度上讲，"过去"之于"现在"，不仅"是前辈积累下来的历史经验"，[1] 也是社会不断向前发展所不可或缺的条件。

在社会发展的内部，蕴藏着一系列固有的普遍规律。在整个人类历史进程中，这些规律一直在发挥作用，将"过去"与"现在"、"现在"与"未

---

[1] Иванов Г. М. Исторический источник и историческое познание. С. 123.

来"联系在一起。至于那些没有那么普遍的规律（如阶级斗争规律），则只有在特定的历史发展阶段内，才能把"过去"、"现在"和"未来"联结起来。

在"过去"、"现在"和"未来"的这种统一与联系当中，最重要的两个因素是："过去"被实现的可能性和"未来"被实现的可能性。因此，当"现在"同"过去"联系在一起时，"现在"就会变为"过去"，而"未来"则会变为"现在"。至于"过去"，总是以其各种遗存（实物的、图像的、文字的和口头的）的形式存在于"现在"。

总之，"过去"与"现在"之间的紧密联系不容争辩，"过去"对"现在"的客观现实性毋庸置疑。有人曾比喻，对社会而言，"过去"与"现在"的关系就如同一个人过去的生活与现在的生活一样，都是现实的、客观的。

※※※

在明确了"过去"的客观现实性以及"过去"与"现在"之间存在有机联系的同时，还应当强调："过去"与"现在"之间是存在差别的。"现在"是一种直接存在（непосредственное бытие），"过去"则只是一种间接存在（опосредованное бытие）。从时间顺序上看："过去"—"现在"—"未来"，"现在"是链条的中间环节，既与"过去"相联，又与"未来"相联。因此，"现在"是认识"过去"、预测"未来"的基础。当然，所谓基础，并不是说我们能够根据"现在"推断"过去"，而是意味着现在的需求和利益确定了对过去的现象和过程的研究范围。同时，研究过去的现象和过程，对解决现在的问题不仅十分必要，而且具有重要的现实意义。同理，对未来的预测不仅有助于确定社会所追求的理想和目标的如实程度，而且有助于准确、客观地理解现在，有助于实现上述理想目标，有助于解决社会发展过程中产生的各种问题。

但是，"现在"的时间界限应当怎样判定？"现在"和"过去"究竟应当如何划分？

"现在"的时间界限很难确定，苏联学者对此暂时还没有达成一致的意

第二章　历史学在科学体系中的地位、历史认知的客体及历史认知方法的特点

见。部分学者认为，"可以将那些对当今社会的社会活动以及政治、经济、社会决策的目的、性质、内容没有产生直接影响的事件或过程归入'过去'的范畴，而将那些产生了直接影响的事件或过程划入'现在'的范围"。①按照这一标准，因为当今任何一个国家的总参谋部都不会去认真考虑十字军远征的路线问题，所以，十字军的远征路线就是一件"过去"的事情；相反，国家签订的、仍在生效的划界条约，即使该条约是100年前订立的，却也依旧属于"现在"的范围——如此划分"现在"与"过去"，显然难以令人信服。实际上，我们根本无法断定究竟哪些过去的事件对现在或未来产生了直接影响。一些去今久远、从未引起今人注意的历史事件可能会突然闯入现代生活。这样的例子有很多。虽然，我们很难说十字军远征的路线对现代国家的参谋部有什么意义，但是在考古挖掘中发现的古代中亚地区的灌溉系统却能够解决现代中亚地区的灌溉问题。②

另一种观点认为，"因为'现在'持续的时间很长，有时甚至会产生比较明显的间隔。这个间隔，就是客体的性质规定性保持稳定的时间范围。只有当现象产生了新的性质，或者在某种程度上超越了旧有的性质的界限，我们才能够认为它否定了'现在'"。③ 这种对现在和过去的划分方法很难令人信服，因为它是通过社会现象和过程的性质规定性的差异，来划分"现在"和"过去"的。至此，"现在"和"过去"的划分标准恐怕也无法更为具体了，主要是社会生活中的时间和空间实在过于复杂。

3.3　社会实践与社会空间

社会生活在时间和空间上不断流变④——这是社会意义上的时间，而历

---

① Ракитов А. И. Историческое познание. С. 285.
② 参见 Земли древнего орошения и перспективы их сельскохозяйственного освоения. М., 1969; Андрианов Б. В. Земледелие наших предков. М., 1978。
③ Иванов Г. М., Коршунов А. М., Петров Ю. В. Методологические проблемы исторического познания. С. 30.
④ 关于时间、空间的一些一般性的问题，可参见 Ахундов М. А. Концепции пространства и времени: Истоки, эволюция, перспективы. М., 1982。

历史研究方法

史学意义上的时间是社会历史时间（социально-историческое время）——一种特殊的空间和时间。在"过去"、"现在"和"未来"三者的关系上以及在历史发展进程的分期上，首先应当重点考虑的是社会历史时间的特殊性。① 与物理学意义上的时间（准确地讲是日历时间）相同，社会历史时间也是不对称的、不可逆的，总是从过去走向未来。但与日历时间节奏的单一性和均匀性不同，社会历史时间在客体和内容上是多维的，按照不同的节奏向前发展。也就是说，社会历史时间中充斥着各种事件以及质量关系。众所周知，在历史发展过程中，有时数月甚至是数天的时间对社会进步的意义要比数年、数十年大得多。因此，这些在时间上是集中的、在本质上是革命的（不取决于表现的范围）、产生了新的性质的事件，可以划分出历史发展的某些方面甚至是历史发展的总进程的界限。例如，"整个19世纪的所作所为，都是在完成、发展、深化18世纪末法国革命的事业。同样，对于20世纪的历史，如果不把伟大的十月革命选定为它的历史关键和逻辑关键，就连接近于理解它也不可能"。②

任何一种历史现象、历史制度、历史过程都在按照自己的时间节奏向前发展，其性质所存续的时间各不相同。因此，一方面，"过去"与"现在"、"现在"与"未来"的时间界限并不统一；另一方面，即使在同一个历史日历时期，历史现象、历史制度、历史过程的性质和发展水平也有可能完全不同。如果日历时间相同，但空间不同，那么社会制度和社会过程相同的时间可能发生在过去，可能发生在现在，也有可能发生在未来，也就是说，日历时间与社会历史时间可能并不重合（一般来说，二者也是不重合的）。例如，社会主义作为一种社会制度而言，对一些国家来说是现在时，而对其他一些国家来说，则只能是将来时。资本主义对社会主义国家而言是过去时，对资本主义国家自身而言则是现在时。当然，还有一些国家或民族，无论是社会主义还是资本主义，对它们来说都只是一种可能会

---

① М. А. 巴尔格从历史方法论的角度对这一问题进行了更为具体的研究，参见《历史学的范畴和方法》第二章。

② Барг М. А. Категории и методы исторической науки. С. 90.

第二章　历史学在科学体系中的地位、历史认知的客体及历史认知方法的特点

实现的未来。这便又产生了一个问题：该如何在某一个日历时间的断面上，确定大至整个世界，小至某一局部空间（地区）的历史发展本质。此时，应当依靠体现了未来发展可能与趋势的社会制度。

社会制度的内在时间（внутреннее время）与更加广泛的制度时间（время системы）紧密相连，所以，借助更加广泛的制度时间，我们能够明确研究对象的内容和历史意义。例如，在认识从工场手工业向大机器工厂过渡的这段时期的意义时，必须充分考虑到，如果以更长的时间维度来审视的话，这段时期只是资本主义发展的最终阶段而已。

在历史发展的过程中，除了日历时间可能会与社会历史时间不重合外，物理（地理）空间 [физическое (географическое) пространство] 与社会空间（социальное пространство）也有可能并不重合。如果说物理（地理）空间的特点是位置、连续性和联系性，那么社会空间则是独立于位置与联系之外的一种同类的、性质确定的客体和系统的总和。例如，实行特定社会经济制度的国家、全球或者某些国家的港口、具有某些特定的工业部门的城市等，都构成了与物理（地理）空间不尽重合的社会空间。

进入20世纪以来，历史发展的总体进程越来越快。这导致"现在"转变为"过去"、"现在"发展成"未来"的步伐日益加快，这深刻影响了人类的时间观念。可以说，在20世纪以前，人类基本上是以"过去"为标准生活着的。对当时的人们来说，"未来"只是一个极其遥远的梦想。如今，人类对未来的关注与日俱增。作为历史学者，应当察觉到这一变化。

3.4　历史认知中的感性知觉

过去是一种间接的客观实在，历史学家与认知客体之间的时间距离异常遥远。基于此，我们不禁追问：人类是否可以通过感性知觉（чувственное восприятие）来认知客体（根据辩证唯物主义认识论，感性知觉是一切认知活动的基础）。部分学者断言，历史学家"同过去毫无关联"，[1]"历史学家无

---

[1] Пушкарев Л. Н. Исторический источник в свете ленинской теории отражения // Актуальные проблемы истории России эпохи феодализма. М., 1970. С. 81.

法直接接触到过去的事实,他们能接触到的只是史料"。① 按照这一逻辑,他们得出的结论是:"历史学中的史料可以被看作历史认知的客体和手段,而历史研究的客体,则是在对史料进行研究的过程中所形成的史实。"② 这种观点的实质,是拒绝将过去视为历史认知的真实对象,否认历史学家同过去之间的联系——这样产生的后果,便是认为"人类不可能通过感性知觉认识过去"。③

之所以会产生这一误解,原因在于,某些学者认为,只有在认知主体(指历史学家)与认知客体之间存在直接联系的情况下,才有可能产生感性知觉。这种认识是错误的。

许多客观实在(不仅仅是过去)都不能通过直接联系感知到。除此之外,"即使客观实在中只存在极其有限的部分,人类依旧可以直接借助这些部分的联系获得信息。只有将间接环节引入联系中,才能够展现认识的无限可能性"。④

伴随着感性知觉,形成了有关客观实在的直观的、内容丰富的形象。为此,我们一方面需要关于客观实在的信息,另一方面需要对这些信息进行斟酌。因此,"主体能够感知到客体并没有对主体的感觉器官产生影响的那些方面",⑤ 而且"当直观含义在没有直接成为感性经验时,它才有可能进入认识体系"。现代微观物理学和宇宙学对这些问题比较关注,⑥ 笔者认为,历史学在这方面也不应屈于人后。

对于那些无法去直接观察的客体,该如何获得必要的感性知觉信息?物理学主要是借助实验的方式。实验所取得的结果、仪器所确定的数值

---

① Гулыга А. В. Эстетика истории. М., 1974. С. 11.
② Петров Ю. В. Практика и историческая наука. Проблема субъекта и объекта в исторической науке. Томск, 1981. С. 342.
③ А. И. 拉基托夫持此观点,参见 Ракитов А. И. К вопросу о структуре исторического исследования // Философские проблемы исторической науки. М., 1969. С. 184.
④ Материалистическая диалектика. Т. 2. С. 11.
⑤ Лекторский В. А. Субъект. Объект. Познание. С. 145.
⑥ Лекторский В. А. Субъект. Объект. Познание. С. 147.

第二章 历史学在科学体系中的地位、历史认知的客体及历史认知方法的特点

"本身并不重要，它们只不过是微观客体信息的载体罢了"。① 所以，苏联科学院院士 B. A. 福克在同尼尔斯·波尔（Niels Bohr）争论时强调："我们认知的对象不是胶片上斑点的位置，而是原子的性质。"② 物理学家通过实验获得信息，历史学家则是从史料中获取信息。史料对历史学家而言，同样只是过去信息的载体，而不是某种独立的认知客体。尽管和一切历史现象一样，史料作为一种历史现实中的现象，也会得到专门的研究。

为了保证微观客体信息的可信度，物理学家必须消除实验仪器对实验结果的干扰。与之类似，历史学家也应从史料中筛选出可信的信息。无论是物理学家还是历史学家，都需要对研究对象进行专门的、理论性的批判分析，并且要掌握相应的分析方法。结果是，"在人的意识中形成了通过仪器展现出来的微观客体的感性形象"，③ 也就是说，学者同认知客体之间不存在任何直接的感性接触。对历史学家而言，这种感性形象来源于从史料中获得的信息。

总之，虽然历史学家与过去不存在直接接触，但这并不能割裂历史学家与过去的联系，也不影响历史学家对过去的感性认识。历史认知与其他形式的认知一样，都具有反映的性质，并且服从于科学认知的普遍规律。由于历史认知的客体是过去，加之人们对过去的认知具有方向性，因此，历史学的感性认知也具有一定的独特之处。

3.5 历史认知的回溯性

历史认知具有明确的方向性（направленность）：从现在到古代，从结果到原因——这决定了历史认知具有回溯性（ретроспективный характер）。回溯性固然是历史认知的优势所在，但有时也会产生一些问题。回溯方法（ретроспективный подход）的优点在于，这种方法所研究的过去是一种"已经过去的现在"，其中同样包括历史学家已经知晓（或者有可能知晓

---

① Славин А. В. Проблема возникновения нового знания. М., 1976. С. 206.
② Славин А. В. Проблема возникновения нового знания. М., 1976. С. 206.
③ Славин А. В. Проблема возникновения нового знания. М., 1976. С. 206.

的)的"过去"的"未来"的部分。因此，人们可以从"历史回顾"和"前景展望"的角度，来看待所研究的历史现象或过程，换句话说，要从研究对象"过去已经发生的状态"和"未来将要出现的状态"入手，从共时性和历时性两个角度，全面考察研究对象的一切方面、一切联系和"中介"(опосредствование)。① 这无疑能够加深对过去的认识。特别是在研究历史事件在某一时间段或者某一时刻的历时性发展过程时，回溯方法的作用尤为显著。

但是很遗憾，在历史研究的实践中，历史学家们并不总是能充分运用历史研究回溯性的优势。有时，不可将历史分析仅仅局限在某个时间段内。必须把研究对象放到整体的历史时间范围中进行研究。以17世纪俄国的商品货币关系和雇佣劳动为例。有人认为，17世纪俄国商品货币关系和雇佣劳动的发展，标志着俄国封建制度的解体、资本主义的起源。但是在具体论证中，持这一观点的学者要么未将17世纪的情况同前、后一段时期进行比较，要么干脆从社会经济发展的角度，毫无根据地将17世纪至19世纪中叶将近两个半世纪的时间看作一个同质的历史时期。

笔者特别强调，在总结、提炼历史预测的原则和方法，构建历史发展的预测模型时，需要特别关注历史可能性。在研究某一历史事件的发展进程时，可以通过构建仿造模拟的方式来模拟该事件在下一个阶段的发展状况。鉴于该事件真实的发展状况为历史学家所知晓，所以他们可以将仿造出来的发展状况同真实情况进行比较，并根据二者之间的差异对模型进行完善。在依据"过去的现在"(прошлое настоящее)，预测"过去的未来"(прошлое будущее)时，离不开对相关方法的提炼。积极提炼相关的理论、方法论和具体科学的研究原则、研究方法，能够促进预测方法(метод прогнозирования)的完善，从而有助于历史学家预测下一个阶段的发展状况，进而提高历史学对现实问题的解释能力。但到目前为止，这还只是一种潜在的可能，历史学家所做的还远远不够。

---

① 参见 Ленин В. И. Полн. собр. соч. Т. 42. С. 290。

第二章 历史学在科学体系中的地位、历史认知的客体及历史认知方法的特点

可见,历史研究的回溯性中包含有益的甚至可以说是有力的方面。充分运用历史认知回溯性的优势是历史学家的任务所在。

当然,历史认知的回溯性较为复杂,可能会导致一些错误的认识。

回溯性分析的复杂之处主要在于,历史学家需要根据他所处时代的现实入手,根据现实一系列固有的特征、运行和发展的趋势,以及一定的需求、利益、任务、理念、概念、立场等因素,来认识过去的现实。但两种(过去的和现在的)现实在上述所有方面,总是存在这样或那样的区别,甚至通常来说,区别往往特别显著。这意味着:第一,历史学家是在运用自己时代的语言,对过去的现实进行阐释;第二,在一些概念和认识上,历史学家既需要反映过去的现实的外在面貌,又要反映出其内在的、客观的意义和作用。想要达到这一目标,如果不从内在方面理解所研究的时代,不从被研究的时代本身出发,无异于痴人说梦。历史学家应该将面貌和概念深入至所研究的时代的内部。这是一项艰巨的任务,因为历史学家时刻受到其所处的时代的制约。

另外,历史学家认识过去的基础是史料,而史料的创作者是那个时代的现实的主体——人。众所周知,人并不总是能如实地认识自己所生活的时代(这里指的不是认识的主观性)。除此之外,有时同时代人无法认识到某一事件的内在含义和客观作用,有时同时代人的想法则会超越现实。

为了克服同时代人的错觉,必须遵循一个老生常谈的原则:在评价某个时代的事实时,不应根据时人所说的话,而应该根据时人所做的事(当然,在社会意识领域,"所说的话"和"所做的事"实际上是一致的)。列宁指出:"我们应该按哪些标志来判断真实的个人的真实'思想和感情'呢?显然,这样的标志只能有一个,就是这些个人的活动。"[①] 总体而言,想要准确理解某一历史时期内的现象或过程,除了应当具备这一时期的普遍的具体认识之外,还应当从更为广泛的时间、空间范围内对研究对象进行考察。要将对历史未来发展前景的揭示,寓于对过去现象的发展过程的

---

① Ленин В. И. Полн. собр. соч. Т. 1. С. 423 – 424.

历史研究方法

阐释之中——这对于揭示历史发展的普遍规律,甚至对历史学家在研究当下乃至未来的问题都大有裨益。对此,我们只能认同以下观点:"只有这样的历史学家才称得上是真正现代的历史学家:他在研究过去时,第一,能够看到自己时代的历史远景;第二,能够看到他所研究的现实的历史远景。"①

历史认知回溯性的弱点在于,在阐述过去现象的本质时,无法排除复古(архаизация)和更新(модернизация)的错误倾向。根据历史现象之前的或者之后的状态,来揭示该现象在现阶段的本质,这种做法本身就是危险的。"复古",指的是将现在的现象过去化,认为某一现在的事物"古已有之";"更新",指的是将过去的现象现在化,认为某一过去的事物"有验于今"。当所研究的历史现象、历史过程比较复杂,特别是当研究的是该事件的开始或转折阶段,以及研究对象在不同的历史条件下会表现出不同的实质内容时,复古或更新的概率便会不自觉地暗中增加——即使这或许并非历史学家有意而为,但客观上依旧存在发生的可能。当然,现实中也存在某些学者"将一种事物的本质安到另一种事物头上"的情况,这便纯粹是历史学家刻意为之的结果了。

我们以部分学者对17世纪俄国社会经济发展史的研究为例。上文提到过,部分学者试图将这一时期俄国小商品生产的发展描述成"资本主义萌芽"。他们的理由是:小商品生产在19世纪后半叶,也就是资本主义时期,具有资本主义的特点。届时,这一经济形态是俄国资本主义经济体系中的小资产阶级经济。在资本主义时期,小商品生产当然具有资本主义性质、小资产阶级性质,这是无可置疑的事实。随着资本主义制度确立,资本主义生产方式占据了主导地位,小商品生产必然会呈现出上述特征。但是,17世纪的小商品生产则完全是另外一码事。17世纪,封建农奴制的生产方式仍然盛行。上述观点无异于将资本主义时期小商品生产的固有特点挪用到了17世纪的小商品生产上,实际上就是把研究对象的本质更新了。

---

① Барг М. А. Категории и методы исторической науки. С. 97.

第二章　历史学在科学体系中的地位、历史认知的客体及历史认知方法的特点

***

除了回溯性，历史认知的另一个特点在于重构性（реконструктивный характер）。由于历史学家无法直接感知过去的结果，因此必须对历史进行重构。历史学家根据史料，在自己的意识中重构历史。重构性并不是历史认知所独有的，许多关于历史认知的理论、方法论著作已对此反复强调过了。只要是有关认知客体及其生成的形象的必要信息不是由认知主体通过感觉器官直接感受而来，而是通过其他途径实现的，那么认知主体就会对认知客体进行重构。从这个意义上说，任何通过实验、借助仪器或装置、通过某种方法而被确定下来的信息，都是被人为重构的。

总之，无论何种认识，只要它是意识对客观实在的特点和性质的反映，那么它就是被重构的。列宁指出："我们表象的对象和我们的表象有区别，自在之物和为我之物有区别。"① 一切认识世界所必需的认识，都是人类在意识中对世界进行重构的结果。

笔者之所以反复强调科学认知的重构性，是因为总有人把这一特点说成是历史学的"专利"，将历史学置于一种特殊的、与其他学科本质上不同的境地。这与现实情况完全不符。

不过，历史认知的重构性确实具有一定特殊性。一切科学认知，都是对客观实在的主观映象，历史认知则是一种双重的主观映象：第一个层次是由史料的创作者所记录下的某个时期的历史现实；第二个层次是历史学家在史料的基础上，对该历史现实的认识。显然，在这方面，历史学相比于其他不存在这一特点的学科要更为复杂一些。

前人记录下了过去的情境，历史学家将这一记录作为自己认识的起点。因此，历史学家需要对记录中的历史情境预先进行细致的、批判性的分析，以图明确前人的记录是否如实、是否全面。这是一个极为重要且相对独立

---

① Ленин В. И. Полн. собр. соч. Т. 18. С. 119.

的任务，以至于产生了一个专门的历史学科——史料学。

　　总之，历史认知的特点不在于其重构性，而在于历史认知在对"过去"进行重构的过程中，所产生的一系列重要的特征。以上便是"过去"作为认知客体的特点及其在历史研究中的表现。

第三章
史料与史实

史料（исторические источники）是信息（информация）的载体。历史学家只有通过史料，才能对自己所研究的社会历史现实（общественно-историческую реальность）进行重构。无论是历史学家，还是那些研究历史认识理论、历史认识方法论的学者，都对史料问题格外关注。他们或从具体科学的角度，或从理论、方法论的角度，对史料问题做出了阐释。除了史料问题，史实的问题也格外重要。当前学界对史料和史实的研究已经非常全面，众多学者各抒己见，相关著述不胜枚举。因此，本章仅就一些在历史研究的实践中具有重要意义的方法论问题展开论述。

第一节 信息学视角下的史料

1.1 史料学研究的基本方向

史料学（источниковедение）研究有两个角度：一个是理论—方法论的角度，另一个是具体应用的角度。理论—方法论角度又包含两种倾向。第一种倾向主要关注史料学研究的一般理论、方法论问题，特别是作为历史信息载体的史料的本质，史料的社会性质，史料中主观与客观的关系，史料信息与史实的一致性和全面性，史料的种类和形式，史料的信息潜力，

历史研究方法

分析史料、处理史料、对史料进行科学批判的基本原则、途径和方法等问题。简而言之,这一倾向主要是从认识论的角度来研究史料,其中有的是从"史实—史料"的角度阐释史料的特点,有的则是从"史料—历史学家"的角度进行阐释。近10~15年以来,学界对这方面的研究成果也堪称显著。①

第二种倾向则主要关注历史类型学问题。这一倾向热衷于将史料看成是某一历史时期内的某一种(或多种)历史现象,也就是说,主要是从本体论的角度看待史料。这种倾向主要关注下列问题:史料产生和发展的规律、史料的创作者及当前的研究者所发挥的作用、史料的意义,以及主观性史料能否充分反映史实,如何反映。这种倾向在研究封建主义时代的史料时较为常见。近来,部分学者在研究近现代史料时也开始尝试从这一研

---

① 参见 Варшавчик М. А. Вопросы логики исторического исследования и исторический источник // Вопросы истории. 1968. № 10; Он же. Историко‐партийное источниковедение. Теория. Методология. Методика. Киев, 1984; Шмидт С. О. Современные проблемы источниковедения // Источниковедение: Теоретические и методические проблемы М., 1969; Стрельский В. И. Теория и методика источниковедения истории СССР. Киев, 1969; Иванов Г. М. Исторический источник и историческое познание: (Методологические аспекты). Томск, 1973; Тартаковский А. Г. Некоторые аспекты проблемы доказательности в источниковедении // История СССР. 1973. № 6; Он же. Социальные функции источников как методологическая проблема // История СССР. 1983. № 3; Черепнин Л. В. К вопросу о методологии и методике источниковедения и вспомогательных исторических дисциплин // Источниковедение отечественной истории. М., 1973. Вып. 1; Пушкарев Л. Н. Классификация русских письменных источников по отечественной истории. М., 1975; Пронштейн А. П. Методика исторического источниковедения. 2‐е изд. Ростов н/Д., 1976; Курносов А. А. К вопросу о природе видов источников // Источниковедение отечественной истории. 1976. М., 1977; Медушевская О. М. Теоретические проблемы источниковедения. М., 1977; Она же. Современное зарубежное источниковедение. М., 1983; Ковальченко И. Д. Исторический источник в свете учения об информации: (К постановке проблемы) // История СССР. 1982 № 3; Григорьева И. В. Источниковедение новой и новейшей истории стран Европы и Америки. М., 1984; Воронкова С. В. Проблемы источниковедения истории России периода капитализма. М., 1985; 等等。

究倾向入手。①

从具体应用的角度看，史料学的主要任务，在于提高史料的信息供给能力。历史研究对提高史料信息供给能力的追求是一贯的，这是因为史学家在研究某一历史现象或过程时，他们所必需的信息与史料中直接传达出来的信息总是存在某种不一致性。之所以会存在这种不一致性，是因为史料"创作者"所追求的目标和史料研究者希望通过史料所完成的研究任务之间总有一定的差距。随着历史研究的不断发展，这一差距也越来越大（历史学家所研究的问题范围越来越广、难度越来越大），所以相应地，历史学家对那些没有在史料中直接反映出的信息的需求也在不断增长。想要解决这一问题，要么引入全新的、以往从未使用过的史料，要么提高对现有史料的信息供给能力，而第一种方法，归根结底是有局限性的。所以，对史料学而言，真正具有现实意义的任务，在于总结、提炼获取史料信息的原则、途径和方法，努力提高史料的信息供给水平。所以，我们需要能够判断某一史料信息供给的潜力，并通过某些方法将信息从史料中成功提取出来——这就需要充分使用现代信息学（учение об информации）研究的成果。信息学认为：一切史料都是信息的载体。信息学的一系列概念、范畴、研究成果对史料学研究都大有裨益。

1.2 社会现象及其基本特点

信息学究竟能在多大程度上承载、深化对史料的认识？为了解释这一问题，有必要先对信息学的基本状况进行简要介绍。这绝不是一件简单的

---

① 可参见以下著述：Литвак Б. Г. Очерки источниковедения массовой документации XIX – начала XX в. М. , 1979；Тартаковский А. Г. 1812 - й год и русская мемуаристика. Опыт источниковедческого изучения. М. , 1980；Дмитриев С. С. Источниковедение русской исторической журналистики. Постановка темы и проблематика. （Источниковедение отечественной истории. 1975. М. , 1976）. Милова Л. В. Методологические проблемы источниковедения писцовых книг // История СССР. 1978. № 2。

事，因为尽管海内外与信息学相关的著作浩如烟海，① 但信息学这门学科依旧处于不断发展的过程之中，许多问题尚无定论。不过尽管如此，诸如"信息过程的规律""信息的本质""信息的根本特征"一类的问题目前都已经得到了相当程度的揭示。

很多学说都把信息的本质定义为一种现象。其中，辩证唯物主义对信息的定义最为全面。辩证唯物主义认为："信息是对客观世界中各类现象的反映。"因此，信息是物质的本质被反映出来的产物，也就是说，由于事物间存在相互作用，某些事物的特征会以某种变化了的形式，在其他事物中再现出来。

信息过程（информационный процесс）是社会生活的有机组成部分，二者无法分割。"经常交流关于各种现象或过程的信息，有助于我们更好地承担社会责任；更好地理解周遭世界形形色色的事物；更好地管理自我和集体——这是社会运行和发展、每个人生存和发展的必要条件。"② 信息对于交流、调节和管理科学认知活动、教育而言都是不可或缺的。因此，"最普遍形式上的社会进步取决于物质发展的水平和信息化的程度"，③ 我们认为这一观点是有一定道理的。

苏联学者对信息的认识有狭义和广义之分，我们可以借此将这些学者对社会信息本质的定义分为两类。部分学者把社会信息同认识联系在了一起，认为"信息是认识的一部分，可以用于确定目标、积极行动、实现对

---

① 可参见 Урсул А. Д. Информация: Методологические аспекты. М., 1971; Он же. Отражение и информация. М., 1973; Он же. Проблемы информации в современной науке: Философские очерки. М., 1975; Шерковкин Ю. А. Психологические проблемы массовых информационных процессов. М., 1973; Дмитриев Е. В. Диалектика содержания и формы в информационных процессах. Минск, 1973; Бирюков Б. В. Понятие информации. М., 1974; Афанасьев В. Г. Социальная информация и управление обществом. М., 1975; Цыдря Ф. Н. Социальная информация. Кишинев, 1978; Виноградов В. А. Общественные науки и информация. М., 1978; Коган В. З. Человек в потоке информации. Новосибирск, 1981; Щербицкий Г. И. Информация и познавательные потребности. Минск, 1983; 等等。

② Афанасьев В. Г. Указ. соч. С. 50.

③ Афанасьев В. Г. Указ. соч. С. 5.

认知的管理。也就是说,信息保留了认知的性质特征,可以推动认知的完善和发展"。① 所以,社会信息是一种积极的、能动的认识。而认识中那些还未被触及的部分,则属于潜在信息(потенциальная информация)。另一部分学者从更广泛的意义入手,认为"社会信息既是物质运动在社会形式上的反映,又是物质运动在其他形式上的反映。只要这些反映参与社会生活,那么对该运动的反映就是一种社会信息"。② 在这个定义中,信息是一种人类对客观实在进行反映的综合产物,它不仅被局限为一种认识,而且它的能动性也没有被强调。

究竟哪一种定义更为准确?为了解决这一问题,必须先来研究信息过程的本质以及通过这一过程所产生的信息的特征。在社会生活领域,信息过程是主体、客体和信息三者之间的复杂作用。客体独立于主体之外,是对客观实在的任意反映。客体是主体获取信息的来源和基础。信息是客观实在的本质和特点在主体的意识中的反映。有意识的、能动的、有一定目的的人作为主体,在与周遭的客观实在互动时,总是会出于一定的目的而去获取信息。所以,我们可以通过语用角度(прагматический аспект)来研究信息过程。至于信息(无论是刚刚获取的信息,还是早已得到的信息)本身,则可以从价值论的角度(аксиологический аспект)来研究。从这个意义上说,我们之所以把信息划分为潜在信息和现实信息(актуальная информация),也正是为了达到这一目的,所以,这种划分是完全合理的。从语用的角度来评价信息,也是对信息实现有效认识的基础。

但是,在信息过程中产生的信息,其容量与特征并不是由其产生的目的所决定的。信息过程的固有属性恰恰在于,通过信息过程所产生的,除了有主体预先希望获得的信息之外,还总伴随着不少冗余的信息。这是因为在客观世界中,现象的本质与联系是多样的、无限的。主体意识在反映客体特征时,总是不可避免地会形成一些主体并不感兴趣

---

① Афанасьев В. Г. Указ. соч. С. 33.
② Урсул А. Д. Проблемы информации в советской науке: Философские очерки. С. 194.

的特征。因此在信息学中，除了语用角度之外，还有语义、内容角度（семантический，содержательный аспект）。

在语义方面，信息的对比关系极为重要：有的信息由意识提炼出来，这些信息对主体来说是显而易见的，因此主体可以对其加以利用；但有的信息不是由意识提炼出来的，它们对于主体而言既不是明显信息，也不是直接表现出来的信息。这两种信息通常分别被称为显性信息（выраженная информация）或可见信息（воспринимаемая информация）以及隐性信息（скрытая информация）。也有人将这两种信息称为关联性信息（связанная информация）和结构性信息（структурная информация）。[①]

隐性信息通过表征现象的特点和性质，反映的是二者固有的联系。因为这一联系能够最先体现出客体结构的特点，所以隐形信息也被称为结构性信息。由于客体特点和性质之间的联系具有多样性、复杂性、隐含性的特点，这种联系不易被明确表达；再加上某些联系是通过客体的其他特点和性质间接反映出来的，这些原因导致有的信息是隐性的，无法为主体所领悟。

无论在何种信息过程中，主体获得的隐形信息都要超过显性信息。这是因为在客体、现象和过程之间固有的联系中所蕴含的信息总是多于通过特征直接呈现出的信息。而且，随着信息容量的增加，隐性信息的增速要显著快于显性信息的增速，隐性信息会越来越多。

从语义、内容特征来看，在信息过程中，显性信息和隐性信息的产生，意味着信息是主体对客观现实反映的复杂产物。其中既包括显性的成分（认识），又包括已经形成但并不为主体所知晓的那部分对现实的反映。所以，对社会信息本质的定义，我们还是应当从广义的角度来理解——社会信息是主体对客观实在反映的产物。

最后，我们还可以通过句法角度（синтаксический аспект）来研究信息过程和信息本身，这是因为社会信息的表现形式总是某种符号系统。从这个角度讲，信息学同符号学（семиотика）密切相关。如果说社会信息是人

---

① 参见 Афанасьев В. Г. Указ. соч. С. 56－57；Урсул А. Д. Отражение и информация. С. 213.

类意识对客观实在进行反映的产物，那么这个产物一定会具有某种表现形式。符号系统就是一种表现形式，它能将反映的产物具象化，能够使其为人们所接受、传播。

根据社会实践，信息可以通过描述、测量、图像（表格、图片、影像）、声光信号等形式表示出来。社会信息会通过某种技术手段、某种符号体系、自然的（图片、影像）或艺术的手法对客观实在进行再现，然后将再现产物附着在一定的物质载体上，以便信息能够被保存和传播。如果我们意在"充分理解社会信息的内容，以便对其进行有针对性的利用"，那么最便捷的符号系统是语言（既包括自然语言，也包括人造语言）系统。当然，根据信息的句法特征，我们也可以达到这一目的。所以我们也可以从句法的角度（而不是语义或语用的角度）对信息进行考察。

对于社会现象的总体特征，至今仍众说纷纭：信息究竟是一种精神现象，还是一种精神现象和物质现象的混合体？我们认为，信息毫无疑问是一种精神现象。实际上，无论信息来源于何处、以何种形式表现出来、使用这些信息的目的何在，社会信息都是主体对客观世界进行反映的产物。就其自身的性质而言，该产物（信息）存在于精神之中。信息的载体虽然是物质的，但信息的载体终究不是信息本身。利用信息的实践活动虽然也是物质的，但这也无法改变信息本身的精神性。

以上便是若干与社会信息学相关的问题。这些问题对于揭示信息过程和信息本身的本质而言至关重要。

＊＊＊

信息学还能够揭示信息中主观与客观的关系。社会信息是人类对客观实在特点、本质的映象，其本质是客观的。"一物的属性不是由该物同他物的关系产生，而只是在这种关系中表现出来。"[①] 由于社会信息是主体、客

[①] Маркс К., Энгельс Ф. Соч. 2 - е изд. Т. 23. С. 67.

体互相作用的结果,所以我们必须搞清楚,信息过程的主观形式究竟能在多大程度上获得客观的、与实际相符的、与客体在性质上一致的信息。

在信息过程中,主观形式的基本特征是语用性和目的性。但是,有目的地提取信息并不意味着无法获得客观信息。况且,为达到主体的目的(阶级目的、阶层目的或个体目的),也必须获得客观信息。离开了客观信息,就无法对科学认知活动和教育活动进行交流、调节、管理。所以,为了达到上述目的,主体会极力获取有关客观实在的客观信息。

信息的客观程度既取决于主体确定的目的与客体客观运行的关系,又依赖客观实在的发展水平。当然,也和主体目的的党性、社会性有关。在目的与客观实在的发展相一致的情况下,能否获取客观信息只受到现有的认知能力的制约。如果出于党性、阶级性或者其他原因,主体的目的限制了看待客体的观点和角度,那么客观信息的容量也会受到局限。如果主体的目的与现实相悖,主观上对信息的歪曲（искажение）就会变得非常明显,甚至会进一步发展为彻头彻尾的虚假信息（дезинформациия）,完全扭曲了信息的客观性。但是,即使在这种情况下,在信息过程中也会产生一定的客观信息——关于主体的信息。这是因为,信息过程会同时产生两方面的信息（这也是信息过程的一项重要特征）:关于客体的信息（информациия об объекте）和关于主体的信息（информациия о субъекте）。所谓"关于主体的信息",主要包括关于主体的目的的信息、主体获取信息的原则和方法等。

同主体的目的一样,主体获取信息的原则和方法在信息过程中同样非常重要。它们能够影响到信息的客观程度。如果主体在获取信息时,所依据的原则和采用的方法制约了对客体特点和性质做出如实的反映（或是由于认知能力的局限,或是在选择原则和方法时出现了失误）,那么就会大大降低信息的客观程度,或者说,这种反映根本就是非客观的。

考察信息过程中的主体,获取信息的目的、原则以及方法等内容,有助于帮助我们理解信息的客观程度。总之,尽管在社会信息过程中存在某些主观形式,但此过程仍然能够提供客观的信息。虽然客观信息的容量及其与现实的一致程度可能并不相同，但在信息形成的过程中，也会产生一些特殊的信息，这些信息可以帮助我们确定客观信息容量及其与现实的一致程度。

＊＊＊

信息学除了研究"信息的本质属性""社会信息产生的过程""信息的客观程度"之外，还会研究信息的传输与利用。接下来，笔者将重点介绍几个历史学家特别是史料学研究者可能比较关注的问题。

信息可分为被记录下来的信息（фиксированная информация）和没有被记录下来的信息（нефиксированная информация）。在某一时期社会上流传的各种信息中，有的信息被记录在了不同的物质载体上，有的信息则没有被记录下来（如某些口头信息）。两种信息的关系会随着社会不断进步而发生变化。随着社会发展，被记录下来的信息会越来越多。

在信息的接收者向信息的需求者传输信息时，需要经过一系列的环节。出于对信息的整理、筛选等原因，往往会丢失一部分原始信息（первоначальная информация）。之后，在信息被重新编码、重新记录、重新传输过程中，往往会出现一些错误。特别是在传输那些没有记录下来的口头信息时，信息丢失、信息误读甚至信息曲解的现象会特别明显，这是因为这类信息在传输时会深受主观因素的影响，所以信息被误读或丢失的可能性也比较大。

在利用信息时，"信息本身的价值"和"信息利用的充分性"两个问题非常关键。根据主体利用信息时的不同目的，即使同一则信息也能显现出不同的价值。由于我们无法满足主体的一切目的，所以，任何一则信息都具有一定的价值（ценность）。从语义上讲，信息没有"有价值"或"无价值"的区别。在实践中，信息本身的价值取决于它能否帮助主体实现目的。不过，总是有人试图量化信息的价值，例如：首先计算在现有的信息基础上，主体目的能够被实现的概率；然后计算引入新的信息后，主体目

历史研究方法

的能够被实现的概率，概率的增加值就是新引入的信息的价值。① 然而，量化社会信息的价值十分复杂，就目前而言，这一问题还难以解决。

信息的利用总是离不开对信息的筛选（отбор）。除了信息的价值之外，在对信息进行筛选时还要充分考虑到信息对现实反映的如实程度以及信息性质与数量方面的代表程度。信息对现实反映的如实程度可以通过主体目的被实现的概率来衡量。当主体目的是一个具体的、物质化的结果时，说明信息对现实反映的如实程度比较高。但是对于一些认知活动来说，信息对现实反映的如实程度比较难以衡量，因为此时，主体目的实现是一个过程。即使通过扩大信息的容量，引入更多的信息，也依旧无法提高信息对现实反映的如实程度。那些低价值的、多余的信息只能制造信息利用的"杂音"和"障碍"，非但无法解决问题，反而会使情况更加复杂。

信息学非常关注信息的分类（классификация）问题。对信息进行分类的方法形形色色，分类的标准不一而足。具体该如何选择，取决于信息的来源、信息使用的环境、信息固有的功能等因素。

以上便是若干与史料学相关的社会信息学问题。

1.3 史料——社会信息的载体

接下来笔者将透过信息学的视角来阐释史料问题。② 需要注意的是，在历史学和史料学之中，"信息"这一概念的含义是不同的。在史料学中，从广义上讲，信息是史料中一切资料的总和；或者说，信息是时人对客观实在的反映产物。这种理解与社会信息的哲学定义（认为信息是社会对一切形式的物质运动的反映产物）相吻合。但是在历史学中，信息常常被理解为"为了研究某些具体的现象或过程而被引入科学研究活动中的资料的集

---

① 参见 Харкевич А. А. О ценности информации // Проблемы кибернетики. М.，1960. Вып. 4。
② 参见 Устьянцев В. Б. Исторический источник как специфическая форма отражения действительности // Ленинская теория познания и современная наука. М.，1970；Сидамонидзе У. Историческая наука и вопросы научной информации. Тбилиси, 1978；Уйбо А. С. Информационный подход к типологии исторических источников // Учен. зап. Тарт. ун-та. 1982. Вып. 599。

合",也就是说,在历史学中,信息是一种具有能动性的认识。根据对历史信息(историческая информация)不同角度的定义,人们把史料分为现实信息(即那些已经被引入科学研究之中的信息)和潜在信息(即那些还没有被引入科学研究之中的信息)。这种分类是合理的,而且在具体实践中很有裨益,因为这样可以提醒历史学家及史料学研究者,还有哪些史料没有被引入科学研究的范围之内。

正如笔者在上文已经指出的那样,对于"社会信息"概念的阐释之所以会有广义和狭义两种观点,是因为对信息的研究有两个角度:语用角度和语义角度。两个角度都有其合理性,因为信息过程是复杂的,看待信息本身的角度是多样的。两个角度都为我们更加全面、深刻地理解史料学问题提供了便利。

对于大多数史料来说,史料产生的过程就是信息形成的过程。在这一过程中,参与者包括:主体(史料的创作者)、客体(被反映的客观实在)、信息(主体对客体的反映产物)。和任何一种信息过程一样,史料产生的过程总是带有语用学色彩,也就是说,史料的创作者在编订有关客观实在的资料时,总是抱有某种目的。他们所编订的资料总是为了满足社会或者某些个体的需要。那些后来才被记录到史料中的历史信息之所以被引入史料,最初就是为了满足人们的实际需要。同理,无论是那些被确定下来、用于调整某些社会关系的法律、法规,还是那些为了实现个体的自我表达、自我意识、自我肯定的目的而产生的往来信函、回忆录,都是如此。

史料不仅是对现实的反映,而且是现实不可分割的组成部分——这决定了史料自从其诞生之日起就具有一定的目的性。因此,把作为"客观实在的组成部分"的遗存(остатки)同作为"主体通过意识对客观实在的反映"的传说(предание)对立起来的观点是完全错误的。无论何种史料,都是主体对客观实在的反映,都是客观实在的组成部分,都是主体活动的产物。"遗存史料"和"传说史料"均有各自的用途。例如,犁既是一种用于耕地的农具(遗存),又能反映出其发明者在自身所处的时代的认知水平和技能水平(传说)。又如,回忆录不仅是作者对客观实在的反映(传说),

还是作者的实践活动、自我表达的产物（遗存）。

同一切社会信息一样，史料中信息的目的性并不排斥信息的客观性。史料中信息的客观性是高是低，主要取决于史料创作者的党性、阶级性立场以及对现实进行反映的方法。① 但是，无论何种史料，都包含着一定的客观信息。所以，从语义角度上讲，不存在无法利用的信息。因此，仅从史料创作者的党性、阶级性立场出发，就把史料划分为"好的史料"和"坏的信息"是不合理的。但遗憾的是，许多史料，尤其是个人创作的史料都存在这方面的问题。毫无疑问，作者的党性、阶级性立场会影响到史料的客观性，但在史料创作者所追求的目标的范围内，即使是"最保守"的史料也会包含一定的客观信息。

主体（史料的创作者）并不只是简单地反映现实，其自身也是被反映的客体——这是一个极为重要的史料学问题。因此，史料信息具有双重性：一方面，史料通过主体的意识间接地反映客体；而另一方面，史料能直接地对主体反映客观实在的目的和方法进行评价。例如，回忆录中既包含了关于现实的间接信息（опосредованная информация），又包含了作者本人的直接信息（непосредственная информация）。所以说，如果史料中不包含任何有关客体的客观信息，那么其中一定包含着有关该史料的创作者（即主体）的客观信息。

史料中所包含的主体的信息，是我们判断史料反映历史现实的如实程度的客观基础。具体实现途径是通过揭示史料的社会功能，明确史料的主观社会性（субъективно-социальная природа）、党性阶级性（партийно-классовая природа）、主观个体性（субъективно-индивидуальная природа），从而判断史料中的信息对客观实的反映是否如实。或者，用信息学的语言来说，判断史料中信息如实程度的途径，在于通过信息的语用意义和目的意义，明确主体对该信息的需求程度以及主体对该信息的认知可能性，从而

---

① 这里指的是那些在信息过程中产生的信息，它们是史料创造者对现实进行反映的产物。除了这类信息，遗存中也包含对过去的信息。这类信息的形式虽然多样，但其中的信息都是客观的。

判断史料中信息的如实程度。

谈到"史料对历史现实反映的客观性"以及"检验客观性的途径"时，我们还需注意，史料学研究者早已指出，随着原始信息不断被选取、汇总、加工，史料已经具有了主观性。对信息的选取、汇总不仅会导致第一手信息的丢失，而且这种行为本身就是一种对客观实在的主观反映。对原始信息的记录本身就有主观因素，在对信息选取、汇总、加工时，又在史料中增加了这些活动的主观性。历史学家非常清楚，原始资料本来是高度客观的，但在经过概括、汇编后，其价值会大大缩水。最典型的例子莫过于地方自治局按户编写的《农民经济统计资料汇编》（以下简称《汇编》）。在进行土地调查时，相关人员根据每一个农户的情况都罗列了数十项指标，但《汇编》着眼的却是村镇的总体情况，对于农户的各项指标并没有完全收录。当然，在这个例子中，问题已经不再是原始信息丢失那样简单了，汇编前后体现了对客体的不同的反映方法。《汇编》的核心已经不再是农户，而是村社，也就是说，二者所反映的已经不再是客观实在的同一方面了。

在史料中，对客观实在的二次主观反映（дважды субъективизированное отражение）绝不是什么特殊情况。这种情况在不少史料中都有发生，主要是因为：首先，人们对信息进行的摘录和汇总是多样的、连续的、多层次的；其次，对于历史事件的不同记载以及记载的不同版本之间本身也有差异。甚至，哪怕是同一个人在对原始资料进行持续的选取、概括时，每一次汇总仍然会不可避免地带有主观因素——因为每次选取都会带着新的目的，所以采用的选取、概况方法也会有所不同。对同一个历史事件会存在不同的文字记载，其原因也是如此。

对史料中的客观实在进行二次甚至多次主观反映虽然不会降低反映的客观程度，但是会提高主观因素对信息的影响程度，大大提高我们检验信息客观性的难度。因此，我们需要对史料进行批判性的分析。对史料的批判性分析除了应当在原始信息的形成时期（以检验对客观实在的反映是否如实）进行之外，还应当在信息被汇总、加工之后（以检验有哪些信息丢失了）进行。从这个意义上讲，原始资料（первоисточники）对历史学家来说具有极其重要的意义。

　　总之，尽管从史料的产生看，史料具有一定的目的性（史料自从其诞生之日起就具有一定的目的性）；从史料的实质看，史料具有一定的主观性（史料是主体对客观实在的主观反映），但是，史料不仅客观地反映了过去的历史，使历史研究成为可能，而且史料本身还包含对其主观、客观因素进行批判性评价、厘清二者关系的必要信息。同时，必须指出，各类主观主义史料观、唯心主义史料观是毫无根据的。这些观点认为，由于缺乏必要的客观信息，我们无法确定史料中的信息对客观实在进行反映的客观程度。①

＊＊＊

　　在史料中，历史现实的信息与史料创作者的信息之间存在有机联系，因此把对史料的内在、外在批判相隔离的行为是错误的（这在资产阶级史料学中屡见不鲜）。只有对史料的内容进行分析，才能既揭示出史料产生的外在方面（史料产生的目的、场所、时间，史料的创作者及其反映客观实在的方法等），又能认识到史料信息的可信度和价值。苏联的史料学研究者把对史料的外在、内在批判视为史料学研究的延续，而不是一个独立的研究阶段。②

　　史料形成的目的性决定了它在内容上对历史事实的评价一定是有所选择的。所以，在一个个独立的历史时期中，总结这种选择的普遍规律和个别性，是史料学研究的重要任务。但是，这一问题至今一直没有得到学界

---

① 以下著作批判了资产阶级的史料观：Иванов Г. М. Исторический источник и историческое познание；Иванов Г. М.，Коршунов А. М.，Петров Ю. В. Методологические проблемы исторического познания（М.，1981. Гл. Ⅱ）；Медушевская О. М. Современное зарубежное источниковедение。

② 参见 Стрельский В. И. Теория и методика источниковедения. С. 74 等处、Пронштейн А. П. Методика исторического источниковедения. С. 7 等处及其他著作。

足够的重视，尽管这一问题无论是对其本身而言，还是对于具体的研究实践而言，都具有重要意义（因为离开了对那些无法评价历史事实的"残缺"史料的研究，无视史料差距，就无法确定填补史料缺口的原则和方法，也就无法有针对性地开展历史研究）。

正如许多资产阶级历史学家所指出的那样，虽然史料是对客观实在有选择性地反映，但这并不意味着我们无法全面地认识过去。不过，资产阶级历史学家往往将史料的这一特点绝对化，他们强调，社会生活"最重要的方面"（即所谓的思想史）无法被记录下来，所以也就根本不可能被认识。而我们认为：第一，反映人类心理活动的史料留存甚广；第二，人类的心理活动是实践活动的反映，所以完全能够被认识；第三，纵使史料是对客观实在有选择性地反映，但其中仍然包括了那些没有在史料中直接被反映出来的、有关社会生活现象的信息。

从语义方面，也就是从史料的内容出发，社会信息学认为，显性信息和隐性信息既体现在主体对客观实在反映的产物当中，又体现在这种反映的实践活动当中。史料中同时包含着显性信息和隐性信息，这在史料学中早已是尽人皆知的事情了。① 辩证唯物主义（马克思主义）的史料观同样认为，史料中的信息是无限的。总之，史料中的信息在内容上具有无限性，而信息学为这一论断提供了理论支撑，奠定了客观基础。

在客观世界中，现象内部所固有的联系是多样的、无限的，这决定了尽管史料是对客观实在的有选择的反映，但是在史料中，旨在反映各种现象之间联系的隐性信息的数量却是无限的。如果我们可以在显性信息的基础上，对现象间的联系进行分析，便有助于发现这些隐性信息，进而提高对史料中信息的提取水平，克服史料在对客观实在进行反映时的缺陷（即选择性）。

诚然，信息的无限性是一切史料所固有的特点。但是，我们可以通过

---

① O. M. 梅杜舍夫斯基、А. П. 普龙施泰因、А. Г. 塔尔塔科夫斯基等人在著作中集中探讨了史料中"有意留存信息""无意留存信息""直接信息""间接信息"等信息形式。

划分史料的种类和形态，使大量蕴含在史料中的隐性信息（大规模信息）暴露出来。

所谓大规模信息（массовые данные），指的是那些数量巨大且能够反映各类社会系统所固有的结构和功能的信息。大规模信息可以是原始信息，也可以是经过汇编的信息。大规模信息被包含在大规模史料（массовые источники）之中。当前历史学发展的一大特征，就是开始越来越广泛地使用大规模信息进行研究。从个别史料中摘取隐性信息的可能性是无限的。我们还要再次强调史料中隐性信息的重要性：史料的创作者在反映客观现实的时候，最不易因主观因素歪曲的恰恰是隐性信息。

通过句法角度来研究信息，有助于解决一系列史料学问题。这一研究路径是由信息学和符号学开创的。在通过这一路径进行研究时，首先需要明确史料对客观实在进行反映的方法和形式。语言是意识的有效反映，是思想的物质表现形式，是人类交流的手段，① 所以，一般来说，信息是通过自然语言（естественный язык）表达出来的。也正是因为如此，文字史料（письменные источники）是史料的最主要的类别。当然，除了自然语言之外，文字史料中的社会信息通常也会以其他的符号系统表现出来。

图像史料（изобразительные источники）是社会信息的一种特殊表现形式。图像史料包括表格—图像类史料（графически-изобразительные источники）和艺术—图像类史料（художественно-изобразительные источники）两种。从内容上讲，图像史料所承载的历史信息，其表达的方法和形式比较特殊——主要是编码信息（закодированная информация）。因此，图像史料中的信息也属于隐性信息。想要在历史研究中使用这类信息，就必须对其进行解码，有针对性地剔除掉描述性原则和方法对史料的影响（这是图像史料在形成过程中所独有的特征）——这是一项极为重要的工作，尤其是对于那些作为"客观实在的非真实反映"的史料而言。

对于文学—艺术类史料（литературно-художественные источники），

---

① Маркс К., Энгельс Ф. Соч. 2 - е изд. Т. 3. С. 29.

这种方法同样有效。苏联著名心理学家 Л. С. 维果茨基强调:"诗人①借助艺术手法,对取材自生活的事物行加工。在我们能够对艺术方法进行区分之前,任何通过艺术作品来认识某一事物的企图,从方法论的角度看,都不可信。"② 我们一定要从中挖掘出客观实在的信息。

总之,利用图像史料,关键在于将如实反映了客观实在的那部分信息从总信息中分离出来。对图像史料进行史料学分析的难度要比对普通的文字史料进行分析大得多:在分析文字史料时,通常只需要从其他史料中吸收新的信息,以实现信息互补;而在分析图像史料时,则需要将史料中的信息以自然语言的形式表达出来。并且,遗憾的是,尽管图像史料的数量极为庞大,但并没有得到足够的重视,相关研究非常不足。

从记录信息的角度看,实物史料(вещественные памятники)是史料中的较为特殊的一类。作为客观实在的遗存,实物史料中无疑凝聚了内容详尽、种类丰富的信息。但是,这些信息是人类实践活动的产物,并且从这个意义上讲,恰恰反映了信息的客观—句法意义。也就是说,实物史料作为人类实践活动的遗存,其中信息的表达形式应当被转化为主观—句法形式;或者再换句话说,实物史料中的信息应当被以某种符号体系表达出来。实物史料中的信息可以以自然语言的形式落实为文字,也可以以表格或图像的形式表达出来,再或者借助其他的表达形式。例如,一把犁,其中包含的信息可以以多种形式表达出来:文字描述、图片、化学公式。不过,将暗含在实物史料中的客观—句法信息(即那些独立于反映主体的信息)以客观—句法形式(即能够在认知活动中被利用、能够实现认知目标的形式)表达出来,其中的过程非常复杂。不仅如此,查找史料、重构史料、为史料断代的过程也异常繁复,这也导致考古学(民族学在很大程度

---

① 作家、艺术家也是如此。——作者注
② Выготский Л. С. Психология искусства. М., 1966. C. 71. Ю. М. 洛特曼在《结构诗学讲座》(Лекции по структурной поэтике. Труды по знаковым системам. Тарту, 1964. Вып. 1)和《艺术文本的结构》(Структура художественного текста. М., 1970)中详细探讨了文学艺术作品中客观实在被反映的特点,以及在分析文学艺术作品时所产生的一系列方法论问题。

上也是如此）早早便成为历史学门类下的一个独立学科，之后又进一步发展成一门科学。

以上便是若干有关史料学的理论、方法论问题。这些问题主要涉及"客观实在—史料"这一环节。借鉴信息学的某些成果，将有助于上述问题的解决。

1.4 史料的分类

除了"客观实在—史料"这一环节，史料学中的另一个环节为"史料—历史学家"。笔者接下来将对某些与此相关的问题进行阐释。首先强调一点，信息学要求，必须从理论方法论（теоретико-методологический аспект）、历史类型学（исторически-типологический аспект）、具体应用（конкретно-прикладний аспект）的角度来研究史料学问题。根据信息学的相关成果，判断史料反映客观实在的如实程度的基本途径，在于考察史料的社会属性以及史料对于今人的用途。通过这种方法，史料作为客观实在中的一种现象，其意义是显而易见的。舍此，将无法充分揭示史料中主观、客观的关系。

在从理论方法论角度探讨史料学问题时，需要注意对史料进行句法分析。这一研究路径具有重大的实践意义——虽然到目前为止，还未引起学者们足够的重视。

从具体应用角度，除了应当对史料的可信度和准确性进行分析外，还应当注意总结对史料中的隐性信息进行提取、使用的原则、途径和方法——这既是史料学自身的任务，同时也是历史研究的核心任务。不过，这一问题目前也没有得到应有的重视。上述几个问题都值得我们仔细研究。

***

众所周知，史料的分类问题在史料学中具有重要地位。学者们在进行研究时，使用的史料不同，研究的对象不同，因此对史料的分类也不尽相同。史料学研究者虽然对这一问题进行了专门研究,① 但其中的许多问题仍未解决,比如,学界目前还不存在明确的、对史料进行分类的原则。借鉴信息学对信息研究的三个角度,有助于解决这一问题(虽然信息学家也尚未提出对信息进行分类的明确原则)。

我们可以从信息的三个角度——语用角度、语义角度和句法角度——来研究史料的分类问题。在三个角度中,句法角度具有最为普遍的意义,我们可以据此对史料划分出一个最粗略但也最普遍的类别。根据史料反映客观实在的方法和形式,我们可以把一切史料明确分为四类:实物史料、文字史料、图像史料和语音史料(фонические источники)。② 其中图像史料又可被细分为表格—图像类史料、艺术—图像类史料和自然—图像类史料(изобразительно-натуральные источники)三种。长期以来,苏联的史料学③流行将史料划分为实物史料、文字史料、口头史料(устные источники)、民族学史料(этнографические источники)、语言学史料(лингвистические источники)或民俗史料(фольклорные источники)、影像文件(фотокинодокументы)和图像文件(фотодокументы),但是,这种划分方法是不符合逻辑的,因为如此划分的原则和标准并不统一:有的根据的是对客观实在进行反映的形式,有的根据的是记录信息的方法,有的则根据的是被反映的客体。注意,虽然有时某一信息既被记录在了某种物质载体上,同时又能以某种未被记录的形式(如口头形式)存在,但是一旦我们想要将该信息作为史料进行利用,那么它的形式必须是"被记录下来的形式"。例如,民间创作当中无疑蕴含着无数珍贵信息,但是,如果想要将其转变为史料并为历史学家所使用,就需要将其中的信息以物质的

---

① 对这一问题研究得最透彻的莫过于 Л. Н. 普什卡廖夫。1975 年他在《祖国史俄文文字史料的类型》《Классификация русских письменных источников по отечественной истории. М.》,一书中详细探讨了史料的分类情况。

② М. Н. 切尔诺莫尔斯基使用的分类方法与之类似,但由于他并没有充分参考信息学的研究成果,学术反响不是很大,参见 Черноморский М. Н. Источниковедение истории СССР. Советский период. М. , 1976。

③ 参见 Источниковедение // СИЭ. Т. 6. С. 593 等处。

历史研究方法

形式记录下来（通常是文字形式，但随着技术发展，语音形式也是可以的）。所以，史料作为社会信息的载体，其中的信息都是被记录下来的。

总之，我们根据史料对客观实在进行反映的形式与方法，将史料分为了上述四种类型。这有助于解决与"利用史料""分析史料""分析史料的方法"有关的问题。

***

虽然划分史料的种类非常重要，但这也只是对史料进行分类的第一步。接下来，还要对各类史料继续进行分类。史料学中普遍采用的分类方法，是将来源相同、内容和目的一致的史料归为一类。从信息学的视角看，在对史料进行分类时，依据的是信息的语用角度，即信息对于信息的获取者（主体）的目的是相同的。所以，对于与主体的目的相同的信息，对客观实在进行反映的原则和方法、信息的表达形式、信息的使用形式也是相近的。虽然，对史料的分类并不是绝对的，但这不能抹杀上述尝试对史料学研究和具体历史分析的重要意义。

划分史料的种类、形态，不仅有助于提炼史料学研究方法，对信息进行加工、分析的方法，还有助于认识史料的演变过程。无论是人类意识对客观实在进行反映的方法、形式（二者是划分史料类型的基础），还是信息的目的（这既是收集信息的目的，也是划分史料形态的基础），从本质上讲，都是符合历史发展规律的，因此也都会随着社会的发展而不断变化。这也导致史料的种类和形态并不是一成不变的。导致史料变化的因素主要是社会的政治经济结构，除此之外还有社会的文化认知能力。例如，实物史料是研究古代的基础，因为当时大多数的社会信息都未被记录下来，这些信息在直接交流和社会活动中世代相传。对于遥远的后代而言，这些信息便主要体现在了实物史料或者图像之中。但随着文字的出现、印刷技术的发展、识字率的提升，信息记录和传输形式产生了巨大变化。近代科学技术的发展，催生了若干全新的反映客观实在形式和传输信息的技术（如影像、图像、语音等），时至今日，各种依靠人造机器语言的反映方法层出不穷。不过遗憾的是，除了某些极个别的尝试外，最后一种史料虽然信息容量非常庞大，但目前还尚未得到史料学研究者的广泛重视。①

史料演变的特点在于，随着社会生活日趋复杂化，新的社会功能越来越多，固有信息的消亡与新信息的产生在数量上并不是一致的。因此，从语用角度来看，社会发展、社会经济功能的变化是信息过程最重要的影响因素，因此，在划分史料的种类和形态时，还要考虑到史料的结构——这也是苏联的史料学研究者在进行史料分类时所遵循的原则。

除了句法角度和语用角度，还可以通过语义、内容角度对信息进行研究。由此我们不禁发问：根据信息的内容而对史料进行分类，这种做法究竟是否合理？从信息学的角度讲，如此分类的问题在于：史料对客观实在的反映是多样的；即使史料的类型相同，它们所反映的客观实在的侧重点也有可能各不相同。因此，就史料本身而言，我们无法根据内容而对史料进行分类。但是，如果研究者已经圈定好了研究范围，在一个固定的范围内探讨历史现实的某些方面或特征，那么此时，根据信息的内容来划分史料的做法则是可行的。有时，研究者还会根据史料对研究目标的作用而对史料进行分类，这种做法与前一种类似。以上两种分类方法都是对史料进行分类的基本形式。可见，在对史料进行分类时，人们所依据的并不总是史料的种类和形态。

可见，充分借鉴信息学的研究成果，从语用角度、语义角度和句法角度来探讨史料的分类问题，有助于获得更加清晰的认知。

1.5 挖掘史料中的隐性信息

史料学研究的核心问题，在于通过挖掘史料中的隐性信息，提高史料的信息供给水平。根据各类史料的特点和不同的研究任务，总结、归纳挖掘史料中隐形信息的具体途径和方法——这正是史料学研究者的使命所在。信息的结构性指明了实现这一使命的基本途径：根据史料中直接表述出来

---

① 可参见 Гельман－Виноградов К. Б. Машиночитаемые документы в СССР. М.，1980。

历史研究方法

的信息，分析研究对象之间固有的联系。事实上，史料学和具体历史研究的核心，就在于分析事物之间的联系。历史研究想要发展，就要不断完善分析事物间联系的方法，不断挖掘、利用史料中的隐性信息。系统的分析方法、数学方法和使用电子计算机对此格外有效。

首先应当强调的是系统方法在应对史料学问题时的有效性。显然，这一问题的核心在于确定史料中信息的可靠性（即史料对客观实在反映的如实程度）。通过考量史料中信息的目的、获取信息的方法，有助于判断信息的客观程度；与之类似，在确定史料信息的可靠性时，常见方法是将该信息同其他史料中的类似信息进行比较。毫无疑问，这种方法虽然行之有效，但在某些情况下，这种方法具有一定的局限性：能够进行比较的只能是史料中的直接信息。如果考虑到史料中的隐性信息的话，此方法的局限性便十分明显了。任何一种社会系统都有着自身的结构，系统内部的各个要素同样具有一定的构造，存在一定的联系，拥有不同的特点和性质。所以，确定史料中的信息在多大程度上体现了研究对象内部要素的特点，在多大程度上反映了研究对象的结构，我们就可以认为其中的信息具有多强的可靠性——这一原则也正是利用系统分析方法对史料进行研究的实质所在。

我们不妨以学界争论已久的"塔季谢夫史料"（Татищевские известия）为例来解释这一问题。В. Н. 塔季谢夫在自己所著的《俄国史》（《История Российская》）初稿中，引用了一些未见于古罗斯编年史的史料——这就是"塔季谢夫史料"，没有任何证据能够直接表明这些史料确实存在。因此，许多历史学家认为这些"史料"并不可信，纯属塔季谢夫本人杜撰。直到不久前，部分历史学家仍然认为"塔季谢夫史料"是伪造的，因为一般的史料学分析方法无法证明该"史料"的真实性，需要有更加完善的分析方法来予以检验。但 Б. А. 雷巴科夫在系统方法和结构分析的基础上，成功探索出了这种方法。[1]

雷巴科夫的检验方法如下：在 12 世纪的时候，人们曾将史料按照年份

---

[1] Рыбаков Б. А. Русские летописцы и автор "Слова о полку Игореве". М., 1972. С. 188–191.

逐年拆开，对每一年份记载的行数进行了统计。同样的统计也发生在《伊巴基耶夫编年史》(《Ипатьевская летопись》) 中。雷巴科夫根据两次统计的结果绘制了图表，图表显示，二者总体上高度相关。如果"塔季谢夫史料"同一份完全可信的史料相吻合，这足以证明"塔季谢夫史料"本身也是可信。当然，除了可以通过图表判断两份数据的相近性外，使用相关系数也可以达到同样的效果。

继雷巴科夫之后，Л. В. 米洛夫继续对这一问题进行了研究。① 但他主要依据的是系统的方法和结构分析方法，没有使用数量指标。

米洛夫同时研究了"塔季谢夫史料"和《伊巴基耶夫编年史》中对12位人物的形象描述，发现二者的描述非常类似，只不过《伊巴基耶夫编年史》中的描述更为精练；并且，二者的描述中连删节的部分都是一致的。由此，米洛夫断定，两份史料中的信息是相互关联的。

雷巴科夫和米洛夫的研究都证实："塔季谢夫史料"中的信息是真实的，来源于一份没有流传下来的编年史；并且"塔季谢夫史料"中的信息和《伊巴基耶夫编年史》中的信息是同源的。②

总之，通过对史料进行系统、结构分析，并在这两种研究方法的基础上进一步发掘史料的隐性信息，可以显著提高史料中信息的可信度。在史料学研究的具体实践中，使用这一分析方法能够显著提高对史料的分析能力和分析水平。在计量方法的基础上，历史学家通过使用系统方法和结构功能分析法，在具体历史研究领域，取得了显著的成就。这部分内容笔者将在后文具体阐释。

以上便是若干与史料有关的问题。笔者主要是从现代信息学的角度对上述问题进行了阐释。

---

① Милов Л. В. Татищевские портреты – характеристики и "Симонова летопись" // История СССР. 1978. № 6.
② 米洛夫还成功找到了来自塔季谢夫的同时代者的证据，从而证明"塔季谢夫史料"确实为真，参见 Милов Л. В. Татищевские портреты – характеристики и "Симонова летопись" // История СССР. 1978. № 6.

第二节　史实：基本方法论问题

2.1　资产阶级史学、社会学中的史实

事实（факт，来自拉丁文 factum，意为"行为""事件""做过的事情"）是构成一切科学的基础，它明确了科学的实体属性。正是由于事实的这一特性，人们对事实在科学认知的理论、方法论中的地位问题格外关注。在众多的事实中，研究者对史实（исторический факт）的兴趣尤为浓厚，这一方面是因为历史认知的客体具有特殊性，另一方面是因为历史认知的过程具有复杂性。[①]

"事实"的概念极为广泛。首先，事实是客观实在过去或现在的状态。从这个意义上讲，事实具有一系列固有的属性。其次，事实同科学认知过程相关。此时的事实，已不再是"客观实在"意义上的事实，而是客观实在在研究者的意识中的映象。显然，这两种意义上的事实存在原则性的区别，由此便产生了关于二者关系的探讨，对此，学者们也给出了各不相同

[①] 在最近的一批学者中，М. А. 巴尔格对史实论述得格外透彻，参见《历史学的范畴和方法》第四章；亦可参见 Ракитов А. И. Статистическая интерпретация факта и роль статистических методов в построении исторического знания // Проблемы логики научного знания. М., 1964; Дорошенко Н. М. Проблема факта в историческом познании. Л., 1968; Гуревич А. Я. Что такое исторический факт? // Источниковеде ние: Теоретические и методологические проблемы. М., 1969; Иванов Г. М. К вопросу о понятии "факт" в исторической науке // Вопросы истории. 1969. № 2; Уваров А. И. Исторический факт как элемент теории // Учен. зап. Казан. пед. ин-та. 1979. Т. 91; Салов В. И. Исторический факт и современная буржуазная историография // Новая и новейшая история. 1973. № 6; Петров Ю. В. Проблема факта в современной буржуазной философии истории // Философские науки. 1976. № 3; Вайнштейн О. Л. Очерки развития буржуазной философии и методологии истории в XIX – XX вв. Л., 1979. Гл. X; Лисовина А. П. Категория "исторический факт" в марксистской и буржуазной методологии истории. Кишинев, 1981; Шаповалов В. Ф. Факт и понимание в историческом исследовании // Творчество и социальное познание. М., 1982; Ракитов А. И. Историческое познание. М., 1982. Гл. 6.

的解答。① 从认识论的角度看，二者的关系与哲学的基本问题——存在与意识的关系有关。在对史实进行探讨时，同样离不开这对关系。

古典实证主义者是从朴素实在论的角度来看待这一问题的。② 他们在承认历史现实的事实（факт исторической действительности）具有现实性的同时，却在本质上，将其与历史学的事实（факт исторической науки）混为一谈，认为前者是史料直接提供给历史学家的。历史认知的过程，就在于历史学家精心还原史料中记录的事实。但是，对于历史现实的事实而言，我们之所以认为它具有现实性，恰恰是因为其中的信息有本可依，有文献证明。而事实本身，是对客观实在基础的、不可分割的、不可变更的、彼此孤立的反映。从内容来看，事实之于客观实在，好似"积木"，一块一块组合成客观实在的整体。事实的数目已经在史料中被严格固定好了，客观实在本身并不包含任何史实。历史学家认为，任何复杂的历史现象，实际上都是由最简单、最基本的事实组合而成的；而这些事实的性质则可以通过各种自然现象来体现（如人口学、生物学、物理学等）。因此，自然事实（естественный факт）与社会事实（общественный факт）之间并不存在什么原则性的差异，自然科学方法同时也是认识社会历史现实的有效手段。当然，通过自然科学方法获得的认识只是一种感性认识、经验认识，仅限于厘清有关研究对象的事实而已（即仅停留在经验认识阶段）。

总之，实证主义在理解史实的本质时，虽然承认史实具有客观现实性，但错将事实的本质认识得过于肤浅，把现实事实（факт действительности）与科学事实（научный факт）混为一谈，进而导致实证主义对科学认知过程理解得过于简单了。

对事实的另一种理解是产生于19世纪末的主观唯心主义。这一流派的创始人是威廉·狄尔泰（Wilhelm Dilthey），并在新康德主义（主要是在李

---

① 可参见 М. А. 巴尔格、О. Л. 魏因施泰因、А. П. 利索维娜、Ю. В. 彼得罗夫、В. И. 萨洛夫等人的著作。
② 参见 Ланглуа Ш., Сеньобос Ш. Введение в изучение истории. СПб. 1889.

历史研究方法

凯尔特的著作中）中得到了进一步发展。① 主观唯心主义在本质上认为，史实与自然科学中的事实是对立的——自然科学中的事实是主体对外在的客观实在的一种直接的感性认识。除此之外，这一派还认为，史实中不存在直接的感性因素。他们的理由是：史实主要反映的是人类的精神生活，这类事实完全不见于任何史料；除此之外，史实要么是对事实主观的、间接的还原，要么是一些根本无法检验的"传统""传说"。总之，历史学家很难，甚至完全无法捕捉到史实的内在含义。但也因为如此，只有历史学家才能够赋予过去的事实以某种意义。为此，历史学家必须先具备赋予意义的标准，而这个标准，可以是历史学家所处时代的各类价值观或理念认识。根据这一标准，历史学家可以通过感性"体验"或者逻辑构建，形成史实（主观唯心主义者相信，人类的心理是统一的）。于是，事实的客观性（事实是对客观实在的反映）被抛弃，人类获得对过去的客观认识的可能性被否定，历史学家的意识反而成为认识的来源。历史认知作为一个渐进过程不复存在，对过去的认识不再具有任何意义。每一个历史学家都在书写自己的历史，并且，有多少历史学家，就会有多少种历史。

与之相比，新康德主义对史实的解释有所不同。如果说唯心主义推翻了史实的客观性，否认对过去的真实认识的存在，将人类对过去的认识完全转变为了一种主观的构建，那么新康德主义，对于史实问题，一边提出了一些毫无依据的解决方法，另一边又提出了一系列重要的方法论问题：如获得史实的途径、获得史实的方法、历史认知的特点、人能否获得正确的历史认知。新康德主义也是后来一切通过主观唯心主义的观点来认识史实的史学流派（如现在主义、存在主义等）的理论来源。

2.2 史实的分类

对于新康德主义提出的一系列问题，马克思主义给出了恰如其分的回

---

① 参见 Кон И. С. Вильгельм Дальтей и его "критика исторического разума" // Критика новейшей буржуазной историографии. Л., 1967; Риккерт Г. Философия истории. СПб., 1908; Он же. Науки о природе и науки о культуре. СПб., 1911.

答。辩证唯物主义将史实划分为三种类型：历史现实的事实（факт исторической действительности）、史料事实（факт исторического источника）、科学—历史事实（научно-исторический факт）[1]。三种类型彼此有着明显的区别。

历史现实的事实无论是对于史料的创作者，还是对历史学家而言，都是客观的。历史现实的事实展现了丰富多彩的人类活动和社会关系。因为历史现实的事实描述的是过去的事实，是关于已经实现了的物质、精神活动的事实，所以，从内容本质上看，这种事实是无限的；但从时空和本质的完整性上看，它却是恒定的、唯一的、不变的。总之，历史现实的事实虽然是无限的，但当历史现实处于完成状态时，却又是恒定的。

史料事实是史料创作者对历史现实的事实的反映产物。同其他任何一种形式的反映一样，这种反映同样是客观的，但其实现形式却是恒定的、不变的（史料创作者对历史现实的事实所进行的每一次描述都是唯一的，尽管从内容上看，这种描述同客观实在的属性一样，都是无限的）。

科学—历史事实是历史学家在史料事实的基础上形成的对历史现实的事实的反映。所以，科学—历史事实是对过去事件的主观化的二次反映，除非史料是过去事件的直接遗存（因为这样便可以直接感知过去了）。这些遗存可以是物质性的，也可以是精神性的，其中可以包含直接信息，也可以包含间接信息。科学—历史事实与另外两种史实的本质区别，在于其内容的不完整性、可变性，并且能够进一步充实历史认知过程。

辩证唯物主义对史实的区分，是在历史研究中正确地运用史实，准确、客观地认识历史现实的必要条件。苏联学者（包括历史学家和哲学家）常常对"史实"的概念不加区分，因此难免将各类史实混为一谈。显然，由于史实本身是多样的，故而产生了一系列具体科学及方法论问题，历史学家的任务，便是将这些问题一一破解。接下来，笔者对其中一些重要问题进行简要阐述。

---

[1] 参见 Барг М. А. Указ. соч. С. 150 等处。

历史研究方法

***

对于历史现实的事实而言，区分"简单事实"（простой факт）和"复杂事实"（сложный факт）非常重要。实证主义观点认为，在历史过程中只有那些最简单的、个别的事实是真实的。主观唯心主义也将事实看作某种个别的事物。实际上，无论是在客观实在里，还是在历史现实中，事实都是极为多样的：从最简单的事实到最复杂的事实，无所不有；历史情境、历史制度、历史过程的功能、发展，无所不包。"客观历史现实本身，是不同复杂程度、不同时空范围、不同梯次排布的事实的联结，是不同社会阶层的结晶。"① 复杂的历史现实的事实之所以是真实的，是因为在客观实在当中，个体事件、独立事件、社会系统、数量变化以及社会发展进程中的量变、质变，都有个别性、特殊性和一般性之分，并且这三种性质彼此紧密地交织在一起。

复杂史实的存在，迫使历史学家在研究实践中对其进行划分。划分的标准只有一个，那就是明确的、历史现实的事实所固有的性质——这就要求历史学家首先确定这一性质存在的时空范围。当事实反映的是某种不连续的、间歇性的社会生活现象时，确定时空范围相对比较容易。例如，1905年1月9日到1907年6月3日这段时间内，俄国发生了大量的社会政治事件。从总体上来看，这些事件所组成的复杂史实具有明确性质——1905～1907年俄国资产阶级民主革命。

但是，当事实反映的是一个连续的历史发展进程时，划分史实便很难做到了。以工业革命为例，以大机器生产为本质的工业革命无疑是一件复杂史实，它标志着资本主义生产方式的确立和漫长的资本主义形成过程的结束。但是，工业革命究竟完成于何时？哪怕确定粗略的、大致的时间界限都殊为不易。对于俄国来说，论及工业革命的开始时间，不同的研究者

---

① Барг М. А. Указ. соч. С. 155.

有着不同的界定，从18世纪90年代（俄国出现了第一批机器）到19世纪50年代（机器生产在俄国得到了大规模运用），说法不一。至于工业革命的结束时间，同样众说纷纭。有人认为，俄国的工业革命结束于废除农奴制的前夕，还有一部分人认为结束于19世纪末。之所以会产生上述分歧，并不是因为具体史料存在局限，而是因为不同的学者对复杂史实的实质内容的整体理解存在差异，或是因为他们对这些实质内容反映出来的具体特征的认识各不相同。在此，我们先谈一下史实多样性的问题。

***

　　史实，无论是在时空范围上（简单史实、复杂史实）、具体内容上（经济史实、社会史实、政治史实、思想文化生活方面的史实），还是在史实内部的固有联系等方面，都是极为多样的。任何史实都处于与其他史实的联系之中，并且无法从与其他史实的相互作用之中分离。因此，尽管每一个对史实的独立反映都是固定的，但每一个反映所形成的系统是多变量的，所以，史实也呈现出了多样性的特点。史实的多样性，是认知主体（历史学家）得以从不同角度看待史实的客观基础。但是，历史学家能做到的，只是自主选择看待史实的角度，而无法自行决定史实的内容。

　　即使是最简单的史实，仍然具有多样性、复杂性。因为即使是最简单的史实，它反映出的信息也是多样的：既能反映出事实的客观内容（即事实的本质），又能体现出时人的主观认识（即事实外在的反映）。但同时，恩格斯指出："在判断当前发生的个别事件或一系列事件时，总是不能探索出终极的经济原因。"① 因此，很多人是在以一种虚构的方式描述客观实在，结果就会像马克思所指出的那样，把风马牛不相及的现象放在一起比较："它们互相之间的关系，就像公证人的手续费、甜菜和音乐之间的关系

---

① Маркс К., Энгельс Ф. Соч. 2-е изд. Т. 22. С. 529.

一样。"①

总之，史实的真实含义与时人对史实的理解和评价并不总是吻合的。无论我们对自己所生活的时代抱有怎样的幻想，在历史学家眼中，它们都不过是用于研究的史实而已。列宁强调："外观也是客观的，因为在外观中有客观世界的一个方面。"② 所以，历史学同时也具有澄清、纠正时人错误认识的重要使命。辩证唯物主义对此的方法，是将使个别认识与社会认识结合，使单一认识与群体认识结合，将认识的思想方面与物质方面结合。

***

对于历史现实的事实，还有两个重要问题——历史现实的事实与自然界中的事实（факт естественного мира）是否类似；二者之间又有何区别。上文已经指出，实证主义把客观事实的两个范畴混为一谈，主观唯心主义则又将二者对立起来。实证主义和主观唯心主义的认识之所以存在谬误，根本原因恰恰在于：前者认为，社会事实隶属自然事实；而后者认为，由于社会事实具有个体性、精神性（性质方面）的特点，所以社会事实是不可重复的。显然，这两种观点都是错误的。我们既不能把社会事实与自然事实混为一谈，也不能将二者对立起来。社会事实与自然事实之间既有区别，又存在某些相似之处。尽管从社会活动的规律和结果来看，社会事实是对客观活动的反映，但它同时也是对有意识的、有目的的（因此是主观的）人类活动的反映，有着固有的利益、理想和情感诉求。社会的主体通过自身的活动不仅创造了一系列事实，并且对这些事实做出了自己的评价。从这个意义上讲，自然界则没有什么情感追求。但同时，社会事实与自然事实之间又存在一定的相似之处，因为二者的发展规律是贯通的（自然历史规律），都受到各种内在因素的制约，并且都具有重复性。这种重复性是

---

① Маркс К., Энгельс Ф. Соч. 2-е изд. Т. 25. Ч. 2. С. 380.
② Ленин В. И. Полн. собр. соч. Т. 29. С. 89–90.

自然界和人类社会共同具有的特征。史实,只在个别层面上,对于某些事件而言是不可重复的;而在社会系统整体运行、发展的层次上,这种重复性是社会系统本身所固有的。重复性的发现,是马克思和恩格斯的伟大功绩。列宁强调,马克思主义把"重复性,这个一般科学的客观标准应用于社会科学"之中,揭示了社会发展的自然史性质。① 历史认知实质上就是在揭示社会历史发展进程的客观规律,在这一点上,历史认知与自然科学的认知可谓不谋而合。

以上便是历史现实的事实的基本特点以及若干与之相关的方法论问题。

2.3 构建科学—历史事实的系统

与史料事实相关的方法论问题同样为数不少,例如:史料创作者对客观历史现实反映的如实程度、检验史料客观性的可能性与检验方法、史料的信息潜力、史料中的直接信息与隐性信息、提高史料的信息输出水平、克服史料对史实反映的选择性等问题。这些问题在上文已多有论述,并且具体的解决方法实际上已经属于史料学的研究范畴,故笔者不再赘言。但要多强调一点,历史学家在运用史料事实的过程中,需要充分汲取诠释学(герменевтика)的营养,准确阐述、解释事实的真实含义,因为史料事实对历史现实的事实的反映是主观的,在某些情况下,这种主观反映甚至是虚构的。总之,摒弃史料信息中的主观成分、虚构成分,明悉史料事实对历史现实的事实反映的如实程度,充分挖掘史料中的信息——这既是使用史料的方法,又是对历史现实做出科学认知的基础。就像恩格斯所指出的那样:"不论在自然科学或历史科学的领域中,都必须从既有的事实出发。"②

至于科学—历史事实,首先需要强调的是,科学—历史事实是历史学家自己形成的,它是历史学家在史料事实的基础上形成的对历史现实的事

---

① Ленин В. И. Полн. собр. соч. Т. 1. С. 429.
② Маркс К., Энгельс Ф. Соч. 2 - е изд. Т. 20. С. 370.

实的反映。由此产生了两个问题。第一个问题是：历史学家在事实形成的过程中究竟负有怎样的责任。在各派历史学家中，对此最为负责的，非马克思主义历史学家莫属。对客观实在的反映要如实、客观——这是马克思主义历史学家的党性、阶级性的要求。非但如此，马克思主义者在进行任何一项研究（当然包括历史研究）时，都要遵循客观的原则。与马克思主义史料学不同的是，非马克思主义的史料学受到自身党性、阶级性的局限，对客观实在的反映偏离了客观性，因此只能产生一些主观的、个体的事实。这些事实纵使再异彩纷呈，①归根结底仍然是历史学家的产品，不是对客观实在的真实反映。显然，马克思主义的历史认识论、历史方法论无论是在理论梳理，还是在实践应用上，都做到了极致。

第二个问题是：为了保证科学—历史事实是对历史事实的如实反映，研究者需要具备怎样的原则和方法。在论述历史现实的事实的特点以及史料的方法论问题时，笔者已经指出了其中的若干原则。接下来笔者再指出几条与辨别、选择事实直接相关的，为了完成研究任务所必须具备的原则。

任何一项历史研究，都是为了揭示研究对象运行、发展的基本性质、普遍规律和具体的历史特点。因此，想要达到这一目的，必须依靠科学—历史事实。科学—历史事实不是对史料中所包含的事实的简单复制。"科学—历史事实不是某种源自史料、经过历史学家改写而呈现在史学著作中的证明，而只是处于特定联系之中的事实。换言之，科学—历史事实是一种概念化的事实，是一种从史学理论中反映出来的事实。"②完成研究任务的理论方法（即实质内容方法）有助于确定需要进行具体研究的历史现实的那些方面、性质、联系和具体特征。理论分析使我们能够在内容上确定研究所需的科学—历史事实的范围。在此基础上，我们才能明确究竟哪些史料是进行研究所必需的，并进一步确定这些史料的可信度和准确性，最后才能形成全部科学—历史事实的集合。这一集合应当具有一定的代表性。

---

① 参见本书第六章。——作者注
② Барг М. А. Указ. соч. С. 162.

代表性如何体现？应以能够完成既定的研究任务为宜。代表性何以实现？基本的方法论原则在于追求事实的系统性（системность）。为了使研究深入研究对象的本质，我们不仅需要事实的集合（совокупность фактов），还需要事实的系统（система фактов）。成系统的科学—历史事实与普通的事实的集合（无论集合的范围有多么广）不同，在前者内部，各种事实互相联系，共同构成了内容的完整性，能反映认知客体的基本特点和相互联系。正是基于此，马克思、恩格斯均坚持，在研究中必须使用事实的系统。马克思在批判基佐关于英国革命的著作时写道："既然基佐先生到处漏掉最重要的关键，所以他就只有极端不能令人满意地平凡地叙述事件的政治方面了。"①

列宁在《统计学和社会学》一书中全面地论证了形成科学—历史事实系统的方法论原则。列宁在书中强调，"如果从事实的整体上、从它们的联系中去掌握事实，那么，事实不仅是'顽强的东西'，而且是绝对确凿的证据"，因此，"应当设法根据准确的和不容争辩的事实来建立一个基础"。"要使这成为真正的基础，就必须毫无例外地掌握与所研究的问题有关的全部事实，而不是抽取个别的事实，否则就必然会发生怀疑，而且是完全合理的怀疑，即怀疑那些事实是随意挑选出来的，怀疑可能是为了替卑鄙的勾当作辩护而以'主观'臆造的东西来代替全部历史现象的客观联系和相互依存关系。"列宁坚决反对在举例上"耍滑头"，他强调，"（如果——译者注）挑选任何例子是毫不费劲的，但这没有任何意义"，"如果不是从整体上、不是从联系中去掌握事实，如果事实是零碎的和随意挑出来的，那么它们就只能是一种儿戏，或者连儿戏也不如"。②

科学—历史事实的代表系统，不仅有助于评判历史现实的某些方面或特点，也有助于实现对历史现实的"本身"（сама в себе）③ 认识（即历史现实具体反映出的本质）。为了阐明事实，仍需遵循客观性原则。列宁在俄

---

① Маркс К., Энгельс Ф. Соч. 2-е изд. Т. 7. С. 222.
② Ленин В. И. Полн. собр. соч. Т. 30. С. 350, 351.
③ Ленин В. И. Полн. собр. соч. Т. 29. С. 202.

历史研究方法

共（布）第八次代表大会上所做的关于党的纲领的报告中指出，"党纲中必须准确、如实反映一切"，①"不承认实际情况是不行的，因为它会强迫你承认它"。②

在构建科学—历史事实系统的具体实践当中，历史学家遇到了一系列困难。根本问题在于史料中可能并不包含足以构建该系统所必需的事实。由此产生的问题和具体的解决方法，笔者将会在下文专门论述，在此只对其中一些基本的方法论原则稍作强调，以期克服史料中事实的非全面性（毕竟史料是对客观实在有选择性的反映）。如果通过引入新史料，挖掘现有史料的隐性信息等途径仍然不能填补史料缺口，历史学家便只好通过当前的事实、被计算出来的事实、间接的事实甚至是那些完全由历史学家制造出来的事实（привносимый историком факт）来填补史料缺口。但是，在使用这些事实时，必须极为谨慎。这些事实违反了历史认知过程反射性的特点（它们不是从历史现实的事实发展为史料事实，而是从历史现实的事实直接发展为科学—历史事实），如此填补史料缺口，会有陷入主观主义之虞。

那么，如何才能坚持客观立场，克服上述错误倾向？辩证唯物主义已经对这个问题做出了令人信服的回答。马克思强调："……分析经济形式，既不能用显微镜，也不能用化学试剂。二者都必须用抽象力来代替。"③ 这完全适用于一切社会生活现象。当然，任何一种抽象都必然导致某些具体性的丢失，但是，只有离开了具体的事物，抽象才能更加深入对象的本质当中。此外，抽象并不是无限的，只有在具体事实的基础上，抽象才是有效的。否则，原本科学的抽象只会变成毫无根据的先验论。

总之，只有对现有事实进行抽象的内容—理论分析，才能客观地填补史料缺口，避免对事实进行毫无依据的凭空发挥。显然，在这种情况下，获得的历史认知才更具普遍意义。众所周知，随着对过去认识得不断深入，

---

① Ленин В. И. Полн. собр. соч. Т. 38. С. 159.
② Ленин В. И. Полн. собр. соч. Т. 38. С. 161.
③ Маркс К., Энгельс Ф. Соч. 2 - е изд. Т. 23. С. 6.

历史认知会越来越多地失去历史具体性，越来越多地获得理论—社会性。但在科学认知方面，同具体但不完全可信的认识相比，虽较为抽象但更客观可信的认识显然更有价值。

有一个困难在于：历史学家掌握的史料虽数量众多、内容丰富，但难以进行加工、处理，因而有必要构建针对科学—历史事实的抽样系统（выборочная система）。在历史研究中使用抽样方法是完全合理的，抽样方法的有效性也在诸多历史研究中得到了证实。长期以来，苏联的史料学界就对"在对大规模史料进行汇总、处理、分析的过程中使用抽样方法究竟是否合理"的问题进行了广泛争论。反对的一方援引列宁关于"在研究某种现象时，必须无一遗漏地穷尽事实"的要求，认为抽样方法只是在史料规模庞大、无法全部使用情况下的一个迫不得已的选择。对"在史学研究中原则上可以使用抽样方法"持怀疑态度的人，他们的怀疑是毫无根据的。这是因为：第一，通过使用抽样方法来研究大规模现象，该方法的合理性、高效性、客观性已经得到了理论和实践的检验；第二，列宁的要求与使用抽样法并不冲突。我们从列宁的表述中可以明显看出，列宁主要强调的其实是：从科学—历史事实系统中排除掉任何一个史实都是不合理的，如果这样的话，这一系统将无法完整地呈现出历史现实的本来面貌，无法全面地展示出历史现实所固有的特点和联系。总之，不能说使用了抽样方法，就无法形成令人信服的科学—历史事实系统。当然，抽样必须具有代表性。也正是因为如此，在历史研究中使用抽样方法并不是出于历史研究本身的"需要"，这种方法只是在原则上是可行的。

在本章中，笔者仅论述了那些与史料、史实相关的最基本的方法论问题。下文在讨论历史研究方法、历史学的发展阶段和水平时，还会对这些问题进行具体阐述。

第四章
历史研究方法

无论何种历史认知，都建立在综合运用各种认知方法、研究方法的基础上。科学认知的具体表现形式就是在研究任务的驱动下，研究客观实在中的现象与过程。所谓研究任务，也可被理解为"科学问题"。因此，具体科学方法（конкретно-научный метод），或者说得更确切一些，具体问题方法（конкретно-проблемный метод）是任何一项研究的基础。研究方法的特点由认知客体的特性以及研究任务的实质决定。现实中的可供研究的客体（研究对象）各不相同，研究对象具有的特性、联系、发挥的功能及其发展的规律纷繁复杂，研究角度多种多样，研究任务种类繁多，所有的这些，都决定了在任何一门学科中，都存在大量具体问题方法。显然，想要将这些研究方法系统化，对它们加以评价和描述，只能在具体领域内进行专门分析，因此其并不在本书的研究范围之内。

但是，正如我们在第一章中指出的那样，具体问题建立在专门科学方法（适用于某种特定科学门类的方法）、一般科学方法和哲学方法的基础上。例如，在研究19~20世纪初的俄国解放运动时，如果需要揭示解放运动的社会阶级性和客观历史倾向，那么就要求我们运用一种或多种具体问题方法。这些研究方法反过来也将促进专门科学方法（如历史比较法）的发展。同时，专门科学方法也建立在一般科学方法的基础上。在上例中，历史比较法的基础也可以是从具体上升到抽象的归纳分析法——可见，作为一种专门科学方法的历史比较法，在使用过程中同样也离不开分析法、归纳法、从具体上升到抽象的方法等一般科学方法。最后，以上提到的一切研究方法，其哲学理论、方法论基础都是唯物辩证法，也就是说，上述方法均建立在辩证唯物主义的哲学分析方法的基础上。总之，任何一种具体问题方法，均来自专门科学方法、一般科学方法和哲学方法，至于具体该如何使用，还要考虑到具体的认知客体和研究任务。

如果说低层次的科学研究方法（指具体问题方法）的特点在于其具体性，那么对于高层次的研究方法（指哲学方法）来说，其固有特点就在于其概括性。后者的作用，不在于揭示任何一种具体的、针对客观实在中某一现象或过程的研究路径、研究方法，而在于如何认知客观实在，如何揭示普遍的、针对客观实在的认知观点、认知原则。

众所周知，哲学的理论、方法论，以及科学的认知方法能够确保我们获得全面的、真理性的认识。这也恰恰是唯物辩证法与形而上学根本对立之所在。唯物辩证法要求我们详细分析自然界、人类社会和人的思维的全部表现形式；分析、研究这些表现形式的多样性、多面性、相关性及其发展、变化；研究质量互变；研究"矛盾是事物发展的源泉和动力"；研究矛盾的统一性和斗争性；充分考虑到事物发展所固有的内容与形式、现象与本质、量与质的有机统一。上述规律都是客观实在本身所固有的（客观辩证法），所以这些规律便成为科学认知的规律与原则（主观辩证法），并进而构成了一切层次的科学研究方法（及方法论）的基础。唯物辩证法就是科学认知最普遍的理论、方法论和逻辑。

与此同时，很明显，如果想要在研究实践中贯彻唯物辩证法的规律和原则，就需要更多地使用那些较为具体的研究方法。这种具体化的趋势在一般科学的方法（观点）中体现得更为明显。借助这些一般科学的方法（观点），我们便能够在认知过程中完成具体的研究任务。显然，在科学认知的历史发展中，"具体化"的研究趋势绝非总是在辩证法的要求下自觉实现的，而往往都是自发实现的。这绝非天方夜谭，因为人的思维能够随着自然界、人类社会的发展而发展。既然自然界和人类社会就其本质而言是

历史研究方法

辩证的，那么人的思维在渴望获得真理性认识的情况下，自然会在选择科学认知活动的方法时，自发地体现辩证法，自觉地将科学性赋予选择认知方法的过程之中。在众多理论中，只有马克思主义成功将辩证法同唯物主义在科学认知的活动中结合起来。成功地将唯物辩证法规律同一般科学的方法（观点）一贯地、科学地结合起来。[1]

不过，即便如此，仍并不能排除下面这种情况：如果对于自己所在的研究领域，没有对认知活动加以应有的、有针对性的关注，便很容易自发地、经验主义地选取研究方法——这在历史研究中已经屡见不鲜了。显然，这种自发性是完全错误的，既降低了研究成效，并且，很显然，对辩证的科学认知方法的应用也起到了阻碍作用。

一般科学方法（观点）的范围是非常广阔的。每一种研究方法都以解决某种研究程式为目的，适用于研究活动的某一个方面；这些方法组合起来，可以涵盖从提出问题一直到将新获得的认识上升到科学理论的最高形式（即科学原理）的整个研究过程。最广为应用的一般科学方法有：观察法和实验法、重建法和仿造法、描述法和定量方法、抽象化的方法、绝对化的方法、形式化的方法、理想化的方法、分析法和综合法、归纳法和演绎法、从具体上升到抽象的方法和从抽象上升到具体的方法、分类和类型化、历史的方法和逻辑的方法、静态研究法和动态研究法、类比的方法、模拟的方法、计算的方法、结构分析法和功能分析法等等。我们发现，这些方法大多是成对出现的，而这恰恰是一般科学方法辩证性的体现：辩证法主张，在研究客观实在时，要突出事物的对立统一。类似的情况无论是对于专门科学方法，还是具体问题方法，都是一样的。

---

[1] 对于辩证唯物主义观点与一般科学方法的关系，苏联哲学界尚未达成一致。有的学者认为需要对二者进行明确区分，但也有学者表示异议。例如，《科学认知辩证法》（Диалектика научного познания. М., 1978）一书的作者认为：除了自然界、人类社会和人的思维所固有的辩证法的一般规律之外，只有在认知思维中，才能找到某些特殊的规律（第3~5页）。例如：绝对真理和相对真理的关系、从具体上升到抽象和从抽象上升到具体的过程、方法的"流通"、历史和逻辑的关系（第18~19页）等。毫无疑问，所有这些原则和方法都是（且仅是）思维所固有的，并且在本质上是辩证的。所以，我们可以去探究关于辩证法的一般规律和具体规律，但是，挖掘辩证法的具体规律的目的，在于明确这些规律对科学研究实践的益处。

鉴于一般科学方法在科学研究中发挥重要作用，我们必须对其中的主要方法做出专门的分析。这正是本章第一节的题中之意。接下来，我们将对那些在历史研究中普遍存在的、对于历史学的各个分支都适用的研究方法进行详细的分析、介绍。

第一节　一般科学方法及其在历史研究中的地位

一般科学方法适用于一切学科，其目的在于解决认知及研究过程中遇到的各种问题。虽然一般科学方法都会涉及认知和研究的本质因素，但不同方法之间的应用程度、应用范围却不尽相同，有的还只是一些具体的、尚处于经验认识或理论认识阶段的认知方法（如观察法和实验法、描述法和定量方法、分析法和综合法、演绎法和归纳法等）；有的却已经触及了更为宏大而深刻的认知问题（如历史与逻辑的关系、具体与抽象的关系、模拟等）。[1]

在本节，笔者对一系列当前最为常用的一般科学方法做出简要的说明。

1.1　历史的方法与逻辑的方法及二者关系

众所周知，历史的方法和逻辑的方法（исторический и логический методы）[2]

---

[1] 以下著作详细介绍了一般科学方法的特点：Добриянов В. С. Методологические проблемы теоретического и исторического познания. М., 1968；Андреев И. Д. Методологические основы познания социальных явлений. М., 1977；Диалектика научного познания: Очерк диалектической логики. М., 1978；Пальчевский Б. А. Научное исследование: Объект, направление, метод. Львов, 1979；Материалистическая диалектика. Т. 2. Субъективная диалектика. М., 1982；Т. 4. Диалектика общественных отношений. М., 1985；Принципы материалистической диалектики как теории познания. М., 1984；Готт В. С., Семенюк Э. П., Урсул А. Д. Категории современной науки. М., 1984；Логические методы и формы научного познания. Киев, 1984；Проблемы методологии социального познания. Л., 1985；等等。

[2] 参见 Лысманкин Е. Н. Историческое и логическое в учении об общественно-экономических формациях // Проблемы социального познания. М., 1982；Мареев С. Н. Диалектика логического и исторического и конкретный историзм К. Маркса. М., 1984；Логические методы и формы научного познания. Киев, 1984；等等。

历史研究方法

在认知活动中处于对立统一的辩证关系之中。在科学认知中,两种方法的客观本体论基础在于,现实客体在时间和空间上的运行和发展不仅是"在空间中互相邻近的",而且是"在时间上前后相继的"。① 换言之,任何现实,在其存在的每一个阶段内,不但自身会转变为特定的客观实在,同时还都会具有各自独特的产生、发展、消亡的历史演变的过程。所以,我们对客观实在的研究,应当着眼于历时性和共时性两个方面,也就是说,需要从时间和空间两个维度上进行研究。在这方面,"逻辑的方法主要在空间上'沿水平方向'揭示客体的运动。……而历史的方法则主要是从时间间隔方面'沿垂直方向'来描述客体的运动"。② 就内涵而言,历史的方法揭示的是现象的具体世界,而逻辑的方法则探究的是现象的内在本质。③

但是,随着科学的日新月异,仅从统一性上理解历史的方法和逻辑的方法已经无法满足科学研究的需要了。比如,自然世界(如物理学、化学等)中众多的现象,或者由于变化得过快或过慢,或者由于这些现象的变化具有循环性,总之我们无法在这类现象发展的过程中对其进行研究,也就是说,我们根本无法使用历史的方法对其进行研究。因此,想对这类现象进行研究,只能使用逻辑的方法。

有别于自然现象,社会生活的发展状况完全能够在对其的认知过程当中捕捉到。因此,对于社会现象而言,逻辑的方法和历史的方法都可以使用。由此我们能够解决两类问题。第一类:对研究对象(主要是社会制度)进行共时性的研究。此时该如何设定研究任务?应当要么认为社会制度的结构与功能同社会制度的历史发展过程无关,要么通过社会制度的历史发展过程来阐明社会制度的结构与功能。第二类:对研究对象在不同时间阶段内的变化情况进行研究。换句话说,这类问题研究的是研究对象的发展过程。此时的研究任务又应该是什么样子?应当要么认为研究对象的发展过程与其结构和功能无关,要么通过研究对象的结构和功能来揭示其发展

---

① Маркс К., Энгельс Ф. Соч. 2-е изд. Т. 20. С. 351.
② Диалектика научного познания: Очерк диалектической логики. С. 208.
③ Лысманкин Е. Н. Указ. соч. С. 39.

过程。这样的话，在实际应用中，逻辑的方法和历史的方法才既能够保持"纯粹的形式"，又能够彼此相互统一，当然，在其中起主导作用的应该只能是某一种方法。

尽管逻辑的方法和历史的方法可以同时使用，二者之间也存在紧密联系，但还是令人不禁发问：从辩证唯物主义认识论的角度看，这两种方法究竟哪一种更为有效？这一疑问是非常合情合理的，它要求我们继续对两种方法进行深入研究，既要从宏观角度审视，又要着眼于具体，关注每一门学科的具体情况（历史学当然是其中的重要一环）。我们应当以"究竟是什么决定了研究对象当前的存在状态，是其历史上的存在状态，还是其当前的存在状态"为出发点，在此基础上寻找对"两种方法何种更有效"这一问题的回答。① 之所以说上述疑问是"合理"的，是因为科学认知的主要任务就在于从空间和时间两个方面（也就是说，从认知客体当前的存在状态）揭示认知客体的实质。

总的来说，在科学中，由于现实中许多现象的历史状态暂时还不能够被认知；况且，想要更加深入地理解现象的历史状况，关键恰恰在于对该现象当前状态的认知。② 所以，认知的基本形式不是历史的方法，而是逻辑的方法。当然，如果有可能或是有需要的话，逻辑的方法还是独木难支的，它总要与历史的方法相结合。

上述疑问对于历史学而言特别重要，因为历史学就是借助社会的历史状态来研究其发展状况——这就决定了在认知过去时，使用历史的方法是非常必要的。在认知过去的过程中，历史主义原则（принцип историзма）是一项极为重要的原则，这一点无论是在历史学中，还是在其他学科中都是如此。③ 历史主义原则要求我们"不应忘记基本的历史联系，应当以下列

---

① Диалектика научного познания. . . С. 224.
② 马克思指出："人体解剖对于猴体解剖是一把钥匙。"参见 Маркс К., Энгельс Ф. Соч. 2 - е изд. Т. 46. Ч. 1. С. 42.
③ 参见 Подкорытов Г. А. Историзм как метод научного познания. Л., 1967；Французова Н. П. Исторический метод в научном познании. М., 1972；等等。

视角审视每一个现象：如今已经尽人皆知的现象在历史上是怎样发生的？这一现象在发展的过程中大致经历了怎样的发展阶段？这一现象如今的面貌是什么样子的？"①

　　大多数学者认为（虽然有的学者明确表示认同，有的则只是默认），与逻辑的方法相比，历史的方法对于认知过去而言具有毋庸置疑的主导作用。当然，逻辑的方法同样是一种很重要的认知方法，它不仅能够帮助我们获得理论化的历史认知，还能帮助我们进行历史共时性的分析。对于这一点，只消关注苏联史料学研究的最新动态，留意到苏联史学界如今越发注重对过去的现象运用系统方法（системный подход），进行结构—功能分析（структурно-функциональный анализ），便可洞悉一二。

　　总之，我们不能认为"在历史方法和逻辑方法的相互关系中，起决定作用的是历史方法"。虽然这种理解颇为流行，但如此理解两种方法的关系是没有根据的。在具体的历史研究中，最为历史学家所感兴趣的，还是认知客体在特定时期、特定社会空间内的本质状况和功能。也就是说，历史学家研究的一般是认知客体在"过去的现在"时间段内的情况，研究的路径往往是通过分析认知客体在各个时间段内的状态，来揭示客体的发展过程。所以，就历史研究而言（在其他学科中也是一样），"对象历史的实际认识，……不足以揭示其在一定发展阶段内的本质规律性"。② 辩证唯物主义认识论也指出，"历史从哪里开始，思想进程也应当从哪里开始"，③ 也就是说，要用逻辑的方法分析客观现实。因而，逻辑的方法，正如恩格斯所指出的，"无非是历史的研究方式，不过摆脱了历史的形式以及起扰乱作用的偶然性而已"。④ 这种方法不仅能使我们更为深刻地理解研究对象在特定时期内的本质，还能更加深刻地领悟研究对象在历史上的基本特征。从历史研究的实践的角度看，我们只有事先对认知客体在"过去的现在"时

---

① Ленин В. И. Полн. собр. соч. Т. 39. С. 67.
② Диалектика научного познания... С. 215.
③ Маркс К., Энгельс Ф. Соч. 2-е изд. Т. 13. С. 497.
④ Маркс К., Энгельс Ф. Соч. 2-е изд. Т. 13. С. 497.

间段内（即在特定的、共时性的时间段内）的结构和功能进行分析，才有可能获得对认知客体深刻的历史认知。因此，在研究历史发展时，特别是当涉及复杂的历史现象或过程时，如果只使用历史的方法的话，研究有可能并不会十分有效，甚至有可能得出错误的结论。

以对资本主义时代俄国农业史的研究为例，在评价20世纪初农业资本主义发展水平时，会出现"复古"的倾向，不单是受到历史学科"不善回溯"的性质的限制，还具有深刻的方法论根源。如果单纯使用历史的方法来分析改革后俄国农业发展水平的话，那么势必会得出以下结论：半农奴制关系在俄国农业制度中占据统治地位。具体来说，历史的方法的分析过程是：农民份地减少、农业人口过剩、各种苛捐杂税造成农民负担增加，加之以劳役制、农民不享有充分权利的等级制、地主土地所有者为代表的半农奴制残余的存在，所有这些最终导致了农民经济持续恶化。从这个角度来讨论20世纪初俄国农业制度的性质，似乎可以令人信服地得出"半农奴制关系在俄国农业制度中占统治地位"的结论。但问题在于，20世纪初俄国农业制度的社会经济性质不是由其过去的历史状态、过去的特征决定的，而主要是由当时（20世纪初）在俄国经济中占统治地位的社会经济关系决定的。这个关系就是商品货币关系和资本主义关系。随着俄国工业生产的蓬勃发展，商品货币关系、资本主义关系在俄国已达到了相当高的发展水平。在农业制度方面，尽管一些半农奴制残余被保留了下来，但占统治地位的是资本主义关系，而不是半农奴制的生产关系。总之，20世纪初，在俄国占统治地位的有可能已经是一种全新的生产关系了，但我们在分析过程中使用的不是历史的分析方法，而是逻辑的分析方法，确切地说，是系统结构的分析方法。通过这种方法，可知无论是在农民经济中，还是在地主经济中，占据统治地位的都是资本主义类型的生产关系。当然，这绝不意味着在本例的分析中不需要采用历史的分析方法。历史的方法同样也是必要的，因为只有通过历史分析，我们才可以明确，为什么资本主义农业制度会被半农奴制残余的罗网牵制、掣肘。

逻辑的方法可以被用来研究社会现象。逻辑的方法是一种极为重要的研究方法，甚至可以说，它是完美地、有效地解释社会现象发展过程的必要条件。不过，通过数学方法、计算机以及对历史发展过程进行模拟的方式来对历史发展的过程进行动态分析，结果表明，如果没有事先对相应社会现象在特定时空范围内的结构、功能进行分析的话，逻辑的方法的使用效果将会大打折扣。这部分内容将在本书第二部分详细阐释。

1.2 从具体上升到抽象的方法、从抽象上升到具体的方法

在科学研究中极为重要甚至可以说是起决定作用的一般科学方法是从具体上升到抽象的方法（восхождение от конкретного к абстрактному）以及从抽象上升到具体的方法（восхождение от абстрактного к конкретному）。这两种方法的决定因素有哪些？为了回答这一问题，笔者接下来详细区分究竟什么是具体、什么是抽象。

辩证唯物主义对"具体"和"抽象"[①]这两个范畴的理解可归纳如下："具体"（конкретное）是被认识的客观实在本质上固有的、多样的特征、属性以及运行和发展的相互关系和规律。这种形式的"具体"是认知客体，是"直觉的起点"，[②]因为任何一种认知，都始于对客体的感性认识和经验反映。"具体"同时也是主体意识在这一形式和层次上对认知客体的反映。虽然这种反映表现为多种多样的现象，但与认知客体的内在属性相统一。这种统一在认知的最高阶段才能实现。所谓认知的最高阶段，是指关于客体的认识能够以具体的理论知识的形式表达的阶段。因此，"具体"有两种表达形式：一种是本体论（具体对象）的形式，另一种是认识论（具体知识）的形式。在本体论形式中，"具体"是认识的起点，而在认识论形式中，"具体"是认识的最终结果。

广义的抽象化（абстрагирование），是指一切对"具体"（既包括具体客体，也包括具体理论）的特征、属性的思维抽象。"抽象"（абстрактное）是

[①] 详见 Диалектика научного познания... С. 186 等处。
[②] Маркс К., Энгельс Ф. Соч. 2 – е изд. Т. 46. Ч. 1. С. 37.

无论何种科学认知都必然具备的本质属性和形式。这是因为，由于客观实在具有多样性、无限性，"人不能完全地把握＝反映＝描绘整个自然界①、它的'直接的总体'，人只能通过创立抽象、概念、规律、科学的世界图景等等永远地接近于这一点"。② 所以，科学认知中的"抽象"，在某种程度上是片面的；或者更准确地说，从具体性这个角度而言，是关于所认知现实的不够完整、不够全面的知识。所以，不仅有关现实的科学概念、规律、理想化的形象和客体是抽象的，而且对现实具体感性的、经验的理解和认识也是抽象的。并且，既然上述事物只是通过现象来反映现实，所以它们同样也是片面的。而具体理论知识之所以是具体的，是因为它描述和说明的客体处在现象与本质的统一体当中。也就是说，具体理论知识的客体是多样的表现形式与其内在本质的统一。

以上便是科学认知过程中的"具体"与"抽象"。现实的客观具体性是我们获得关于现实的具体理论知识的基础。而认知之所以具有抽象性，并不仅仅是由于认知无法完全反映纷繁复杂的现实，其存在同样具有自己的客观基础，那就是：在现实中，个别与一般是紧密相连的。列宁指出："个别一定与一般相联而存在。一般只能在个别中存在，只能通过个别而存在。任何个别（不论怎样）都是一般。任何一般都是个别的（一部分，或一方面，或本质）。"③ 列宁的阐述不仅将抽象化视为了一种合理的科学认知方法，而且对抽象化的具体应用提出了要求：无论何种抽象，都必须在客观上是可行的，也就是说，如果抽象概念是通过具体客体得出的，那么抽象性必然会反映在被研究的现实的特征之中，否则，现实的内涵便将不再具有确定性。主观主义恰恰忽略了这一问题，这导致主观主义的抽象化脱离了客观实在，使抽象化变成了一种天马行空、随心所欲的思维过程。

综观客观实在中现象与本质之间的各种联系，会发现现象与本质并不是一一对应的。因此，在揭示现象的本质时，必须使用专门的逻辑方法。

---

① 也包括社会生活。——作者注
② Ленин В. И. Полн. собр. соч. Т. 29. С. 164.
③ Ленин В. И. Полн. собр. соч. Т. 29. С. 318.

历史研究方法

从具体上升到抽象的方法便是其中最常用的一种方法。从另一个方面来说，科学认知的最终目的即在于实现现象与本质具体的、有机的统一。为了实现这一目的，使用专门的研究方法也是势在必行的。这种方法就是从抽象上升到具体直至达到理论具体的程度的方法。在从认知活动的最终结果的角度来描述认知过程时，马克思写道："具体①之所以具体，因为它是许多规定②的综合，因而是多样性的统一。因此它③在思维中表现为综合的过程，表现为结果，而不是表现为起点，虽然它是现实中的起点，因而也是直观和表象的起点。在第一条道路上④，完整的表象蒸发为抽象的规定；在第二条道路上，抽象的规定在思维行程中导致具体的再现。因而黑格尔陷入幻觉，把实在理解为自我综合、自我深化和自我运动的思维的结果，其实，从抽象上升到具体的方法，只是思维用来掌握具体并把它当做一个精神上的具体再现出来的方式。但决不是具体本身的产生过程。"⑤

以上便是从具体上升到抽象、再从抽象上升到具体的方法所共同具有的本质及其相互关系。⑥ 接下来笔者对这种方法的内在机制进行分析。

***

抽象化的过程，就是由理论具体上升到抽象的过程。这一过程的实现方式虽然有很多，但都可以被归纳为以下三类：抽离法（отвлечение）、混同法（отождествление）、美化法（идеализация）。抽离法的具体形式同样是多种多样的，例如将认知客体的某些属性看作与其他属性甚至与认知客

---

① 即理论。——作者注
② 即抽象。——作者注
③ 指具体现实。——作者注
④ 指从具体现实上升到抽象。——作者注
⑤ Маркс К., Энгельс Ф. Соч. 2-е изд. Т. 12. С. 727.
⑥ 参见 Ильенков Э. Ф. Диалектика абстрактного и конкретного в "Капитале" Маркса. М., 1960；Розов М. А. Научная абстракция и ее виды. Новосибирск, 1965；Диалектика научного познания；等等。

体本身都毫无关联的属性。这种方法也被称为独立抽象（изолирующая абстракция）或分析抽象（аналитическая абстракция）。抽离法被广泛应用于包括历史学在内的一切科学领域。例如，研究苏联工人史的历史学家或许会对某些苏联工人阶级固有的特征或是工人之间的关系感兴趣，如工人阶级受教育的水平、工资额度、工人之间的关系、工龄以及居住条件等。这些问题的解答经过抽离，便成为对工人阶级的特征、关系的认识，这些认识可以在理论的高度上，进一步形成具有重要认知价值的一般概念。例如，通过分析工龄，我们能够区分哪些工人是骨干工人，哪些工人是普通工人——就这样，我们进一步确切而简练地提炼出了两个重要概念。当然，并不是所有的独立特征都能被进一步提炼出一般概念，只有那些反映了所研究现实的本质特点的特征（或这类特征的组合）才能被进一步凝练为概念。因此，选择进行抽离的特征是有根据的，不可在史料中盲目选取。

抽离法还有另一种应用形式，那就是从整体上揭示客体的性质，但需要将客体的某些属性从其他已知特征中抽离出来。这种形式和上一种形式的区别在于，它分析的不是特征本身，而是某种在实质内容方面和性质方面都十分完整的客体。总之，这种形式的抽象不仅仅像前者那样，只能形成能够认知客体的个别性质的抽象概念，还能从整体上揭示出客体的本质特征、规律、功能以及发展趋势。

这一种形式的抽离法使用得非常普遍，但难点依旧在于选择特征上。只有在特征的基础上，才有可能从整体上揭示出客体的特性。尤其是当史料中的数据过于庞大，如何选取进行分析的特征便更是难上加难了。此时便需要前期做出繁复且细致的筛选工作，对一切可能对提炼概念和评价客体造成影响的特征——遴选。选取特征应当建立在对客体进行深入的内容分析的基础上。应该指出的是，选出的特征的数量情况并不能决定其代表性，因此应该杜绝单纯机械性地增加特征的数量。

如果史料数量巨大，在选取特征的时候可以先有代表性地选取一小部分的客体，之后再实验性地提取这些客体的特征。这或许是比较行之有效的选取方法。

在从大规模史料中选取指标时，使用计量方法或电子计算机也不失为一种好办法。

还有一种情况是史料中包含的指标数量极其有限。在这种情况下，为了从整体上描述客体，必须对现有信息的代表性进行全方位的评估。

总之，通过对某些特征进行抽离、识别，最终我们能够将一个个独立的特征构成一个整体。凭借从具体上升到抽象的方法，将历史现象和过程作为一个整体进行分析，这使我们能够了解研究对象的本质，以便日后构建研究对象的实质内容模型（сущностно-содержательная модель）和形式数量模型（формально-количественная модель）。这两种模型都是分析性、经验归纳性的模型。

***

在使用混同法实现抽象化时，这一方法的性质具体可归结为：混同法在进行分析时所依据的，是一组数量上比较有限的但同样反映了客体实际具有的特性的指标。因此，从本体论和实践论的角度来看，混同法实际上是一种具体的方法。在认知过程中，混同法将客体的状态或特征进行简化、笼统化，将客体的状态或特征以一种非常近似的形式或者客体根本不具备的形式表现出来。之所以要进行简化和笼统化，是因为客观现实，尤其是社会现实，其内部的相互关系天然具有复杂性，并且处在连续的运动和变化之中。也就是说，社会现实的运行和发展情况客观上深刻浸淫着辩证法的精神。正因为如此，对于现实世界中的客体，无论我们多么言之凿凿地宣称其性质是确定的，其中也总会有某些不确定的地方。这些不确定的性质具体表现为两点：第一，评判性质"确定"与否的定量边界是不稳定的；第二，评判性质本身"究竟属于这种性质，还是属于那种性质"的边界是不明确的。列宁对此强调道："不用说，自然界和社会里的一切界限当然都是有条件的、变动的，如果去争论帝国主义究竟在哪一年或哪一个十年

'最终'确立,那是荒唐的。"① 恩格斯在批评形而上学的思维方式时指出,形而上学的思维方式并没有充分考虑到客观世界本质上具有的多方面的相互作用、相互影响,因此"在这种相互作用中,原因和结果经常交换位置;在此时或此地是结果,在彼时或彼地就成了原因,反之亦然"。② 所以,在客观世界的科学认知过程中,"如果不把不间断的东西割断,不使活生生的东西简单化、粗陋化,不加以划分,不使之僵化,那么我们就不能想象、表达、测量、描述运动。思想对运动的描述,总是粗陋化、僵化。不仅思想是这样,而且感觉也是这样;不仅对运动是这样,而且对任何概念也都是这样",③ 也就是说,认知所能够反映的一切现实,都是如此。

无论是关于客观实在的辩证唯物主义的理解,还是根据这一理解,进而产生的"现实的知识是相对性和近似性的"基本认知,都是同相对主义根本对立的。相对主义将知识的相对性绝对化,并且否定了客观认知世界的可能性。

但同时,认知过程中的这种简化和笼统化会导致从具体上升到抽象的方法以混同法的面貌呈现出来,于是不准确的认识被混同为了准确的认识,不稳定的认识被混同为了稳定的认识,不确定的认识被混同为了确定的认识,不间断的认识被混同为了间断的认识,等等。总之,混同法在人们的意识中模糊地对客观实在进行重构,并与客观实在的各种纷繁复杂的形式进行混同。在科学研究的具体实践中,混同法主要应用在以下三个场合:第一,在根据通过对现实特征进行计量而获得的数量指标来揭示现象的本质时;第二,在分析对象的发展状况时;第三,在对对象进行各种分类时。

***

定量方法(以及描述法)是一种在认知中反映研究对象的属性的方法。

---

① Ленин В. И. Полн. собр. соч. Т. 27. С. 387.
② Маркс К., Энгельс Ф. Соч. Т. 20. С. 22.
③ Ленин В. И. Полн. собр. соч. Т. 29. С. 233.

历史研究方法

由于历史认知方法的局限性，任何一种计量都是相对的，也就是说，任何一种计量都只能反映出计量对象近似的数量性质。所以，从这个方面来看，计量方法也是一种混同法，因为它一直在把计量对象不一致的性质和一致的性质混同起来。所以，在研究的实践中，我们要力求计量的精确，一方面，将这一精确度呈现出来，另一方面，要有证明将对象不一致的性质混同为一致的性质的合理性。这一点对于各类专家评级而言尤为重要，因为这些评级将被用来衡量现实客体的性质特征。

在进行计量或处理数量指标时，另一个重要的问题在于对数据与信息进行综合（агрегирование）或平均（усреднение）。平均的理想状态应该是这样的：即使是在不精确的情况下，所获得的平均数也能反映客观实在的实际的性质与特征——而这具体又取决于认知客体的特点和所要完成的研究任务。例如，在考量全国范围内某一因素的情况时，我们意在确定客观实在在某一时间范围内或整个发展动态的过程中，某个方面（如粮食产量）的总体发展水平的话，此时，去计算该因素的人均数据是非常正常的：计算人均数据就是一种综合，只不过综合的程度比较高。但是，如果要研究当地农民资产阶级分化状况的话，凭借某个村庄范围内农民的人均粮食产量是远远不够的，因为就这个研究任务而言，人均数据的综合程度就显得过于低下了。

总之，通过使用定量方法和综合法，对历史现象或过程进行混同，最终实现从具体到抽象的上升，这样的分析方法是非常普遍的，但在应用的过程中，我们也需要考虑到一系列重要的方法论问题。

***

混同法同样可以被应用在对社会历史发展的研究中。此时，混同法主要应用过程是：在研究社会历史发展时，人们常常把它在现实中的连续运动描述为一种离散的、不连续的运动。混同还会发生在以下情况中：通过比较不同时间段内事物发展过程的状态以及不同状态之间的时间间隔（如五年、十年等),以期揭示事物发展的性质(即方向)及其程度;或者将事物的发展混同到某一个持续时间(史料能够支撑的全部时间范围)内的动态过程中。

第一种情况的不准确性体现在:那些被划分出的时间间隔的性质是不明确的。正如我们在上文中已经指出的那样,如果历史分析可以同逻辑分析相结合,或许能帮助我们克服某些困难。也就是说,如果根据零散的时间段来对历史现象及过程的发展进行研究,那么,应当注意在划分出的时间间隔中,对研究对象的结构和功能进行详尽的分析。

第二种情况一般发生在可以根据动态序列中的数据分析事物发展的状况时。尽管动态序列中的数据能够涵盖一定历史范围内的全部对象,但即便如此,这些数据仍是一组离散的、不连续的数据。当然,这些数据的时间单位(如日、月、年等)是相同的。在运用动态序列中的数据时,首先要做的是:如果数据的时间单位是历史学家自己划定的,那么需要反思这种划分是否有根据;如果时间单位来自史料,那么需要评判这种划分是否可行。在具体操作时,应当考虑到研究任务以及动态序列数据复杂的内部结构。其次要做的是选用与研究过程的实质相符合的对动态序列数据进行分析、处理的方法。动态序列数据的内部结构较为复杂,这导致在分析、处理时间序列时,即使使用了数学方法,也只能对事物在现实中的发展过程进行粗略的、大致的描述。并且,如果在确定将客体的某一种属性状态同另一种属性状态区分开来的界限之前,需要先对属性特征做出定量评价的话,那么这种界限也只能粗略地甚至在很大程度上有条件地进行划分。因此,对现实中事物的属性特征进行定量评价的尺度必须足够可靠、足够有根据。

在分类和类型化当中,混同法同样发挥着巨大作用。分类和类型化不仅能够使我们对在各种方面都十分相似的客体进行分类和分组,还能从根本上划分出研究对象各自所属的类型。分类和类型化对客观实在的简化主要表现在以下两个方面。第一点在于,设置能够对各客体做出区分的标准。这些标准在现实中不是绝对的,而是非常灵活的,但在认知中却是严格的、绝对的。第二点则在于,一方面,实质上类型各不相同的对象被以同一标

历史研究方法

准区分开来（最多被某几个标准区分开）；另一方面，被归入某一类别的客体与其他类别中的客体的差异程度是相同的。

通过混同法来实现从抽象到具体的上升的研究路径在历史学研究中具有极为重要的地位。为了能够正确而有效地遵循这种研究路径，需要关注、解决一系列的方法论问题。

＊＊＊

第三种从具体上升到抽象的方法是美化法。美化法的实质是，在对客体的属性进行认知时，主观上形成的属性具有一定理想化的色彩。这些属性虽然是客体所固有的，但实际上达不到如此极致的程度（极限性）。通过美化法实现的抽象化，其实质在于：要么把作用于客体的属性的某些条件（因素）看作不存在的事物，要么把这些条件看作某种不变的事物。同时，这些属性会以极端状态（理想化的或绝对的状态）呈现出来。美化法认为，这种对美化对象的属性的极端化是客观实在赋予的。因此，美化总是与对某些属性或条件的抽象化、绝对化相伴相随。

为了更好地说明美化的实质，笔者在此举一个简单的例子。例如，我们研究工业生产中劳动技术装备的程度、劳动生产率以及工人的工资三者的对应关系。三者之间的对应关系（即相关关系）是衡量工业生产的社会效益以及生产—经济水平的极为重要的指标。显然，由于具体条件是多样的，三者相关关系的特点及相关性的强弱也有可能各不相同。如果我们不考虑这种多样性的话，三者之间的相关关系将会一直以一种纯粹的形式表现出来，并且三者的相关关系将会达到各自有可能达到的极限，也就是说，会达到线性函数的程度。这意味着，对劳动技术装备的程度（这是三者相关关系中的主要因素）来说，其任何程度的变化都势必会引起劳动生产率的变化，而劳动生产率的变化又势必会影响工人的工资报酬。就这样，研究对象将以一种理想化的形式表示出来。不过实际上，一般来说，研究对象的实际特征可能达不到如此极端化、理想化的程度。所以从这个意义上讲，我们描绘出来的关系是抽象的。但同时存在两个问题：首先，我们描绘出的客体的特征是现实客体真真正正所固有的；其次，对这些特征的极端化也并非毫无根据，因为这种极端化能够反映出系统强化其内部结构的平衡性的趋势，而这种趋势，恰恰是一切系统在其发展的上升阶段全都具有的。所以，美化法和抽象化紧密相连，抽象化是美化法的基础。

在科学认知活动中，通过美化法实现从具体上升到抽象的过程能够跳出研究对象具体的面貌，在极端状态下揭示研究对象的实质。客观实在中的美化对象是揭示研究对象固有的运行和发展规律的基础，我们可以以此构建研究对象的内容实质模型及形式数量模型。不同于借助简单抽离法实现抽象化的归纳分析模型，通过美化法构建的是演绎综合模型，这种模型在反映客观实在的层次方面要比前者高得多。

在应用"通过构建美化对象而实现抽象化"这种研究方法时是有限度的，越界即会被反噬。这种方法只能用在从理论抽象走向理论具体（即从抽象上升到具体）的情况下。

以上便是三种从具体上升到抽象的方法。应该指出的是，三种方法的使用边界在很大程度上也是假定的、有条件的，因为边界本身也是一种抽象概念。在研究的实践中，三种抽象化的方法密切相联，彼此交织。单就任何一种方法来说，其中既有对某些客体的抽离，又有对某些客体的混同，还有对某些客体的美化。当然，研究任务的特点会决定应当以哪种方法为主，而这也是我们能够对三种方法单独进行研究的基础所在。

总之，从具体上升到抽象的方法是一种最重要的用来认知客观实在的一般科学方法。列宁指出："思维从具体的东西上升到抽象的东西时，不是离开——如果它是正确的……真理，而是接近真理。物质的抽象，自然规律的抽象，价值的抽象等等，一句话，一切科学的（正确的、郑重的、不是荒唐的）抽象，都更深刻、更正确、更完全地反映自然。"[1] 抽象化能够使我们洞悉现象的本质。

---

[1] Ленин В. И. Полн. собр. соч. Т. 29. С. 152.

历史研究方法

当然，从具体上升到抽象的方法还远不能使认知走向科学认知过程的最终阶段——获得有关客观实在的具体理论认识。想要获得对客观实在的具体理论认识，离不开从抽象上升到具体的方法。

***

接下来是从抽象上升到具体的方法。① 总的来看，从抽象上升到具体的方法是这样的一种认知方法：它能够将通过从具体上升为抽象的方法而掌握的有限认识转变为更全面、更深刻、具有具体内涵的理论认识。马克思指出："从抽象上升到具体的方法，只是思维用来掌握具体并把它当作一个精神上的具体再现出来的方式。"② 可见，从抽象上升到具体的方法是一种基础性的科学认知方法。在这一方法的提炼方面，马克思可谓厥功甚伟。恩格斯曾反复强调马克思对此的功绩。在评价这一方法的有效性时，恩格斯认为，马克思对该方法的提炼是"一个其意义不亚于唯物主义基本观点的成果"。③ 通过从抽象上升到具体的方法，我们获得的具体理论认识通过科学概念、规律及理论的形式呈现出来，研究对象的内在实质和外在表现形式是统一的。

既然方法是从抽象上升到具体，那么自然事先已经默认了在客观实在中，存在能够通过一定的认知过程转化为具体的抽象概念。但显然，想要实现向具体理论认识的转化，依靠抽象概念还远不能实现，我们需要的是下面的这种抽象概念：在这些抽象概念中，客观实在已经被转化为了最简单的、体现着客观实在最重要的性质的元素。所以，在抽象化的过程中，我们应当关注现实的"原生细胞"——这才是从抽象上升到具体的基础。尽管这类"细胞"同样是概括性的，但它们既能反映研究对象最普遍、最典型的运行和发展状况，又能反映对象固有的主要矛盾。所以从这个方面来说，很明显，上文我们列举出的一系列从具体上升为抽象的方法，只是在

---

① 详见 Диалектика научного познания... Гл. 4。
② Маркс К., Энгельс Ф. Соч. 2 - е изд. Т. 12. С. 727.
③ Маркс К., Энгельс Ф. Соч. 2 - е изд. Т. 13. С. 497.

理想化形式上的抽象化，不过，这些方法也能取得上述研究效果（因为正是在理想化的状态下，抽象对象的基本特征才能以对立统一的形式最大限度地呈现出来）。"原生细胞"也可以这样获得：通过对客观实在进行多样性分析，将客观实在还原为一个个原始的、具有普遍性的组成部分。马克思在分析资本主义的生产方式时，就将商品归为资本主义基本构成要素（即"原生细胞"）。列宁对此写道："马克思在《资本论》中首先分析资产阶级社会（商品社会）里最简单、最普遍、最基本、最常见、最平凡、碰到过亿万次的关系：商品交换。这一分析从这个最简单的现象中（从资产阶级社会的这个'细胞'中）揭示出现代社会的一切矛盾（或一切矛盾的萌芽）。往后的叙述向我们表明这些矛盾和这个社会——在这个社会的各个部分的总和中、从这个社会的开始到终结——的发展（既是生长又是运动）。"①

显然，如果研究对象（以"原生细胞"的形式或被理想化的客体的形式）的数量较为庞大，其最为根本的属性并非总是能从本体论和认识论的角度来加以区分。这是因为：一方面，当研究对象中普遍存在的结构元素及特征形成的时候，研究对象必须已经达到了一定的发展水平；而另一方面，要求我们具备较高的、对研究对象进行认知的能力。马克思曾指出："最一般的抽象②总只是产生在最丰富的具体发展的地方，在那里，一种东西为许多东西所共有，为一切所共有。这样一来，它就不再只是在特殊形式上才能加以思考了。"③

所以，从抽象上升到具体的方法——这是一种在较高的理论认知层次上对复杂系统的内在属性、功能规律、发展状况进行研究的方法。所谓较高的理论认知层次，指的是存在可以通过理论认知，获得具体理论认识的可能性的时候。当然，并不是所有的学科（其中也包括历史学）都能通过从抽象上升到具体的方法达到这种层次的认知。但是，达到理论认知层次——这是科学认知最重要的目的，众所周知，只有具体理论认识，才是实

---

① Ленин В. И. Полн. собр. соч. Т. 29. С. 318.
② 即被划分出来的"原生细胞"或被理想化的现实客体。——作者注
③ Маркс К., Энгельс Ф. Соч. 2 - е изд. Т. 46. Ч. I. С. 41.

践（应用）和科学认知活动最坚实的基础。

在具体实践中，从抽象上升到具体的方法存在两种应用形式。

第一种形式是，随着研究对象的基本属性和主要矛盾的不断发展（二者抽象地表现在研究对象的"原生细胞"中），需要对研究对象的固有矛盾、功能规律、发展状况进行具体的揭示。马克思在研究资本主义生产方式时运用的就是这种形式。为什么说这种形式体现了"从抽象上升到具体"的精神？原因在于：马克思正式借助这种形式，合乎逻辑地揭示出了一系列资本主义生产方式本质上所固有的关系和矛盾，以及一系列以概括的、抽象化的形式蕴含在商品中的关系和矛盾。马克思由"商品"的类型出发，在揭示商品生产独特的关系和矛盾时，他着手揭示的是资本自我增殖的本质。在这之后，马克思在研究了劳动和资本的关系之后（因为任何价值都是劳动创造的），指出了资本主义制度下经济关系的对抗性、剥削性。这种对抗性将不可避免地作用于人类社会，那就是劳动和资本之间的斗争、无产阶级反对资产阶级的阶级斗争。就这样，马克思放弃了起初简单的"细胞"的构想，开始具体地揭示资本主义社会经济的功能规律、发展状况以及资本主义社会经济的总体形态。列宁曾强调，《资本论》中的资本主义社会形态"是个活生生的形态"。[①]

可见，这种形式的认知轨迹是从"原生细胞"——抽象概念，到具体理论性地揭示认知客体的多样性。抽象的具体化是通过识别研究对象固有的对立现象和矛盾，揭示二者的客观本质和实际解决方法来实现的。在认知中，抽象的具体化是通过单独分析对立现象的方式来实现的，也就是说，更加具体地处理研究对象。对对立现象任何一方的分析都会暴露出对立现象双方所固有的矛盾，这些新暴露出来的矛盾的性质又体现在它们的特点（如独立性等）上。总之，事物抽象的本质就这样获得了具体的表达。在总结从抽象上升到具体的方法的机制时，恩格斯写道："我们采用这种方法，是从历史上和实际上摆在我们面前的、最初的和最简单的关系出发，因而

---

① Ленин В. И. Полн. собр. соч. Т. 1. С. 138–139.

在这里是从我们所遇到的最初的经济关系出发。我们来分析这种关系。既然这是一种关系,这就表示其中包含着两个相互关联的方面。我们分别考察每一个方面;由此得出它们相互关联的性质,它们的相互作用。于是出现了需要解决的矛盾。但是因为我们这里考察的不是只在我们头脑中发生的抽象的思想过程,而是在某个时候确实发生过或者还在发生的现实过程,因此这些矛盾也是在实际中发展着的,并且可能已经得到了解决。我们考察这种解决的方式,发现这是由建立新关系来解决的,而这个新关系的两个对立面我们现在又需要展开说明,等等。"①

  第二种形式则不再基于研究对象普遍的、最基本的"细胞",而是基于研究对象的理想化的、只存在于观念中的抽象理论形象。为什么说这种形式体现了"从抽象上升到具体"的精神?原因在于:研究对象理想化的状态是与其真实状态相对照的,从而反映出客体在具体中的特点和表现程度以及该客体在一般情况下和最佳情况(理想状况)下的特征和规律。所以,这一形式有时不被称为"从抽象到具体的上升",反而被称为从抽象到具体的"下降"。② 其实,这一形式完全没有必要被单独归纳出来,因为无论是哪种形式,随着认知层次的提高,认知的轨迹总是遵循着从简单、浅显到深入、隐蔽的规律。不过,如果抛去这一点,这种形式不仅能够使我们掌握客体在不同时空背景下,其实质最广泛的表现特点(即客体的实质在一定的微系统里的特点),还能揭示出客体在整体的、在大系统里的运行和发展状况。

  在这种情况下,在从抽象上升到具体的过程中存在两个方面的内容:其一,基于对客体各个方面(特性)的对应关系以及这些对应关系所固有的矛盾的分析;其二,对这些固有的矛盾单独进行分析和研究,这样做的目的在于消除这些矛盾。上文已经指出,在研究工业生产的生产经济结构时,可以对认知客体做出理想化的、抽象的表述。通过将真实情况同可能出现的、理想化的情况相对照,我们能够明确在各种条件的作用下,系统

---

① Маркс К. , Энгельс Ф. Соч. 2 - е изд. Т. 13. С. 497 – 498.
② 例如,可参见 Диалектика научного познания... С. 189。

运行的整体趋势是什么状态，这种趋势所表现出来的具体特点是什么样子。例如，假设在某个工业生产部门中，工人工资并没有随劳动生产率的改变而增长。这意味着，同该部门的最理想的、最佳的经济发展状态相比，该部门此时的经济运行状态是有问题的——毕竟，工人工资应当随着劳动生产率的提高而增长。在分析工业生产中的其他特征（如劳动的技术装备程度、劳动生产率、工人工资水平等）间的相互关系时，情况也是如此。总之，通过将抽象的、理想化的表述上升到时空上的真实状况，我们可以借此获得研究对象的具体理论认识。

可见，从抽象上升到具体的方法是一种非常有效的科学认知方法。总的说来，这是一种辩证唯物主义的、综合分析的、演绎的科学认知方法。从这个意义上讲，从抽象上升到具体的方法同从具体上升到抽象的方法有着本质区别，因为后者是一种经验的、归纳分析的方法。虽然从具体上升到抽象的方法在科学认知上具有重要意义，但它作为一种揭示研究对象的本质的手段，仍具有一定的局限性。

首先，归纳分析法无法确定自身总结出的规律的普遍性。归纳分析法所总结出的规律总是被局限在由经验确立下来的界限之内，无法跳出经验的范围；并且如果想要将这种规律推而广之，就必须对其加以证实。与之对应，演绎分析法的特点就在于其综合性。借助演绎分析法得到的规律性同样具有综合性、普遍性，不需要得到时间或空间的具体验证。

其次，抽象化的归纳分析法本身并不能揭示出认知客体在运行及发展过程中的内部矛盾，因为发展的源泉是潜在的。但是，由于抽象概念是从抽象上升到具体的基础，所以其中恰恰包含着这些矛盾。这些矛盾合乎逻辑地、辩证地支配处于对立统一斗争中的客体。所以，从抽象上升到具体的基础有可能只是一些反映了研究对象的对立现象及矛盾的抽象概念，而对客体的固有矛盾以及解决方法所进行的分析（无论是在现实中，还是认知过程中）——则是从抽象上升到具体的主要任务之所在。因而，这种方法能够使我们认识现实，"认识是思维对客体的永远的、无止境的接近。自然界在人的思想中的反映，要理解为不是'僵死的'，不是'抽象的'，不是没有运动的,不是没有矛盾的,而是处于运动的永恒过程中,处于矛盾的发生和解决的永恒过程中"。①

同时很清楚的是,虽然从科学认知的角度看,从抽象上升到具体的方法非常有效,但与这种高效性相生相伴的,是这种方法在实际应用上也存在一定的难度。最主要的难点在于,如果只遵循研究者的主观意愿,就无法使用这一方法。想要应用从抽象上升到具体的方法,必须预先具备一定的认知原则。但遗憾的是,对许多问题的历史认知尚未达到这样的水平。原因在很大程度上是由于该方法在历史研究中尚未普及。不过,事实上应用这一方法进行历史研究的例子也并不鲜见。在接下来的几节中,笔者将详细举例介绍有关这一方法在历史研究中的有效应用。总之,我们必须不断完善历史学的研究方法,促使历史学家充分掌握从抽象上升到具体的方法——这成为一项非常重要的任务。

1.3 系统的观点与系统分析法

在现代科学中,系统的观点(системный подход)和系统分析(системный анализ)得到了广泛的应用,后者甚至成为一种一般科学方法。系统分析法在历史学中的地位已经越来越重要。本节详细研究系统分析法在历史研究中的基本特征。②

---

① Ленин В. И. Полн. собр. соч. Т. 29. С. 177.
② 无论是在宏观的哲学领域,还是在具体学科中,探讨系统的观点、系统分析法、结构功能分析法的著作均数不胜数。苏联学者对这方面的研究,可参见 Тюхтин В. С. Отражение, системы, кибернетика. М. , 1972; Блауберг И. В. , Юдин Б. Г. Понятие целостности и его роль в науке. М. , 1972; Садовский З. Н. Основания общей теории систем. М. , 1974; Уемов А. И. Системный подход и общая теория систем. М. , 1978; Кузьмин В. П. Принцип системности в теории и методологии К. Маркса. М. , 1980; Афанасьев В. Г. Системность и общество. М. , 1980; Марков Ю. Г. Функциональный подход в современном научном познании. Новосибирск, 1982; Философско-методологические основания системных исследований. М. , 1983; Аверьянов А. Н. Системное познание мира: Методологические проблемы. М. , 1985; Калошин П. Н. Материалистическая диалектика и системный подход. Ташкент, 1985;等等。全苏系统研究所出版的年鉴《系统研究》,也是探讨系统研究问题的阵地之一。

系统的观点和系统分析法之所以能得到广泛应用，其客观基础是：自然界和人类社会并不是由彼此隔绝、孤立的事物、现象及过程构成的，相反，二者是整体性、成系统的事物，无时无刻不处于相关关系和相互作用之中。所以，在系统的观点和系统分析法中，"系统"这一概念的含义是相同的。客观实在系统的复杂性和多样性决定了对系统的概念的诠释必然言人人殊。从最普遍的角度来看，这些概念的实质大体都可以归结为以下几点：系统是各类现实元素的整体的总和，这些现实元素间的相互作用决定了在系统中也会产生新的、不属于各构成元素的、具有综合作用的性质。①这正是整体的系统与由各个元素所构成的组合的区别所在：后者只是元素的简单组合，无法创造出新的属性（例如，一堆石头或街道上沿不同方向、持不同目的而移动的人流）。

马克思注意到了社会系统是一种新的、具有综合性的事物。他写道："一个骑兵连的进攻力量或一个步兵团的抵抗力量，与单个骑兵分散展开的进攻力量的总和或单个步兵分散展开的抵抗力量的总和有本质的差别，同样，单个劳动者的力量的机械总和，与许多人手同时共同完成同一不可分割的操作（例如举重、转绞车、清除道路上的障碍物等）所发挥的社会力量有本质的差别。"②系统的完整性反映了现实中现象的客观性，这种客观性在于：在各个现象相互作用的过程中会产生新的性质，并且新性质为全部客体所固有，并不只是适用于单个客体。

任何一种系统都有着自己的构成、结构和功能。③

系统的构成（строение）是由其内部的各构成要素（系统内部各彼此关联的成分）来决定的。系统的构成要素又可以被分为子系统（подсистема）和元素（элемент）。子系统是系统的一部分，其自身也由构成要素构成。

---

① 参见 Тюхтин В. С. Указ. соч. С. 11；Садовский В. Н. Указ. соч. С. 83 – 84；Афанасьев В. Г. Указ. соч. С. 24。

② Маркс К.，Энгельс Ф. Соч. 2 - е изд. Т. 23. С. 337. 马克思还指出："城市本身的单纯存在与仅仅是众多的独立家庭不同。在这里，整体并不是由它的各个部分组成。它是一种独立的有机体。"参见 Маркс К.，Энгельс Ф. Соч. 2 - е изд. Т. 46. Ч. I. С. 470。

③ 详见 Афанасьев В. Г. Указ. соч.

也就是说，子系统是系统中较高层级的"系统"。元素是系统中具有意义属性且不可继续拆分的基本（单质的）载体，同时也是对系统中固有性质进行划分的极限。例如，假设我们研究的是工人阶级的社会结构，那么最高层级的系统是全国范围内的工人阶级，而该系统的子系统可以是那些专门从事某种生产的工人阶级（如产业工人、建筑工人、农业工人等）。每一个子系统都自成体系，并且由一个个"子系统的子系统"（компонент-подсистема）组成（如机床制造业、轮船制造业以及纺织业等特定行业中的工人）。对于"子系统的子系统"，我们还可以再分下去。构成上述系统的不可继续拆分的、单质的元素是一个个的工人。可见，即使再复杂的社会系统，从构成上看，也都是一个个特定时空条件下层层构成、相互关联的系统。只不过系统的层级越高，其构成要素就越多。

在某些构成较为复杂的社会系统中，各类组合和组合内部的构成要素非常多样，这种多元性又表现为客观实在的一般性、特殊性以及个别性紧密地交织在一起。所谓一般性，是指完整的、层级最高的系统，而这一系统的构成要素（即子系统和元素），便是特殊性和个别性。

系统中的各个构成要素总是彼此统一的。没有整体就没有部分，反之亦然。在整体和部分的相互作用中，起主导作用的是整体。列宁指出："局部必须配合整体，而不是相反。"[①] 整体能够涵盖部分所具备的普遍的、本质的特点（这些特点决定了部分运行和发展的规律）。但是，整体中的部分、系统中的子系统和组成元素具有相对独立性，这种相对独立性是其本质特点之所在。系统的构成要素的独立性，具体表现在其时间和空间的有限性上。"有限性"，也可以表述为"独特性"。总之，整体和部分是对立统一的，双方既有统一的一面，也有矛盾的一面。

系统的结构（структура）是一种通过系统内部的构成要素及其固有属性，来反映系统特征的内部构成的事物。系统的结构决定了整个系统的内在属性。结构能够反映出系统的综合性质。系统的发展程度、系统运行的

---

① Ленин В. И. Полн. собр. соч. Т. 15. С. 362.

稳定性都是由其结构的稳定性决定的。因此，在其自身发展的上升阶段，系统天然具有稳定发展、向其内部各构成要素综合发展的趋势。任何对这种稳定性、平衡性的破坏都会对系统的运行起到消极作用。

系统的功能（функция）指的是社会系统及其构成要素的活动形式。马克思指出，互相交替的活动方式的本质，是不同的社会职能。① 在系统的功能中，它的客观目的得以实现，系统的行为由其内在规律所决定。系统的功能不但作用于整个系统，而且对系统内部的构成要素也会产生影响。系统内部构成要素的功能主要在于维持系统的存在，使系统得到完善和发展，以及最终得出统一的、成体系的结论。系统的运行，是系统向前发展的基础。无论是系统的功能，还是系统内部各个构成要素的功能，其运行的规律都是相同的。

系统的结构和系统的功能紧密相关。系统的功能通过系统的结构得以实现。只有在结构相符的条件下，系统的功能才能正常运行。

任何一种社会系统，都只有在一定环境中才能发挥出自身的功能。系统的环境（среда）指的是系统周边的情况，也就是那些或直接或通过系统内部的构成要素，能够对系统的形成、运行以及发展产生影响的对象。社会系统的环境指的是其他系统。社会系统的运行指的是和其他系统进行复杂的相互作用、相互影响。在这一系列相互作用、相互影响的过程中，系统本质上固有的功能才能得到彰显。

系统之间的联系（связи）和关系（отношения）指的是系统之间的相互作用。其特点体现在各系统结构、功能之间的并列关系和从属关系上。正是因为系统之间存在联系和关系，各系统才会有层次（иерархия）之分。

并列关系（координация）是系统的结构与功能在水平的空间方向上的有序性、协调性；从属关系（субординация）是系统的结构与功能在垂直的时间方向上的从属性。于是系统在结构和功能方面的层次也就随之产生。系统的结构（空间）层次和系统内各构成要素是不同的范畴，

---

① Маркс К., Энгельс Ф. Соч. 2 - е изд. Т. 23. С. 499.

二者的差异主要体现在综合性（概括性）以及结构的一致性上。系统的功能（时间）级别的特征在于，某些系统的功能会对其他系统产生后续反应。在这两种情况下，较高层次的系统的结构与功能决定了较低层次的系统的结构与功能。所以，较高层次的系统的功能能代表整个系统的性质。①

接下来，笔者将用一个简单的例子来说明系统内部的各个层次是如何相互作用、相互影响的。例如，我们将要研究考察这样一个内部存在等级的系统：某国一定时期内的工业生产状况。

从空间角度（社会意义）上看，我们可以划分出以下层次：总体的工业生产—工业部门—工业企业—车间—工段—生产班组。对于总体的工业生产来说，其他层次都是自身的构成要素或子系统。但每一个构成要素也都是一个个特殊的系统，这些"构成要素中的构成要素"虽然在层级上比"构成要素"低一个层次，但也同时又包含着自身的构成要素（系统中最大的构成要素是工业部门，工业部门的构成要素是工业企业……以此类推）。为了使如此分层的系统能够正常运行，构成系统的各个子系统之间的关系应当是协调的、有序的，也就是说，系统内部各基本特征之间的关系应当是紧密的、平衡的。也正是因为这种平衡性，处于较高层次的结构（如总体的工业生产）可以最为明确、清晰地表达系统的基本属性和运行规律。这一运行规律是什么样子？它主要表现在：处于较低层次的系统（或子系统）的功能受上一层次的系统的制约，这种制约关系层层传导，也就是说，处于较低层次的系统的功能总是由处于较高层次的系统的功能决定。这是很自然的事情。例如，生产班组的功能是由工段的功能所决定的，生产班组的功能只是工段功能的一部分；而工段的功能又是由车间的功能所决定的……以此类推。处于最高层次的事物将决定整个系统的功能。综上，决定系统内各构成要素的属性的因素到底有哪些？我们认为，一个是系统内部各元素内在性质的特征，一个是整个系统的本质特征。

---

① 参见 Марков Ю. Г. Указ. соч. С. 50。

总之，在一个内部具有层次划分的系统（或者称为"分层系统"）里，系统的构成要素、结构、功能之间关系的特点就在于三方具有并列关系的同时，也兼具从属关系。

***

接下来，让我们将目光转向社会系统发展的根源。任何一种社会系统都处在不断变化和发展之中。动态发展（динамизм）——社会系统最为固有的、本质的性质。系统的结构同样处于不断的变化和发展之中，但这种变化、发展与系统"强化其内部结构的平衡性直至达到最平衡状态"的趋势并不矛盾。为了厘清系统发展的内在机制以及发展的动态性，我们应当回过头来，仔细研究那些构成了系统内在的、实体性的特质的初始元素。这些元素决定了系统的本质。由于在现实中的客体，其固有属性是多样的，所以，在系统中起主要作用的，当数那些构成了系统的属性（системообразующее свойство），换句话说，就是那些决定了系统实质内容的属性。

当某一组元素（客体）被聚拢在一起后，这些元素（客体）便具有了显著的、足以将其与其他集合区分出来的特征，这些特征赋予了各元素确定的性质，至此才形成了具有内在完整性的、具有一定结构的系统。但是，任何一种确定的性质都具有自己独特的取值范围。显然，在系统刚刚产生之时，新性质的规定性还比较低。如果将目光聚焦于系统结构的内部，会发现这种比较低的规定性具体表现为：各特征之间的平衡性和联系还远远没有达到最大值。当系统处于上升阶段时，系统内各特征的完整性不断增强，系统结构的平衡性和稳定性持续增强，系统功能的发挥越发高效。系统发展的源泉在于系统整体以及作为局部的各个构成要素之间的矛盾在不断地得到解决。系统发展过程中有哪些矛盾？这种矛盾关系具体表现在，一些元素的属性使系统结构的平衡性和稳定性不断增强，而另一些元素属性却在阻碍这种发展趋势。如何解决这种矛盾？关键就在于"清除"系统中的旧元素。随着旧元素不断消失，新元素便会越来越完整地表现出来，于是，系统的完整性自然会得到巩固和加强，系统结构的平衡性、稳定性自然会得到提升，系统功能的有效性自然会得到发挥，系统本身也会进入其发展的"黄金时代"。

但随着系统的不断发展，系统元素也会不断获得新的性质——这一方面是由于元素具有相对独立性，另一方面则是因为在外部环境的影响和作用下，元素内部也存在一定的发展趋势。但是，元素新获得的性质将与其在构成系统时所具备的性质相矛盾。从而降低系统的完整性、系统结构的平衡性及稳定性。就这样，水满则溢，盛极必衰，系统呈现出的上升趋势被下降趋势所取代。一旦元素的新性质达到了一定的规模和水平，则必然会导致这些元素内在性质的变化，从而产生新的性质。在这种情况下，旧系统要么崩溃并为新系统所取代，要么转换为新系统。应当指出的是，系统内部的矛盾可能具有不同的性质，对抗性的矛盾和非对抗性的矛盾、处于支配性地位的矛盾和不处于支配性地位的矛盾有可能同时存在，这具体与社会系统的意识形态的性质有关。

总之，任何一种社会系统，本质上都具有不间断的、内在的、动态发展的趋势。系统内部既存在着不断强化系统的因素，又包含着导致系统崩溃的因素。

以上便是社会系统产生、运行、发展的全部图景。随着对这一图景不断进行抽象，它将有助于我们理解系统的观点和系统分析法在历史研究中起到的重要作用以及二者的一些基本原则。下面，笔者从一般科学和历史学一大一小、一宏观一具体的两个角度入手，详细讨论作为一种研究方法的系统分析法的实质。当然，我们只就其中一些最基本的问题展开。

※※※

我们首先要强调的是系统的观点和系统分析法的完整性。我们应该注意到，某些学者口中的"系统分析法"，其实就是综合法（синтетический метод），将之称为整体分析法（интегрально-аналитический метод）或许更准确些。放眼各类一般科学方法，"综合"的程度越高，越要求同时使用逻辑法、演绎法、从抽象上升到具体的方法等等诸如此类的方法。既然任何一种系统都是数量一定、性质确定的客体的集合，那么就存在对其进行量化甚至利用定量方法来对具体的历史数据进行处理、分析的可能性。但不管怎样，系统分析法最大的独特性并不在于其完整性，而恰恰在于其系统性——致力于系统地对客观实在的各个方面、各种性质进行研究。但同时，要知道，客观实在所包含的可不仅限于此（还有事件、情景、动态发展等）。所以，想要将客观实在作为一个整体来研究，仅凭系统性这一点，还是远远不够的。

除此之外，还有一种针对社会现实的整体分析法，这种方法被称为因果分析法（причинно-следственный анализ）。这种方法同样应用颇广，一般用于对客体进行情景分析（ситуационный анализ）和动态分析（динамический анализ）的场合。

我们在此列举的每一种分析方法，都有着自己的适用范围。无论哪种方法，其运用是否合理，主要是从具体研究任务的性质来判定的。所以，单单将整体分析法看作系统分析法，这显然是不正确的。

系统分析法，毫无疑问，具有许多的优点和长处。系统分析法的主要优势在于：它能够为我们直接地揭示社会系统运行、发展的规律。这些规律深刻地反映了客观实在的本质，而系统分析法所做的，正是对这一本质进行发掘。系统分析法作为一种一般科学认知方法所具有的高效性以及广阔的使用空间也正体现在这一方面。系统分析法的另一个优点在于：它能够使用甚至要求使用计量分析方法，这使我们能够对事物的性质进行定量研究。

系统研究法中最主要的两个具体研究方法，分别是结构分析法（структурный анализ）和功能分析法（функциональный анализ）。前者致力于揭示系统的结构，后者则专注于揭示系统的功能。这样的分野从专业性的角度来看是非常正确的。如果想要对系统进行全方位的认识，那么就必须仔细研究系统的结构与功能（二者同时也处于有机统一体之中）。在这种情况下，恰合时宜的系统研究法是结构功能分析法（структурно-функциональный анализ）。结构功能分析法担负着研究系统构成、结构、功能和发展的使命，①直到最终构建出所研究的系统的数学模型。

系统研究法（尤其是结构功能分析法）虽然极为复杂，但同时，也是最为高效的科学认知方法。在实践中想要应用这种研究方法，除了具体步骤非常烦琐之外，还需要同时配合应用许多其他的科学方法。在使用系统研究法的过程中，会产生一些需要克服的矛盾。这些矛盾也被称为"系统思维的悖论"，其中又以"系统的层次性悖论"和"系统的完整性悖论"为最。②"系统的层次性悖论"，指的是我们只有做到像研究系统的子系统一样对系统进行研究，才能做到充分理解系统。但从另一方面讲，如果想从"子系统"的角度理解"系统"，应当先掌握"系统"的面貌究竟是什么样子。"系统的完整性悖论"，指的是为了充分地、从整体上认识系统，必须先充分认识系统内部的元素；而为了更有效地认识系统内部的元素，则应当从整体上明晓系统的属性。可见，系统分析法的矛盾从逻辑上是难以解决的。想要解决这些矛盾，只能靠无限深化对于系统的认识。

最后，应该指出的是，非马克思主义的社会学、历史学在对系统的观点以及结构功能分析法的理解上同马克思主义有着本质的区别。③尽管在历史研究中，结构主义是作为一个反对主观主义的史学流派而产生的（当然，结构主义无疑也为资产阶级史学研究做出了贡献），但是，出于自身的意识

---

① 参见 Иванов О. И. Принципы комплексного подхода в социально–экономических исследованиях. Л., 1981; Философско–методологические основания системных исследований; Афанасьев В. Г. Указ. соч.; Марков Ю. Г. Указ. соч; 等等。
② 参见 Садовский В. Н. Указ. соч. Гл. VI。
③ 参见 Структурализм "за" и "против": Сб. материалов. М., 1975; Малиновский А. А. Механизмы формирования целостности систем // Системные исследования. М., 1973; Леви-Строс К. Структурная антропология / Пер. с фр. М., 1984; Критическая литература: Блауберг И. В., Юдин Э. Г. Указ. соч. Гл. 4; Сахарова Т. А. От философии существования к структурализму. М., 1974; Автаномова Н. С. Философские проблемы структурного анализа в гуманитарных науках. М., 1977; Критика современной буржуазной теоретической социологии. М., 1977; Афанасьев В. Г. Указ. соч. С. 124 等处、Марков Ю. Г. Указ. соч. С. 47 等处及其他著作。

形态,结构主义学派所提出的历史认识方法论十分狭隘,总体来看甚至是错误的。例如,结构主义认为,社会的结构具有很强的局限性。结构主义理论的出发点是"系统的结构决定了系统的性质(如完整性)",这种论断过度强调了结构的作用,实际上导致了系统的结构与系统的实质、系统的构成元素相脱离。又比如,结构主义忽略了系统同周边环境的相互联系、相互影响。总之,结构主义否认了对系统形成、发展的过程进行认知的可能性,反而将结构本身拔高为了某种特殊的、自己对自己起决定作用的、超验的事物。

此外,结构主义企图将主观因素从历史认知的客体中排除出去——这是一种非常错误的行为。这样做的结果,是导致潜意识的、心理的结构成为社会结构的基础。这些潜意识的、心理的结构历经了较长时段的历史变迁,因此其结构具有很强的稳定性。

在结构主义的理解下,系统与其所处的环境是割裂的。系统结构的隔绝性和不变性,使系统内部的层理荡然无存。总之,社会发展的面貌,呈现出一种无序的、独立的、内部封闭的不变的结构。每个历史时期都是一套单独的系统结构,各个结构(历史时期)彼此之间很少或者说根本没有关联。不同于主观主义史学认为"社会历史发展是由一系列个体事件和独立事件构成的混乱状态",结构主义史学认为,社会历史发展是由一系列结构组成的混乱状态。上文已经提到过,结构主义对历史认知客体实质的理解,决定了该流派所使用的认知方法。结构主义为了将主观主义从历史认知的过程中排除掉,采用了模拟的认知方法。因此,结构主义认为,构建结构的模型(包括数学模型),是对历史结构进行研究时的主要任务。显然,其将模拟方法——这种科学认知方法绝对化了。故而,模拟的认知方法也就必然沾染上了强烈的缺陷性。因为,这些根据具体历史数据构建而成的结构模型,接下来会完全取代认知客体,从而将关于事实的数据和信息完全排挤出认知过程中去,甚至最终得出结论:这些结构是不变的。

结构主义认知方法的另一个特点在于,它倾向于共时性地、静态地研究社会历史发展,放弃(甚至是否认)了对社会历史发展进程的历时性、动态的分析。之所以会产生这种结果，是因为结构主义认为，每一个历史时期都极度富有特点、独立自在，以至于无论是将不同的历史时期进行对比，还是将社会历史进程看作一种持续进步的、不断上升的发展过程来加以研究，都是一个相当复杂甚至是近乎不可能完成的任务。

以上便是结构主义在论及"社会系统的实质"以及"对社会系统的具体研究方法"时的基本主张。从辩证唯物主义的观点来看，结构主义对"社会系统的实质"的认识显然是非常可疑的。不过尽管如此，这并不意味着结构主义毫无可取之处，在历史研究视野的拓展上（例如对各类大规模历史现象及过程的关注上），在具体史料和信息的累积上（例如建立历史信息数据库），在历史研究的方法、技巧的提炼上（例如使用计量方法和电子计算机），甚至在许多具体的结论上，秉持结构主义观点的历史学家都取得了令人瞩目的成就。结构主义历史学家取得的成就非常值得苏联史学家多多关注，甚至，如果有可能的话，在马克思主义理论和历史认识论的立场之上，将他们的现有成果加以运用。

***

历史方法、逻辑方法、从具体上升到抽象的方法、从抽象上升到具体的方法——这是四种最为基础的一般科学方法。与之相比，其他的一般科学方法（如演绎法、归纳法，分析法、综合法，描述法、定量方法，动态研究法、静态研究法，等等）只能被视为前者在实际应用中的某些具体手段。应该指出的是，某些非马克思主义的科学认知流派竟将上述方法同其他的一般科学方法对立起来，这自然是不正确的。实际上，在认知活动中，以上提到的所有方法都处于辩证的相互联系之中，它们相互促进、相互补充，共同保证整个认知过程的客观性和正确性。恩格斯对此指出："我们用世界上的一切归纳法都永远不能把归纳过程弄清楚。只有对这个过程的分析才能做到这一点。——归纳和演绎，正如分析和综合一样，是必然相互联系着的。不应当牺牲一个而把另一个捧到天上去，应当把每一个都用到该用的地方，而要做到这一点，就只有注意它们的相互联系、它们的相互补充。——按照归纳派的意见，归纳法是不会出错误的方法。但事实上它是很不中用的，甚至它似乎是最可靠的结果，每天都被新的发现所推翻。"①

无论何种科学认知方法，其使用情况都是取决于对研究对象的性质的考量以及具体的研究任务——这才是正确、有效地使用上述历史研究方法的方法论原则。

第二节　历史研究的基本方法

在论述历史研究的基本方法之前，必须首先明确"历史研究"这一概念的内涵。

在人们惯常的意识中，往往会将那些重大的、具有广泛社会意义的"历史的"事件同日常生活对立起来。但在科学认知中，在讨论广义的"历史的"和"历史"的本体论意义时，一般认为，由于自然界和人类社会具有多样性，所以一切都处于不断变化和发展的状态之下。既然客观世界中的一切都处于不断变化和发展的过程中，那么历史主义的原则和历史的方法便具有了普遍的科学意义。历史研究方法可以使我们通过研究客观实在的历史来认识现实，并且这一点恰恰是历史的方法和逻辑的方法的区别所在，特别当通过分析现象当前的状态来揭示其内在本质的时候。我们可以将"历史研究方法"理解为一切研究历史现实的基本方法的总和。也就是说，"历史研究方法"是那些就历史学的总体而言，适用于历史研究的各个领域的方法。如果按照第一章中对科学认知方法的分类标准来划分的话，那么"历史研究方法"是一种专门科学方法。这些方法，一方面基于一般哲学方法（即唯物辩证法）的原则、规律以及各类一般科学方法；另一方

---

① Маркс К. , Энгельс Ф. Соч. 2 - е изд. Т. 20. С. 542 - 543，同时参见 Лебедев С. А. Индукция как метод научного познания. М. , 1980.

面，历史研究方法又是那些致力于解决具体问题的方法的基础。

专门历史的研究方法（специально-исторический метод）或者说是一般历史的研究方法（общеисторический метод）是一般科学方法的集合，并且主要致力于对历史认知客体的研究，换句话说，主要致力于从总体的历史认知中反映出相关客体的特征。

由于历史现实具有许多共同特征，所以我们也可以划分出历史研究的基本方法。①

历史研究的基本方法有：历史起源法（историко-генетический метод）、历史比较法（историко-сравнительный метод）、历史类型法（историко-типологический метод）和历史系统方法（историко-системный метод）。在使用任何一种历史研究方法的同时，还会使用到一些一般科学方法（如分析法、综合法，演绎法、归纳法，描述法、定量方法，说明法，等等）。这些一般科学方法作为具体的认知手段，将辅助主导方法与之共同发挥作用，帮助主导方法更好地实现自身的观点和原则。为推进研究，一些必要的研究规范和程序（研究技巧）以及一定的研究工具和器材（研究技术）同样是必不可少的。

2.1　历史起源法

历史起源法是历史研究中使用得最为广泛的一种方法。历史起源法的实质在于，它能够连续地、合乎逻辑地揭示研究对象在历史运动过程中所发生的变化以及研究对象所具有的性质、功能，这使我们可以最大程度地接近、再现认知客体真实的历史面貌。借助历史起源法，认知客体的真实面貌将以最为具体的形式展现出来。人的认识始终（理应）由个别走向特殊，之后再走向一般和普遍。从这个角度考虑，历史起源法应当属于一种分析归纳法。但是，如果从研究客体的信息表达形式看，历史起源法又属

---

① 认识论角度的划分依据，可参见 Уваров А. И. Гносеологический анализ теории в исторической науке. Калинин, 1973. Гл. V.

于一种描述法。当然，虽然我们说历史起源法属于一种描述法，但历史起源法并不排斥使用数量指标（有时甚至还使用得特别广泛）。只不过，数量指标只能作为对客体的性质所进行的描述中的一个元素，无法揭示客体的本质，更不能构建客体的内容实质模型或形式数量模型。比如，假设我们手头有一份资料，上边清楚记载着农民按照尼基塔·穆拉维约夫和巴维尔·彼斯特尔①等十二月党人的土地规划本应获得的份地规模，或者记载着其他有关十二月党人起义的数据，这些数据可以帮助我们判断起义的某些特征，但无法确定起义的内在本质。

历史起源法能够直观地显示历史发展的因果联系以及历史发展的规律；而通过对个体特征和形象的判读，又能描述历史事件、历史人物的特点。通过历史起源方法，研究者可以最大程度地展现出自身个人化的特征。研究者自身个人化、个性化的特征、品质可以充分反映出社会的需求，从而对整个研究过程产生积极影响。列宁指出："没有'人的感情'，就从来没有也不可能有人对于真理的追求。"②

总之，历史起源法是一种最普遍使用、最灵活的、最简明的历史研究方法。当然，这种方法也天然具有一些局限性，我们在使用该方法时应特别注意。

比如，历史起源法主要致力于对发展的分析，因此对事物的静态特征关注不够。换句话说，历史起源法只注意到了历史现象或过程在某一固定时刻下的情况，有时，这会导致相对主义的倾向。而相对主义，众所周知，一方面将客观实在（也包括历史学）的动态性绝对化，另一方面却又在否定能够获得对客观实在的真理性认识的可能性。③ 正如列宁所指出的，相对主义必然使科学认知"不是陷入绝对怀疑论、不可知论和诡辩，就是陷入主观主义"。④ 之所以说相对主义的立场是站不住脚的，这主要是因为，相

---

① 二者均系俄国十二月党人领袖。——译者注
② Ленин В. И. Полн. собр. соч. Т. 25. С. 112.
③ 参见 Парамонов Н. З. Критика догматизма, скептицизма и релятивизма. М., 1973.
④ Ленин В. И. Полн. собр. соч. Т. 18. С. 139.

对主义对客观实在的分析是单方面的。在相对主义之下，研究者只关注到了研究对象的部分变化，却忽略了客观实在除了具备这些变化之外，还具有一定的稳定性。这种稳定性在于，客观实在的一切性质规定性都与其在数量上的表达范围是相符的。所以，如果研究对象的变化只具有量的性质，不具备质的性质（即没有产生新的性质），那么就可以认为客观现实保持着稳定的状态。因此，关键的一步就在于用数量的尺度来解释事物的性质。总之，在使用历史起源法时，不可孤立地评判事物的运动和变化，必须将对事物运动、变化的解释同其性质稳定性的范围结合起来。

又如，历史起源法过于注意具体和细节，这会导致结论过于强调个体性、不可复制性，从而掩盖一般性、规律性。在具体研究中，正如常言所道，会导致"一叶障目，不见泰山"。因此，如果要对历史起源法进行某种改进，就应有机地统筹对事物的个别性、特殊性和一般性的分析。例如，在分析十二月党人的土地方案时，应当在对各种土地方案进行分析之余，连带分析个别方案在全体方案中的地位和作用（特殊性）、十二月党人对社会变革必要性的总认识（一般性），甚至还应分析时人对社会发展进步条件的认识体系（普遍性）。当然，这并不意味着，我们在分析个别的时候总是应当全面铺陈，详细而具体地论述特殊性、一般性、普遍性。只是问题在于，只有特殊性、一般性、普遍性三方不偏不倚，我们才有可能充分揭示出客体的本质。

历史起源法倾向于描述性、写实主义和经验主义，所以研究者往往被迫在查阅史料、收集史料、初步统计史料、处理史料方面消耗大量的时间、精力。于是，有的研究者会产生一种幻觉，觉得历史研究的主要任务就在于此；有的研究者则无暇对已经暴露出来的史实进行仔细的理论分析。为了防止上述错误倾向，我们的出发点应该是：无论史实的数量有多少，无论它们看上去是多么令人信服，"单凭观察所得的经验，是决不能充分证明（事物的状态或发展的规律的——作者注）必然性的"，[1] 必须对史实进行

---

[1] Маркс К., Энгельс Ф. Соч. 2-е изд. Т. 20. С. 544.

理论分析。不过，囿于自身所处的认知阶段（经验认识阶段）和认知水平，实证主义反对对史实进行理论分析。[①]

一旦研究对象去今过久、范围过广，历史起源法的一些逻辑和概念便将不再适用，这使研究者难以将个别的研究成果联系起来并加以比对，从而大大降低了一些具体研究技巧的有效性。

在通过历史起源法对大规模历史现象或过程进行研究时，上述不足将会体现得尤为明显。为了成功运用历史起源法，应尽量将其同其他的历史研究方法结合起来。

2.2 历史比较法

和历史起源法一样，历史比较法早已进入了历史研究的视野中。一般来说，比较法是一种重要的、可能也是应用得最为广泛的科学认知方法。[②]就科学的实质而言，没有比较，一切科学研究都无法进行。正如恩格斯所指出的，在获取了经验信息并对其系统化之后，"最后，在生物学研究的领域中，有了特别从上世纪[③]中叶以来系统地进行的科学旅行和科学探险，有了生活在当地的专家对世界各大洲的欧洲殖民地的更精确的考察，此外还有了古生物学、解剖学和生理学的进步，特别是从系统地应用显微镜和发现细胞以来的进步，这一切积聚了大量的材料，使得应用比较的方法成为可能而且同时成为必要"。[④] 历史比较法的客观基础在于，社会历史发展

---

① 实证主义是一种资产阶级主观唯心主义的史学流派，主张将社会生活的本质简化为一组简单的、个体性的、独特的历史事件，认为表意方法、描述方法是历史认知的唯一方法，而历史认知的目的是在历史学家对过去的主观感官同理心及其在主观理想和类别基础上的评估的基础上再现历史发展的外在表现。实证主义还认为，历史认知的目的在于再现历史发展的外在表现，并将历史认知的基础，设定为历史学家对过去主观性的感官"共情"以及他们对主观观念和范畴的评价。

② 参见 Подкорытов Г. А. Историзм как метод научного познания. Л., 1967. Гл. III; Мелконян Э. Л. Проблемы сравнительного метода в историческом знании. Ереван, 1981; 等等。

③ 指18世纪。——译者注

④ Маркс К., Энгельс Ф. Соч. 2-е изд. Т. 20. С. 353.

是一个重复出现的、存在内部制约的、有规律的过程。就内在本质而言，众多社会历史现象其实都要么相同、要么相似，只是各自的形式在不同的时间或空间上有所区别；同时，即使形式相同或相似，不同现象所具备的内涵仍有可能大相径庭。因此，通过比较，我们可以掌握研究对象的本质，而历史比较法作为一种科学认知方法，其在认知层面的基本意义就在于此。

比如，通过将贵族革命者十二月党人以及他们制定的社会变革纲领同18世纪至19世纪初西欧启蒙运动的主张相比较，我们能够看出：性质上，十二月党人的主张具有早期资产阶级革命的特点，他们希望通过消除农奴制（封建主义）和专制制度，部分保留私有制和剥削制度，人民或许就能过上美好、幸福的生活。十二月党人起义的资产阶级性恰恰体现在他们的主张和希冀中。笔者在此，通过对比十二月党人和启蒙主义者的观点和要求，发现二者在许多特征上存在相似性，从而揭示出了问题的本质。启蒙思想具有早期资产阶级的属性，这一点是显而易见的；十二月党人主张的资产阶级性却并不是那么一目了然的，我们通过比较，成功证明了这一点，这就是历史比较法的意义所在。

又比如，通过将改革后俄国地主经济的劳役制同农奴制下的劳役制进行比较，结果表明，虽然二者外在的相似性很高（农奴都依附于地主，农奴连同自己的牲畜、农具必须无偿地为地主劳动），且改革后的劳役制也不是很发达，仍处于萌芽状态，但改革后的劳役制终究是一种资产阶级的经济制度：农民对地主的人身依附关系已经不像封建主义时代那样，是超经济的，依附关系已经转变为了一种经济上的关系。[①] 如此，通过比较，我们得以透过相似的形式，看到两种制度完全不同的内涵。

总之，通过历史比较法，我们可以比较研究对象固有属性的相似性和不同点，进而揭示研究对象的本质属性。这种比较在不同的时空坐标（即从水平和垂直两个方向进行比较研究）上进行。

---

① 参见 Ленин В. И. Полн. собр. соч. Т. 1. С. 517–518。

＊＊＊

在确定了研究对象和比较对象的本质属性具有相似性后，历史比较法的逻辑基础在于类比法（аналогия）。类比法是一种一般科学的认知方法，主要根据的是研究对象和比较对象双方某些特征的相似性。将这种相似性进行类推，进而认为双方的其他特征也具有相似性。① 当然，在这种情况下，比较对象（现象）所具有的已知特征的范围应当比研究对象所具有的特征的范围广一些。于是，在上例对十二月党人和西欧启蒙主义者的主张的比较中，我们之所以认为"十二月党人的主张具有早期资产阶级的属性"，是因为早已明确"西欧的启蒙思想具有早期资产阶级的属性"。

总之，历史比较法的认知能力很强。首先，通过使用历史比较法，我们能够根据目前掌握的史实，明确研究对象的本质，特别是当这种本质表现得还不是特别明显的时候；同时填补相关领域的空白，将研究进行到底。其次，历史比较法使我们有可能冲破研究范围的束缚，根据类比法进行广泛的历史概括、历史比较。最后，历史比较法能够和各类一般科学方法同时使用；并且同历史起源法相比，这种方法的描述性较弱。

和任何一种历史研究方法一样，想要正确使用历史比较法，必须遵循一系列的方法论要求。首先，比较的基础应当是具体史实。史实能够体现历史现象的本质特征，绝不仅仅是形式上的近似性。列宁指出："如果要作历史类比，那就应当分清并且确切指出不同事件的相同点，否则就不是作历史对比，而是信口开河。"② 所以，必须充分考虑到要进行比较的历史事件所处的历史时代的总体性质，以及比较对象的发展阶段、发展类型的实质。例如，列宁之所以认为俄国 1905~1907 年的革命是一场资产阶级民主革命，并将这场革命同其他资产阶级革命相比较，就是因为发生在俄国的

---

① 参见 Батароев К. Б. Аналогии и модели в познании. Новосибирск, 1981.
② Ленин В. И. Полн. собр. соч. Т. 20. С. 126.

这场革命，其爆发的历史条件和背景与西欧资产阶级革命相比完全不同，并且这种差异是本质上的差异：这场革命的领导者是工人阶级，而不是资产阶级。与之相对照的是，孟什维克虽然也做了同样的比较，却忽视了两场革命在历史条件上的差异。孟什维克认为，凡是资产阶级革命，其领导权必定在资产阶级手中。可见，孟什维克的比较显然具有形式主义的性质：没有充分考虑到时代的差异，必然会导致得出错误的结论，进而决定了在这场革命中的战略决策是错误的。

在历史比较法下，比较对象可以处于相同的发展阶段，也可以处于不同的发展阶段；二者的性质可以相同，也可以不同。如果比较对象的发展阶段及性质是相同的，那么我们关注的是双方的相似性；但如果比较对象的发展阶段及性质是不同的，那么我们关注的则是双方的差异性。

我们应当始终遵循历史比较法所必需的规则。实际上，遵循上述要求，就是在遵循历史主义的原则。一旦违背，就会得出各种错误结论。例如，在将 A. H. 拉季舍夫的政治经济观点同 19 世纪中叶的革命民主派的主张相比较时，我们会发现双方的许多观点都存在相似性，但如果只根据这一点，就认为拉季舍夫所持有的是革命的民主主义的主张，则忽略了俄国的历史发展的总体阶段在 18 世纪末和 19 世纪中叶是不同的。18 世纪末，俄国还只是处于封建农奴制解体、资本主义制度形成的初始阶段；但到了 19 世纪中叶，俄国的封建农奴制已经出现了危机。这场危机直接导致封建农奴制的土崩瓦解，俄国的资本主义和工业革命已呼之欲出。显然，社会经济基础方面的差异不可能不会对社会思潮的性质产生影响，即使社会思潮的承载者未必能清楚地意识到这种差异的意义（相对于俄国资本主义关系的发展而言）。在封建农奴制开始瓦解时，俄国社会思潮的主导思想是启蒙思想；但到了封建农奴制的全面危机时期，在俄国占主导地位的社会思想已经是革命民主主义和空想社会主义了。因此，在进行历史比较时，正如列宁所强调的，不仅需要"把两种事实尽量精确地研究清楚，使它们在相互关系上表现为不同的发展阶段，而且特别需要的是同样精确地把一系列已知的状态、它们的连贯性以及不同

历史研究方法

发展阶段之间的联系研究清楚"。①

想要揭示出特征的本质（这是我们进行历史比较分析的基础）、比较对象的类型、阶段性，除了要求对客体进行专门的、足够专业的研究之外，还需综合应用其他的历史研究方法（主要是历史类型法和历史系统方法）。只有在多种历史研究方法的配合之下，历史比较法才能成为历史研究的尖锐武器。当然，历史比较法也并不是无往不利的，它只是在一定的范围内才能发挥出最佳的研究效果。历史比较法最擅长从广义的时间和空间维度来研究社会历史的发展状况；至于那些不是很广泛的历史现象、历史过程，考虑到它们的复杂性、矛盾性、未完结性，甚至严重缺乏具体史料，想要掌握这类客体的实质特征，通过直接分析的方式是不可能办到的。

历史比较法也具有一些与生俱来的局限性，所以我们在使用这种研究方法时同样会面临许多困难。总的说来，历史比较法并不能揭示研究对象的具体情况。借助历史比较法，我们首先能认识到的，是纷繁复杂的社会现实的根本性质，而不是它的具体特征。此外，在研究社会发展的进程时使用历史比较法是一件很复杂的事情。表面化地、形式上地使用历史比较法，从而得出太多的错误结论，这在西方资产阶级历史学家中可谓屡见不鲜了。他们仅仅基于非常肤浅的、形式上的比较和类比，便对苏联历史发展中的许多社会现象大放厥词。比如，某些资产阶级历史学家没有认识到苏联历史发展的总体性质同苏联以前的、历史时期内的历史发展的总体性质已经出现了本质上的差异，于是做出了毫无根据的类比，甚至将某些歪曲了的、在历史时期的某些特点横加到苏联头上。

以上便是历史比较法的基本实质。

尽管比较的方法已经在历史研究中广为应用了，但历史比较法作为一种基本的历史研究方法，事实上应用得还很不够。近来，在苏联的历史研

---

① Ленин В. И. Полн. собр. соч. Т. 1. С. 167.

究中，成功使用历史比较法的范例可以参考针对中欧、东南欧社会主义国家的文化研究。①

2.3 历史类型法

历史类型法②同样具有自身的客观基础，那就是：社会历史发展中的个别性、特殊性、一般性和普遍性，虽然一方面，各有差别，但在另一方面，却又彼此密切联结。所以，在认识社会历史现象的过程中，想要揭示其本质，一项重要的任务就在于揭示出蕴含在研究对象纷繁复杂的个体性（个别性）之中的一般性。

社会生活连同其全部的表现形式，都处在连续不断的动态的发展过程之中。这种"动态发展过程"并非单纯是由一个个事件所组成的一个连续的事件群。在这个过程中，事件的性质彼此存在显著差异，且后发生的事件的状态不断替代先发生的事件的状态。想要理解事件之间的性质究竟有何差异，同样需要先来认知事物动态发展的过程。

无论是在个别地区反映一般性，还是从连续不间断的时间中体现事物发展阶段上的一致性，都需要使用到专门的认知方法。历史类型法就是这样的一种方法。作为一种科学认知方法的类型化（типологизация），其宗旨在于，根据认知客体所固有的本质特征，将其划分（整理）为一组性质确定的类型（类别）。类型化侧重于从时间或空间角度，将本质上属于相同类型的客体归为一类，这一点也正是将类型化同广义上的分类、分组区别开的地方：广义上的分类、分组无法深入到客体的性质上。当然，类型化

---

① 参见 Марков Д. Ф. Сравнительно - исторические и комплексные исследования в общественных науках: Из опыта изучения истории и культуры народов Центральной и Юго - Восточной Европы. М., 1983。

② 以下著作是对社会历史现象进行分类及类型化的最新研究成果：Сиверцев М. А. Проблемы типологии в международной статистике занятости. М., 1975；Типология и классификация в социологических исследованиях. М., 1982；Барг М. А. Категории и методы исторической науки. М., 1984；Миркин Б. Г. Группировки в социально - экономических исследованиях: Методы построения и анализа. М., 1985；Розова С. С. Классификационная проблема в современной науке. Новосибирск, 1986；等等。

历史研究方法

也可以只对客体的特征进行分组,在这种情况下,类型化就成为一种对客体的信息进行系统化、有序化的手段。① 类型化对客体的形式进行分类,是一种本质分析的方法(метод сущностного анализа)。

接下来,笔者将以一个简单的例子来说明介绍简单分类和类型化之间的区别。假设,在研究某一地区资本主义时代农民经济的发展状况时,研究者可能会好奇,该区域内到底有多少农户从事农业生产,又有多少农户不从事农业生产?根据有无耕地,我们可以将农户划分为两组。每一组农户都只有一个相似的特征——有耕地或无耕地。如果考察其他特征的话,会发现每组中的各个农户彼此存在本质差异:比如,在"无耕地"组的农户中,既有从事雇佣劳动的农民,又有极度贫困的农民,还有开办工厂、企业的农民。这就是简单分类。但如果我们要探究在农民中是否存在有着本质差别的社会经济分层,那么在将农户归类于某一阶层(如无产者农户、小资产阶级农户以及资本主义农户)时,每一个农户的性质就已经被确定下来了。如此分组,分出的类型将是非常典型的。这种分类的过程就是类型化。

对社会生活中的事物和现象进行分类,这是一个复杂的认知过程,有许多方法论原则需要遵守。重中之重在于为分类对象的性质划分类型时的出发点,换句话说,就是划分类型的基础是什么。辩证唯物主义要求,这一基础应当是被研究的客观实在的本质属性。

之所以要重点强调这一点,是因为在非马克思主义的社会学、历史编纂学中,对于划分类型的基础一直存在另一种认识。② 这种认识,就是古典实证主义。古典实证主义认为,社会现象的类型是由若干客体组成的集合,且集合中的客体在各个方面都是相似的。人们无法认识现象的本质,从这一前提出发,必然会将类型化归结为"单纯根据外部特征,而对客体进行

---

① 虽然不同的学者对"类型化""分类""分组""系统学""分类学"等研究程式的理解存在差异,但是,在大多数情况下,上述名词均指的是对具有某些共同属性的对象划分组别。参见 Типология и классификация в социологических исследованиях. С. 12–13.

② 参见 Барг М. А. Категории и методы исторической науки. С. 206 等处.

形式化的、描述性的分类"。这种认识,从世界观上来说是一种朴素实在论,而就方法论而言则是形而上学。

为了弥补实证主义的不足,不少思想流派都对实证主义的认识提出了修正。但是,这些对实证主义的"批判"的出发点是主观唯心主义(最典型的例子是新康德主义),这使得它们在很多时候常常顾此失彼,颇有"左支右绌"之态:原本,实证主义对类型的划分虽然流于简单、机械,但仍保持着客观的底色;如今,这种客观性反而被替换为了研究者个人主观的、唯心的结构。就这样,历史学家的思维活动成为类型化和对历史现实认识的基础。这类观点在马克斯·韦伯(Max Weber)的"理想类型"理论中得到了最为详尽表述。无论如何,这种理论和马克思主义的历史客观主义、辩证唯物主义史观是完全对立的。

想要对历史现实的本质特点划分类型,首先要具备的条件是:无论是内含某一类型的客体的集合,还是这些类型本身,都必须具备某些明确的本质特点。此时,客体的集合是具有某种种类的现象(родовое явление),而客体内含的类型,则是这种种类的形态(вид рода)。显然,如果没有充分理解整体的本质的话,那么是绝不可能将整体中性质确定的那一部分从整体中划分出来的。此外,种类和形态之间的联系既可以是纵向的,也可以是横向的。所谓纵向的联系,指的是现象或过程虽然种类相同,但形态却有着本质区别(体现在各自的发展阶段上)。例如,在考察19世纪末俄国资本主义的发展状况时,列宁曾写道:"农村中的'非农民化'向我们表明这个过程的开端,它的萌芽,它的早期阶段;城市中的大资本主义向我们表明这个过程的结尾和它的趋向。若想把这两个现象分割开来,若想把它们看作孤立的互不依赖的东西,那你就不能使自己的论断前后一致,就不能说明人民的贫困化和资本主义的增长这两个现象。"① 此时,本质上属于不同类型的现象却处于相同的发展阶段之中,各个现象在空间或共时性的方面是一个整体。但是,资本主义的形成在具有阶段性的同时,也具有

---

① Ленин В. И. Полн. собр. соч. Т. 1. С. 121 – 122.

历时性的特征。比如，在确立资本主义制度之前，资本主义的发展本质上经历了以下几个阶段（类型）：资本主义简单协作阶段—工场手工业阶段—机器大生产阶段。

至于"横向的联系"，主要体现在各种类型的空间、地域联系以及相互作用上。例如，如果将资本主义时代俄国农民经济的社会经济结构视为一个整体的话，那么这个整体的内部包含以下三种类型：无产者农户、农民农户（小资产者农户）、资本主义农户（资产者农户）。

总之，指出全体研究对象的性质规定性是非常重要的：只有首先确定研究对象的性质，才能进而对研究对象划分类型。同时，只有充分认识到划分出的这些类型的本质内在特点，才能进而确定这些类型所固有的基本特征。可见，指出研究对象的性质规定性，既是对研究对象进行具体类型分析的基础，也是揭示研究对象的类型结构的基础。

以上便是历史类型法所奉行的基本原则，以及应用历史类型法的过程。只有在演绎法的基础上，历史类型法的原则才能得到最为有效的应用。如何以演绎法驾驭历史类型法？那就应当在划分类型之前，先对全体研究对象在理论上进行实质内容分析。实质内容分析的结果不仅可以划分出具有本质区别的类型，还可以划分出适用于全体研究对象、具有性质规定性的具体特征。如此，我们便可知晓某一单个的研究对象究竟应当被归入哪种类型了。

列宁在分析资本主义时代俄国农民经济的社会经济结构时，就是在以演绎法驾驭历史类型法。根据实质内容分析，我们可以从俄国农民经济的社会经济结构中划分出三类就彼此的社会经济实质来说具有本质区别的农户类型：无产者农户、农民农户（小资产者农户）、资本主义农户（资产者农户）。在第一类农户中，大多数人都是"雇佣工人"；在第二类农户中，"本户劳力人数超过雇佣工人人数"；在第三类农户中，"雇佣工人人数超过本户劳力人数"。[1] 根据这三条标准，再加上我们掌握着各户本户劳动力的

---

[1] Ленин В. И. Полн. собр. соч. Т. 19. С. 329.

情况以及各农户买卖劳动力的情况,我们便可以根据俄国农民经济的社会经济结构,划分出具有本质差异的农户类型。不过,一旦缺乏具体资料和数据,则只能转而通过其他指标来解决问题,即使这些指标并不能直接地反映农民经济的社会经济结构。在《俄国资本主义的发展》一书中,列宁根据大量能够反映农民经济的规模和水平的数据、资料(如农民的土地占有和土地使用,土地的买卖、租赁和流动,耕地的面积,牲畜和农具的数量等),成功地完成了研究任务。当然,在对研究对象划分类型时,如果需要放弃直接指标,转而使用间接指标,那么新选定的指标必须具有足够的代表性,选取必须具有充足的根据。从逻辑本质的角度看,这种研究方法是一种演绎的方法,因此也是一种最为有效的研究方法,因为通过这种方法,全体研究对象(在上例中为农户)的类型结构能够得到普遍的揭示。

当然,一味地使用演绎法来划分研究对象的类型,也并不是在任何情况下都是可行的,因为使用演绎法的前提,在于必须首先对研究对象有一个较高的认识层次,否则将无法根据实质内容分析来划分类型。除此之外还有一个难点,那就是:用来划分研究对象类型的实质内容特征有时彼此会非常接近。我们依旧以列宁的分析为例,在资本主义时代俄国农业发展的进程中,明显存在两种农业资本主义的发展进程:一种是资产阶级—地主式的农业资本主义发展道路,一种是资产阶级—农民式的农业资本主义发展道路。但是,如果将视线聚焦到地区,对各地的农业发展类型进行精确分类,探究某一特定区域内的农业发展道路究竟属于哪一条道路的话,我们会发现,这是一项异常困难的工作。精确分类所依据的具体特征将会极为复杂,因为在判断农业发展道路的类型时,情况已经完全不同于划分农户的类型,不可能存在多么具体、多么明确的判断标准,所以,必须综合考虑农业发展全部指标。在众多的指标中,究竟应当选择哪个,究竟应当以何为标准,都是复杂且多元的。

所以,在研究中,任何一种方法都不可偏废,既要综合使用演绎—归纳的研究方法,还要充分运用单一的归纳法。

演绎归纳法(дедуктивно-индуктивный подход)的实质是,客体的类

型是由通过对客体的实质内容分析确定下来的；而客体固有的本质特征，则是通过分析有关客体的经验数据而被确定下来的。例如，在研究苏联工人阶级的社会结构时，我们可以从理论上确定，在工人阶级内部存在两个阶层：一个是骨干工人阶层，一个是作为工人阶级"新鲜血液"的普通工人阶层。通过比对两个阶层的工人身上的各项指标，明确其中的具体差异，我们可以分别获得两组工人在精神道德方面所具备的本质特征。[1] 通过演绎归纳法，划分出社会历史发展现象的类型——这在马克思主义史学研究中已经极为普遍了，我们可以以此划分出历史现象或过程的时间类型、空间类型、发展阶段。通过这种方法，当研究对象是社会思潮、社会运动、革命斗争、对内对外政策等问题时，我们还可以揭示出这些对象在发展方向、发展阶段方面的阶级差异。

至于归纳法（индуктивный подход），其特点在于，无论是划分研究客体的类型，还是揭示这些类型中最为典型的特征，都基于对有关客体的经验数据的分析。如果个别在特殊中或特殊在一般中的表现形式是多样的、不稳定的，那么我们便只能采用归纳法进行研究。例如，如果我们需要将某国某一时期内的一组城市进行分类，但分类的依据不是某些单一的特征，而是这些城市的社会完整性。此时，凭借内涵理论分析，无论是对城市进行分类，还是区分其特征都变得异常困难。在研究这类问题时，只能使用归纳法，对研究对象的经验数据进行分析，舍此将别无他途。当然，多维类型方法也不失其可行性，但这种方法目前还没有得到广泛使用。[2] 在归纳法之下，对社会历史客体、历史现象、历史过程的分类和根据演绎法所进行的分类是不同的（毕竟任何一种归纳都有别于演绎）。二者的区别主要体

---

[1] 参见 Дробижев В. З., Соколов А. К., Устинов В. А. Рабочий класс советской России в первый год пролетарской диктатуры. М., 1975。

[2] 参见 Развитие сельских поселений: (Лингвистический метод типологического анализа социальных объектов): Коллективная монография / Под ред. Т. И. Заславской и И. Б. Мучника. М., 1977; Социально-демографическое развитие села: Региональный анализ: Коллективная монография / Под ред. Т. И. Заславской и И. Б. Мучника. М., 1980。

现在：归纳法产生的类型并不是每一个研究对象都必然固有的。只能说，归纳法产生的类型是该类客体在经验分析之下的类型。不过，尽管归纳法所产生的类型不具有普遍性，但这种类型的认知意义却是巨大的，因为这种类型能够反映研究对象在经验分析下究竟具有哪些性质。除此之外，归纳法的认知意义还体现在：我们只有根据归纳分类法，才能达到足以进行演绎分类法所需要的认知水平。

类型的实质通常在于各种特征的综合——这导致对历史现象进行分类绝不是一件轻而易举的事。除了这些特征构成复杂、难以揭示外，在具体实践中，多维类型方法还会遇到其他困难。比如，传统的复合分类法（способ комбинированной группировки）往往收效甚微。根据这种方法，我们需要先将研究对象划分为若干小类，然后再将这些小类归入特定的类别。假设，我们现在需要根据农户的耕地面积、各户劳动力买卖情况以及是否拥有改良的农机具，划分出农户的社会经济类型。我们可以划分出 4 小类（比如农户的土地规模分别为 5 俄亩、6~10 俄亩、11~20 俄亩和 20 俄亩以上），然后分别讨论这 4 小类中的每一类农户是否有雇佣工人。接下来，在新获得的 8 个小类中，我们再根据"是否允许家庭成员出卖劳动力"，将 8 个小类进一步划分为 16 个小类。最后，我们还应根据"是否拥有改良的农机具"，将这 16 个小类中的每一个小类都进一步划分为 2 个小类——就这样，我们最终得到了 32 类农户。但是，为了解决所提出的问题（即将农户划分为若干具有本质区别的社会经济类型），我们还要对这些小类进行归纳汇总。经汇总，我们将 32 类农户划分为两类完全对立的农户：第一类农户：拥有的耕地面积最少，没有农机具，自己劳动，不使用雇佣劳动力；第二类农户：拥有的耕地面积最大，使用雇佣劳动力和农机具，自己不劳动。我们可以认为，无产者农户和半无产者农户属于第一类农户，农村中的小资产阶级则是第二类农户。但是，如果反过来，认为"只有被归入这两类完全对立的农户类型的农户，才属于这两类完全对立的社会阶层"，那就大错特错了。有的农户同样拥有最大面积的耕地、使用雇佣劳动力和农机具，但其家庭成员中有人外出打工。这样的农户也完全可以被划入第二类农户中,他们属于农村中的"上流阶层"。同时,那些虽然使用雇佣劳动力,但在经济上最为贫苦的农户属于农村中较为底层的人群。可见,即使已经划分出了若干小类,在将这些小类归入某一具体的社会经济类型时,还将会产生新的难题。只有通过多维的、综合的、能够同时涵盖划分出的全部特征的分类法,才可以避开这些难题。在这种情况下,一些专门适用于多维统计分析的方法便应运而生。这部分内容笔者将在本书的第二部分详细阐述。

在对社会中的客体以及社会现象进行分类时,还存在一个难题,那就是某些客体虽然属于同一类型,但对于该类型所固有的一些基本特征,这些客体的反映程度却是各不相同的。换句话说,在这些同属于某一类型的客体中,有的客体可能非常典型地反映了所属类型的特征,是该类型中的典型客体;有的客体则并没有那么典型。前者构成了该类型的核心部分,而后者却组成了该类型的外围空间。除此之外,另一个类似的难题是:虽然某个客体被划入了某一类型,但它也有可能同时具有另外一个类型的特征。这一点在分类时也需多加注意。

从认知角度来看,最为行之有效的分类,在于不仅能划分出客体的类型,还能既显示客体与自身所属类型的符合程度,又显示客体与其他类型的近似程度。想要同时做到以上几点,就必然需要使用到专门方法——多维类型学的方法（метод многомерной типологизации）。如今,多维类型方法已经比较成熟,并且在历史研究中也已经有所作为了。

在对历史客体及历史现象划分类型时（特别是在依据归纳法进行分类时）的一项重要任务,就在于确定已划分出的类型的数量（数量特征）以及明确这些数量特征的性质规定性的存在范围。根据对内容实质的分析,我们可以确定类型的数量;并且,通过数学方法,或是使用电子计算机,可以自动实现对研究对象进行一维或多维分类（当然,这也可以通过任意划分种类数量的方式来实现）。不过,还应当弄清楚划分出的小类彼此之间有无本质差异,如果有的话,这种差异究竟有多大？以上这种划分类型的方法同样可以运用在历史研究当中。

最后，关于如何划分历史过程中的阶段（各个阶段之间需要存在明显的、巨大的差异），这同样是一个特别复杂的问题。鉴于历时性的历史分析极为重要，笔者将在本节的最后部分专门对这一问题进行详细分析。在此，笔者仅稍作强调：应在划分历史发展阶段时充分顾及社会发展思想、意识形态的从属性问题，想要做到这一点，最基本的依据应当是各个阶段在结构上的归属性，否则将无法体现各个阶段的本质属性。

以上便是若干与历史类型法相关的主要问题。

2.4 历史系统方法

当前，在历史研究中，历史系统方法应用得越来越广泛。这是因为，在研究范围上，如今历史研究已经能够涵盖任何一种历史客体，历史研究已基本做到了对历史现实的全覆盖；在研究程度上，当前的历史研究也已经足以全面揭示任意一种类型的社会历史系统的内在运行、发展机制。历史研究已全面朝向纵深发展。在上文中，我们详尽分析了社会系统的客观性，以及系统的观点和系统分析法的实质。那么，当我们使用系统的观点或系统分析法进行历史研究时，还会遇到哪些问题？① 接下来笔者对这些问题予以阐述。

在我们使用系统的观点或系统分析法进行历史研究时，所遇到的一切问题，都脱不开本体论和认识论两个方面。

无论是作为一种认知方式的系统的观点，还是作为一种科学认知方法的历史系统方法，其客观基础都在于，在社会历史发展中（或者说在整个客观实在当中）个别（个体）、特殊和一般三者是统一的。这种统一既现实、又具体地体现在各种层次的社会历史系统中。社会历史系统的运行和发展囊括并综合了一切构成社会历史现实的事物，如个体事件、个别事件、历史情境、历史过程等。本质上，这些事物（社会历史现实的构成要素）

---

① 探讨历史认识理论、方法论的著作对这些问题研究得最为详尽，可参见 Ракитов А. И. Историческое познание（第二章）。

可以被看作人们从事的各类具体的、有明确目的的活动以及与这些活动密不可分的社会关系。

个体事件（индивидуальное событие）所具备的特点是其自身所特有的，在其他历史事件中不会出现。各种各样的个体事件构成了各种各样的人类活动、社会关系。正因为如此，各种人类活动和社会关系之间存在某些共同的特点。

个别事件（отдельное событие）通过一定历史情境被包含在社会系统当中。历史情境（историческая ситуация）是历史事件在时间和空间上的总和。这些历史事件的性质，构成了人类活动和社会关系的性质，也构成了社会系统的性质。

从时间延续性的角度来说，历史过程（исторический процесс）是一个个彼此间具有本质区别的阶段或时期。在这些阶段或时期当中，包含着那些构成了社会总体发展的子系统的历史事件、历史情境。比如，资本主义在起源和发展的过程中，经历了"资本主义简单协作—工场手工业—机器大生产"或"自由竞争资本主义—垄断资本主义—国家垄断资本主义"等系统性的发展阶段。再比如，19世纪至20世纪初的俄国解放运动同样经历了三个系统性的发展阶段：贵族阶段—平民知识分子阶段—无产阶级阶段。

社会历史发展所具有的系统性表明，社会历史发展中的一切事件、形势、过程除了受到因果关系的制约外，还受到各自的功能状态的制约。所以，即使系统的结构非常简单，"系统的功能可能极为复杂"，[1] 因为系统的功能除了受到结构的制约外，还取决于该系统在与其他系统所共同构成的更高层次的系统中所处的地位。所以，系统的功能一方面包括因果关系，另一方面还具有一定的综合性。基于这一点，我们有理由认为，在对系统的科学认知中，起决定性作用的不是对构成系统的原因的解释，而是对系统的结构的解释——如果说得更准确些，是对系统的结构和功能的解释。[2]

---

[1] Марков Ю. Г. Функциональный подход в современном научном познании. С. 20.
[2] 参见 Марков Ю. Г. Указ. соч. С. 8。

当各系统（以及某些内涵更为广阔的系统的子系统）之间存在相互作用的时候，系统的决定性有可能是多样的：如果子系统彼此分别对对方起决定作用，它们之间的关系就是单一的决定性（однозначно-детерминированный характер）；如果子系统只是在某些随机时刻才能够对对方起决定作用，它们之间的关系则是一种随机的决定性（вероятностно-детерминированный характер）；如果各子系统之间不存在什么规律性（也就是说，子系统不具备稳定性和重复性），那么各子系统之间的关系则是一种偶然的随机性（случайно-вероятностный характер）。①

结构分析和功能分析都属于系统的观点以及系统分析法。系统的观点和系统分析法具有完整性和综合性的特点，二者对所研究系统的分析并不是基于客体的某个个别方面或个别属性，而是基于对研究对象的性质规定性、本质特点以及研究对象在整个系统中的地位和作用的完整考察。但是，在具体实践时，首先需要将所研究的系统从整个系统中分离出来。这个过程被称为系统分化（декомпозиция систем）。系统分化是一个复杂的认知过程，因为将所研究的系统从整个系统中分离出来，本身就具有相当的难度。

分离系统应该在揭示具有性质规定性的客体（元素）总和的基础上进行。集合的性质可以通过元素的属性表现出来，但更主要的是通过元素固有的内在关系以及彼此之间存在的各种典型的相关关系表现出来。所以，在分离系统时，确定系统之间的边界就显得尤为困难。比如，在研究农民经济、地主经济、工业、贸易等问题时，我们通常可以很轻易地确定这些问题所包含的特征。但是，一旦把对象换成资产阶级自由派、小资产阶级等社会阶层的思想观点，我们就会发现，研究对象的特征此时表现得已不再像前者那样鲜明、明确了。

从具体内容的角度来看，对系统的分离可以被简化为：识别那些构成该系统的固有的系统构成特征（或被称为系统性特征）。这些特征（以及特

---

① 参见 Дружинин В. В.，Канторов Д. С. Проблемы системологии. М.，1976。

征之间的关系）能够决定系统结构的本质，换句话说，它们能够反映出结构的本质规定性、完整性和稳定性。显然，这样的话，系统构成特征的数量不可过多，我们应当尽可能选取那些最重要的、最有意义的特征——这需要对所研究的现象或过程具有深刻的了解，并且付出大量的前期工作才能完成。

在划分出了要研究的系统之后，接下来要进行的就是对系统的研究。此时，我们的中心任务是对系统进行结构分析，也就是说，我们要去揭示系统内部各个构成要素之间的相互关系的特点、属性。结构分析的具体方法比较多样，最简单的办法是通过逻辑的方法去揭示各要素之间的因果联系，也可以运用数学方法，对系统的构成要素进行分析。

系统结构分析的结果，是产生了关于系统本身的知识。这些知识，正如一些研究者所指出的那样，具有经验性，因为它们自身并不能反映出所研究结构的本质。所以，必须将这种经验知识提升至理论知识的高度——这就要求我们充分考察系统在其内部的各个层次、层级中的功能。而这一任务，可以通过功能分析完成。功能分析法将帮助我们揭示被研究的系统与某一更高层级的系统之间的相互作用和影响。

只有将结构分析法和功能分析法结合起来，我们才能充分认识各类本质内容参差不一的系统："对客体①本身的描述和说明具有复杂性，这既是客体②与环境之间的关系彼此综合的结果，同时也是二者关系的结构属性。"因此，"如果只研究处于某一特定层次的系统的话，则根本无法理解该系统所具备的独立性、完整性、反应性——这就好比我们无法通过某一商品的物理、化学属性来判断它的价值一样"。③

总之，系统功能分析法（системно-функциональный анализ）使我们得以明确周边环境的性质（所谓"环境"，指的是一个更高层次的系统，被研究的系统是该系统的子系统），从而能够确定研究对象的本质内涵。系统

---

① 即系统。——作者注
② 即系统。——作者注
③ Марков Ю. Г. Указ. соч. С. 50.

第四章 历史研究方法

功能分析法以辩证唯物主义的社会历史发展观为准石,是我们认知社会历史发展的强大手段。

***

系统的功能通过系统的结构得以实现,所以功能分析也是一种结构分析。但功能这种结构有别于其他直接研究系统的结构:功能分析研究的是更高层次的结构,并且其自身也是分析的对象。比如,在研究资本主义时代俄国农民经济的生产经济结构时,结构分析主要致力于揭示其内部各基本构成要素(如生产工具、劳动力、收入支出等)之间的相互联系。我们可以假设,各成分之间的联系是直接的、密切的。但是,如果只依靠结构,不可能触及结构的实质内容。所以,我们应当将眼光放远,将农民经济看作生产经济关系的一个构成要素,换句话说,将农民经济看作整个资本主义生产体系中的一个子系统。资本主义生产体系的结构表明,在资本主义发展的较高阶段,资本主义生产体系的特点,在于其中各个构成要素之间保持着很强的平衡性。这种平衡性是由资本主义商品生产规律(如价值规律、平均利润率、竞争等)决定的。

这种平衡性何以存在?这可以通过对比两种结构的方法来解释。通过对比功能和其他直接研究系统的结构,我们发现,这种平衡性既是由农民经济资本主义商品生产的性质决定的,同时农民经济同样服从于资本主义的生产规律。可见,功能分析使我们能够以一种较高的站位,来揭示研究对象结构的实质内容以及研究对象运行和发展的规律。

以上便是系统分析法所要求的基本方法论原则。可以说,这些原则是一目了然的,甚至可以说,十分通俗易懂。但是在研究社会历史现象时,只有当真正需要使用到这些原则时,才能意识到其中的困难之处。

***

在进行系统分析时,之所以会产生种种困难,这一方面是因为社会系统具有多层次的特点，另一方面则是因为社会系统内部的各个构成要素的规模都是不同的。所以，对研究对象的考察可以基于不同的层次（系统）、不同的规模（构成要素）。当然，最理想的状态是充分考虑到一切层次、各种规模的情况，但这种状态永远也不可能达到。所以，我们还是应当根据研究任务，对分析方案进行有根据的筛选。

但此时又出现了一个问题：究竟什么才能决定系统的层次？由于系统内部各构成要素之间的相互关系具有从属性（各部分相对独立，但又都从属于整体），所以，我们可以将系统内部构成要素的规模看作判断系统层次的标准。

假设，我们需要研究资本主义时代俄国农民经济的总体社会经济结构，可行的研究路径有以下几种：从整体上进行研究，按个别的社会经济类型（如农村里的无产者或半无产者农户、小资产者农户、资本主义农户）进行研究，按生产专门化小组（主要从事农业、畜牧业、小手工业等行业的小组）进行研究。不过，上述三种研究路径虽然都是可行的，但三者的研究层次完全不同。其中层次最低的，是以个别农户为系统构成要素的研究；层次较高的，是以农民村社（村镇）为初始元素的研究；层次最高的，是以一些较大的地理单位（乡、县、省）为元素的研究。在这三种研究路径中，第三种研究的研究层次最高，因为初始元素已经达到了其实际的规模。只有在这样的层次上，农民经济的基本特点和规律才能最为清晰地呈现出来。如果研究的层次较低，那么一定要对研究对象具有充分的认识。换言之，所考察的现实将在现象与本质的统一中得到认识。在其他系统层面上，这种相关性将揭示出一般与特殊之间的关系。通过将较低层次的研究（农户）同较高级层次的研究相对比，能够看出总体趋势在个体中的表现程度。具体到该例，我们能够看出农民经济发展的总体趋势在农户身上究竟有多大程度的体现，在其他层次上的体现也是同理。

这个例子清楚地表明，在从低层次向高层次系统转换时，需要将各个层次中的那些原始的、不可分割的元素综合（扩容或平均）起来。综合数据可以直接从史料中提取，也可通过平均（对系统中的原始数据取平均值）

的方法得到。显然，在对系统进行分解时，对个别进行的抽象应当有理有据。在较高层次的系统中，综合数据不是人为构造出来的，它们应当反映客观实在。在上例中，各个层次中的元素之所以能够如此综合，其中的合理性是显而易见的。要知道，农户、村社、乡、县、省——这些元素在历史现实中真实存在，真真切切地作用于农民经济运行、发展之中。

按照地域空间的范围对社会系统中原始的（原子的）元素进行综合——这种研究方法在历史研究中已经屡见不鲜了。不过，这并不是唯一的途径，能够实现综合的途径还有很多。例如，在某些社会系统中，初始元素可能会组成某些生产性、经济性的事物，此时，划分系统等级的依据可以是系统中各个规模不同的组织。比如说，在研究苏联工人阶级的社会面貌时，如果用来划分系统层次的初始元素是单个的工人，那么划分出的不同的层次便是班组、车间、企业以及工业部门。

在对不同层次的社会历史系统进行分析时，分析的效果既受到系统层次的客观本质的制约，又受到各层次间从属关系的影响。但这种分析的优势在于，随着系统的层次逐渐提高，进行系统分析时所依据的那些特征的数量也在增加。比如，假设我们要以农户为初始元素，来研究农民经济的社会经济结构，那么受数据的层次所限，我们只能解释农户的社会经济状况，也就是说，我们的视野被束缚在了"农户"这一层次上。如果可以转而分析某些较高层次的系统，便可以大大拓宽研究的视野。在以村社（村镇）的层次进行分析时，我们便可以更加具体地解释某些因素（例如农户到销售市场的距离、自然条件、生产的专业化、农民的文化程度等）对农民经济的结构所产生的影响。如果研究的视野达到了"省"的层次，我们便可详细分析农民的社会经济结构与其他社会系统之间的联系，只有这样，才能最为完全地揭示农民经济运行和发展的规律性。

总之，在对系统的结构划分层次时，一定要有理有据。此外，在具体解释时，还应充分考虑到在相应层次上，我们对研究对象的本质的认知程度。由于历史学家（也不仅仅限于历史学家）对系统分析法的掌握仍然较为欠缺，所以以上两点要求经常达不到，但无论如何，我们应当对其特别关注。

***

近年来，人们对各类大规模、群体性、第一手资料（如各类统计调查等）进行加工、分析的兴趣越来越强。这类材料无可辩驳的优势在于：它们既可以在原始的（原子的）层次上呈现出研究对象的特点，同时还能够在辩证唯物主义的基础上，根据研究任务获得各类综合指标。除此之外，由于人们在对原始资料进行整理、整合的过程中，难免出现纰漏，而大规模、群体性、第一手资料恰恰能够弥补其中的漏洞。

在大多数情况下，现存史料中的信息仅仅是被集结在一起而已。因此，一旦具备足够数量的原始信息，历史学家自然希望能够对那些没有被收集起来的史料进行系统分析。这意味着，当系统的组成元素不可再分时，对该系统的研究应当在较低的层次上进行。这样的分析当然是正确的，只是此时还应该考虑到，当研究所采用的史料、数据只包含了对象自身的信息时，上述分析的结论势必具有一定局限性，我们不能认为此时的结论已经揭示出了研究对象全部的实质。否则的话，研究者将何异于那些仅根据商品的物理、化学属性，便试图判断其商品价值的人？因此，笔者再次强调，在进行系统分析时，有必要根据不同的系统层次，来对研究对象进行详尽的分析。考虑到某些人一直试图将较为珍贵的第一手史料和"价值较低"的集合史料对立起来，从上面这个意义上说，这种举动显然是毫无根据可言的。

以上便是在历史研究中应用系统分析法时有必要注意的一些方法论问题。

***

同其他研究方法相比，结构功能分析法是一种最为有效的历史研究方法，其具备的优势无可辩驳。这种优势主要体现在，只有借助结构功能分析法，认识才有可能从抽象上升到具体。换句话说，只有通过结构功能分析法，对事物的认知才能达到较高层次的认知阶段——具体理论认知。

除此之外，结构功能分析法为模拟（构建模型）研究创造了先决条件。最理想的结构，是建立所研究的系统的实质内容模型。如果具备一定数量的数量指标，或是可以对该系统的特征进行形式化或量化研究，那么就可以通过构建定量模型的方式，揭示系统的本质。除此之外，通过构建定量模型，我们还能在形式与内容、现象与本质、质和量的统一中，确定相应性质的定量尺度。

在使用历史类型法、历史比较法甚至历史起源法时，都可以借鉴上述历史系统方法的优势。结构功能分析法，则可用来分析研究对象的变化情况。

当然，历史系统方法也存在一些不足之处。首先，当需要根据某些横向的时间片段来分析社会历史系统时，借助历史系统方法。我们之所以能够对社会历史系统进行共时性分析，是因为结构功能分析法主要致力于揭示社会历史系统的完整性、成熟性、稳定性。但是，只有在进行共时性分析时，这种揭示才能取得最佳效果。更何况，在某些情况下，发展的过程实际上是不可揭示的。其次，如果研究者未能充分地注意到系统结构分析和功能分析的内容实质，便贸然使用历史系统方法，便很有可能会产生过度抽象化的倾向——将研究对象形式化，甚至主观地构建历史系统。这一弊病在资产阶级历史学家中可谓司空见惯。

以上便是几种基本的历史研究方法的实质所在。显然，任何一种方法都不是放之四海而皆准的。只有在研究中，将这些方法有机地结合起来，综合运用，才能达到最佳使用效果。当然，在使用上述历史研究方法的过程中，任何一种方法的使用都应当是正确的。想要做到这一点，必须严格遵守相应的方法论原则及要求。有时，即使是马克思主义历史学家，也不免因不善于使用某些历史研究方法而在研究中犯下错误。总之，马克思主义历史学家不仅需要将辩证唯物主义方法寓于历史研究方法之中，还要在具体实践中不断对其进行完善——这对马克思主义历史学家来说，既是一项科学任务，同时也是其职责、使命所在。

2.5 历时性分析法

在研究社会历史发展时，还有一些问题应当引起注意，笔者在此稍作赘言。所谓历史，是人类在或一以贯之或不断变化的社会关系下所进行的活动。这种活动既发生在不同的地域空间上，也表现在连续不断的时间层面内。所以很显然，我们不应仅从地域空间或共时性的层面对人类活动进行研究，历时性的研究同样非常重要。许多学者正是在对社会历史发展的历时性研究中，才意识到了究竟什么才是历史学的主要任务。我们认为，不可将历时性的研究路径绝对化，这是因为社会历史现实不仅处于不断的变化和发展之中，与此同时，它们在某些时刻还具有性质上的稳定性。所以，在对社会历史现实进行研究的时候，应当同时使用历时性和共时性（диахронный и синхронный подходы）两种分析方法。

历时性（即不同时间的、不同时刻的）分析（диахронный анализ）[①]主要适用于对历史过程的研究。这种分析方法关注历史现实在实质—时间层面上的变化，旨在揭示历史现实在实质—空间层面上的本质——这也正是历时性分析与共时性分析（即同一时间的）的差异所在。[②] 我们将历史过程划分为以下四类。

第一类过程：在特定的历史情境下，涵盖某一历史事件发生、发展、完成的一系列阶段或时刻。

第二类过程：特定历史情境下各类历史事件的更替。

第三类过程：在固定的时间间隔内，历史系统内部各类历史情境的更替。

---

① 关于科学研究中的历时性分析，可参见 Столяров В. И. Процесс изменения и его познание. М., 1966；Серов Н. К. Процессы и мера времени：(Проблемы методологии структурно-диахронного исследования в современной науке). Л., 1974.

② 关于共时性分析，可参见 Галактианов И. В., Энштейн А. Д. О синхронизации как методе исторического познания // Исторический сборник. Саратов, 1977. Вып. 6.

第四类过程：在固定的时间间隔内，历史系统的更替。这类历史过程涵盖了一系列性质不同的时期和阶段。①

显然，最后一种历史过程最为复杂，因为一来，它表达了历史现实中最复杂、综合程度最高的组成部分（即历史系统）的发展情况；二来，这种类型的历史过程可以涵盖其余一切类型的历史过程。所以，在研究历史发展时，历时性分析的主要任务就在于分析不同层次的社会系统的更替。此时，这种历时性分析也被称为结构历时性分析（структурно-диахронный анализ），或者更确切地说，应当被称为系统历时性分析（системно-диахронный анализ）。

事实上，结构历时性分析有三种基本形式。② 第一种形式旨在揭示历史过程的以下特点：如各种历史事件发生的周期、持续的时长、出现的频率、间隔的时间等。这是结构历时性分析中最简单的一种形式。通过这一形式的分析，我们能够认识到历史过程所涵盖的原始内容以及该过程所具备的系统性的外部特征。

结构历时性分析的第二种形式适用于揭示历史过程内在的时间结构，它是结构历时性分析中最为常见的一种形式。这一形式的分析可以根据性质，将历史过程划分为一个个性质确定的时期或阶段，或者区分出一个个在子系统中发挥功能的同类事件。以资本主义的产生和发展为例，已知在资本主义的产生、发展的过程中存在下列时期或阶段：资本主义简单协作—工场手工业—机器大生产，而资本主义的结构又是在工业、农业、商业，以及市场、城市、农村等事物的相互作用中形成的。

结构历时性分析的第三种形式将研究对象置于更为广泛的系统之下，通过这一系统的发展状况，呈现出要研究的某一系统（或若干系统）的动态变化情况。在这种形式中，被研究的系统充当了前一系统的子系统。我们根据简单商品生产或资本主义生产的发展状况，来分析市场的发展状况；

---

① 参见 Ракитов А. И. Историческое познание. С. 83.
② 参见 Серов Н. К. Указ. соч. С. 20 – 22。

历史研究方法

或是根据阶级斗争或社会经济发展的进程，来分析社会意识发展进程，都属于这种形式的结构历时性分析。由于考察的是事物发展的动态变化，这种形式是结构历时性分析中最为复杂的一种形式。它的终点，是构建历史系统的动态模型。想要实现这类结构历时性分析，除了必须依靠前两种分析形式外，还要具备被研究系统的动态数据。由于动态数据难以形成、难以获取、难以分析，这便大大限制了我们将这一分析方法在历史研究中进行实际应用的可能性。不过，历史学家设法克服了其中的一些困难，方法是先将时间划分为一个个时间段，之后在各个时间段上分别对所研究的现实进行共时性分析。如此，我们便可成功地揭示出系统（主要是系统的结构）发展的变化过程，归纳出系统性质变化的大致时刻。而此举能否成功，在很大程度上取决于我们能在系统发展的总体阶段中划分出多少一般阶段。这些一般阶段的时间界限，对于共时性分析（如结构功能分析等）来说同样是极为基础的。

由于结构历时性分析的第三种形式主要利用的是动态数据，那么我们不禁追问：在揭示事物的动态发展过程时，静态数据的有效性究竟为几何？总的来说，对于这个极具普遍性的方法论问题，无论是从理论的角度，还是从时间的角度，我们都能给出积极的答案。我们不妨从现实和可能性之间的关系入手。现实，是一种过去的、已经实现了的可能性；而可能性则是现实的一个特征，它代表了未来的客观基础（因为未来的潜力和趋势总是蕴含在现实之中，在当前之中）。所以，在给定的时刻内对某一过程进行分析时，我们不仅能够明确研究对象在给定时刻内的状态，还能够透过研究对象当前的状态，揭示其未来发展的可能性。综上，静态数据可以作为判断事物未来发展动态的依据。当然，在某些时间状态下，这种判断只是假设性的，因为研究对象未来的发展动态有可能实现，但也有可能无法实现。但如果研究对象当前处于静止状态，而我们研究的是其接下来的状态的话，那么后续的每一个界限都能提示我们，究竟有哪些先前存在的可能性，如今已经被实现，也就是说，究竟有哪些假设性的判断，其真实性已经得到了检验。总之，历史学并不缺少研究方法。上述历史研究方法在辩证唯物主义方法的基础上，与一般科学方法相互配合，可以用来分析各类历史现象和历史过程。

第三节 概念与范畴在历史研究中的作用

3.1 概念——科学知识的表现形式

概念（понятие）是一种思维形式，它完整、概括地揭示了研究对象在现实世界中所具有的本质特征。① 恩格斯曾指出，像"物质""运动"这类概念"无非是简称，我们就用这种简称，把许多不同的、可以从感觉上感知的事物，依照其共同的属性把握住"。② 辩证唯物主义认为，概念的基础是形成于有目的性的实践认识过程并能为意识所反映的客观实在。恩格斯曾强调说，概念是将在认识过程中累积的"经验概括起来的结论"。③ 唯心主义则仅仅认为概念来源于思维，将概念看作完全的主观结构。

概念可以形成于人类的实践—经验活动，还可以形成于科学认知活动。在前一种情况下，概念划分出现实世界中客体的显著特征，并通过定义（释义）对这种特征进一步强化。科学概念反映了客体的本质特征，揭示了其内在性质的规定性，并最终以科学术语的形式表达出来。

术语（термин）是对概念口头的、自然语言的表达。术语或者是某些单个的词语，或者是特定的词组。如果术语尚未确定，那么概念的内涵可

---

① 关于概念和范畴，相关著述颇多，可参见 Войшвилло Е. К. Понятие. М., 1967；Горский Д. П. Определение：(Логико - методологические проблемы). М., 1974；Карпович В. Н. Термины в структуре теории. Новосибирск, 1978；Смоленский Н. И. Историческая действительность и историческое понятие // Вопросы истории. 1979. № 2；Петров В. В. Семантика научных терминов. Новосибирск, 1982；Готт В. С., Семенюк Э. П., Урсул А. Д. Категории современной науки. М., 1984；Карабанов Н. В. Проблемы развития социальных понятий. М., 1985；等等。

② Маркс К., Энгельс Ф. Соч. 2 - е изд. Т. 20. С. 550.

③ Маркс К., Энгельс Ф. Соч. 2 - е изд. Т. 20. С. 14. 对于概念的客观性，列宁在著作中也有所强调，参见 Ленин В. И. Полн. собр. соч. Т. 29. С. 190。

以通过描述性语言表达出来。

　　形成科学概念是一个很复杂的过程，事关认知主体感知与思维之间的作用和影响。笔者将在下文详细分析这一过程的内在机制，在此不做展开。不过，概念是有别于在感性知觉（真实直观）阶段形成的感性认识（чувственное представление）与形象。这一区别在于，"通过感性的形式，对象被主体感知为一个单一的实体；而借助思维的形式……则会产生体现在一般事物中的反映、概念和认识"。① 因此，概念不是感性的、形象的，而是对客观实在合理的、综合性的反映。概念是科学认知的表达形式，概念中蕴含着大量科学认知成果。还应当指出，概念与判断（суждение）之间也存在差异，尽管判断也是认知的一种形式。判断既能够反映客体中本质的事物，也能够反映客体中非本质的事物；而有别于判断，概念只能反映客体最为本质的特征，只能提供对客体全面的认识；同时，概念也是一种比较高级的科学思维形式。

　　每个概念都具有内涵（содержание）与外延（объем）。概念的内涵指的是客体的本质特征，而概念的外延则是一系列具有概念内涵的特点的客体的集合。概念的内涵与外延处于对立关系之中：概念的内涵越大，其外延就越小，反之亦然。例如，在资本主义时代，"工厂主"这一概念的内涵具有下列特征："工业企业的私有者"或"使用机器生产方式、采用剥削制度、长期雇用工人劳动的生产者"。针对这样的内涵，"工厂主"概念外延的范围便由具备上述特征的工厂主的总人数决定。与之相比，"纺织厂工厂主"这一概念的内涵更为广泛，因为"纺织厂工厂主"相对于前者，其特征多出了"纺织工业企业的占有者"。但是，"纺织厂工厂主"的人数却少于"工厂主"的人数，也就是说，"纺织厂工厂主"概念的外延要少于"工厂主"概念的外延。概念的外延归根结底是由其内涵决定的，所以，在科学认知中，研究对象所固有的本质特征一定要充分包含在概念的内涵里。

　　每一门学科都拥有本学科的概念体系。任何一门学科的概念体系也都随

---

① Вахтомин Н. К. Генезис научного знания. М.，1973. С. 107.

着学科的发展而不断丰富，旧概念的内涵不断扩展，新概念以及表达新概念内涵的术语不断涌现。列宁指出："人的概念不是不动的，而是永恒运动的，相互过渡的，往返流动的；否则，它们就不能反映活生生的生活。"①

根据概念的内涵、外延，对现实反映形式等角度，我们可以对任意一门学科的概念进行分类。这样的分类，无论是对于使用概念，还是对于揭示各概念之间的关系来说都是必要的。概念可能是个别的，也可以是一般的，具体取决于它们所反映的客体的数量。例如，描述社会思潮中某一位代表的社会观、政治观的概念，是个别概念（единичное понятие），而揭示社会思潮中整种思想倾向的全部观点的概念，则是一般概念（общее понятие）。

对概念的种类和形态进行判断、区别同样具有重要意义。根据概念形态的特征（内涵），我们划分出了概念的种类。除此之外，概念的形态还可以补充同类概念的内涵。所以，在描述、说明任何一种形态的客体的特征时，都不应将目光局限在同一种类的客体上，应当对同一形态内的每一个客体都有所关注。

在使用某一概念时，还必须考虑到对立概念（противоположное или контрарное понятие）的情况。对立概念的特点在于不相容性。由此，我们能够得出如下的逻辑结论：在同一时间、同一种关系、同一类客体或现象的一组对立概念中，双方不可能全部为真。在上述条件下，对立概念中只要有一个概念为真，则意味着另一个概念为假。所以，我们不应该认为某种历史现象既进步又反动，既推动发展又阻碍进步。比如，不可能存在某种经济形态既在封建制度的基础上得到了发展，同时又在资本主义生产关系的基础上获得了进步。

最具本质区别的概念，当数具体概念（конкретное понятие）和抽象概念（абстрактное понятие）。具体概念通过客观现实来表征真实的客体，而抽象概念则通过从客体本身抽象出来的形式反映客体的属性。抽象概念主

---

① Ленин В. И. Полн. собр. соч. Т. 29. С. 226–227.

要应用在科学理论当中。

使用科学概念也是一件复杂的事，这主要是因为有的术语功能多样，有的术语本身界定不清。之所以会造成这种现象，有三个原因，一来因为科学术语、科学概念极为严谨，二来因为这些概念、术语提炼得不够充分，三来是自然语言的本质特点所导致的——自然语言天然具有词语语义多变的特点。科学概念的复杂性主要体现在人文社会科学之中，因为在这些学科里，"从语义的角度来看，科学术语和日常用语之间的界限并不明晰。在这一点上，人文社会科学同绝大多数的自然科学截然不同"。①

如此一来，每一门学科都面临着一项重要任务，那就是完善、发展本学科的概念系统，使之成为列宁笔下"经过琢磨的、整理过的、灵活的、能动的、相对的、相互联系的、在对立中统一的（事物——译者注），这样才能把握世界"。②

3.2 范畴在科学中的作用

除了概念之外，范畴也是一种科学认知的表达形式。范畴（категория）是一个广义的、极具概括意义的概念，它反映了现实世界一定数量的客体最为本质的属性、特征和联系，是获取科学知识的重要手段。马克思写道："范畴，大家知道，是整个内容的典型的灵魂。"③ 范畴是一个种类概念，并且从这方面看，它是一种最具概括性的认识。如果说概念描述的是单个客体或同种客体的种类，那么范畴则反映了某一种类内部全体客体最为本质的属性。至于范畴的限度、范畴的内涵是不可能通过某些更为宽泛的定义来准确地复述的（在这一点上，范畴和概念是相同的）。作为种类概念的范畴，其表达的内涵包含在形态概念里，而形态概念的内涵却远比种类概念的内涵多得多。

---

① Петров В. В. Указ. соч. С. 114.
② Ленин В. И. Полн. собр. соч. Т. 29. С. 131.
③ Маркс К., Энгельс Ф. Соч. 2-е изд. Т. 1. С. 55.

范畴的类型和层次也是多种多样的，它们的区别在于各自内涵与外延一致性的程度。最高层次的范畴是哲学范畴（философская категория），①其中包含有诸如物质、运动、空间、时间、反映、质、量、度、飞跃、否定、对立、矛盾、局部、整体、内容、形式、本质、现象、原因、结果、可能、现实、必然、偶然、个别、特殊、一般等极具概括性的概念。哲学范畴反映了客观实在最为本质的特点以及思维与存在、主体和客体的关系问题。

如果将哲学范畴继续细分，我们可以得到辩证法范畴（категория диалектики）。辩证法范畴在科学认知方法论中起着主导作用。这就是尽人皆知的所谓辩证法"对子"，如内容与形式、本质与现象、量与质、整体与局部、必然与偶然、可能与现实、原因与结果、对立与统一等。

社会哲学范畴（социально-философская категория）是哲学范畴中的特殊类别。社会哲学范畴即历史唯物主义范畴，包括社会经济形态、生产力、生产关系、经济基础、上层建筑、阶级对立等。

同哲学范畴一样，每一门学科具有属于自己的范畴体系。这类范畴被称作个别科学范畴（частнонаучная категория），它们以最具概括性的形式，体现了各自学科中客观实在的属性。对于整个历史学学科来说，最为普遍的范畴就是历史唯物主义的范畴（категория исторического материализма）。历史唯物主义，在具有哲学、社会学功能的同时，同时也是一种普遍性的史学理论。

除此之外还有一般科学范畴（общенаучная категория）。② 一般科学范畴指的是类似于系统、元素、结构、功能、信息、熵、概率、模型、算法一类的范畴。绝大多数的一般科学范畴之所以能够产生，都与现代科学的进步，新兴科学领域（如控制论、信息学、符号学、管理学、预测学、鉴定学等）的出现有关。而且，大部分的一般科学范畴都具有综合性。因此，一般科学范畴似乎处在个别科学和哲学范畴中间的位置上。由于一般科学

---

① 详见 Готт В. С.，Семенюк Э. П.，Урсул А. Д. Указ. соч. С. 74 等处。
② 参见 Готт В. С.，Семенюк Э. П.，Урсул А. Д. Указ. соч. Гл. Ⅲ。

范畴往往是从个别科学范畴中发展而来的，所以一般科学范畴能够涵盖客观实在的方方面面以及人们对客观实在的认知过程。正因为如此，一般科学范畴便具备了普遍性的特殊地位。但是，一般科学范畴的普遍性有别于哲学范畴的普遍性。哲学范畴的普遍性是绝对的、全面的，它们是一切科学认知以及人类思维整体所必然具备的组成部分；但一般科学范畴却并非如此。不过，对于"一般科学范畴将越发趋近于哲学范畴（主要是唯物辩证法范畴），越发与哲学范畴趋同、融合"的观点，我们基本上对此表示赞同，因为唯物辩证法是认识客观世界的普遍逻辑和根本方法。①

一般科学范畴在现代科学认知中发挥着重要作用。随着科学的不断发展，一般科学范畴所发挥的作用也是不可限量的。因此，有必要将其列入历史学的概念、范畴当中去。

范畴对于科学认知的意义在于，从一方面讲，它们是对世界的概括性认知；而从另一方面讲，它们又是进一步认识世界的基础。列宁指出："范畴是区分过程中的梯级，即认识世界的过程中的梯级，是帮助我们认识和掌握自然现象②之网的网上纽结。"③

新认识的产生是一个认知主体与认知客体相互作用的复杂过程，是主观与客观、感性与理性的有机统一。新认识产生的中心环节在于主客观的综合（синтез）。这种综合无论是在感性认识阶段，还是在抽象思维阶段，都必不可少。在感性认识阶段，主客观的综合基于的是早已存在的、关于客观实在的概念；而在抽象的理性思维阶段，综合所依据的则是范畴，也就是说，依据的是一种关于客观实在的、已经存在的认识。④

总之，在感性认识阶段，在认知过程中被注意到的并不仅仅是认知主体的感性，还有认识主体在认知活动和实践活动中形成的经验（通过概念

---

① 参见 Готт В. С., Семенюк Э. П., Урсул А. Д. Указ. соч. Гл. III.
② 即客观实在。——作者注
③ Ленин В. И. Полн. собр. соч. Т. 29. С. 85.
④ 详见 Вахтомин Н. К. Указ. соч. Гл. III.

体系表达出来)。①

但是，对客观实在的感性认识并不等于科学认知，这是因为感性认识具有多样性，而这种多样性恰恰制约了我们对认知客体的认识与认知客体的内在本质相统一。但尽管如此，感性认识是获得科学认知的基础。想要获得科学认知，就要在范畴的基础上，对感性信息进行综合。具体方法便是将感性信息纳入范畴之中。也正是因为如此，我们能够在认知客体中体会到凭借感性认识无法认识到的事物——认知客体认识与本质的统一。因此，"范畴综合（категориальный синтез）就是一种具体的思维机制，借助这一机制，我们可以将感性信息转化为认识"。② 范畴综合的结果是形成了概念以及反映了认知客体内在本质的科学认知。

随着新获得的认识被纳入现有认识体系，认识体系不断得到丰富，这又使现有的范畴也越发准确、深入。当尚未被纳入现有范畴系统的概念出现后，新的范畴便就此产生。

总之，概念与范畴的问题并不像有时人们所认为的那样，仅仅事关科学认知和科学术语的表达形式。这一问题更关乎获得新的科学认知的内在机制，是一个极为根本性的问题。

3.3 概念与范畴的使用条件

目前，概念与范畴的问题在史学界还没有得到足够的重视。史学界对这一问题的漠然通过下列现状便可见一斑：对这一问题的专题研究基本没有，关于概念或术语的词典、手册少得可怜。历史学家想要掌握、熟练运用历史学的概念、范畴，基本主要靠自己的亲身实践。但是，这种实践往往是直观的、自发性的，自然经常会导致历史学家在使用、解释概念时出现失误。

在这种情况下，概念的内涵与外延往往无法得到清晰、明确的阐释，

---

① 参见 Колеватов В. А. Социальная память и познание М., 1984。
② Вахтомин Н. К. Указ. соч. С. 108–109.

或者某一概念直接被赋予了其他内涵。我们以俄国封建主义时代农民斗争的"自发性"为例。对于农民斗争"自发性"的概念，某些苏联历史学家将其理解为"农民斗争的地区性、分散性、无组织性"。为了考察这种理解是否合理，我们从农民斗争组织程度入手进行分析。通过研究博洛特尼科夫、斯捷潘·拉辛、普加乔夫①领导的农民战争，我们得出结论：早在封建主义时代，俄国农民斗争的这种"自发性"就已明显消除。

还有一些学者将"自发性"理解为"农民斗争的不自觉性"。他们认为，这种"不自觉性"首先体现在农民对沙皇抱有幻想。对此，我们可以肯定地说，这种现象不只存在于封建主义时代，甚至直到20世纪初，农民斗争仍然具有"自发性"。

围绕农民斗争自发性问题的争论之所以经年累月却毫无结果，恰恰是因为争论的双方对"自发性"概念内涵的理解不同。列宁指出，"如果要进行讨论，就必须把概念弄清楚"，② 否则将无法取得建设性的成果。

我们发现，往昔的争论并没有将农民"自发性"的问题置于广义的哲学的视角内。事实上，从哲学的角度看，这一问题可以得到令人信服的解释。③ 事实证明，"自发性"的反命题是"自觉性"，而不是"组织性"（虽然在自发性和自觉性中都含有组织性，只不过程度不同）。接下来，任何一种群众运动，其本质固有的自发性和自觉性都处在对立统一之中。自发性和自觉性的对立性是显而易见的，学者们在研究农民阶级（以及工人阶级）阶级斗争的性质时已经对此反复申明了；对于二者的统一性，学界却一直关注较少。二者的统一性就在于，随着阶级斗争的不断发展，自发性会转变为自觉性，并且自觉性总是与自发性的某些表现形式脱不开关系。历史学家所担负的任务，就在于具体地、历史地揭示阶级斗争自发性与自觉性之间的相关关系，而不是将其中的某一个方面绝对化。

---

① 三人均系俄国农民运动领袖。——译者注
② Ленин В. И. Полн. собр. соч. Т. 30. С. 93.
③ 可参见 Бугреев А. Н. Диалектика стихийности и сознательности в общественном развитии. М., 1982.

在正确地、如实地揭示历史概念内涵的同时，完整地对概念的内涵做出定义同样非常重要。否则，在研究某些复杂而又充满矛盾的历史现象时，我们依旧有可能对其做出片面的解释，并引发无谓的争论。

我们不妨以历史学家对俄国民粹派运动以及民粹主义思想实质的评价为例。苏联史学界在对上述问题的研究过程中出现过两个极端：一种观点从民粹派主观唯心主义社会观的错误性出发，认为民粹派的主张（承认"资本主义的衰亡和倒退"，相信"对于社会力量而言，有可能越过资本主义阶段、意识形态、革命斗争，带动俄国沿着社会主义道路前进"）是完全错误的，甚至是反动的；另一种观点则恰恰相反，只强调民粹派的活动和主张中革命的、民主的那一面，最终导致对民粹派运动的评价过于片面，甚至在一定程度上过于美化。

民粹派的内在实质、实际主张、革命斗争既有正确的一面，又有错误的一面；既有进步的一面，又有落后的一面，正反两方面特征是有机的统一。对于这一点，在列宁之后，近年来的研究者们已经充分证明了。

想要正确地使用某一概念，就要清晰、明确地厘清种类概念（видовое понятие）和形态概念（родовое понятие）之间的界限，并充分顾及二者在内涵上的差别。不过，历史学家并不总是能够做到这一要求。这就导致，有时对于某个特别复杂的现象或过程来说，想要揭示其实质，可能要既要用到种类概念，又要用到形态概念，但人们总是试图用一个统一的概念来一并描述。

例如，随着社会劳动分工的不断深化，产生了商品生产，并形成了作为商品买卖、交换的场所的市场。但社会劳动分工最主要的结果，是形成了市场规律，这种规律可以调节买卖双方的关系，并反作用于生产。市场——这是一个种类概念，因为实际上，市场要么是简单商品市场，要么是资本主义商品市场，具体取决于该市场的运行受哪种商品生产规律（简单商品生产规律或资本主义商品生产规律）的调节；而简单商品市场和资本主义商品市场——则是一个形态概念。与此同时，还存在另一种观点，

"只存在一个市场，那就是统一的、民族的、资本主义市场"。① 这就曲解了市场的本质，把市场从一个种类概念毫无根据地归纳为了形态概念。可见，对于复杂的历史过程，其本质只有借助概念系统才能得到充分的考察。

使用概念时的另一个错误倾向，在于毫无根据地改变概念的内涵。比如，"工场手工业"是历史学中早已存在的一个种类概念。作为种类概念的工场手工业，其实质就是大工业生产，只不过在生产过程中伴随着手工劳动和劳动分工——这也是一切工场手工业共同具备的特点。至于各种类型的工场手工业，其实质可以通过形态概念来揭示：按照生产的组织形式划分，有集中式的工场手工业，也有分散式的工场手工业；按照阶级属性划分，有商人的工场手工业，有贵族的工场手工业，也有农奴的工场手工业；按照生产关系（社会本质）划分，有工厂主强迫工人进行强制劳动的工场手工业，也有工人自愿接受雇佣的工场手工业（这类一般来说属于资本主义类型的工场手工业）。但是有人认为，在按照社会本质对工场手工业进行分类时，分类依据不应该是工场手工业是否具有剥削性（究竟是强制劳动，还是雇佣劳动），而应该考察这些工场手工业是否创造了用于消费或交换的价值。也就是说，应该考察工场手工业是否为了市场进行生产。所以，有人据此认为，俄国一切形式的工场手工业"都是处在封建社会内部的资本主义社会经济成分"②——这就显然错误地将一个种类概念的内涵，偷换为了形态概念的内涵，并由此得出"俄国一切形式的工场手工业都是资本主义性质的工场手工业"的错误结论。

类似这样错误使用概念的例子还有很多。笔者举出的例子已足以说明，一旦错误使用概念，将会陷入哪些误区。总之，在使用概念的时候一定要慎之又慎。

除此之外，在历史研究中，对具体数据进行范畴综合同样极为重要。

---

① Буганов В. И., Преображенский А. А., Тихонов Ю. А. Эволюция феодализма в России. М., 1981. С. 223.

② Буганов В. И., Преображенский А. А., Тихонов Ю. А. Эволюция феодализма в России. М., 1981. С. 214–215.

第四章 历史研究方法

对于这一问题笔者将在下文进行专门论述，在此仅稍作赘言：能否揭示出研究对象的本质，归根结底取决于范畴的内涵（这又仰赖对数据的综合）。所以，关键在于对范畴做出妥当的、有根据的选择。而能否做出这种选择，又受制于多重因素。

首先就是历史认知的理论、方法论的性质。历史认识论、历史认知方法论是历史学家进行研究的起点。我们不妨假设：农民不接受对地主的封建依附关系。为揭示这一现象的内在本质，资产阶级史学家会将这一问题归入封建法制的范畴。按照这个逻辑，由于封建主义法制完全站在维护统治阶级利益的立场上，所以农民对地主的反抗将被视为是对已经确立的准则的破坏，或者被解释为一种犯罪，但无论如何，都会被视为是社会的一种消极现象。

但在马克思主义历史学家看来，想要揭示这一问题的实质，就应当将其纳入阶级对抗的范畴。于是，农民对地主的不服从和反抗便被视为阶级斗争的一种，是具有进步意义的历史现象。

显然，对于同一个历史现象，两类历史学家揭示出的本质之所以会存在天壤之别，根本原因就在于二者的理论、方法论立场大相径庭。在历史学中，重大原则性的理论、方法论分歧首先体现在范畴综合上，双方会将一个个的具体数据"装进"各自在内涵上具有本质区别的范畴中。

但是，在将具体数据纳入范畴的过程中，历史学家所秉持的理论、方法论立场必须统一，否则任何解读都将毫无意义。那样的话，无论将问题纳入何种范畴，对问题实质的阐释都不会是平行的。当然，差别或许不会像上例中那样巨大，但也足以撼其根本。在此笔者再举一例。在揭示拉季舍夫的社会观、政治观的实质时，绝大多数的研究者都将其归入"贵族革命性"的范畴。他们的理由是：拉季舍夫的社会观、政治观的特点在于反农奴制、主张革命，但也不排除在一定条件下通过改革实现社会变革的可能性。不过，这些研究者认为拉季舍夫"进行人民革命"的号召仅是一种理论主张，而不是准备发动革命的实践宣言。

另外一些研究者试图从"革命民主主义"的范畴出发，以此来揭示拉季舍夫社会政治观点的实质所在。在他们的笔下，拉季舍夫变成了一个彻底的民主主义者和革命者，清楚地意识到了农奴阶级的利益。

可见，两种观点虽然都认为拉季舍夫的主张具有革命性，但对其主张本质的认识却有着不小的差异。我们不妨先假设前一种观点是有根据的。"贵族革命性"这个范畴，它反映了在俄国（以及其他国家）当时的条件下革命性最本质的特征。贵族革命性的基本特点，就在于在资产阶级还在萌芽状态的条件下，贵族阶级作为当时最进步的阶级，其中的某些代表认为自己的历史任务在于对现有的社会制度进行根本变革——这也导致"贵族革命性"天生带有一定的局限性。至于表达了农奴阶级利益的革命民主主义思想，则是后来才产生的现象。所以，借助"革命民主主义"的范畴来评价拉季舍夫的社会观、政治观，本质上是站不住脚的，可以说毫无根据可言。

总之，需要强调的是，不同的历史学家（此处指的是马克思主义历史学家）在借助范畴综合揭示某一历史现象的实质时，出现差异是很正常的，甚至是规律性的、不可避免的。归根结底，这些分歧不过是认知过程中主体积极性的一种表现形式而已。这种主体积极性，毫无疑问对认知而言是正面的，甚至是使认知得以顺利发展的一种保障（尽管会导致观点存在差异甚至争论、论战）。不过，正是由于不同观点的存在以及由此展开的争论，历史学家积极地研究所争论的问题，最终使分歧得到解决。列宁强调："没有讨论、争论和交锋，就不可能有包括工人运动在内的任何运动。"[①]因此，争论和论战是科学研究得以成功发展的重要且必需的手段。[②]

3.4 争论和论战在科学认知中的作用

当然，为了能够推动科学发展，我们在进行争论和论战时，应当遵守一定的要求。

[①] Ленин В. И. Полн. собр. соч. Т. 24. С. 166.

[②] 参见 Соколов А. Н. Проблемы научной дискуссии: Логико-гносеологический анализ. М., 1980; Прошунин Н. Что такое полемика? М., 1985.

首先，一切争论和论战都应当致力于追寻真理、深化认识，并积极寻找实现这一目标的原则、方法和途径，这样才不会导致争论的双方只是简单地捍卫先前提出的观点而已。这也要求参与争论的双方深化对一些固有问题的理论、方法论认识，全面结合新发现的历史信息，而不是简单地反复重复先前的观点，举出一些零散的例子而已。

其次，争论的中心议题应当是一些最为本质的分歧，不可纠结于细枝末节。列宁指出："只有弄清楚分歧究竟在哪里，分歧的程度有多深，是实质上的分歧还是枝节问题上的分歧，这些分歧是不是妨碍全党共同工作，争论才是有益的。"① 为此，需要明确双方所使用的概念的内涵。

此外，还要正确地认识对方所持观点的实质、基本论据，充分发挥己方论据的价值。有时，某些人仅用一些"没有多少说服力""无法令人信服"的论据，就来反驳他人的观点，这是完全不正确的。列宁对此的意见是："要批评一个有名的作者，要答复他，就不能不完整地引用他的文章的论点，哪怕是几个最主要的论点。"② 与之相对的，仅根据其他学者的只言片语，便加入与自己观点完全相左的学者的阵营中为他辩护，这同样是一种不正确的行为。

只有当论战中充满积极的、具有建设性的观点，且论战的双方公开讨论彼此的分歧时，这样的论战才是最卓有成效的。只有在论战当中，新观点的优势才能被令人信服地阐释出来。列宁对此曾指出："新的观点只有通过论战才能发挥出来。"③ 恩格斯也曾经写道，杜林的批判"使我在这本书所涉及到的各种极其不同的领域中，有可能正面地发挥我对争论问题的见解，这些问题在现时具有较为普遍的、科学的或实践的意义"。④

最后，任何一种论战和争论，在形式上都应当是正确的。

谈及论战在科学中的地位，我们还应该注意到，马克思主义历史学家

---

① Ленин В. И. Полн. собр. соч. Т. 4. С. 215.
② Ленин В. И. Полн. собр. соч. Т. 30. С. 113.
③ Ленин В. И. Полн. собр. соч. Т. 22. С. 66.
④ Маркс К., Энгельс Ф. Соч. 2-е изд. Т. 20. С. 6.

对资产阶级史家、小资产阶级史家和修正主义史家的批判，对历史学的发展起到了重要作用。马克思主义历史学家不仅仅指出了他们在所持理论、具体结论方面存在的错误，更揭示了：任何非马克思主义史学理论、史学方法论都是站不住脚的。当然，这也并不意味着，我们同上述史家之间就只有争论，我们还应当尽量尝试创造性地利用资产阶级史家、小资产阶级史家和修正主义史家的研究成果，充分吸收他们在发掘史料、积累史料、评价史料（主要是大规模数据）上所取得的成就，以及在提炼历史研究方法方面所取得的经验。

　　可见，概念和范畴不仅是科学认知的表现形式，而且是使科学认知不断得到积累的方法，还是获取新认识的必要手段。二者在科学研究中发挥着重要作用。

第五章
历史研究的结构与层次

一切科学研究都是系统的过程。对于历史研究而言,历史学家需要进行的全部研究过程主要包括以下几个阶段:选择研究对象、设定研究任务——搜集史料、选择研究方法——重构史实、对史实进行经验认识——解释史实、对史实进行理论认识——讨论结论的真实性和意义并对其进行评价。各个研究阶段应当始终如一地紧密联系在一起。除此之外,作为一个完整的研究过程,需要有适宜的研究方法贯穿始终。鉴于此,笔者将通过对历史研究的逻辑结构进行详细探讨,划分出研究过程内部的各个阶段。[①] 当然,笔者在此所探讨的,仅仅是其中的一些基本问题,因为我们并非要对历史研究的整个过程一一进行研究,而是探讨其中最重要的部分——历史研究方法。

第一节 设定研究任务

1.1 科学问题及其现实性

历史研究与任何其他门类的科学研究一样,有着其自身的研究对象。

---

① 参见 Грушин Б. А. Логика исторического исследования. М., 1961; Герасимов И. Г. Научное исследование. М., 1972; Он, же. Структура научного исследования:(Философский анализ познавательной деятельности). М., 1985。

历史研究方法

历史学的研究对象是客观历史现实的一部分，会呈现出各不相同的时空形式。并且从历史现实的规模上看，历史学的研究对象从单个事件到复杂的社会系统、社会过程不一而足，并且彼此之间还可能存在很大的差异。

客观历史现实具有许多固有属性和联系，它的多样性无法通过个别研究得以揭示，即使通过一系列研究，也无法将这种多样性反映出来。因此在任何一项研究当中，我们不仅需要选择认知客体（研究对象），还要有意识地设定或在研究过程中暗自贯穿旨在解决某一具体科学问题的研究任务。科学问题（научная проблема）[①]是指在科学认知过程中出现的问题，它可以是单个的，也可以是一系列问题的集合。科学问题的解决方案具有实践或科学认知方面的价值。真正的科学问题、客观出现的问题和具有重大意义的问题应当同伪命题（лжепроблема）区分开来。伪命题，即人为提出的问题，不具有科学和现实意义。科学问题以问题的形式突出了认知客体中未知的部分，这些问题构成了设定研究任务（исследовательская задача）的基础。研究任务不仅揭示了要研究的现实现象的范围，而且还确定了研究的方面和目标（因为研究的方面和目标可以是多种多样的）。当然，即使已经设定好了研究任务，历史学家仍不应拒绝"漫无目的"式的搜索，因为那可能会产生某些非常重要的结果，甚至是意想不到的发现。

在选择研究对象并制定研究任务时，历史学家必须首先考虑到当前的实际需求，其次要注意研究对象的研究状态，了解当前的研究程度。无论是研究对象，还是研究任务，都应当能够引起当前的实践和科学认知的兴趣。

为了满足社会的需求，历史学家还必须充分了解各种时间各异、内涵不一的历史知识的现状以及他们对当下所提出的要求，并对纷繁复杂的历史知识做出解释；除此之外，他们还必须能够证明，历史研究的成果可以转化为公共实践——这一点是历史学的社会功能所要求的。

[①] 参见 Берков В. Ф. Научная проблема. Минск, 1979; Карпович В. Н. Проблема. Гипотеза. Закон. Новосибирск, 1980。

在当代苏联,历史学家应特别关注以下两个问题。首先,人的因素(及其各种外在表现形式)在促进社会进步中所起到的作用。历史学家在揭示社会历史发展的内在条件和规律的同时,必须加强对人的因素——这一社会历史发展的主观因素的关注,要注重分析社会历史发展的主观因素及其与各种客观因素的相互作用,并归纳二者的互动机制。其次,对过去的研究应当对当前发展的方向、方法有所裨益,并有助于预测未来的发展进程。历史已经为我们展现了各式各样的经典范例,但可惜的是,这些范例不仅没有得到有效利用,甚至往往还没有被正确理解。通过研究"过去的现在",预测接下来可能会出现的"过去的未来",历史学家可以将这些预测与实际的发展过程进行比较,并在此基础上归纳出有效的原则、观点和方法以指导未来。这项任务历史学家应与来自其他学科的专家学者(如经济学家、社会学家、数学家等)共同完成。

综上,很显然,历史研究实际意义的大小并不取决于它与研究对象在时间上多么接近。当然,如果研究对象去今不远,对于解决当前的发展问题而言,其实际意义将会更大,这是很自然的事情。不过,这也只是泛泛而言。通常,只有对过去发生的事情具有广泛、全面而深刻的认识,历史学才能充分满足当前的需求。

想要对历史研究的对象进行充分、有根据的选择,特别是要设置研究任务、选择研究方法时,历史学家必须先关注学界对自己要研究的历史现象及历史过程的研究程度。同其他任何一种基于马克思主义的科学认知理论、方法论一样,历史认知是连绵不绝、不断向前发展的。只有在充分考虑自身先前所走过的历程以及往昔所取得的成果的基础上,历史认知方可继续延续。我们知道,在历史学中,作为一个专门学科的历史编纂学(историография),研究的就是这个问题。历史编纂学之所以能够产生,恰恰是因为对过往研究的回顾对当前的历史研究具有重要作用。

1.2 研究任务的历史编纂学依据

术语"历史编纂学"在不同的语境下有着不同含义。通常,就历史学而言，它指的是关于社会历史发展的一系列科学论著。从这个意义上讲，历史编纂学可以关于中世纪史、近代史、祖国史①，也可以关于十二月党人运动、1861年俄国农奴制改革等等。也就是说，长期以来就某一主题所形成的全部历史研究成果，都属于历史编纂学的范畴。还有一种观点认为，历史编纂学和研究的主题无关，指的是在特定历史时期内创作出的全部历史研究成果（如复辟时期的法国历史编纂学、帝俄时期的历史编纂学、伟大的卫国战争时期的历史编纂学等等）。

此外，由于历史研究浩瀚无边，历史学自身也可以成为历史研究的研究对象。所以，也有人认为历史编纂学和史学史（история исторической науки）是同等的概念。

史学史研究存在两个视角。第一，史学史是指某一个特定国家（或多个国家）在其整个历史发展进程或某一特定的历史阶段内的历史学的总体发展状况。它主要研究的是历史学发展的规律、特征、主要阶段、方向，历史学固有的理论、方法论基础、具体的历史概念，探究影响历史学发展的社会条件以及历史学对社会生活的影响等问题。第二个视角则侧重于研究一个个孤立的历史问题的研究史，也就是说，注重对社会历史发展中存在的各种现象进行全面的、综合的历史分析。在马克思主义和资产阶级意识形态之间尖锐斗争的背景下（历史学领域同样如此），那些通过历史事实（特别是我国②的历史事实），对非马克思主义的史学研究进行批判的历史著作，日益成为马克思主义历史编纂学研究的一个特殊方向。

如果研究史学史的历史著作（及其各种变体）自身也成为研究对象，那么我们可以将其称为"历史编纂学的历史编纂学"（историография историографии）。

总之，在历史研究的实践中，"历史编纂学"一词是一个形态概念，其中包含了各个种类。为了避免各个种类在使用上出现混淆，我们建议对每

---

① 当前俄罗斯学者一般认为，"祖国史"指的是"自古以来的俄国史"。但在这里，作者所指代的显然是"苏联史"。——译者注
② 指苏联。——译者注

个种类都用一个特定的术语来指定。有朝一日,笔者的呼吁或许能够实现。但与此同时,还存在另一种趋势,即无论是从总体上,还是对于某些具体的历史问题,都有人用"历史编纂学"来代指"史学史"。针对这种情况,对于那些成书于某个时代或论述某个特定时期或历史事件的著作,我们最好将其称为"某某时代的历史学著作"或"关于某某历史时期或某某历史事件的著作",而不是将其称为"历史编纂学"。

＊＊＊

之所以要寻找研究任务的历史编纂学依据,目的在于明确学术界对研究对象的研究阶段、研究程度、研究方向、研究的理论方法论路径、研究的史料——信息基础,以及通过考察以往的研究成果,充分了解所研究的历史现象对历史研究的学术意义,并总结、获取以往研究的历史研究方法。在此基础上,我们便可以明确,在纷繁复杂的历史现实中,还有哪些历史现象尚未得到充分解释,还有哪些历史现象甚至至今无人研究。我们所提出的研究任务,就应当专注于研究这些问题——毕竟提出研究任务的目的,就是获得关于研究对象的全新理解。

寻找研究任务的历史编纂学依据,对于任何一项历史研究而言都是极为重要的。若想成功解决其中可能出现的问题,必须坚持历史学的三个原则:历史主义原则(историзм)、党性原则(партийность)和客观性原则(объективность)。当然,在历史研究中,这些原则各有自身的特征,并且每个原则都能引出一系列专门的方法论问题。

比如,该如何将历史性划分为若干具有显著区别的方向,以便对历史现实(以及一切过去的事物)进行研究?最基础的划分依据,应该是历史学家的社会、阶级立场,因为正是这些立场,决定了历史学家选择什么样的研究任务以及研究的客观程度。不过,即使历史学家的社会、阶级立场相同,他们的研究依然有可能在科学客观程度以及具体的历史概念上存在差异,这主要是因为原则所基于的世界观、方法论前提是不同的。资产阶

历史研究方法

级史学的历史观在世界观上既基于唯心主义，又基于庸俗唯物主义和多元论；至于方法论，则主要是主观主义、客观主义和相对主义。并且，尽管在客观上，资产阶级史学的方法论较为丰富，但其内涵仍未超越单一资产阶级的阶级本质。

总之，历史学的方向应该根据党性、阶级性来区分，历史学的内涵则应诉诸历史认知的理论和方法论。无论是整个历史学的发展，还是对个别历史现象或历史过程的研究，其主要阶段的特点都是由特定历史时期内历史发展方向的合力决定的。历史发展的方向发生了重大变化（例如领导力量的变化），通常意味着历史进程从一个阶段过渡到了另一个阶段。

在苏联的历史研究中，同样存在对某一历史现象或历史过程的研究"从某一个阶段过渡到了另一个阶段"的情况。不过，在20世纪30年代中期，随着马克思主义的理论、方法论确立了在苏联史学界中的指导地位，这一研究阶段并不像某些资产阶级历史学家有时试图描绘的那样，在意识形态、阶级取向以及理论、方法论上和从前相比有什么不同，前后的区别主要体现在历史学发展中的分化与整合的比例、史料基础和研究方法的特点，特别是这些研究在理论、方法论，以及在具体科学层面及一般科学层面上的差异。

历史编纂学很重要的一个任务在于评价某些学者或学派所取得的研究成果。当然，这种评价需要务求客观，必须符合历史事实。客观性原则要求我们消除任何主观倾向，跳出虚无主义和保守主义的窠臼，对固有成果不得夸大或贬低。历史主义有义务评判历史学家（乃至一切学者）的学术贡献；并且，评价所依据的不是他们与当代的研究者相比，没有做到哪些地方，而是将这些学者与他们之前的研究者相比，考察他们提供了哪些新事物。[1] 在评价这些新事物时，必须认真考察上述学者研究方法的性质、研究的事实依据，使用的理论、方法论，他们取得的新成果、研究的新颖之处及其对完成既定的研究任务甚至对历史研究整体发挥哪些作用，以及该

---

① 参见 Ленин В. И. Полн. собр. соч. Т. 2. С. 178。

研究对社会实践的意义。

总的来说，从历史编纂学的角度分析研究对象，使我们能够了解研究对象的研究程度，明确其中还存在哪些尚未解决或有争议的问题，从而确定研究空间，进而明确该选用怎样的研究方法等——在此基础上方可提出我们的研究任务。

***

在提出研究任务时，应尽力规避那些前人已经做出明显成绩的领域，尽量避免直接驳斥前人的结论，否则便可能得出不适宜的结论，甚至走入歧途。无论是提出某一主张，还是对固有观点做出批驳，都应该建立在全新的研究基础之上。

如果我们希望自己的研究能够在沿着固有的研究观点，使用既有的研究方法继续耕耘之余，还可以填补现有的研究空白，或者取得某些有实质性进展的新成果，那么就应当注重利用新史料，或者从常规史料中提取出新的信息，或者使用新的研究方法——当然，这绝不意味着以往研究中所使用过的史料、研究观点、研究方法已不足为据。除此之外，一旦研究涉及某些大规模的历史现象或历史过程，那么该研究则需要多方集体协作，并且参与研究的专家学者的研究观点和研究方法必须相互一致。因为只有这样，才能得出彼此协调、互不抵牾的结论。集体研究既拓展了研究的广度，又没有消解研究的深度，因此无疑是一种至关重要的研究途径。

总之，对于设置研究任务而言，比较理想的效果是：该研究任务不仅能够对研究对象的前期研究成果进行简单总结，并且能对这些成果进行深入的理论分析，还能为日后的进一步研究提供可能的研究途径、研究方法。

以上便是若干关于选择研究对象、设置研究任务的具体方法论问题。

1.3 历史学研究的史料—信息基础

只有在掌握了包含研究对象相关信息的史料之后，才能完成历史学的研究任务。因此，历史研究中最关键的步骤，就在于获取研究的史料、信息基础。历史学家既可以使用常规史料，也可以利用新史料。当然，发现新史料（特别通过档案文献）需要一定的知识和技巧。历史学家不仅需要了解自身研究所需要的信息在历史时期内积累、储存的情况，还需要了解这些信息目前在档案馆、图书馆的收藏情况。对于上述问题，考古学（археография）、档案学（архивоведение）、文献学（документалистика）等历史学的辅助学科也在研究。

与历史编纂学一样，史料学也是一门独立的历史学科。史料学旨在研究如何遴选史料，如何甄别辨伪，以及处理、分析史料中所包含的信息。历史学家在处理史料方面已经积累了相当丰富的经验，在史料学研究领域，也有大量或专业性或概括性的著作存世。因此，对于那些与史料问题无关的内容笔者在此不予展开，仅就其中某些特别重要的具体方法论问题展开论述。

想要做到对史料进行挖掘、甄别和分析，应先保证史料在数量和性质上的代表性，否则将无法实现预定的研究目标。所谓"数量和性质上的代表性"，并不仅仅在于（甚至通常不在于）史料的数量，而主要在于史料所能提供的信息价值。因此，尽管很多研究援引了尽可能多的史料，但实际上非但并未得出什么有价值的结论，这些史料反而阻碍了研究，使研究淹没在与研究目标完全无关的茫茫材料之中。但与此同时，确定研究所需要的最佳信息容量，一般来说是一件极为困难的事。在历史研究中，史料中通常会不可避免地包含各种冗余信息。不过，这也并非百害无利，在未来，我们恰恰可以利用这些信息，总结、提炼出新的研究方法，制定出新的研究任务——只要这些信息没有使当前的研究目标复杂化。总之，我们必须充分选取那些具有足够性质代表性（качественная представительность）的史料。

在对研究对象的分析中，史料的性质代表性是强是弱低，一目了然。史料性质代表性的强弱，取决于史料在多大程度上反映出研究对象内在的特征、属性和联系。在实践中，史料的性质代表性会受到多种因素的影响。

第五章 历史研究的结构与层次

首先，正如上文已经指出的那样，我们很难确定研究所需要的信息容量，甚至连直接确定哪些信息能够表明研究对象的固有属性都绝非易事。所研究的历史现象或历史过程越复杂，这一信息就越难以确定。如果研究对象恰好处于某一状态的形成阶段，或者处于由某一种状态向另一种状态过渡的阶段时，情况会更加棘手。在这种情况下，历史学家往往只能将研究对象同以往较高水平的研究进行对比，否则将无法获取研究所必需的信息。也就是说，只有当已经掌握的知识属于具体理论知识，并且能够揭示出历史事实运行、发展的规律之后，我们才能断定，这些知识是进行研究所必需的信息。

其次，想要预先确定社会系统中究竟有哪些要素和属性可能在发挥着作用——这项工作更为困难，这也使得我们很难对那些隐藏在分析中的信息进行筛选。

最后，史料中可能并不包含完成研究任务所必需的直接信息。

对于前两种情况，我们可以通过增加用于分析的史料数量来解决。由于史料中包含着大量信息，我们可以有选择性地分析其中的某几种信息。当使用包含大量信息的史料来研究大规模的历史现象或历史过程时，还可以酌情对材料进行初步的实验处理。

如果史料中不包含必要的直接信息，那么我们可以提取其中的隐藏信息，也就是说，要提高史料的信息利用率。但是，尽管从原则上讲，史料中包含着无限的隐藏信息，但这并不意味着这些信息适用于每一项研究。如果由于现有史料中的信息过于匮乏，或者由于提取隐藏信息的方法不够理想，最终无法获取足够具有代表性的信息，则应当对研究任务进行修正——毕竟一旦史料中的信息不具有代表性，便很容易得出错误的结论。

至于数据的数量代表性（количественная представительность），主要用来解决"如果大规模历史现象或历史过程的抽样数据仅包含研究对象的一部分信息，我们该如何处理"的问题。在定量关系中，该如何选取具有代表性的抽样数据？对此，笔者将在本书的第二部分进行讨论。如果史料中的可用信息在数量上无法胜任研究目标的要求，或者这些数据的代表性不足，那么显然，我们应当对研究目标进行适当调整，或者暂时搁置这一研究目标，直到获得所需的数据为止。

可见，一般而言，想要完成某一特定的研究任务，不仅需要具有代表性的史料和信息，研究任务本身也应当同史料紧密相连。这是一项最重要的研究方法，是任何历史研究都必须遵守的准则。

1.4 选择研究方法

按照历史研究的逻辑结构，在掌握了研究所需要的史料之后，下一个环节便是选择研究的方法。

成体系的研究方法在任何一项历史研究中都不可或缺。诚如笔者在上文所指出的那样，在设定研究任务之后，我们既需要明确的研究观点、研究方法，又需要对研究状况做出评价。

史料学家总结、提炼出了一整套史料处理方法，专门用于研究各类研究所需的史料，对史料进行甄别、辨伪，检验史料中信息的数量、性质代表性。离开了这些史料处理方法，我们将无法对史料进行系统整理；无法在经验认识的层次上，对史料中的信息进行系统的处理、分析；更遑论在理论认识的层次上，对历史事实做出解释。

显然，不同的研究方法，势必具有不同的特性，而这些的特性又取决于研究内容和目的的性质。也就是说，该选用何种研究方法，取决于研究本身的性质、研究目的和史料基础。所以，对于不同的科学问题，具体问题方法（或者说具体科学方法）是多样的。

尽管具体问题方法通常要么是各种一般科学方法的集合，要么建立在各类专门科学方法（在历史学领域，主要指一般历史方法）的基础上，但是，每种方法依旧具有性质上的规定性和完整性，并不是直接将某些一般科学方法拿来使用，或者是将某些一般科学方法相互组合那么简单。一般科学方法的可用性和有效性只有在具体科学方法中才能得到体现。只有通过这些具体科学方法，我们才能认识到认知客体之间的相互作用。不妨打个比方，一般科学方法和专门科学方法是两种在长期认知的过程中逐渐形成的研究方法，而各种具体问题方法，则是一般科学方法和专门科学方法内部的一个个"零件"。这些"零件"彼此相互衔接，组装成了科学知识的"机器"。

研究方法的目的，就在于能够实现某一具体的研究目标。因此，很明显，要检验某一研究方法是否起到了应有的作用，就看它是否表达出了应有的方法论观点及原则。对此应当特别注意以下几点。

在选择研究方法的时候，应当（在研究任务的框架之内）充分考虑研究对象的客观实际，考察其在内容上是否符合其固有特性及时空范围。显然，在研究经济现象和思想现象时，历史学家需要不同的研究观点和研究方法，因为前者的本质主要体现在决定某些经济现象运行和发展的一般规律上；而后者的本质则是由社会阶级性质所决定的。因此，对于经济现象，我们所使用的方法应当能尽量揭示出这些现象在一般情况下的表现；但对于思想现象来说，则应尽量避免在理想状态中进行研究，而是应当尽量展现其多样性。当然，无论是研究个体（个别）现象，还是群体现象，无论是这些现象处于静态还是动态，都应当采取不同的研究方法。

通过考察研究对象的特性，我们最先可以确定的是用哪些一般历史方法（общеисторический метод）可以完成研究任务。例如，假设我们的研究任务是揭示某一个体的政治社会观点的实质，那么在这种情况下，最有效的研究方法是历史起源法或历史比较法，或者将二者同时使用。又如，当我们需要研究农民破产或研究工人阶级的社会结构时，适当的方法是将历史类型法和历史系统方法结合使用。

此外，根据研究对象的特点及其研究程度，我们可以先使用某些一般科学方法进行研究，再使用一般历史方法进行研究。在这种情况下，我们必须先检验能否使用下面这一最有效的研究方法——从抽象上升到具体的方法。这种方法可以将研究对象从众多现象具化为单一个体，帮助我们了解研究对象的实质。想要使用这一方法，则应当要么将事物整体解构为一个一个的单一现象，要么消解单一现象的个体性，将事物整体理想化。如果事实证明，该方法确实可行，那么也可以进而使用演绎

历史研究方法

法、综合法和模拟方法（метод моделирования）；若不可行，则只能先使用从抽象上升到具体的方法和归纳分析方法（метод индуктивного анализа）。

除了研究对象的特性以及学界对该问题的研究程度之外，研究方法的选择在很大程度上还取决于该研究任务拥有怎样的史料、信息基础。无论是选择一般科学方法还是一般历史方法，都取决于史料的掌握情况。比如，想要对某一社会历史发展的群体现象（大规模现象）进行最为深入的研究，我们可以使用计量方法。但是，如果史料中不包含有关这一现象的数量指标，那么我们将只能概括性地描述其特征，也就是说，在这种情况下，我们无法使用计量方法，只能对现象进行描述。

研究的史料、信息基础的性质决定了历史学家在揭示研究对象的本质时，该使用怎样的研究方法和观点。如果史料中所包含的信息仅适用于某一特定时刻，那么单凭这一史料，我们无法直接研究这段历史，只能通过逻辑的方法对得出的结论进行判断。

总之，想要选出合适且高效的研究方法，必须充分考虑以下因素：首先，要充分运用理论知识，充分审视研究对象的特性；其次，要分析该研究的史料、信息基础。以上两条因素，有助于我们最先确定该选用何种一般科学方法、一般历史方法，从而进一步选择相应的具体科学方法（或者说具体问题方法）。

不过，所谓"具体科学方法"，并不只是一般科学方法和一般历史方法的简单相加。实际上，这一选择只涉及了具体科学方法的一个方面：确定研究的方法、原则以及为了使研究成功进行所必须具备的规范要求（即具体科学方法的理论、方法论基础）。除此之外，具体科学方法中还包括一些特定的规则、程式（具体研究方法），需要用到专门的工具和手段（研究技巧）才能充分发挥作用。

一方面，具体科学方法能否正常发挥作用，取决于该方法的原则和方法论规范；而另一方面还取决于所用史料中数据的性质。在这上面，记录信息的形式（描述形式、数量形式、图像形式）及其类型（原始信息、有过改编的信息，连续信息、选摘过的信息）尤为重要。归根结底，任何一种具体科学方法都是理论—方法论前提、研究方法和研究技巧的内在有机统一。而唯物辩证法作为科学认知（这里指的是科学历史认知）的理论、方法论和逻辑的统一，也正是在具体的科学方法中具体表现出来的。

所有非马克思主义的历史研究方法都无法保证这种统一性，因此也就无法确保在认知过程中始终保持客观性。

显然，为了完成研究任务，我们当然应该选用那些最有效的研究方法，以便可以仅仅通过某些最简单的认知手段，便能充分揭示出研究对象的本质。一旦不合时宜地选取了过于复杂的研究方法，则势必会导致不必要的资金支出和劳动量。另外，我们也决不能平白无故地简化研究方法，因为这很可能会导致错误的结论。研究方法的效能应当与研究任务相协调。总之，无论何种研究，历史学家在其初始阶段都必须妥善解决与研究目标相关的具体方法论问题，妥善地提出研究任务，保证研究的史料、信息基础，选用适当的研究方法。

第二节 对历史现实的重构及经验认识

2.1 感性认识、经验认识、理论认识三者在认知过程中的关系

在提出了研究任务，保证了研究的史料、信息基础，选择了适当的研究方法之后，接下来就是正式进行研究。任何一项研究都有着不同的研究阶段。各个研究阶段所获得的知识的层次是不一样的。研究的不同阶段、所获得的知识的不同层次，具体体现在对研究对象的经验认识和理论认识上。

应该注意的是，就经验认识和理论知识之间的异同、内部机制、获取方法、经验认识与感官感受的关系等问题，各个哲学派别长期争论不休，并且远未达成一致。即使在苏联，学者们在有关科学认知的理论问题上同

历史研究方法

样各执一词。① 在这种情况下,笔者将搁置各派的分歧,仅从历史研究的角度来分析,只去评议那些最有道理、最令人信服的认识。这些认识的实质主要在于以下几个方面。②

由于客观实在的特征、性质、联系、矛盾具有多样性,因此,现象和本质并不重合。现象是本质的具体表现。现象是丰富多样的,而本质是唯一的。③ 人类在对客观实在进行感性认识的过程中,逐渐形成了客观实在的形象。根据人类感知现实的经验,感性形象(чувственный образ)的内容既不取决于"认知主体的方法论或目的,也不取决于认知主体思维的范畴结构……相反,认知主体的思维结构恰恰要被迫适应感性形象的内容",④ 也就是说,感性形象的内容描绘了客观实在的客观图景。

当然,人类的个体感觉(индивидуальное ощущение)可能会各不相同,但是在长期感知世界的社会实践下,个体感觉会逐渐转变为群体性的感性形象。此时,感觉的个体差异性便消失了。⑤

此外,感性形象的客观性、感性形象与思维的独立性并不意味着感性与理性之间存在不可逾越的鸿沟。感性与理性是紧密相连的。感知客体的选择及其目的由思维决定,更不用说认知过程是对现实的感性认识与理性认识的有机统一。同样显而易见的是,感性形象虽然具有客观性,

---

① 参见 Швырев В. С. Теоретическое и эмпирическое в научном познании. М., 1978; Материалистическая диалектика. Т. 2. Гл. Ⅲ; Теоретическое и эмпирическое в современном научном познании: Сб. статей. М., 1984。亦可参见 Н. К. 瓦赫托明、П. В. 科普宁、В. А. 列克托尔斯基、А. В. 斯拉文等人的著作。Г. М. 伊万诺夫、А. М. 科尔舒诺夫、В. В. 科索拉波夫、А. И. 拉基托夫、Ю. В. 彼得罗夫等学者同样在作品中阐述了历史认知中的经验认识和理论认识。

② 对此论述得最深刻的当属 Н. К. 瓦赫托明的《科学知识的起源》(第四章)和《唯物辩证法》(第二卷第三章)。

③ 参见 Звиглянич В. А. Логико - гносеологические и социальные аспекты категорий видимости и сущности. Киев, 1980; Белик А. П. Социальная форма движения: Явление и сущность. М., 1982.

④ Материалистическая диалектика. Т. 2. С. 107.

⑤ 参见 Дубинин И. И., Гуслякова Л. Г. Динамика обыденного сознания. Минск, 1985; Губанов Н. И. Чувственное отражение: Анализ проблемы в свете современной науки. М., 1986.

但这并不能保证在人对感性形象进行思维分析后,最终获得的认知结果是真实的。在认知过程中,某些环节可能出现错误,但这些错误不是在感性认识阶段(即自然状态下)产生的,而是在理性认识阶段,通过思维产生的。

感性认识的另一个重要特征在于,感性形象中"关于现实的信息总是比我们意识到的要多一些"。① 所以,我们可以"超出感性知觉的界限,向我们之外的物的存在过渡",② 也就是说,对现实的认知是现象与本质的统一。但是现象与本质并不完全重合,而且本质不能直接被感知,对此马克思指出,科学工作的任务,在于"把看得见的、只是表面的运动归结为内部的现实的运动"。③ 列宁认为:"人的思想由现象到本质,由所谓初级的本质到二级的本质,这样不断地加深下去,以至无穷。"④ 因此,在认识产生的过程中,形成了两个阶段(或者说层次)。在初级阶段,人类认识到现象,并产生经验知识,在二级阶段,人类认识到事物的本质,并形成了理论知识。

在认识产生的过程中,不可将经验认识同感性认识混为一谈,也不可将感性认识同理论认识等量齐观。科学知识是一种解释性的知识,因此无论是其经验形式,还是理论形式,都是基于人的思维。感性认识以感性形象的形式反映现实,而感性形象是现实外在特征和性质的信息的集合(并通过经验知识的形式表现出来)。

对于"哪些知识属于经验知识,哪些知识属于理论知识"的问题,学者们言人人殊。普遍接受的观点认为:因为现象似乎只是认知客体外部特征和性质的反映,而经验知识同样也是一种关于认知客体的概念,所以,经验知识也只是一种对认知客体的外部特征和性质的反映;而理论知识则是一种对认知客体内部属性的反映。根据这一说法,从经验科

---

① Материалистическая диалектика. Т. 2. С. 103.
② Ленин В. И. Полн. собр. соч. Т. 18. С. 121.
③ Маркс К., Энгельс Ф. Соч. 2 - е изд. Т. 25. Ч. I. С. 343.
④ Ленин В. И. Полн. собр. соч. Т. 29. С. 227.

学（опытная наука）中获得的知识被最先归为经验知识。对于这一观点，部分研究史学理论、史学方法论的学者表示认同。他们在著作中指出，"经验认识旨在获得直接的经验知识。认知主体直接与认知客体（史料）相互作用，从而产生科学事实"；至于理论知识，则"是通过逻辑手段对经验知识进一步转换的结果"。① 我们在上文中已经讨论过，这些学者之所以毫无根据地将史料转换为了认知客体，实际上是为了证明历史学家可以直接与认知客体相接触，并且可以获得以现象的外部特征为标志的经验知识。

另一种观点则截然相反。对于经验知识和理论知识的内容和关系，这种观点认为：现象是认知客体的独立特征和关系，并且这种特征和关系可以是外部的，也可以是内部的。因此，经验知识不仅仅是关于事物外部的知识，也与事物内部的知识息息相关。经验知识的特殊性就在于，"它是一种关于个别或众多独立关系的知识，而理论知识则是一种关于本质的知识——它所研究的关系构成了众多独立关系的基础"，② 经验知识能够反映出研究对象的完整性、内容的实在性和性质的规定性。这种观点还强调，经验知识只能为我们提供那些只能被理论知识所证明的事实。③ 这种观点虽然也不失为对经验知识本质的一种理解，但它在学者（包括历史学家在内）中流传得并不广。

历史学主要强调的，是经验知识的描述性。传统上对经验知识性质的解释认为，它是一种纯粹描述性的知识。但这一理解并不正确。经验知识同时也是一种解释性的知识，只不过它的这种对现实的解释只能以现象的形式呈现出来——这其实已经是另一个问题了。事实上，经验认识只是对现实的认识的一个初始阶段而已。

经验知识能够解释通过感性认识获得的信息，这种解释使现实被理解为现象。而理论知识又进一步对现象做出解释，这种解释使现象被理解为本质。

---

① Петров Ю. В. Практика и историческая наука. C. 313, 317.
② Вахтомин Н. К. Указ. соч. C. 167.
③ 参见 Ракитов А. И. Историческое познание. М., 1982. C. 270。

从感性知识到经验知识，这是一个总结概括的过程；从经验知识到理论知识，这是一个形成经验事实的过程。无论是在获得经验知识的阶段，还是在形成理论知识的阶段，进行概括的方法都是范畴综合法。因此，我们绝不能认为，获取经验知识的途径仅仅包含实验、观察、描述、测量等方法。也就是说，我们不能认为，只有在经验的参与下，才能获得经验知识；更不能认为理论知识只是一种形式逻辑。首先，除了上述方法，用符合研究对象本质的方法和形式逻辑来考察研究对象，同样是经验的题中之意。例如，如果不最先确定要研究的目标、不最先突出要计量的特征、不最先设置计量的单位和方法的话，该如何进行计量？其次，在理论分析中，我们无法仅凭经验，就能获得符合研究对象特征的信息，其中必然会夹杂一些超乎经验之外的信息。在历史学中，这类信息被称为"史料外知识"（внеисточниковое знание），指的是历史学家从史料之外获取到的一切信息。

最主要的是，无论是经验信息（данные опыта），还是形式逻辑，都不能提供有关现象或本质的知识。而这些知识，正如许多学者所强调的，只能通过范畴综合法获得。当然，范畴综合法在经验知识层面使用时和在理论知识层面使用时存在显著差异。首先，二者的实质内容不同。在经验知识层面上，范畴综合的是感性信息（данные чувственного восприятия），而在理论知识层面上，范畴综合的是经验事实。其次，所谓范畴综合，综合的是那些本质和内容都不相同的信息。

以上便是一些与经验认识和理论认识有关的问题。无论何种研究，都必须对这些问题充分了解。

2.2　经验知识的本质及其获取途径

接下来笔者详细阐释获得经验知识的内部机制。[①]

[①] 参见 Сайко С. П. Диалектика эмпирического и теоретического в историческом познании. Алма - Ата, 1975; Звиглянич В. А. Логико - гносеологические и социальные аспекты категории видимости и сущности. Киев, 1980; Елсуков А. Н. Эмпирическое познание и факты науки. Минск, 1981; Абдулаева М. Н. Проблемы адекватности отражения на эмпирическом уровне научного познания. Ташкент, 1982。

历史研究方法

　　感性信息是获得经验知识的原始基础。感性信息能够反映出事物个体的、可视的、多样的特征以及同现实的联系。这些特征和联系是客观事实，是研究对象的真实本质的外化。因此，这些联系、现象是现实中客观的、真实的事实。但是，认知客体并没有被完全感知，只有认知客体的部分特征（不是全部）才能真实地被感知。并且只有在人的思维当中，才能将现象看作认知客体的客观事实，也就是说，这是一个经验认识的过程。所以，经验认识的本质，就在于将现实事实（факт действительности）通过意识反映出来，也就是说，经验认识是一个将现实事实转换为知识事实（факт знания）的过程。说起现实事实与知识事实，应当指出，哲学家普遍认为，事实，是一种在认知过程中形成的认识论范畴。在客观实在的层面，人们谈论的其实并不是"事实"，而是一种"反映了事实的现象"。但是，这种观点是错误的，事实同样是一种现实（即使有很多学者认为，所谓科学事实，纯粹是一种心理建构出来的主观思想观念）。《唯物辩证法》中指出，事实既是一种现实，又是一种关于它的知识。① 经验知识的内容，是众多事实的集合，这些事实分别反映了现象的部分内容（如现象的特点、关系以及对现实依赖性等）。这些事实无法从整体上感知认知客体，也不能对认知客体的性质做出描述，对认知客体的理解，总是"一方面如何如何……""另一方面如何如何……"。因此，尽管经验知识来自多种现象，但它总是片面的、抽象的；尽管经验知识来自多样的事实（现象），却无法揭示出事实（现象）之间的联系，也无法将现象的多样性转化为认识的完整性。

　　知识事实则是通过实验、观察、描述、测量等方式在经验中被创造出来的，因此，对知识事实的认识必须全面。经验如何产生？它可以产生在对研究对象进行有目的的研究的过程中，也可以作为某种具有目的性的研究方法的结果。在这种情况下，需要根据设定好的研究目标，确定要研究的现象的范围，选取研究方法，对信息进行系统化整理。经验知识可以在日常

---

① Материалистическая диалектика. Т. 2. С. 115 – 116.

的实践活动中获得,它与科学经验知识（научно-эмпирическое знание）的区别在于,经验知识通常与主体设定的认知目标无关,获取经验知识往往是出于实践需要。正因为这一点,目前还不存在专门的、获取经验知识的方法。[1]

经验知识可以被运用在实践中。通过实践,经验知识可以得出某些具有经验性质的结果；而这些结果,可以作为总结规律的基础。简单地说,经验知识具有重要的认知价值,[2] 特别是在社会科学和人文科学领域,它的作用尤为明显。这一点是由经验知识的客体所决定的。在经验知识的认知客体中,客观与主观、自然规律与自觉目的是有机地统一在一起的,因此,社会历史事实承担着直接揭示社会政治和主观情感的任务。

＊＊＊

接下来谈一个重点问题：由于范畴综合法是使经验知识具有解释力的关键,那么,在经验认识阶段,范畴综合是如何实现的。

感性信息能够检验事实（现象）。对感性信息所进行的范畴综合是在经验中完成的。在经验中,感性信息可以被细分为几类。由于经验知识反映的是各种个别的关系（它只能认识到现实中事物的某一个方面、某一个特点、某一种联系等）,而感性信息所反映的同样是事物个别的特征,所以,感性信息属于经验知识的一种。通常,感性信息包括"现象""相似性""差异""个别""普遍""空间""时间""质""量""度"等范畴,因为在客观上,一切被表现为一种现象的关系,都要么是个别的、要么是普遍的,在空间和时间上不断延伸,具有质、量、度的特性。

有时,在经验认识阶段,类别综合法依靠的是那些反映了研究对象的

---

[1] 参见 Дубинин И. И., Гуслякова Л. Г. Указ. соч.。
[2] 参见 Ойзерман Т. Н. Эмпирическое и теоретическое: Различие, противоположность, единство // Вопросы философии. 1985. № 12; 1986. № 1.。

属性的类别。就这样，形成了能够体现出研究对象的特征的事实。这些事实也是经验知识的内容。经验事实可以被系统化，可以被分类、被总结、被比较……想要全方位涵盖认知客体各个方面的特征，我们需要的不是一个个单独的事实，而是一个关于事实的系统，即使当认知客体极为复杂的时候也是如此。在科学发展的现阶段，确定研究对象的数量特征极为重要，想要做到这一点，就必须对所研究的现象进行量化。只有充分了解研究对象的数量信息，我们才能判定研究对象性质规定性的范围，才能够判断研究对象的性质究竟在哪个范围内是明确的，在哪个范围内是含混的。最终，获得对研究对象最为完整的认识。

以上便是经验知识的本质。经验知识在历史研究中有着自身的特点：依据史料中的事实，去揭示对所研究的历史现实的知识事实，也就是说，在认知过程中，历史学家对历史研究的客体所做的，是一种双重的、主观的、反射性的重构。上文已经指出，史料中所包含的信息，无论是显性信息还是隐性信息，都是人对历史现实的一种有选择的反映。所以，研究者可以根据既定的研究任务，充分且明确地对认知客体进行重构。毕竟，过去发生的一切事件都已经发生，故而已无法改变。而历史学的任务，就在于从过去的事物中，发现其中的不变性。列宁在与司徒卢威的论战中，逐渐形成了一种客观的、马克思主义的研究社会现实的观点。他认为，马克思主义者必须"把全部问题归结为弄清实际情况怎样、为什么正是这样而不是那样"。[①]

2.3 重构历史认知的客体

在讨论"我们到底能够在多大程度上对历史进行不变重构（инвариантная реконструкция）"之前，应当重申"对历史事实辩证唯物主义的重构（реконструкция）"和"对历史事实主观主义的重现（воспроизведение）"之间的根本差异。众所周知，主观唯心主义否认了人对过去进行客观认识

---

① Ленин В. И. Полн. собр. соч. Т. 1. С. 457.

的可能性，认为历史学家的意识是关于过去知识的来源，而且认为对过去的"认识"来源于历史学家对所研究的历史事实进行建构。例如，俄国资产阶级主观唯心主义史学最杰出的代表 A. C. 拉波－达尼列夫斯基指出，历史学家依靠自己的主观感受来回应过去发生的事件，"他们主要关注的是对具体事实进行科学建构，而不是对其'形象'进行反映"。① 如果在这一过程中缺乏某些科学概念，"历史学家就会根据自身的认知目标，自己创造出适用于研究对象的概念"。② 以上就是主观唯心主义史学方法论的全部立场。

在当代非马克思主义史学流派中，也有不少人周身散发着主观主义的气息。他们虽然并不否认"过去的事实是认知客体"，但他们认为，"可以在研究过程中构建各种反事实的历史情境"。这些情境是历史学家的主观构建，不是对过去的真实描述，而是历史学家希望看到的情况。

总的来说，资产阶级客观主义史学家同样远远没有做到对过去的事物进行客观重构。资产阶级客观主义史学家的特点在于，他们特别看重那些与资产阶级阶级利益相呼应的事实，而对于那些违背其阶级利益的历史现象则经常保持沉默或对其进行粉饰。列宁在同司徒卢威的论战中深刻揭露了资产阶级客观主义作为历史方法论的失败。在描述改革后的俄国资本主义的发展时，司徒卢威千方百计地强调其进步的一面，反而对资本主义发展过程中固有的对抗性矛盾视而不见。③

马克思主义史学方法论充分认识到了历史事实的不变性，要求对事实进行全面的重构。但是，只有当史料以直接的形式传达出研究任务所必需的信息时，重构才会比较容易（那样的话，只需保证重构产物的代表性就可以了）。但问题在于，在很多情况下，甚至可以说在绝大部分的情况下，史料都没有为我们提供直接信息，因此必须从史料中挖掘出隐藏的结构性

---

① Лаппо－Данилевский А. С. Методология истории. СПб.，1910. Вып. I. C. 287.
② Лаппо－Данилевский А. С. Методология истории. СПб.，1910. Вып. I. C. 290.
③ 参见 Ленин В. И. Экономическое содержание народничества и критика его в книге Струве // Ленин В. И. Полн. собр. соч. Т. 1. C. 455 – 457，492 – 493 等。

信息。挖掘隐藏信息的方法也不是什么独门秘术，无非是识别其中的联系罢了。历史学家总结、提炼出了许多专门的挖掘隐藏信息的方法。逻辑方法当然在其中占有重要地位；除此之外，诸如主观体验、直觉、学术想象力等因素同样非常重要。①历史学家在史料中挖掘隐藏信息，并在此基础上重构过去，在这一过程中他们所用到的除了有对过去的印象之外，还有通过语言符号体系保存在人类公共记忆中的图像。②

与直觉和想象力一样，这些图像可以帮助历史学家建立联系，从而挖掘史料中的隐藏信息。当然，历史学家能够拥有多少历史图像，以及他们能够在多大程度上利用直觉和想象力，在很大程度上取决于他们在学术上的博学程度，也就是他们的学识储备。

一般来说，历史学家通过广泛挖掘史料中的隐藏信息，在重构历史现实方面取得了重大进展（迄今为止积累的经验还需要进行专门的研究和归纳）。考古学家在这方面表现得更加活跃，尽管由于学科性质，对他们而言，重构过去更加困难。考古学家需要先利用各种碎片将事物整体复原，然后对事物进行选择，再将选定的对象重构为一个完整的复合体；之后在这一复合体的基础上，重构历史现实自身的表现形式。在这个过程中，选好对象的时空范围至关重要。在重构历史现实的过程中，考古学家会广泛利用出土实物、文字记载、纹章等材料，以及自然科学方法。③

历史学家能够从文字记载中提取出大量隐藏信息。这些信息记录了大规模的历史事件和过程，并包含大量异质的信息。在处理这些信息时，数学方法和电子计算机的作用已越发明显。数学方法和电子计算机为历史学家提取史料当中的隐藏信息提供了近乎无限的可能，特别是对于大规模历史事件或长时段的历史过程的研究。苏联历史学家利用这两种研究方法，

---

① 参见 Иванов Г. М., Коршунов А. М., Петров Ю. В. Методологические проблемы исторического познания. М., 1981. С. 65 等处、Петров Ю. В. Практика и историческая наука. С. 283 等处。

② Иванов Г. М., Коршунов А. М., Петров Ю. В. Указ. соч. С. 69.

③ 参见 Янин В. Л. Очерки комплексного источниковедения: Средневековый Новгород. М., 1977; Проблемы реконструкций в археологии. Новосибирск, 1985。

在社会经济发展史研究中取得了一系列相当重要的成果。

说起那些对个体性的历史现象进行重构的案例，可供援引的示例有很多。例如，苏联历史学家 В. И. 克列茨基对1592～1593 年法令中禁年（заповедные лета）制度的研究，对于揭示俄国农民农奴化的过程至关重要。①

如果史料很少、史料信息匮乏或者信息自相矛盾，在挖掘隐藏信息、重构历史事实的时候可能，而且很有可能无法获取具有代表性的内容。在具体实践中，这种情况经常表示为以下事实：反映了研究对象的事实系统存在重大信息漏洞。上文已经指出，在这种情况下，要么调整研究任务，要么完全放弃这一选题，直到获取全部所需信息为止。当然，事实上还存在两种可行的办法：一是无视这些信息漏洞，强行进行研究；二是根据间接获取的数据或者计算得到的数据，对信息漏洞进行弥补。历史学家会经常面临类似的情况，因此必须对研究方法进行改进。在此我们应当注意以下几点。

在许多情况下，即使经验事实中存在一定的信息漏洞，我们依旧可以完成研究任务。众所周知，我们可以在理论知识层面通过范畴综合法，在抽象逻辑分析的过程中对漏洞进行弥补。因此，经验事实能够在多大程度上重构研究任务所要求的历史事实，只能通过理论知识层面的综合与分析来验证。史料中信息的代表性体现在史料对重构所需信息的描述上，也就是说体现在经验知识层面。不过，这一般只是在初级阶段进行重构。当然，我们虽然可以在史料（经验知识）层面检验信息的代表性，但史料中可能根本不存在可用以被用于重构的信息。

历史学和其他学科一样，会通过各种方法来填补信息漏洞。这种填补是完全合理的。在具体实践中，历史学家主要靠的是外推法（экстраполяция），即通过对研究对象某种已知的、与研究对象具有相似性的性质或状态进行时间或空间上的归纳、推论，从而推断未知事物的性质或状态。② 但是，考

---

① 参见 Корецкий В. И. Закрепощение крестьян и классовая борьба в России во второй половине XVI в. М., 1970.
② 对于科学认知的外推法，可参见 Попова Н. Л. Экстраполяция как средство научного познания и интегративный фактор в науке. Киев, 1985.

虑到即使是同一类型的事物，其性质在空间和时间上的变化也有可能非常剧烈。因此，通过类比、外推的方法获取的信息有可能与实际情况相近（在理想状态下），但也有可能二者毫无关联——在归纳某一特定时代的事物的性质时，一旦使用了该事物晚近时期才具备的性质或概念，就特别容易出现这种情况。所以，我们需要使用一些普遍通用的原则来评估填补信息空缺的正确性。

一般来说，填补空缺信息的前提，在于填充的信息与原信息互不冲突。这一点非常重要，在很多情况下，它是评判填补信息空缺准确性、必要性的首要标准。但是，一旦被补充的空白信息与原信息之间没有什么本质联系的话，这条标准便无法发挥作用了。届时，就需要在充分了解研究对象的基础上，利用研究对象内部各信息之间的相互关系做出判断。而且，研究对象内部的各种信息除了具有稳定性、和谐性的特点之外，还具有矛盾性。所以，原信息和补充信息之间可能具有直接一致性，也有可能具有矛盾性，甚至可能双方完全不存在任何关联。

因此，如果对研究对象内部信息结构的性质还没有清楚了解，便贸然填补空缺信息的话，很容易造成前后信息的不一致，从而导致对史料的重构沦为一纸空文。当然，历史学家对史料的重构具有多样性，而且这种重构本质上是一种假设。但即使如此，他们只能在众多重构方案中，选择一个就其观点而言最有可能存在的方案（尽管严格来说，历史学家应当对各种可能存在的重构方案逐个进行研究，或者至少研究某些最特殊的情况）。但无论如何，对史料的重构也应基于客观事实以及历史影响，而不是基于历史学家的臆造。历史学家只能接受符合事实的重构方案，并对其进行比较和评价。

如果可供重构的信息非常分散、模棱两可，甚至相互矛盾的话，重构工作会愈发困难。此时最恰当的方法是放弃重构，转而通过填补史料中的空白信息，来避免对正在研究对象进行详细的重构；并且只能在对已知信息进行理论概括的基础上，对其本质进行一般性的描述。因为凭借数量有限且内容模糊的史料对研究重构，重构结果将存在太多的不确定性，而且无论哪种重构结果都是完全主观的。但有必要强调的是，在数学方法和电子计算机进入历史研究之后，一些数学家逐渐产生了错误的想法。他们认为，即使史料数量有限且内容模糊，也依然可以通过数学模拟的方式模拟具体的历史现象及过程；并且可以根据零散的静态信息，对历史现象的动态过程进行详细的"重构"。此时，模拟的实际目的在于还原研究对象的全貌，以便历史学家能够选择其中的某一种重构结果。①

不过，仿造（имитация）作为重构过去的一种方法，在使用的时候必须非常谨慎，而且这种方法的应用范围也非常有限。仿造方法应充分考虑到研究对象中所包含的客观可能性，不应只简单地还原其全貌，还应该揭示出，在历史事件或历史过程中存在哪些非变量，以及这些非变量存在的客观范围。数学方法可以对这一范围进行量化。

总之，在历史研究的经验认识阶段，对研究对象进行重构，进而形成能够反映客观事实的解释体系——这是一个极其审慎且复杂的过程。

在历史研究的经验认识阶段，科学事实体系指的是在研究任务之下，对研究对象所进行的科学描述。对历史学的科学描述并不等同于单纯表意的描述②，而要反映出客观事实中固有的、必要的属性、关系和相互作用。历史描述（историческое описание）是在理论认识阶段，具体揭示事实运行和发展的一般规律及其时空特征的必由之路。

历史描述可以以最常见的自然语言形式记录，可以以数量指标的形式记录，也可以以图像、图表或计算机代码的形式记录。历史描述可以描述原始信息，也可以描述被整理过的信息。上文曾提到，在经验知识层面，我们可以对用来重构研究对象的事实进行各种类型的处理（如系统化、分类、对数量指标进行数学处理等）。在此应当指出的是，在研究大规模的历史现象或历史过程时，不可认为原始信息的史料价值高于那些被整理过的信息。历史学的现实性是个别性、特殊性、一般性和普遍性的有机结合。

---

① 参见 Гусейнова А. С., Павловский Ю. Н., Устинов В. А. Опыт имитационного моделирования исторического процесса. М., 1984。

② 关于历史描述的内容，可参见 Ракитов А. И. Указ. соч. Гл. 5。

这些特性彼此紧密结合，并且可以时时表现出来。因此，对于历史学家而言，原始信息和各类被整理过的信息都是必要的，双方在历史研究中都有利用价值。原始信息可以反映出事实的个别性，而被整理过的信息可以反映出事实的特殊性、一般性和普遍性。在历史学家眼中，如何判断原始信息和被整理过的信息的利用价值，取决于具体的研究任务。

以上便是在经验认识层面上进行历史研究时的主要研究方法。

第三节 对历史认识的解释及理论认识

3.1 解释——理论认识的基本任务

经验认识是向理论认识过渡的先决条件。经验认识的产物是关于现象的知识。由于"现象是本质的表现"①——这就为从经验认识过渡到理论认识创造了先决条件。在理论认识中，客观实在的深刻本质是一个绕不过去的问题，因此，我们必须实现从经验认识到理论认识②的过渡。

无论是在双方的理论前提、目标取向，还是在应用领域、表达形式，以及各自的研究方法上，经验知识和理论知识都不尽相同。

经验认识的基础在于感性认识的信息，而理论认识的基础则是经验事实。经验认识的目的在于对现象的揭示，而理论知识的目的则是对本质的揭示。就应用领域而言，经验认识关注的是客体的个别特征，因为个别特征恰恰能反映出现象的总体特征；而理论认识主要关注的是关系，因为研究对象的本质体现在关系、联系之中。理论认识主要应用在诸如"本质""联系""相互关系""互动""对立""统一""矛盾""发展"等哲学范畴中。这些哲学概念与其他的一般科学和具体科学概念相结合，通过范畴综合

---

① Ленин В. И. Полн. собр. соч. Т. 29. С. 154.
② 对于理论认识的一些宏观问题，可参见 Фофанов В. П. Социальная деятельность и теоретическое отражение. Новосибирск, 1986; Петров Ю. А. Методологические проблемы теоретического познания. М, 1986.

法，共同发挥作用，共同揭示出研究对象的本质。经验认识的主要表达形式是科学事实，理论认识的表达形式则是假设（гипотеза）、概念（понятие）和理论（теория）。

在经验认识阶段，研究对象的认识来源于对它的描述（历史研究中指来源于史料），而在理论认识阶段，则是来源于对研究对象的解释。正如笔者在上文所指出的，如果描述的是研究对象个别特征、性质和相互关系（将事实拆分为一系列现象）的话，那么科学解释是"对研究对象本质的揭示"。① 科学解释通过确定研究对象最基本的特征、联系、功能，以及发展的规律和趋势，揭示出研究对象的本质。这种解释是一种对研究对象的综合认识，其中包含着认知主体对研究对象的理解，比如研究对象的内在属性、发展的原因和趋势等。为了充分理解研究对象，也为了从学理上对其进行阐释，必须实现从经验认识到理论认识的跃迁。列宁指出："要理解，就必须从经验开始理解、研究，从经验上升到一般。要学会游泳，就必须下水。"②

无论是在一般科学还是在历史学中，对于"理解"和"解释"这两个问题，文献都已可谓数不胜数了。③ 但问题的关键在于揭示历史解释的原则和类型。作为一种旨在揭示所研究的历史现实内在属性的科学程序，历史解释服从于辩证唯物主义一般原则，也就是说，历史解释要受到客观性原

---

① Никитин Е. П. Объяснение – функция науки. М., 1970. С. 14.
② Ленин В. И. Полн. собр. соч. Т. 29. С. 187.
③ 参见 Кон И. С. К спорам о логике исторического объяснения // Философские проблемы исторической науки. М., 1969; Дорошенко М. Н. "Понимание" и его роль в историческом познании // Роль научных принципов и понятий в социальном исследовании. Л., 1976; Порк А. А. Историческое объяснение. Таллин, 1981; Юдин Б. Г. Объяснение и понимание в историческом исследовании // Вопросы философии. 1981. № 9; Никитин Е. П. Природа обоснования. М., 1981; Проблемы объяснения и понимания в научном познании. М., 1982; Егорова В. С. Проблема объяснения в исследованиях по гражданской истории // Философские науки. 1983. № 1; Горский Д. П. Обобщение и познание. М., 1985; Быстрицкий Е. К. Научное познание и проблема понимания. Киев, 1986; 以及 Г. М. 伊万诺夫、А. М. 科尔舒诺夫、Ю. В. 彼得罗夫（见第四章）、А. И. 拉基托夫（见第八章）、А. И. 乌瓦罗夫（见第二章）等学者的作品。

则、党性原则和历史主义的制约。除了上述几条原则之外，具体性同样是历史解释需要遵循的重要原则。

任何一项符合逻辑的解释，都是解释条件（экспландум，指用来描述被解释的现象的条件的集合）和解释总数（экспланcум，指用来解释的条件的集合）的综合。历史解释通常以自然语言的形式呈现，其中既可以包括显性（明示）的部分，也可以包括隐性（暗示）的部分。如果从"为了使读者能够清楚、明确地理解历史学著作中的历史解释"这一点考虑，历史解释应当是显性的。然而不幸的是，历史学家并不总是能够考虑到这一点。

任何一种科学解释，都离不开显性知识和隐性知识。首先，二者都是关于客观实在的知识，它们都是在研究的经验认识阶段获得的，并表现在描述中。对于历史研究而言，无论是显性知识还是隐性知识，都来自史料，因此都是所谓的史料知识（источниковое знание）。其次，显性知识和隐性知识都是包括现实以及全部科学图景在内的一切知识。对于历史研究而言，这种知识被称为"史料外知识"。没有"史料外知识"，历史学就不可能获得科学解释，也不可能理解认知客体。研究者能否深入研究对象的内在本质，在很大程度上也取决于史料知识的丰富程度。

3.2 历史解释的类型

笔者在此举出一些历史解释的类型：规律解释、因果解释、起源解释、结构解释和功能解释。这并不是唯一的分类方式，因为在大多数情况下，历史解释的特征比较复杂，也就是说，各种历史解释之间的界限并不是多么清晰。

规律解释（объяснение через законы）是一种最为基本的历史解释。社会历史现象起源、运行和发展的规律可以最深刻地反映出现象的本质。列宁指出，"规律是现象中持久的（保存着的）东西"，"规律和本质是表示人对现象、对世界等等的认识深化的同一类的（同一序列的）概念，或者说得更确切些，是同等程度的概念"，[①] "规律是宇宙运动中本质的东西

---

① Ленин В. И. Полн. собр. соч. Т. 29. С. 136.

的反映"。①规律解释，主要用于研究某些客观的、大规模的历史现象、历史过程。

因果解释（причинно-следственное объяснение）在历史学中得到了广泛的应用。因果解释主要用于解释事实间固有关系的普遍性，披露人类活动以及历史现象的结果（其中充分表现出了人的积极作用，或者说主观因素）。当然，这些主观因素背后存在一定的客观原因，只不过这些客观原因常常以主观行为的性质表现出来罢了。例如，当我们说起1812年拿破仑在俄国的惨败时，会认为拿破仑战败最重要的原因之一，在于俄国军队的高昂士气。在这里我们将拿破仑的失败归结为了一个主观历史因素，该因素对我们而言是明确可见的（显性因素）。但是，在这种解释中还隐含着其他因素（隐性因素），因为事实在于，俄国军队的高昂士气应当归功于战争的正义性质（对俄国而言），俄国军队是在为维护国家的独立而战——这是一种客观情况，并且体现了一条历史规律：人民为争取独立而进行的斗争会带来高昂的士气。于是，我们得出的解释已经不再是因果解释，而是一种规律解释了。

如果要解释某一特定时间范围内历史现象或历史过程的本质，则必须对其进行起源解释（генетическое объяснение）。众所周知，农奴制被废除后，俄国解放运动②进入了平民知识分子阶段。假如，我们想要了解这一阶段的基本内容。为了能够充分理解该阶段的实质（即在解放运动中，处于领导地位是平民知识分子，他们斗争的目的是通过人民革命、农民革命，带领俄国走向资产阶级民主），我们可以这样理解：俄国解放运动的平民知识分子阶段，时间上位于贵族阶段之后。在俄国解放运动的贵族阶段，领导革命解放运动的是贵族阶层的先进代表。但他们惧怕人民，远离人民，

---

① Ленин В. И. Полн. собр. соч. Т. 29. С. 137.
② 列宁将俄国反沙皇专制的革命斗争称为"俄国解放运动"。列宁对解放运动的分期经历了多次变化，1914年，列宁在《俄国工人报刊的历史》一文中，将其划分为：贵族阶段（约1825～1861年）—平民知识分子或资产阶级民主主义阶段（约1861～1895年）—无产阶级阶段（约1895年以后）。——译者注

因此，进步贵族虽然为了人民的利益而斗争，但在他们所领导的斗争中，缺乏人民的参与。我们还可以对这个问题进行起源解释：俄国解放运动的平民知识分子阶段，实际上是一种对贵族阶段的替代。也可以进行因果解释：因为革命运动的参与者的社会构成情况发生了变化，所以在平民知识分子阶段，革命运动的纲领、策略越发激进。还可以对其进行规律解释：俄国在废除农奴制后，逐渐向资本主义过渡。俄国的社会经济制度发生了根本变化，自然不可避免地会导致俄国的社会结构发生变化，俄国各类社会阶级力量、社会政治力量将迎来一场大洗牌。总之，就这个例子而言，历史解释可以是多样的，起源解释只是众多历史解释中的一种。

结构解释（структурное объяснение）是指通过对社会历史系统的结构进行分析，从而揭示其本质。这种解释方法对各种系统都适用。在运用这一解释方法时，主要的解释任务是确定系统内部各个要素固有的、用来构成系统的主要特征，明确各要素间联系的性质。想要确定要素构成系统的特征，离不开对系统内部的本质特征进行分析。

通过对构成系统的各个要素间的联系进行分析，可以得出该系统的基本规律——这是因为"规律就是一种联系"，[1]并且"如果各要素间的联系对于该系统而言是本质且不可或缺的，那么这些联系同时也具有系统的特征"。[2] 因此，结构解释能够通过对系统的结构分析直接揭示出事实中的固有规律，其是认识事物本质的最有效的途径。

功能解释是结构解释的变体。正如上文所指出的，在功能解释中，被解释的系统被视为子系统或某一更高层次的社会系统中的一个组成部分。通过分析后者的结构，可以揭示所研究的系统与其所处环境间的关系，从而明确系统的功能。功能解释是一种有效的手段，可以通过分析系统内部各个层次的功能，来获取系统的本质。

到目前为止，我们所谈论的都是针对大规模历史现象（群体现象）的

---

[1] Ленин В. И. Полн. собр. соч. Т. 29. С. 138.
[2] Ганчарук С. И. Законы развития и функционирования общества. М., 1977. С. 103.

起源、运行和发展的历史解释。不过，那些个别的、孤立的事件也在历史发展中发挥着重要作用。虽然这种作用并不像历史主观主义者所想象的那样重要，但它们的本质同样值得去研究、解释。

对于个体活动的行为有以下几种解释方式。① 首先是动机解释（мотивационное объяснение），它包含以下事实：事件的本质可以通过事件发生的动机来解释，人们所采取的行动可以反映出行动的本质。动机通常带有一定的利益取向，在动机的驱使下，人会追求与动机相对应的目的。另一种类型是规范解释（объяснение через нормативность）。研究对象行为的性质取决于当时社会环境中普遍接受的行为规范和传统。还有一种类型是心理情绪解释（психологически-эмоциональное объяснение）。在这种解释下，行动的性质取决于事件中人物的心理或情绪特征（如坚强、温柔、怯懦、怜悯、尊重、爱、仇恨等）。

总之，历史解释的类别不一而足。但无论何种历史解释，其目的都是揭示所研究的历史现实的本质。不过，各种历史解释本身并不能完整地揭示出对研究对象内在本质的认知机制——这只有理论认识才能做到。但即使如此，我们仍有必要对历史解释的解释机制进行研究，因为历史解释是一个复杂的创新过程，其中应用了各种科学方法，而不仅仅是对在经验认识阶段所获得的知识进行简单的逻辑转换。

3.3 历史解释的基本阶段及获取理论认识的方法

获得理论知识的过程比获得经验知识的过程要复杂得多。理论知识的获取不是一蹴而就的，要经历若干不同的内部阶段。在客观现实中，本质是认知客体统一的内部基础，是客体所固有的内在联系。客体的本质通过现象表现出来。客体的现象能够反映客体的个体特征、联系、运行和发展的趋势。因此，在客观现实中，本质与现象二者是有机统一的。但是，为了方便认知，我们必须将本质从现象中抽离出来。从这个意义

---

① 参见 Порк А. А. Историческое объяснение. С. 189 等处。

上说，理论知识和经验知识一样，在其形成的某个阶段内都是抽象的。不过，两种抽象并不相同。经验知识的抽象，在于将认知客体的某一个方面的特征看作认知客体的特征，不考虑该特征与其他特征的联系；理论知识的抽象，则是对认知客体的本质的抽象，不考虑认知客体的具体内容。

由于认知事物本质的基础在于那些在经验认识阶段被表现为具体科学事实的现象，因此，在理论认识阶段，我们需要实现从具体到抽象的上升。恩格斯写道："我们在思想中把个别的东西从个别性提高到特殊性，然后再从特殊性提高到普遍性……我们从有限中找到无限，从暂时中找到永久。"① 从具体到抽象的上升是实现理论认识的阶段之一。

想要实现从经验认识到理论认识的上升，首先需要解决的是下面这个问题：该如何解释为完成研究任务而提出的经验事实。我们可以提出某种观念，并在此基础上，揭示事实的单一的内在含义。具体可以采用范畴综合法，将事实归入与初始观念相对应的哲学、一般科学和具体科学的范畴，这将会形成一个可以解释经验事实一般的内在含义的科学概念。这种方法可以在多个层面或阶段进行。

与经验认识相反（事实只能反映现象），观念是理论认识的起点和核心，它可以反映整个客体，从而揭示客体的本质。列宁肯定了黑格尔的思想，认为"概念还不是最高的概念：更高的还有观念＝概念和实在的统一"。②

观念的提出，是一个复杂的、富有创造性的求索过程。通常，这一过程被简化为对某些范畴的识别或提炼，并在此基础上，对经验事实进行综合。虽然，为了提出观念，不免会使用到诸如比较法、概括法、抽象化等逻辑方法，但提出观念的过程绝不是一个形式逻辑的过程。在提出观念的过程中，发挥最重要作用的，是直觉、想象力以及其他主观认知因素，对

---

① Маркс К., Энгельс Ф. Соч. 2-е изд. Т. 20. С. 548.
② Ленин В. И. Полн. собр. соч. Т. 29. С. 151.

第五章　历史研究的结构与层次

此，笔者将在下一章中详细阐述。

既然观念已经被提出，对经验事实也已进行了范畴综合，在此基础上，我们对现象的本质所做出的解释最初总是带有假设性（гипотетический характер）、概率性（вероятностный характер）。假设是科学理论知识的重要形式，同时，它也是获取理论知识的方式。借助具有一定概率性、不好判断是否真实的假设来解释事实的本质——这是获取理论知识的一种常见方式。① 假设也时常被用于认识现象的本质（在认知的初始阶段）。有时，由于难以获得必要的事实，假设的真实性难以得到证明，在这种情况下，科学知识有可能会长期保持假设状态。在历史学中，保持假设状态的知识有很多——主要是那些发生在远古的历史事件；当然，有的历史事件虽然去今不远，但由于史料稀缺或记载粗疏，所以人们对它们的认识同样不太明确。也正是对这样的历史事件，学者们的观点往往彼此差异很大，互不认同。

但是总的来说，在历史认识的过程中，假设法（гипотетический подход）只是揭示研究对象本质的方法之一，并且主要适用于认知的初始阶段。假设的真实性，必须通过对其他事实的经验考察来检验。如果事实证实了先前假设对现象本质的解释，那么先前假设性的理论知识就被转变为了真理性的理论知识；但如果事实表明，先前假设对现象本质的解释是错误的，那么先前的假设就是错误的，对现象本质的分析就必须重新回到原点，重新提出新的观念，在新的范畴的基础上对事实进行综合，并提出新的假设。新的假设又必须再次进行检验……以此类推，直到证明假设为真为止。

但是，即使我们获得了关于研究对象本质的真理性的理论知识，也并不意味着认知过程的终结。理论知识既是对研究对象具体内容的概括，又能抽象地反映出研究对象的本质。列宁指出："纯粹这个概念本身就是

---

① 参见 Карпович В. Н. Указ. соч. Меркулов И. П. Метод гипотез в истории научного познания. М., 1984。

人的认识的一种狭隘性、片面性，表明人的认识不能彻底把握事物的全部复杂性。"① 我们必须先对现象的具体性进行抽象，确定抽象产物（理论知识）的普遍程度；然后再回到具体性，将现实看作现象与本质的统一体。列宁还强调："认识向客体的运动从来只能辩证地进行：为了更准确地前进而后退——为了更好地跃进而后退。"② "一般概念、规律等等的无限总和才提供完全的具体事物。"③ 因此，理论知识的最终阶段，是从抽象到具体的反向上升。这种上升的实质在于：一方面，它消除了现象的抽象性——要知道，在经验认识阶段，现象是彼此孤立的；另一方面，它消除了实质的抽象性——要知道，在理论认识的最初阶段，对象的实质也被认为是孤立的。从抽象上升到具体之后，无论是现象，还是对象的实质，都合而为一，彼此形成了一个整体：现象在不丧失其个别性的同时，在一定程度上获得了普遍性的特征（即从形式上的个别性转变为内容上的具体性）；而对象的实质，则在保持普遍性的同时，获得了一定范围内的具体性。因此，在意识中，客观实在是对立统一的，是形式与内容、个别性与普遍性、偶然性与规律性的综合体。如果考虑到定量研究，那么客观实在的数量（量）与性质（质）同样是对立统一的。

3.4 历史理论的层次

在从抽象到具体的反向上升的过程中，产生了具体理论知识（конкретно-теоретическое знание）。由于具体理论知识是一种最高层次的科学知识，所以，从抽象上升到具体的方法也是一种最基本、最有效的科学研究方法。具体理论知识的终极形式是科学理论（научная теория）。专门研究某些特定的现象或过程的科学理论，被称为具体科学理论（конкретно-научная теория）。

---

① Ленин В. И. Полн. собр. соч. Т. 26. С. 241.
② Ленин В. И. Полн. собр. соч. Т. 29. С. 252.
③ Ленин В. И. Полн. собр. соч. Т. 29. С. 252.

第五章 历史研究的结构与层次

"历史理论是对历史学知识最为完整、最为集中的表达,它概括、综合了历史学家在研究的经验认识阶段所获得的事实。只有在历史理论的帮助下,历史学的解释功能、预测功能才得以实现,我们才能够完整地揭示社会运行的规律。"① 具体科学层次(或者说具体问题层次)的历史理论,研究的是由各式各样的社会系统、社会过程所构成的整个人类社会。在具体科学层次,历史知识"具有抽象性,并且,历史知识中的历史现实是通过概念模型(концептуальная модель)的形式表现出来的"。"概念模型",是一种将抽象出来的历史现实观念化的形式。② 通过从抽象上升到具体(包括数学模拟)的方法,内容实质模型是对历史现实进行演绎认知的基础。在具体科学理论中,能够将各个组成部分(如概念、范畴、规律等)统一起来的,是该理论的核心观念。具体科学理论具有系统性、普遍性和逻辑上的一致性等特点。③ 在这一点上,具体科学理论与其他科学理论没有什么不同。

一些关于历史认知的理论、方法论著作认为,历史学以及那些反映了某些具体现象、社会历史发展的某些方面或过程的特定科学理论,"必须拥有独特的理论认识层次——适用于本学科的认知功能的范畴知识层次(уровень категориального знания)"。④ 换句话说,历史学应该具备一个为本学科所特有的理论层次。还有学者认为,应该将理论史(теоретическая история)作为历史学的下属的一个研究分支。⑤

毫无疑问,历史学必须拥有符合学科本质特点的理论。这种理论在马克思主义历史学中存在,那就是历史唯物主义。历史唯物主义着眼于历史发展的动力,是关于社会历史发展最普遍的规律。曾经有哲学家将历史唯物主义划分为三个方面(哲学、社会学和历史学),从这个角度看,他们的

---

① Иванов Г. М., Коршунов Н. М., Петров Ю. В. Указ. соч. С. 215.
② Иванов Г. М., Коршунов Н. М., Петров Ю. В. Указ. соч. С. 216.
③ 参见 Карпович В. Н. Системность теоретического знания:(Логический аспект). Новосибирск,1984.
④ Барг М. А. Категории и методы исторической науки. С. 15.
⑤ Уваров А. Н. Гносеологический аспект теории в исторической науке. С. 12 – 13.

历史研究方法

划分是有道理的。①

在历史学方面，历史唯物主义代表着一种普遍的理论历史认识，即所谓的"理论历史"。虽然历史唯物主义对历史学具有强大的指导作用，但这完全不会动摇它在哲学、社会学领域的地位：历史唯物主义依旧既是马克思主义哲学不可或缺的一部分，同时也是一种一般性的社会学理论。

许多哲学家和历史学家都忽略了，历史唯物主义既是一种社会学理论，又是一种认知方法，还是普遍性的历史学理论。无疑，一旦忽略了历史唯物主义的这一多意性，将严重制约历史学和哲学的相关研究。对历史学家而言，将会导致以下结果：历史研究要么变成对历史唯物主义原理的例证，要么变成对历史现实就事论事的解释——这两种倾向都没有正确评价历史唯物主义的方法论作用。对于哲学家而言，他们则会以"历史唯物主义是社会发展最普遍规律的科学"为基础，不利用历史材料，甚至不吸收历史研究的基本成果，结果将导致这些学者关于历史唯物主义的著作过于抽象，对历史研究帮助不大。

消除这些不足是历史学和哲学研究的重要任务，也是提高研究水平的途径之一。

---

① 可参见 Багатурия Г. А. Первое великое открытие Маркса: Формирование и развитие материалистического понимания истории // Маркс – историк. М., 1968; Желенина И. А. О трех аспектах марксистской теории исторического познания // Вестник МГУ. Серия 7. Философия. 1985. № 2.

第六章
历史认知的主观与客观

包括历史学在内的一切科学门类，其目的都在于获得真理性认识。所谓"真理性认识"，指的是那些充分反映了研究对象特点的知识。真理性认识的形式是主观的。在认知过程中，认知主体基于某些特定的研究任务，与认知客体进行能动的互动，研究主体在一定的意识形态的指导下，以某种方法论或原则为指导，运用各种研究方法来努力实现研究目标。那么，在主观的认知活动下，人能否获取关于认知客体的客观认识？对于这一问题，历来众说纷纭。这个问题甚至成为关于科学争论最为激烈的话题之一，无论是在宏观科学认知，还是在各个具体科学理论、方法论著作中都格外引人关注。

在社会科学和人文科学中，区分主观和客观的关系尤为困难。主要是因为在这两类科学的认知客体中，主观与客观是有机地交织在一起的。自然科学的认知客体则不存在这个问题，它不具备任何内在属性，因此也就不存在认知主体的目的同认知客体的属性之间发生"冲突"的情况。否则，在"几何定理同人的目的发生了冲突时，其也很有可能会被人推翻"。[1]

---

[1] Ленин В. И. Полн. собр. соч. Т. 17. С. 17.

历史研究方法

在对社会历史发展的研究中,情况有所不同。在这里,认知客体本身包含着人类的兴趣、愿望、热情、激情,这些因素影响了人类活动的结果乃至社会历史的发展进程。并且,恰恰由于这些因素的存在,研究者的研究目标很有可能同现实情况大相径庭。所以,同自然科学和技术科学相比,人文、社会科学的研究容易偏离客观性。具体来说,不仅可能会导致对研究对象的认知不完全客观(通常是不全面)的情况,甚至有可能导致认知完全失真。所以,在人文、社会科学研究中保持认知过程的客观性绝非易事,只有利用唯物辩证法,才能完美地实现对客体的客观认知。

唯物辩证法要求科学认知从客观性、党性和历史主义的原则出发,做到认知活动和认知内容相统一。客观性确保认知主体能够获得对客体的真理性认识;党性原则决定了认知的社会取向,从而决定了认知的社会意义;历史主义则创造了在本体论层面(即从公认的现实的角度)获得客观的真理性认识的可能性。在认知活动和认知内容的统一中,能够体现出认知主体在认知过程中的积极、明确的作用,以及认知主体所处时代的需求和目的——认知主体的这一作用是获得客观认识必不可少的条件。①

无论是党性原则还是历史主义原则,二者最终又都统一于客观性原则

---

① 对科学认知(包括历史学认知)原则的阐释,可参见 Носов А. П. ,Намазов Д. Н. Борьба В. И. Ленина за партийность исторической науки. Ташкент, 1967;Чагин Б. А. Марксистско‐ленинский принцип партийности в философии. Л. , 1974;Сычев Н. И. Объективное и субъективное в научном познании. Ростов, 1974;Кузьмин В. Ф. Объективное и субъективное:(Анализ процесса познания). М. , 1976;Принцип партийности в исследовании социальных явлений:Сб. статей. Л. , 1977;Бурмистров Н. А. Партийность исторической науки. Казань, 1979;Коршунов А. М. Отражение, деятельность, познание. М. , 1979;Донской Д. Е. Партийность как эстетическая категория. Новосибирск, 1980;Иванов В. В. Историзм в ленинской методологии научного исследования. М. , 1982;Творчество и социальное познание:Сб. статей. М. , 1982;Принципы материалистической диалектики как теории познания:Коллективная монография. М. , 1984;Чагин Б. А. В. И. Ленин о диалектике объективного и субъективного в историческом процессе. Л. , 1985;等等。亦可参见相关方法论著作。

之中。客观性原则是对或主观或客观的认知过程的一种概括性表述。① 这种主观、客观交织的复杂表述形式，也引起了人们对"历史认知的真理性"以及"该如何验证历史认知的真理性"的争论。

第一节 主观社会因素：党性原则与客观性原则

1.1 作为一种科学认知原则的客观性

科学认知的客观性原则，意味着研究的"客观性（不是实例，不是枝节之论，而是自在之物本身）"，② 因此，我们需要将注意力集中于认知客体的内在本质上。认知过程的客观性能够确保我们获得关于认知客体的真理性认识，并将这种认识充分反映到意识当中。尽管认识的形式是主观的，但认识的内容却是客观的。认识能否传达客观的认识受到许多因素的制约。

首先，认识的来源是客观的。无论何种形式的认识，都具有客观实在性，认识只能是对客观实在的反映。列宁写道："人的概念就其抽象性、分隔性来说是主观的，可是就整体、过程、总和、趋势、来源来说却是客观的。"③

其次，认知主体对所获得的认知客体的客观的、真理性认识感兴趣。在具体的实践活动中，需要认识来满足主体的某些需求，进而去实现既定的目标。也正是因为如此，列宁指出："生活、实践的观点，应该是认识论

---

① 因此，也有一些学者不无道理地指出，党性不是一种独立的科学认知原则，而是客观性原则的有机组成部分。参见 Желенина И, А. Объективность как принцип социально исторического исследования // Творчество и социальное познание. C. 85，96。历史主义原则也是如此。不过，由于这两种原则在具体科学研究中具有重大的现实意义，显然，它们应当被视为一种独立的原则，只是普遍程度略逊一筹，可以被最具一般性的原则（客观性原则）所涵盖。
② Ленин В. И. Полн. собр. соч. Т. 29. С. 202.
③ Ленин В. И. Полн. собр. соч. Т. 29. С. 190.

的首要的和基本的观点。"① 生活、实践的观点应该是知识理论的首要和主要观点。对认识的实际需求使认知主体在认知过程中活跃起来，这不仅使认识逐渐产生、积累，而且确保了主体能够获得客观认识。当然，想要实现这一过程，需要在下文所指出的框架内进行。

最后，获取客观性认识需要构建一种可以以此获得真理性认识的研究过程。恩格斯指出："如果我们有正确的前提，并且把思维规律正确地运用于这些前提，那末结果必定与现实相符。"②接下来，我们将比较详细地探讨一下这一问题，因为目前对这一问题的研究还很不充分。

决定能否获得真理性认识的各种因素虽然纷繁复杂，但可以归纳为以下几点原则和要求。

第一，必须全面认识认知客体。只有这样才可以进而讨论反映认知客体内在本质的各种现象。

第二，相关研究应当运用多种研究方法。无论是一般科学方法、专门科学方法，还是具体问题方法，任何一种方法都不应被绝对依仗或视而不见。综合使用多种方法，可以取得最佳的研究效果。多样的研究方法，可以在经验认识阶段，为我们提供各种事实；还可以在理论认识阶段，为我们提供对事实的解释和综合分析。

第三，需要采取广泛而深入的方法来解释事实，揭示研究对象的形式和内容、现象和本质、数量（量）和性质（质）、内部矛盾和外在驱动力。

第四，研究过程在必须依靠现有认识的同时，还必须积极创新。所有科学认知都是相对的，追求真理是一个永无止境的过程，其中的每个阶段都是必不可少的环节——它们既埋藏着绝对真理的种子，又是局限性乃至谬误的温床。因此，如果不了解一个物体的认识历程和该物体当前的状态，就不可能确定真正的、用于下一步研究的方法，更遑论去解释新获得的认识。同时，研究者必须积极主动，富有创造力。对现有认识进行研究时，

---

① Ленин В. И. Полн. собр. соч. Т. 18. С. 145.
② Маркс К., Энгельс Ф. Соч. 2 - е изд. Т. 20. С. 629.

需要摆脱虚无主义和保守主义（即既不对现有认识过于轻视，也不对现有认识沾沾自喜），根据社会实践的需求，继续寻找向前进展的方法和道路。对此列宁写道："（暂时的、有限的、局限的）认知和行动的过程把抽象的概念变成完备的客观性。"①

总之，获取客观认识，有赖于认识来源的客观性、认知主体对获取真理性认识的兴趣以及可以获得真理性认识的路径。但这些仅仅是获取真理性认识的条件，能否真正获取，还须取决于认知过程中的某些主观因素，特别是研究者的立场、站位。对于这些主观因素，我们不可以将其完全或部分地忽略。另外，在认知的过程中，错误总是难免的。

1.2 主观社会因素：客观性原则与党性原则

科学认知过程中的主观因素包括一切与认知客体有关的有意识、有目的的活动。由于受到多种因素制约，认知过程的主观性表现得非常多样，但这些表现都可以归纳为两种类型：主观社会因素和主观个体因素。马克思写道："个体是社会存在物。因此，他的生命表现，即使不采取共同的、同其他人一起完成的生命表现这种直接形式，也是社会生活的表现和确证。"② 换句话说，无论其本人接受与否，个体的一切活动本质上都是社会性的——这也使得我们可以在认知活动中挑出其中的主观社会因素。

研究者的社会阶层地位决定了他的党性、阶级性。相应的社会利益关系体现在党性上，并通过世界观和意识形态表现出来。研究者的党性，可能会为研究者所承认，也可能不被其承认，但无论承认与否，党性都始终存在，并且始终体现在认知活动中。总有人认为，"科学去意识形态化"和"超党性、超阶级性的科学"是可能的，并奋力为之摇旗呐喊，但实际上，"科学去意识形态化""超党性、超阶级性的科学"都是站不住脚的，因为它们无异于承认个人独立于社会而存在。在科学中，对党性的否定，其自

---

① Ленин В. И. Полн. собр. соч. Т. 29. С. 177.
② Маркс К., Энгельс Ф. Соч. 2-е изд. Т. 42. С. 119.

身恰恰就是党性的一种体现。列宁指出："非党性是资产阶级思想。党性是社会主义思想。"① 总的来说，符合资产阶级利益的无党派宣讲的目的是掩盖资产阶级的党性原则。

提起科学认知过程中的党性和客观性，必须指出的是，党性并不排除客观性（不过，这也取决于党性的性质）。鉴于不同党性所代表的公共利益是不同的，因此在不同的党性之下，科学认知客观性的程度可能会千差万别。在划分党性时，我们所依据的是各个阶级的利益差异。众所周知，敌对阶级（特别是资本主义社会中资产阶级和无产阶级）的阶级利益差异特别大，而社会主义生产方式下彼此友好、和睦的阶级，以及社会主义社会各阶层（工人、集体农民、知识分子）间的阶级利益差异并不明显，并且在本质上是一致的。

各个阶级和社会阶层间的利益都存在很大的差异。因此，一方面小资产阶级的利益类似于大资产阶级的利益，小资产阶级作为有产者和独立生产者，努力"成为大资产阶级"；②但在另一方面，小资产阶级的利益与大资产阶级的利益存在矛盾，因为在资本主义社会中，小规模生产必然会被大规模生产所取代。因此，作为被大资产阶级压迫的生产者，小资产阶级的利益与工人阶级的利益相似；但同时，二者的利益又是不同的，因为小资产阶级"出卖产品，无产阶级出卖劳动力"。③

一般来说，要研究认知客体的党性，需要仔细确定认知客体代表哪一部分的社会利益。

社会利益取向决定了党性的本质，而党性的本质又通过世界观和意识形态表现出来。在具体的科学研究中，党性通过科学认知的理论、方法论影响研究结果的客观性④——毕竟，科学认知的理论、方法论是研究的基

---

① Ленин В. И. Полн. собр. соч. Т. 12. С. 138.
② Ленин В. И. Полн. собр. соч. Т. 1. С. 402.
③ Ленин В. И. Полн. собр. соч. Т. 27. С. 220.
④ 参见 Ворожцов В. П., Москаленко А. Т. Методологические установки ученого: Природа и функции. Новосибирск, 1986.

础，二者直接决定了研究能够在多大程度上维持客观性。如果科学认知的理论、方法论遵守了必要的原则，那么研究就将具备客观性，认知主体可以获得研究所需要的真理性认识。但如果二者只遵守了部分原则，那么研究也只能仅在一定程度上具备客观性，研究结果也只能仅在一定程度上反映客观实际。当然，主观个体因素在这里也发挥着重要作用，对此我们将在下文进行讨论。

在科学认知的过程中，客观性与党性之间的具体关系取决于党性所表达出的阶级和社会阶层的利益与社会历史发展客观过程的吻合程度。如果说存在一个阶级，其阶级利益完全符合社会历史发展的客观过程，并且这个阶级自身也致力于去客观认知这一过程（因为对现实的真理性认识符合这一阶级的利益，有助于这一阶级实现进而产生的任务和理想）的话，那么这个阶级无疑就是工人阶级。正如恩格斯指出的，由于工人阶级的利益同社会历史发展的客观过程相符合，因此，工人阶级"比资产者偏见少得多，看问题清楚得多，不戴上自私的眼镜来看一切"，① 并支持一切促进社会进步的事物。因此，在科学认知上，无产阶级的党性与客观性有机地结合在了一起。马克思主义不仅没有掩盖无产阶级的社会本质及其党性的战斗性，而且直接承认"唯物主义本身包含有所谓党性"。② 马克思主义一方面要求"对社会现象的看法应基于对现实和实际发展的客观分析"，③ 另一方面要求"对事变作任何评价时都必须直率而公开地站到一定社会集团的立场上"。④ 列宁在强调科学认知内在固有的党性时指出："如果不用马克思主义的观点来评定、评价事物的真实情况，而是用自由派的观点或者用反动的观点等来作评定和评价，那就无法进行'对事物的真实情况的研究'！"⑤

在工人阶级的阶级利益与社会历史发展的客观过程相符合的条件下，

---

① Маркс К., Энгельс Ф. Соч. 2 - е изд. Т. 2. С. 357.
② Ленин В. И. Полн. собр. соч. Т. 1. С. 419.
③ Ленин В. И. Полн. собр. соч. . Т. 2. С. 547.
④ Ленин В. И. Полн. собр. соч. . Т. 1. С. 419.
⑤ Ленин В. И. Полн. собр. соч. . Т. 23. С. 240.

马克思主义客观性和党性的有机统一性表现在工人阶级的认知活动和实践活动的统一性、马克思列宁主义理论与革命斗争实践的统一性以及马克思主义唯物主义一元论及辩证法的统一性上。这就是为什么马克思主义的诞生是整个科学，特别是社会科学发展中的一次革命：只有马克思主义做到了充分而真实地认知社会历史发展，并确定了一系列认知原则。马克思主义作为一种一贯客观的自然历史理论，其出现和传播引起了资产阶级的"最激烈的攻讦"，马克思主义学说"在其生命的途程中每走一步都得经过战斗①"。②

不过，马克思主义在科学发展中的革命意义并不像人们有时所认为的那样，只有当作为工人阶级科学理论的马克思主义诞生后，社会科学才应运而生；或者只有基于马克思主义，人类才能科学地认知社会历史发展。

除工人阶级之外，历史上还出现过其他阶级，他们的利益也曾在一定程度上与当时社会历史发展的客观进程相吻合。比如，在从封建主义向资本主义过渡时期，以及资本主义发展初期阶段，社会发展的客观进程需要在很大程度上与新兴资产阶级的利益相一致。

这就是为什么资产阶级思想家也提出过符合当时发展要求的哲学理论。这些理论也被运用在历史学当中，其中的典范就是革命论和启蒙思想。当时，资产阶级思想家的资产阶级党性在很大程度上与社会历史认识的客观性结合到了一起。19世纪40~60年代，俄国革命民主主义者（主要是 В. Г. 别林斯基、А. И. 赫尔岑、Н. А. 杜勃罗留波夫和 Н. Г. 车尔尼雪夫斯基）的观点虽然是非马克思主义的，但他们对社会历史认识的客观性和党性做到了最大限度的统一。他们从农民阶级的阶级利益出发，为推翻农奴制而斗争。在这场斗争中，农民阶级的利益同历史发展的客观过程相一致，并表达出了社会历史发展最进步的方向。列宁在点评以赫尔岑为代表的社会民主主义者的社会历史观特别是社会学思想时指出，他们的思想"已经

---

① 时至今日，依旧如此。——作者注
② Ленин В. И. Полн. собр. соч.. Т. 17. С. 17.

走到辩证唯物主义跟前,可是在历史唯物主义前面停住了"。① 总体上看,俄国革命民主主义者的历史观本质上是唯心主义的。这主要体现他们既承认经济因素、人民群众、阶级斗争和革命运动在社会发展中的重要作用,又认为社会发展是辩证的。②

19世纪上半叶至19世纪中叶,资本主义生产方式普遍得到了确立。在当时,对社会历史发展的认识做出了突出贡献的,是自由主义资产阶级的社会科学、历史学流派。当时的资产阶级学者在历史学发展中引入了一个新鲜事物——辩证法。虽然他们的辩证法基于唯心主义理论,但即使如此,也大大提高了历史研究的客观性,因为当时已经开始将历史发展视为一个受到内部条件制约的有规律的过程。这一时期资产阶级史学发展的高峰是法国复辟时期的自由资产阶级历史学家(如奥古斯丁·梯叶里、弗朗索瓦·基佐、弗朗索瓦·米涅等),在俄国则是杰出的自由资产阶级历史学家 Т. Н. 格拉诺夫斯基和 С. М. 索洛维约夫。

但是,在自由资产阶级手中,对历史社会本质的研究非但没有得到进一步发展,反而走向了倒退。在无产阶级和资产阶级之间不断爆发斗争的情况下,无论是唯物主义还是辩证法都不符合资产阶级的利益。对此马克思写道:"辩证法,在其合理形态上,引起资产阶级及其夸夸其谈的代言人的恼怒和恐怖,因为辩证法在对现存事物的肯定的理解中同时包含对现存事物的否定的理解,即对现存事物的必然灭亡的理解;辩证法对每一种既成的形式都是从不断的运动中,因而也是从它的暂时性方面去理解;辩证法不崇拜任何东西,按其本质来说,它是批判的和革命的。"③

1.3 主观主义和客观主义的错误

资产阶级在与封建主义和专制主义的斗争中,能够"将其利益表现为

---

① 参见 Ленин В. И. Полн. собр. соч. Т. 21. С. 256。
② 参见 Иллерицкий В. Е. Революционная историческая мысль в России:(Домарксистский период). М., 1974。
③ Маркс К., Энгельс Ф. Соч. 2-е изд. Т. 23. С. 22。

社会全体成员的共同利益"①的时代已经逐渐成为过去，当前的资产阶级思想家主要关注的是该如何捍卫资产阶级的利益。因此，只有当认知能够满足资产阶级利益，能够证明其利益存在合理性的前提下，科学认知才具有"客观性"——这就是秉持资产阶级党性的社会科学学者们试图去证明的东西。总之，资产阶级史学的党性、客观性逐渐发生了变化，对此一个鲜明的例子便是主观主义的广泛传播。

主观主义者从狭隘的阶级利益或某一特定群体的利益出发，试图接近历史现实，认识社会历史发展。在他们的眼中，社会历史发展不是一种客观实在，而是一种对维护社会利益有益的东西。主观主义的基础是形而上学，形而上学是一种对现实孤立的、简单的、机械的反映。主观主义之下，人们会不可避免地以唯心主义的方式去理解社会历史发展的本质，特别是会以空泛的唯心态论去解释社会历史发展。于是，评价历史事件的标准就变成了正义、法律、道德等主观、抽象的概念。从这里我们可以非常明白地看出，对于那些基于主观主义的社会历史认知而言，在对它们的研究过程中，客观性和党性到底孰轻孰重。在研究过程中，主观性不仅明显战胜了客观性，而且可以完全消解研究的客观性。因此，伴随着自19世纪末以来以新康德主义、现在主义、存在主义等理论为代表的主观主义的广泛传播，资产阶级历史学研究随即在理论和方法上遭遇了广泛而深刻的危机。

主观主义是一种社会历史认知的方法论，在社会层面主要满足保守的、反动的资产阶级利益的需求。但是如果从历史学和社会科学观念的角度来看，历史认知中的主观主义可以被用来证明民主变革甚至暴力革命的必要性。我们可以以俄国的民粹派为例，其提出的社会转型方案符合广大小生产者，主要是农民阶层的利益；并且在客观上，其革命活动为资产阶级民主的发展开辟了道路。但是民粹派主观主义思想的社会基础不是农民利益，而是知识分子的错误观念：民粹派试图将俄国历史的发展转向另一条道路，一条非资本主义的道路。换句话说，主观主义反映了作为一种社会思想的

---

① Маркс К., Энгельс Ф. Соч. 2-е изд. Т. 3. С. 47.

民粹主义和作为一场社会运动的民粹派运动的群体利益。民粹派的例子可以证明，客观性和党性与某些阶级、某一社会阶层和某一社会群体三方利益之间存在复杂的联系。

当然，民粹派的高尚意愿改变不了其主观主义的性质。出于主观主义，民粹派对过去的认识并不客观。列宁在《什么是"人民之友"以及他们如何攻击社会民主党人？》等著作中批判了民粹派的主观主义，并指出了其理论是站不住脚的。

如果说主观主义将认识与客观实在分离开来，并使认知主体的作用绝对化，那么客观主义则是弱化了认知主体的作用，强化了客观实在的作用。

客观主义也是一种从资产阶级利益出发的科学认知的方法论。但是，不同于主观主义最终否定社会发展的内在规律，并经常对历史现实裁裁剪剪以适应主体的主观设想，客观主义从历史事实出发，旨在从历史上证实资本主义确立起自身统治的必然性。因此，客观主义需要参考历史事实，并对其进行公正的阐述，拒绝对其加以批判性的分析和解释，这样便可以保证历史认识的真实性。在揭示社会历史发展的事实方面，客观主义在某种程度上讲确实天生具有客观性，但事实上这也是非常有限的。首先，尽管客观主义主张客观性，力求不偏不倚，但在历史事实的选择上，客观主义却对一切揭示资产阶级和资本主义发展过程中固有的对立、斗争的事物视而不见，并且力图证明这些事物的历史短暂性。其次，客观主义反对事实分析，将对社会历史发展的认识限制在了经验认识阶段上。最后，历史认识论领域的客观主义总是建立在形形色色的唯心主义和多元论的基础上，而没有力图表现历史事实的"原貌"。但事实上，还原历史原貌才是当今历史研究的特征所在。

列宁在同司徒卢威的论战中，揭示出了客观主义作为一种社会历史认知方法的局限性，以及在资产阶级党性原则之下客观主义的所谓"公正性"。列宁对那个年代客观主义的批判同样完全适用于当前。列宁写道："客观主义者谈论现有历史过程的必然性；唯物主义者（即马克思主义者）则是确切地肯定现有社会经济形态和它所产生的对抗关系；客观主义者在证明现有一系列事实的必然性时，总是有站到为这些事实辩护的立场上去的危险，唯物主义者则是揭露阶级矛盾，从而确定自己的立场；客观主义者谈论'不可克服的历史趋势'，唯物主义者则是谈论那个'支配'当前经济制度、促使其他阶级进行种种反抗的阶级。可见一方面，唯物主义者贯彻自己的客观主义，比客观主义者更彻底、更深刻、更全面。他不仅指出过程的必然性，并且阐明究竟是什么样的社会经济形态提供这一过程的内容，究竟是什么样的阶级决定这种必然性。"① 因此，客观主义虽然反对马克思主义，但是在历史学中，受资产阶级党性原则影响下的客观主义一来具有多样性，二来对社会和历史的认识具有客观性，这是客观主义与实际上导致了"史学危机"的主观主义根本不同的地方。

综上，总的来说，坚持党性，并不意味着不遵循社会历史发展认识的客观性；相反，党性对客观性产生了重大影响。在马克思主义中，这种影响意味着对客观性的全面肯定。

无产阶级党性需要无条件地遵循客观性——这是因为无产阶级党性同客观性是有机结合在一起的。其他类型的党性由于其社会本质的问题，在很大程度上限制了历史研究的客观性，这些党性所表达出的社会利益也越发不符合社会历史发展的客观过程。因此，在利用相关历史文献时，历史学家的一项重要任务就在于揭示作者的党性以及研究中的党性与客观性之间的联系。

第二节 历史研究中的主观个体因素

2.1 直觉、想象等主观个体因素在科学认知中的作用

除了能够体现研究者党性原则的主观社会因素，反映认知主体个体特征的主观个体因素同样在科学认知活动中发挥着重要作用。列宁指出："如

---

① Ленин В. И. Полн. собр. соч. Т. 1. С. 418.

果考察逻辑中主体对客体的关系,那就应当注意具体的主体(=人的生命)在客观环境中存在的一般前提。"① 在科学认知活动中,研究者的个人的智力、性格等内在因素都会对认知结果产生影响。

在众多影响认知活动的个体因素中,直觉(интуиция)是一种最令人感兴趣的因素。② 直觉在科学认知中究竟起到了怎样的作用?对于这个问题,各方专家学者至今依旧争论不休。唯心主义将直觉解释为一种神秘的、超自然的理解真理的方式,不受理性思维的约束。

辩证唯物主义对科学过程的分析,同时也是一种直觉的分析。尽管从认知阶段来看,直觉所处的认知层次还比较低,还是一种不完整的认知,但它可以揭示客观实在的内在本质,是主体对认知客体本质的直觉理解的主要来源和天性。直觉是一种复杂的现象,它既是认知活动的一种特定形式,又是心理反映(психическое отражение)的一种特定形式。直觉与其他形式的认知(如感性认识和理性思维)密切相关,但直觉并不是像唯心主义所宣传的那样是无意识的,而是一种主观的无意识的过程。

直觉真正的基础是客观实在的信息。这一信息虽然来源于人的记忆,却不在视觉和意识的范围之内。"当意识投射到知识中时,只有一小部分的知识能够在任何时刻都有所回应。某些③人脑中的信息对意识完全不会有任何回应。"④ 不过,这类隐藏信息也可以被包含在认知过程当中,可以作为直觉产生的基础。总之,"直觉是知识的来源,它是那些并不为认知主体所知晓,但实际上存在于认知主体脑海中的知识"。⑤ 这种知识被称为隐性知识〔криптогноза,这个单词来自希腊文 kryptos(意思是"隐性的")和

---

① Ленин В. И. Полн. собр. соч. Т. 29. С. 184.
② 参见 Бунге М. Интуиция в науке. М., 1967; Налчаджан А. А. Интуиция в процессе научного творчества. Ереван, 1976; Ирина В. Р., Новиков А. А. В мире научной интуиции. Интуиция и разум. М., 1978; 等等。
③ 数量其实并不少。——作者注
④ Спиркин А. Г. Сознание и самосознание. М., 1972. С. 188.
⑤ Ирина В. Р., Новиков А. А. Указ. соч. С. 123.

历史研究方法

gnosis（意思是"知识"）]。显然，直觉不是对隐性知识的简单重现，而是一种对积极（表达出来的）知识和被隐藏起来的知识进行处理的复杂过程。这种处理的目的在于完成既定的研究任务。这一处理过程的心理机制和逻辑机制暂时尚不明确，但很明显，直觉绝不是盲目的，它拥有非常真实的前提基础。所谓"前提基础"，指的是在认知主体心中，必然存在一个迫切希望得到解决的任务（问题）。没有这个任务，认知主体就没有必要去挖掘隐藏信息，更不会有将直觉表现出来的动力。除此之外，认知主体联系感知、综合感知以及思维的能力都非常重要，它们能够帮助潜意识检索必要的图像，对比、综合不同的现象以及认知客体的不同观点。有的学者认为，无论何种规模的科学发现，都必须建立在耐心细致、持之以恒、有方向性的研究和检索之上。笔者认为，这一观点是完全正确的。直觉只会照亮那些值得拥有它的人。

直觉在科学认知过程中占有重要地位，它是感性认识和逻辑认识彼此调和的手段。直觉与逻辑是科学认知过程的两个方面，也是两种密切相关的认知方法。在具体的研究中，直觉主要应用在从经验认识到理论认识的过渡阶段——也就是说应用在寻找灵感、推进假设，从而揭示所研究对象的本质特征的过程中。通过对这一本质进行纯粹的逻辑识别，寻找灵感和推进假设的基础一方面在于经验认识的成果，另一方面则在于活跃的、可见的和有研究者意识参与的信息。在这个过程中，直觉引入了一些有研究者参与，但没有被明确意识到的东西（隐藏信息）。综上，揭示研究对象的本质的过程是一个两位一体的过程——或者说是为了实现同一个结果的两条路径。此外，这一过程的心理机制的模糊性也是认识直觉之天性的基本前提。

通过直觉而获得的知识，尽管看起来"显而易见"，但同样具有假设性。因此，通过直觉得来的认识和其他假设性的认识一样，其科学性"必须经过实践验证"。①

---

① Ирина В. Р., Новиков А. А. Указ. соч. С. 183.

第六章　历史认知的主观与客观

除了直觉之外，在科学认知中发挥重要作用的另一个主观个体因素是人的想象力（способность к воображению）。① 想象的本质是将客观实在现有的印象和信息转化为新的形式和概念。"想象表现出认知主体活动的能动性。在想象的作用下，认知主体可以把握认知客体从过去到现在再到未来这一变化过程的辩证关系，将客体过去、现在和未来的状态紧密联系在一起。"② 在认知事物、创造事物的过程中，研究者会为自己设定特定的目标。这一目标可以是某种应当实现的理想。在想象的参与下，认知活动将在固有认识的基础上创造出客观实在新的形象。在这一过程中，想象看似脱离了实际，实际是为了认识得更加深入。

通过想象创造形成新形象的方法有以下几种：

1. 强调法（акцентирование），即通过突出、强调研究对象的某些特征来创造新形象；

2. 重建法（реконструкция），即根据研究对象现有的数据重建其整体形象；

3. 凝集法（аглютинация），即通过综合研究对象的异质属性来创造新形象；

4. 典型法（типизация），即通过研究对象的特殊概括来创造复杂的综合形象。③

在运用想象的过程中，可能会创造出凭借感性认识无法直接认知的形象，而历史学家恰恰是和当前不存在、不能被直接观察到的事物打交道。

---

① 参见 Дудецкий А. Я. Теоретические вопросы воображения и творчества. Смоленск, 1974; Коршунова Л. С. Воображение и его роль в познании. М., 1979; Она же. Диалектика чувственного и рационального в воображении // Творчество и социальное познание. М., 1982; Корнева Л. С. Воображение и историческое познание. М., 1983; 等等。

② Коршунова Л. С. Диалектика чувственного и рационального в воображении. С. 170.

③ 参见 Коршунова Л. С. Воображение и его роль в познании. С. 14 等处。

因此，想象在历史研究中占有重要地位。特别是在一些可用信息不足，难以对研究对象的特性进行重建的情况下，想象是研究者必不可少的研究工具。

对于揭示研究对象的本质而言，想象所起到的作用非常重要。想象是一种寻找灵感、提出假设的手段，它能够解释许多在研究中将会用到的信息。除了这些作用之外，想象还可以帮助研究者在心中构建针对研究对象的理想模型。理想模型具有很高的认知价值。最有效的科学认知过程，即从抽象上升到具体，而理想模型正是基于这一认知过程。综上，总的来说，想象是一种利用现有知识获取新知识的方式。

幻想（фантазия）与想象相关，也是一种重要的认知工具。① 列宁特别强调人的想象力和幻想力，他写道："这种才能是极其可贵的。以为只有诗人才需要想象，这是没有道理的……甚至在数学上也需要想象，甚至微积分的发现没有想象也是不可能的。"②

想象和幻想的相似之处在于，它们改变了现实的面貌，并以此作为认知现实的一种手段。但二者之间也存在显著差异。想象是在现实的基础之上形成新的形象，它只是对现实的外在特征进行了局部修改，保持了现实的整体结构（即其内部各部分的构成方式）。通过想象而实现的重建可以反映出研究对象的基本属性。幻想虽然同样依据的是客观实在，但它所描绘出的形象可能在现实中没有类似现象（即没有原型）。幻想专注于创造新的形象。一般来说，幻想出的事物与现实的"偏离"程度要高于想象。因此，当幻想描绘出的形象反映了现实的某些本质特征时，此时幻想是理性的；当幻想描绘出的形象仅仅是现实的某些表象，而没有反映出其本质时，此时的幻想是虚幻的；而当幻想描绘出的形象在现实中完全不存在，此时的幻想是完全虚假的。③

总的来说，可以认为幻想是想象的最终形式。

---

① 参见 Пармон Э. А. Роль фантазии в научном познании. Минск，1984。
② Ленин В. И. Полн. собр. соч. Т. 45. С. 125.
③ 参见 Пармон Э. А. Указ. соч. С. 24 等处。

2.2 主观因素在科学研究各个阶段中的作用

在科学研究中，幻想和想象一样，都是帮助认识从经验认识过渡到理论认识的研究工具。直觉、想象和幻想都是人类固有的品质，三者特征各异，都是会影响到研究活动的主观个体因素。当然，三种因素在实际认知活动中能发挥出多大的作用，依旧依赖一定的社会因素，但尽管如此，我们要讨论的，仍主要侧重于三者自身的一面。

除了直觉、想象和幻想之外，科学研究的过程和结果还受到许多其他主观个体因素的影响，例如通过创造性的、非常规的方法来解决问题的能力，研究者的个人学识、毅力、好奇心、严谨程度、勤奋程度，等等。

很明显，除了研究者的社会地位、党性之外，研究者的个人因素也会影响研究的客观性和成果的真实性。虽然党性在其中无疑具有决定性作用，但研究者的主观个体因素的作用同样不可小觑。况且，党性之所以能够形成，在很大程度上恰恰受到了主观个体因素的影响。当然，任何阶级、任何社会阶层在其发展的过程中都会创造出其存在的物质基础和精神基础。因此，一个人的社会地位（主要是影响了生活方式和世界观的社会地位）决定了他的利益取向和社会地位与党性原则。

但是，即使某人出身于某一阶级，他的阶级立场也有可能倾向于另一个阶级，这样的例子在历史上不胜枚举。当然，这种转变既受到主观个体因素的影响，也受其具体生活因素的影响。如果不这样考虑的话，就不可能解释，为什么农奴出身的历史学家 М. П. 波戈金是保守分子，是专制制度的积极捍卫者；而贵族出身的 А. И. 赫尔岑反倒成为一名民主主义者和革命者。

由此可见，主观个体因素不仅在很大程度上决定了出身于某个阶级或阶层的人向其他阶级或阶层靠拢，还决定了人们对某个阶级或阶层的利益取向的理解、他们实现自身利益的方式方法甚至学者对于某个问题的理解。

总之，在社会地位和党性的主导下，科学认知中的主观社会因素和主观个体因素紧密相连。两种因素对研究客观性的影响在经验认识阶段和理论认识阶段并不相同，在经验认识阶段的影响要小于理论认识阶段。但即使如此，我们绝不能对这种影响视而不见。在经验认识阶段，研究者的理论、方法论立场一定要准确。任何研究都始于"选择认知客体"和"设定研究任务"，而这两个步骤都与科学认知的理论、方法论直接相关，研究任务的范围又决定了研究中所必需的史料的范围。因此，尽管对历史事件本身的记录可能是完全客观的，但历史事件的范围可能并不足以充分揭示出研究任务的本质。并且，在经验认识阶段，对史料信息的组织、总结可能也并不是多么客观。所以，很多事实，在经历了经验总结之后，许多有价值的、原始信息都消失了。

而在理论认识阶段，主观因素的作用要比在经验认识阶段更加强大——这是非常自然的事情，因为在理论认识阶段，研究者要对经验认识所揭示出的具体史实进行抽象的理论分析。寻找灵感、推进假设、检验假设、形成具体科学概念和理论……无论在哪一个研究步骤中，起决定性作用的都是研究的科学认知理论及方法论（即研究者的社会地位）。但此时，研究者的主观个体因素（如知识储备、直觉、想象力等）同样非常重要：首先，主观个体因素将基于一定的理论和方法，呈现出某些观念或假设；其次，这些因素反映出了主体认知的能力和活力，有助于增强认知过程的客观性和认知成果的真实性。列宁指出，"主观性是消灭这个区分（观念和客体）的冲动"，① 也就是说，观念是对客体本质的不完全反映。

一般来说，无论是经验认识阶段还是理论认识阶段，党性及其他主观因素都会以各种形式表现出来。主观因素和客观性的关系取决于主体对获得真理性认识的兴趣。这些因素既可以导致主观性，也可以减轻资产阶级党性对客观性的负面影响。我们不妨假设有一位历史学家，无论是他所采用的理论和方法，还是他的研究任务可能都没有要求他必须去查验和研究对象相关的史实，但如果他为学足够严谨，并且获得真理性认识的意愿足够强烈的话，他同样会将和研究对象相关的史实一一查验。反之，如果他

---

① Ленин В. И. Полн. собр. соч. Т. 29. С. 176.

治学粗疏，对研究得过且过的话，即使研究方法明确要求需要查验相关史实，他也未必会做。显然在这种情况下更容易得出缺乏代表性的结论。

总之，只要认知主体（社会中的某一阶级或个人）具有获得认知客体的真理性认识的意愿，无论是主观社会因素（党性），还是主观个体因素，都会帮助他获得真理性认识。

2.3 对历史现实的美学感知

关于主观因素在历史研究中的作用，还有一点需要注意，那就是在历史研究中，美学感知对历史现实的影响。① 美学感知（эстетическое восприятие）是一种来自感官的、具体的、情感上的认知，是研究者对史实的个人态度。应当说，"情感对感性和智力活动都有益处"。② 所以，情感因素"存在于包括历史学在内的任何科学中。没有激情的历史叙述是作者精神贫困的铁证"。③ 这种精神贫困自然会对研究的结果产生负面影响。

不过，如果认为美学感知是一种等同于理论思维的特殊手段，那也是不合理的。А. В. 古雷加指出："历史概况是一种独特的认识，它是对世界的理论抽象和审美抽象的综合。"④ 诚然，"理性之美与美之理性都是与生俱来的"，但即便如此，我们绝不可以认为在历史认识中，情感与理性处于同一个水平面，甚至认为情感的作用高于理性。那样的结果就是得出以下结论："历史形象比历史概念更加持久。重建历史是一项严谨的工作，但同时，重建历史本身非常脆弱；而历史形象虽然没有定型，看不见摸不着，却更明确、更稳定。"⑤ 这种认识实际上间接承认了历史认识要么是一种文学艺术，要么是一种文学、艺术与科学的结合。除此之外，将"设身处地"和"共情"当作一种只存在于艺术学或历史学中的特定的、感性的、情感

---

① 参见 Гулыга А. В. Эстетика истории. М, 1974；Иванов Г. М., Коршунов А. М., Петров Ю. В. Указ. соч. С. 47；Уваров А. И. Указ. соч. С. 102；等等。
② Гулыга А. В. Указ. соч. С. 46.
③ Гулыга А. В. Указ. соч. С. 63.
④ Гулыга А. В. Указ. соч. С. 63.
⑤ Гулыга А. В. Указ. соч. С. 85.

的认知方法（或技巧）同样是不恰当的，因为二者的应用范围是人类世界，关注的对象是人类活动。"'设身处地'的本质是作者（历史学家）试图去理解其研究对象，尽量去体验历史人物的感情。"①

历史学家在研究过去的历史事件时，不仅要代入历史人物的感情，还要置身于他所研究的历史环境之中，进入当时的历史时空，统筹客观与主观，协调历史事件的个别性、特殊性和一般性。如果不对研究对象在整体上"设身处地"的话，就谈不上与研究内容"共情"，更遑论理解其中的主观个体因素——这就是辩证唯物主义与主观唯心主义对历史认识的不同之处，在主观唯心主义中，"共情"的基础不是历史现实，而是基于"人类的心理在任何时候都是统一的"这一观念。辩证唯物主义则认为，"共情"不仅是主观的、感性的，同时也是客观的、理性的。以博罗季诺战役为例，如果我们不考虑1812年卫国战争的总体战略形势的话，无论再怎样研究库图佐夫的心理感受，也永远都无法理解他撤离莫斯科的原因。因此，"设身处地"和"共情"似乎是科学想象的组成部分和方法，但正如我们刚刚指出的那样，实际上它们都是基于客观实际的。因此，对于历史发展的主观认知和客观认知而言，"设身处地"和"共情"二者都很重要。在研究历史事件的客观性或规律性的时候，"设身处地"到事实中也非常必要，当然，这与主观个体方面的"共情"比起来，难度要大得多。也正是因为如此，"设身处地"不仅应用于艺术学和历史学，在一切学科中都能找到它的身影。

第三节　历史认识的真理性

3.1　问题的本质

科学认知方法中最复杂的问题，在于科学认知的真理性问题及其验证

---

① Иванов Г. М., Коршунов А. М., Петров Ю. В. Указ. соч. С. 48.

的途径和方法。长期以来，无论是哲学家，还是来自各个学科的专家学者，都对这两个问题密切关注，争论不休，各执己见。因此，笔者并不奢望给出这两个问题的终极答案，而是希望从认识真理性问题的一般方法入手，归纳历史认识真理性的主要特征，总结验证历史认识真理性的具体方法，以供历史学家在研究实践中加以运用。①

科学知识是认知主体对认知客体的如实反映。真理性认识是对现实的客观反映，是以科学事实、概念、理论和思想的形式对客观实在的再现。就其内容而言，客观知识"不依赖人，不依赖人类"。②

由于客观实在具有多样性和无限性，所以，认识的真理性是相对的、有条件的，但谬误同样如此。真理与谬误是认识的辩证对立面。恩格斯指出："……今天被认为是合乎真理的认识都有它隐蔽着的、以后会显露出来的错误的方面，同样，今天已经被认为是错误的认识也有它合乎真理的方面，因而它从前才能被认为是合乎真理的。"③

---

① 参见 Коган Л. Н. О специфике применения критерия практики к исторической науке // Практика – критерий истины. М., 1960; Логин В. Т. Истина и ее критерий в сторической науке // Вопросы методологии науки. Томск, 1971. Вып. 1; Копнин П. В. Гносеологические и логические основы науки. М., 1974. Ч. I. Гл. V. Гугнин А. М. Истина и ее критерий в истории // Вопросы отечественной историографии и источниковедения. Днепропетровск, 1975. Вып. 2. Уемов А. И. Истина и пути ее познания. М., 1975; Кузьмин В. Ф. Объективное и субъективное. М., 1976. Гл. V; Чудинов Э. М. Природа научной истины. М., 1977; Курсанов Г. А. Ленинская теория истины и кризис буржуазных воззрений. М., 1977; Хачатрян Л. Б. Проблема объективности научного знания. Ереван, 1979; Заботин П. С. Преодоление заблужден ия в научном познании. М., 1979; Старостин Б. А. Параметры развития науки. М., 1980; Нагдимунов И. М. К проблеме объективности в исторической нау ке // Проблемы методологии познания. М., 1981; Идеалы и нормы научного исследования: Сб. статей. Минск, 1981; Манасян А. С. Методологические принципы объективности научного знания и единство науки. Ереван, 1984; Марков Б. В. Проблемы обоснования и проверяемости теоретического знания. Л., 1984; Кезин А. В. Научность: Эталоны, идеалы, критерии. М., 1985; Пружинин Б. И. Рациональ ность и историческое единство научного знания: (Гносеологический аспект). М., 1986; 等等。
② Ленин В. И. Полн. собр. соч. Т. 18. С. 123.
③ Маркс К., Энгельс Ф. Соч. 2 - е изд. Т. 21. С. 303.

科学认知在各个特定阶段都会受到来自各方面情况的制约。但无论何种相对真理（относительная истина），由于其自身具备客观性，所以其中或多或少都包含着某些绝对真理的成分，并且在对现实的不断认识的过程中，逐渐走向绝对真理（абсолютная истина）。绝对真理是对认知客体的终极反映，不会随着知识的进一步发展而被推翻。列宁指出："人类思维按其本性是能够给我们提供并且正在提供由相对真理的总和所构成的绝对真理的。"① 现实在实质内容方面的性质规定性决定了客观真理始终是唯一的（只有个一）、具体的。因此，一方面，任何试图寻找和建构抽象真理或普遍真理的企图都是站不住脚的；而另一方面，对具体真理进行宽泛解释也是不合理的、毫无根据的，因为这样，真理"可能会被弄到荒谬绝伦的地步"。②

认知活动的主观性并不会排除获得客观真理的可能性。

3.2 对历史认识真理性的形而上学理解

纵观整部科学史（也包括历史编纂学——历史学的历史），随着科学的不断发展，人类对客观实在的认识不断深入，对客观实在的真理性认识也在不断增加。但在认识发展的过程中，失误、错误甚至蓄意歪曲的情况同样屡见不鲜。这三种错误认识在社会历史发展的研究中，主要表现为社会阶层利益与认识的客观性之间产生了矛盾，并导致认识越来越偏离客观。偏离客观的主要因素是认知主体对历史认识有限，或者是受制于认知主体的社会地位、党性，选用了依据不足的理论、方法论，再或者是选用了不合适的研究方法，研究过程中出现了各种主观上的错误等。

因此，认识论的中心问题，就在于认识的真理性问题。在非马克思主义的知识论中，对于认识的真理性问题已经有许多不同的见解。我们不可

---

① Ленин В. И. Полн. собр. соч. Т. 18. С. 137.
② Ленин В. И. Полн. собр. соч. Т. 41. С. 46.

能，也没有必要对各种观点一一研究，并且已经有大量文献对这些观点做出了批判性的分析。① 在此只强调一点，这些主张在理论上都可以被简化为主观唯心主义或客观唯心主义。有的观点较为保守，可以被归纳为庸俗唯物主义，有的观点则非常激进，可以直接被认为是多元论。而在方法论上，这些观点要么主张将认知过程与客体或主体分离（即形而上学理解），要么认为科学认知是认知主体与认知客体辩证互动的产物。

　　主观主义史学的情况如何？尽管各种主观主义观点对认知过程和认识真理性的见解各有不同，但它们都主张将认知本身同认知客体分离。这些观点都或多或少地认为认识的来源在于认知主体的意识，意识在认知主体固有的、或普遍或个体的观念的基础上构成现实。显然，无论是意识，还是观念，都不能作为检验知识真理性的标准，这是因为，首先认识的思维结构及其所依据的先验认识并不唯一；其次二者本身是否合理仍未可知。

　　在历史学中，历史学家一切的主观建构、主观前提，归根结底都是为了使史料中记载的历史事件具有某些特殊意义。显然，历史学家对过去的理解受制于自身的主观社会立场、党性阶级性。由于主观主义所反映的，通常是那些保守的社会政治力量的利益，他们的利益往往与社会利益鲜有交集，并且常常与社会历史发展的客观进程截然相反。所以，主观主义认

---

① 参见 Нарский И. С. Современный позитивизм: Критический очерк. М., 1961; Концепции науки в буржуазной философии и социологии. Вторая половина XIX – XX в.: Сб. статей. М., 1973; Буржуазная философия XX в.: Сб. статей. М., 1974; Уткина Н. Ф. Позитивизм, антропологический материализм и наука в России (вторая половина XIX в.). М., 1975; Грзал Л., Попов С. Критика современных буржуазных социологических теорий. М., 1976; Юлина Н. С. Проблема метафизики в американской философии XX в.: Критический очерк эмпирико – позитивистских течений. М., 1978; Социологическая мысль в России: Очерки истории немарксистской социологии последней трети XIX – начала XX в. М., 1978; Вайнштейн О. Л. Очерки развития буржуазной философии и методологии истории в XIX – XX вв. Л., 1979; История буржуазной социологии XIX – начала XX в. М., 1979; Лооне Ээро. Современная философия истории. Таллин, 1980; Шкуринов П. С. Позитивизм в России XIX в. М., 1980; Венцковский Л. Э. Философские проблемы развития науки: Современные исследования. 70 – е годы. М., 1982; Никифоров А. Л. От формальной логики к истории науки. М., 1983. 亦可参见专门探讨历史认识理论、历史认识方法论的著作。

识的真理性一般非常贫乏；即使有，也只局限于现象的事实层面，无法深入现象的本质。

客观主义形而上学的认知方法的特点，在于知识与认知主体的分离，知识独立于认知主体自觉的、有目的的认知活动而单独存在。在形而上学的认识论中，只有基于感性经验（чувственный опыт）的知识才具有客观性和真理性。基于感性经验的知识能够将认知客体再现为一种直接的现实，比如现象（явление, феномен），但现实的内在实体本质（本体，ноумен）仍然是不可知的。也就是说，形而上学的认知方法，是感性经验和不可知论的结合。所以，形而上学的认知只能停留在经验认识阶段。那么，该如何保证形而上学认识的真理性？这只能寄希望于研究者遵守科学道德伦理，选择适当的研究方法。"遵守科学道德伦理"，通常指的是在进行科学研究时，坚持去意识形态化，去哲学化，尽量避免对事实进行解释。也就是说，归根结底要摒除对现实进行理论认识，拒绝将经验主义绝对化。至于"选择适当的研究方法"，实际上是对自然科学（包括数学）方法的绝对化。

显然，这无法保证形而上学认识的真理性。因此，新实证主义（неопозитивизм）要求通过"验证"（верификация，来自 verificato，意思是"证明""确认"）感性经验的方式，来保证认识的真实性。在后实证主义（постпозитивизм）中，检验科学知识真实性与否的标准则是一种"伪造"（фальсификация，来自 falsifico，意思是"伪造"）的事物。后实证主义通过证明这一伪造的观念的虚假性，来反证知识的真实性：如果这一伪造的观念与或基本科学理论不一致，就说明该观念是虚假的，而知识则是真实的。

如果可以对知识进行直接经验式的查验，那么"验证"和"伪造"的确可以作为检验科学知识真实性的标准。可是，这种可能性并不总是存在。抽象的理论认识就不适合通过这两种方法来检验。实际上，想要检验某个假设或理论的真实性，只能去检验与其互为替代品、二者具有非此即彼的替代关系的假设或理论的真实性，如果后者被证明为真，那么前者自然是错误的。还可以这样检验：如果与现有理论相比，某个理论的认知能力有了显著提高，这也可以说明现有理论已不再符合时宜。

总之，"验证"和"伪造"不是检验科学知识真实性的普遍手段，两种方法都有自己的适用范围（主要受经验认识的范围的限制）。更何况，检验本身也具有条件性，并非何时何地都可以对知识进行检验。在历史学领域，由于史料中的信息具有选择性，并不是一切史实都被记载、流传了下来，许多历史现象，有时甚至整个历史时期在史料中完全没有被记载，或者语焉不详。因此在很多时候，某些历史知识完全无法得到经验验证，故而只能长期作为一种"假设"而存在。除此之外，在实践中，对已获得的知识进行"验证"或"伪造"也绝非易事。并且，在某些情况下，对知识的经验检验可能并不会得出明确的结论，这意味着，检验结果本身也需要被检验。所以，对知识真理性的检验是一个永无止境的过程。上述各种检验方法之所以都不可行，症结就在于，它们是在用知识来检验知识的真理性。综上，希望通过形而上学的方法来检验科学知识的真理性，无论如何是行不通的。

3.3 实践是检验历史认识真理性的标准

只有从辩证唯物主义的立场出发，才能获得真理性认识。马克思主义已经证明，实践（практика）是检验认识真理性的标准。一方面，实践与认识相联系，实践决定认识，认识的发展依赖实践；另一方面，实践又不是一种认识。"通过实践，事物不是简单地被认知，而是被转化为了其他事物。而认识不具备将事物转化为实践的能力。"[1] 对于认识的真理性问题，马克思写道："人应该在实践中证明自己思维的真理性，即自己思维的现实性和力量，亦即自己思维的此岸性。关于离开实践的思维是否具有现实性的争论，是一个纯粹经院哲学的问题。"[2]

马克思主义的反对者反对将实践作为检验真理的标准，因为他们认为实

---

[1] Копнин П. В. Указ. соч. С. 162.
[2] Маркс К., Энгельс Ф. Соч. 2 - е изд. Т. 3. С. 1 - 2.

践是主观的。然而实际上，实践是主观与客观的有机结合。实践的客观性体现在以下三方面。首先，每一代人都是在从前几代人那里继承下来的社会物质精神发展水平的基础上进行实践的。因此，"所以人类始终只提出自己能够解决的任务，因为只要仔细考察就可以发现，任务本身，只有在解决它的物质条件已经存在或者至少是在形成过程中的时候，才会产生"。① 其次，人类的实践活动受到客观条件的制约。最后，实践活动的结果总体上是客观的。

实践的主观性主要表现在主体在实践活动和认知活动中的主动性、创造性上。这种主观性（主动性）不仅仅是主体意志的表达，它集中了人类以往的经验，也就是说，其中包括客观成分。对此，列宁认为："主观的东西和客观的东西的差别是存在的，可是差别也有自己的界限。"② 主体的活动一方面是为了认识世界，另一方面是为了掌握和改造世界。因此，主体的活动既是主观认识的，又是客观实践的。实践活动、理论活动表现为紧密相连的"消灭主观性的'片面性'和客观性的'片面性'的两个方面、两个方法、两个手段"。③ 因此，实践"活动的结果是对主观认识的检验和真实存在着的客观性的标准"。④

实践是检验认识真理性的标准，这是因为实践具有普遍性和直接现实性。人只有在感性认识及经验认识阶段，才能对客观实在产生直接、可靠的认识，而这一认识无论多少，其自身并不能揭示客观实在运行和发展的内在本质或规律。恩格斯强调说，"单凭观察所得的经验，是决不能充分证明必然性的。……这是如此正确，以致不能从太阳总是在早晨升起来推断它明天会再升起，而且事实上我们今天已经知道，总会有太阳在早晨不升起的一天"。⑤

对客观实在本质和规律的认识是在理论认识阶段得以实现的。但是理论认识，作为一种普遍性的认识（其本质上是对某一类性质相同的事物的

---

① Маркс К., Энгельс Ф. Соч. 2-е изд. Т. 13. С. 7.
② Ленин В. И. Полн. собр. соч. Т. 29. С. 90.
③ Ленин В. И. Полн. собр. соч. Т. 29. С. 190.
④ Ленин В. И. Полн. собр. соч. Т. 29. С. 200.
⑤ Маркс К., Энгельс Ф. Соч. 2-е изд. Т. 20. С. 544.

性质的一种普遍性的表达），不具备直接现实性。理论认识的这一特征是由实践的普遍性和直接具体性决定的。"理论的认识应当提供在必然性中、在全面关系中、在自在自为的矛盾运动中的客体。但是，只有当概念成为实践意义上的'自为存在'的时候，人的概念才能'最终地'抓住、把握、通晓认识的这个客观真理。也就是说，人的和人类的实践是认识的客观性的验证、标准。"①

当然，只有作为一个历史过程的实践才是判断认识真理性的绝对标准。当实践作为某种个体行为时，其自身也是相对的。此外，"实践是检验认识真理性的标准"这句话不能理解为科学研究的每一个结果都必须直接通过实践来验证。"实际上，检验认识真理性的过程是以逻辑推理链条的形式进行的，其中一些环节（个体判断）可以通过具有直接现实性的实践来验证。"② 这种检验认识真理性的方式是可行的，因为独立于个体实践行为而存在的逻辑是人类在若干个世纪以来的实践活动的基础上产生的。列宁强调："人的实践活动必须亿万次地使人的意识去重复不同的逻辑的式，以便这些式能够获得公理的意义。"③

总之，"检验认识的真理性"，其实是在检验认识的可靠性（对客观实在反映的如实性）。检验认识真理性的方法，是将该认识看作某种现有的真理性认识中的一个元素（或子系统），对其进行内容逻辑分析，并通过实践及经验事实，来判断其中信息的真理性。应该强调的是，对于一些新获得的认识，我们也可以通过内容逻辑分析的方式来检验它们的真实性。新获得的认识，其内容往往还无法立刻通过实践或感性认识经验的方式得到检验，此时，内容逻辑分析便具有了独特的意义。

3.4 检验历史认识真理性的方法

接下来我们讨论在历史学中检验认识真理性的基本方法。

---

① Ленин В. И. Полн. собр. соч. Т. 29. С. 193.
② 参见 Копнин П. В. Указ. соч. С. 167。
③ Ленин В. И. Полн. собр. соч. Т. 29. С. 172.

历史研究方法

　　实践是否是一种直接的、有效的检验认识真理性的标准？实践作为检验认识真理性与否的标准，在历史学中有其自身的特点。由于历史学的认知客体是过去的事物，所以当代的历史学家通过当前以及未来的认识去验证认识的真理性时，检验的效果很有可能非常有限。这虽然可以表明，对过去事物的研究对实践来说非常重要，但就在这一过程中所获得的认识而言，其客观性只能通过认识结果的预见性来证实。马克思和恩格斯在分析历史发展的总过程和揭示资本主义发展的本质和水平的基础上，证实了由资本主义向社会主义过渡的必然性。这一论断的正确性已经得到了历史的证实。列宁通过分析帝国主义条件下历史发展的规律和特点，得出的结论是：向社会主义过渡有可能最初发生在某一个国家。很快，历史证明了这一结论的真理性。Г. В. 普列汉诺夫及其他一些俄国的马克思主义者在考察改革后俄国的历史发展状态后认为：在即将到来的资产阶级民主革命中，无产阶级将不会与农民结盟，而是会与革命的领导者资产阶级自由派结盟——历史显然已经驳斥了这个结论。综上，很明显，社会历史实践是检验历史分析所得出的预测结论真理性与否的标准。然而，在历史分析中，只有那些正在发生着的现象或过程，才能具有预测结论。因此，对已经完成的事件或过程来说，其结果的真理性无法被当前或未来的社会实践所验证（但可以通过实践来检验）。

　　过去的事件和过程可以被再细分为"过去的现在"（прошедшее настоящее）和"过去的未来"（прошедшее будущее）。通过研究"现在"，人们可以预测"未来"。这种预测的正确性以及历史学家在研究"过去的现在"时所获得的认识的真理性，可以通过将预测结果与"过去的未来"的真实状态进行比较来检验。例如，通过研究19世纪初的国际关系（"过去的现在"），历史学家得出的结论是：拿破仑必将入侵俄国。拿破仑入侵俄国的事实（"过去的未来"）不仅证实了上述预测的正确性，也证实了对当时国际关系分析的客观性和可靠性。如果没有对国际关系客观、可靠的分析，就不可能做出正确的预测。

　　又比如，笔者通过研究19世纪上半叶俄国农奴的历史，认为在实行农奴制的农村中，农业生产的主要形式是农民经济，当地农业关系中的主导力量是农民。以往的史学研究认为，农业生产的基础是地主经济，地主（农奴主）是农业关系的主导力量。笔者所得出的结论的意义在于，它进而可以得出如下的论断（实际上就是一种预测）：纵使在各种改革方案下都要求必须废除农奴制，专制制度不仅不可能废除农奴制，甚至不可能从根本上破坏作为一种独立的社会生产方式的农民经济。具体来说，这意味着不可能像大多数地主所盼望的那样，不带土地解放农民。① 1861 年，农民不仅获得了土地，还获得了购买土地的权利。而专制政权之所以不允许不带土地解放农民，不仅是由于惧怕农民抗议，更有其经济上的考虑。以上种种都证实了笔者预测的正确性。当时俄国的政府高层还是有远见的，他们明白，绝不能将俄国社会主导性生产方式消灭掉，因此坚持将农民从土地上解放出来。② 预测（即主要结论的逻辑后果）的正确性也能够证实结论的真理性。

显然，通过实践的标准来确定历史结论的真理性，这种方法在历史研究中应用甚广。但这需要将研究提高到具体理论的层面，只有这样才能推导出可信的认识。除此之外，这一检验方法的另一个必要性在于，与要检验的认识相关的过去的实践需要具有明显的确定性、真理性。如果用来检验认识的实践本身就需要被检验，那么它自然不能作为检验历史学家得出的结论真理性与否的标准。

在历史学中，人们一般使用新获得的感性认识信息（即经验事实）来检验历史认识的真理性。从本质上看，这其实是在检验假设的真实性，之后，便有可能获得可信的科学理论认识。毕竟，在理论认识层面上，想要认知假设，必须首先检验假设。想要证明某一假设的真实性，通常需要先对必要数据进行复杂、长期的检索。例如，对于古罗斯人的文化程度，学界一直存在不同观点。这些观点一直没有得到证实，所以一直停留在假设

---

① 参见 Ковальченко И. Д. Русское крепостное крестьянство в первой половине XIX в. М, 1967.

② 参见 Захарова Л. Г. Самодержавие и отмена крепостного права в России. 1856 – 1861. М., 1984.

历史研究方法

的状态。但陆续发现的诺夫哥罗德白桦（树）皮文书无可争议地证明，古罗斯人的文化程度很高。可见，假设会在新的经验事实的基础上得到证实。相较于古代史、中世纪史，想要在近代史领域发现一套全新的文字性史料，难度可以说越来越大。所以，想要在近代史领域获得新的历史认识，关键要善于从史料中获取隐藏信息。挖掘史料中的隐藏信息，无论是对于获取研究所必需的信息还是对于检验现有的认识，都具有重要的意义。一旦具备了史料中的隐藏信息，再辅之以系统的史料分析方法，便可以解决长期存在的学术争议。

  通过内容逻辑分析法（метод содержательно-логического анализа），分析历史认识的内容是否符合逻辑，这在检验历史认识真理性的过程中发挥着最重要的作用。内容逻辑分析法内含多种子方法，比如消元法（метод исключения）。消元法之所以可以用来检验假设，是因为这种方法可以对众多揭示经验事实本质的假设一一分析，考察究竟哪些假设的内容符合事实本质的逻辑。如果某种假设与事实本质存在矛盾，那么显然，这种解释不符合逻辑，应当被摒弃。例如，苏联史学对斯拉夫派主张的客观社会阶级本质存在两种截然不同的表述：其中一种认为斯拉夫派的主张是保守的，本质上类似于表达封建地主利益的官方民族性理论；另一种观点则认为斯拉夫派的主张是一种自由资产阶级的意识形态，它表达了资产阶级化的地主阶级的利益。两种观点都有大量史实作为支撑。不过，第一种观点主要关注斯拉夫派保守的那一面（如将农民村社理想化、夸大农民宗教信仰的作用、坚持专制制度和宗法制等）；第二种观点则主要关注斯拉夫派反农奴制的倾向（如斯拉夫派对农奴制的批判，以及对废除农奴制必要性的论述等）。如果我们从斯拉夫派主张的本质入手，从整体上考察两种观点的话，则不难注意到第一种观点在内容和逻辑上是矛盾的。事实上，既然斯拉夫派"赞美官方民族性"，那么他们又怎么会坚决主张废除农奴制？难道是因为斯拉夫派主张的内在本质过于贫乏，以至于对于历史发展，始终将"人民"和"国家"割裂开来不成？

  至于第二种观点，斯拉夫派主张的理论基础是唯心主义，其意识形态

第六章 历史认知的主观与客观

取向虽然主张阶级调和,但其客观本质仍是资产阶级自由主义。斯拉夫派的主张是一个完整的系统。综上,第一种观点应该被摒弃,第二种观点才是符合逻辑的判断。

如果将认识内容和逻辑的一致性作为评判认识真理性的标准,则必须充分考虑到以下情况:所谓认识"内容和逻辑的一致性"无论如何都不应被理解为"二者当中的一切要素都始终具有积极的一致性"。对于任何一种认识而言,其内部不仅具有一定的平衡性、稳定性(在系统中发挥着正向作用),还必然存在一定的矛盾性(在系统中发挥着逆向作用)。以斯拉夫派为例,很明显,斯拉夫派希望废除农奴制,为资产阶级发展扫清道路,但这种设想显然与其在农村维持封建宗法制的主张相矛盾。与此同时,在农村维持封建宗法关系又被视为可以弥补资本主义发展不足的"灵丹妙药"(斯拉夫派的理想是建立一种没有西欧"无产阶级溃疡"的资产阶级制度)。所以,斯拉夫派的主张实际上是两种观念的综合,既主张废除农奴制(为了发展资本主义,必须废除农奴制),又主张维持农村的封建宗法关系。所以,我们认为斯拉夫派的主张是自由资产阶级的,因为这样可以使其主张能够以一种正反综合的形式完整地呈现出来;但若将斯拉夫派归于保守主义或某种反动分子,其思想的复杂性是无论如何也无法表现出的。

由此可见,将认识代入一个完整的现象中,将有助于我们判断认识的真理性。但"代入",并不是指对认识的各个部分进行简单的、逻辑上的区分。科学的、成体系的认识始终是一个复杂的过程。

※※※

另一种从内容、逻辑的角度检验历史认识真理性的方法是拓展认识的研究半径,将待检验的认识置于更加广泛的史实之中。在这个过程中,认识真理性与否的标志在于它与这一更广泛的史实的契合程度,这种契合程度可以作为判定这一认识是真理还是谬误(所谓谬误,通常情况下指的其实是那些在特定条件下才形成的真理)的依据。

历史研究方法

比如，20世纪50~60年代，苏联史学界在吸收大量从未使用的新材料〔如各省委员会的档案、法定文书（公文）、《赎金证明》等资料〕的基础上，对俄国农奴制的实行和废除、1861年俄国农奴制改革等问题进行了广泛而深入的研究，深刻地揭示了封建地主的保守性、改革对农民的掠夺性（主要体现在分配土地、巨额赎金、未触及地主在农村的权力等方面）以及改革在其他方面的缺陷。尽管人人都承认，客观上，俄国农奴制改革具有资产阶级性质，但是就改革的总体面貌而言，其半封建性仍非常明显。同时，改革的措施明显与改革后俄国资本主义迅速发展（其中也包括农民经济的资本主义化）的事实相矛盾。虽然总体来说，1861年俄国农奴制改革标志着俄国正式进入资本主义时代，但这并不意味着改革后俄国的社会经济发展就自动具有了资本主义性质。可见，在研究1861年俄国农奴制改革时，不能只关注改革的半封建性（半农奴制特征），那样的话，便很容易会出现认识与史实不相符的情况。后来，学者通过研究改革措施，认为1861年俄国农奴制改革虽然保留了大量封建残余（主要是地主土地所有制），对农民经济造成了很大压力，但从改革的各项措施看，改革还是资产阶级性质的。至此，对改革的认识和具体史实不相匹配的情况才得以逐渐改观。①

如果我们选择通过"检验某一认识与更为广泛的史实的契合程度"的方式，来确定该历史认识的真理性的话，那么必须强调一个重要的方法论问题（这个问题事关检验方法的正确性），那就是：被检验的史实和用来检验的"更为广泛的史实"应当在系统内部处于同一层次、同一发展阶段，否则将无法证明二者的契合程度。并且，只有在确定被检验的认识与现有认识之间存在相关性之后，才能去检验前者的真理性。然而，如果二者存在相关性，但并未处于相同层次，那么即使被检验的认识与现有史实存在不一致的地方，我们也不能认为该认识就是错误的。比如说，我们不能因为已知俄国解放运动存在三个阶段，就认为十二月党人之所以被归入"贵

---

① 参见 Литвак Б. Г. Русская деревня в реформе 1861 г. М.，1972；Рындзюнский П. Г. Утверждение капитализма в России. 1850–1880 гг. М.，1978；Дружинин Н. М. Русская деревня на переломе 1861–1880 гг. М.，1978。

族革命阶段",是因为他们惧怕人民革命。之所以如此划分,是因为在俄国解放运动的不同阶段,运动的性质具有显著的差异。总之,通过检验某一认识与现有认识的契合程度,可以从内容逻辑方面有效验证认识的真理性(但要注意上述要求)。

***

在获得了历史认识后,有哪些途径和方法可以验证这一认识的真理性?虽然真理产生在研究的过程之中,不过,除了各种决定着研究对象的客观性的因素之外,我们还可以通过一些方法以确保获得真理性认识,例如可以正确地选择认知客体的特征。认知客体的特征应当能够长期稳定地表现研究对象的性质,① 并且这些特征的性质自身也应当保持不变,即使面对不同的研究者,其特征也不会彼此抵牾。以 1853~1856 年的克里木战争为例,这场战争具有许多特征,人们可以对这场战争各方面的问题进行研究。同时,由于这些问题都是对战争特征的反映,所以,我们也可以用不同的方式来解释这些特征。但是,在这些特征中,总有一些是不变的。比如,虽然军事技术方面英国和法国更胜一筹,但俄国将士的英雄主义精神同样不可忽视。因此,在研究克里木战争时期的历史时,如果只顾及其中的一个因素,那么必然会导致结论的片面性。

很明显,在具体研究时,要尽量选取事物的那些不变的特征,通过各种方法,具体而单向地呈现出史实的本质。如果能够做到以上几点,便可以获得真理性认识。不过,这一般需要对史实进行深入研究,并且需要研究者具备较高的认知水平。

另一种保证认识科学性的方法是,通过概率(вероятность)来衡量科学性的程度。② 通过这种方法,认识的真理性可以在获得认识的过程中得到

---

① 参见 Кузьмин В. Ф. Указ соч. С. 199。
② 参见 Копнин П. В. Указ соч. С. 154 等处。

证明。

　　概率，一般被认为是一种对大规模随机现象的统计研究方法。根据这种理解，概率是对某一事件发生可能性的度量，人们可以根据事件发生的频率来计算概率。除此之外，还有一种理解，它对概率做出了逻辑解释或归纳解释：通过概率，研究者可以判断归纳推理的合理性、可靠性——也就是说，通过概率，将结论从特殊（个体）推广至一般（群体），进而检验结论的真理性。① 毕竟，众所周知，与通过逻辑演绎而得出的结论相比，普通结论并不具有普适性，其正确性具有一定概率（即未必能够成立）。这种概率一般通过某些比较性的词语表示出来（如"更多""更少""更强""更弱"等），但尽管如此，我们是可以对概率进行定量计算的。

　　例如，列宁在其著作《俄国资本主义的发展》中，根据7个省份中个别地区的数据，分析了农民分化的过程。② 列宁得出的结论是，随着农民不断分化，资本主义在俄国农村逐渐被建立起来，资产阶级的社会结构逐渐形成，农村无产阶级和农村资产阶级逐渐形成。但是问题在于，这一结论是否适合于俄国全国的农民经济；能否将这7个省的情况推广至全俄范围内。事实上，该结论的可信度可以通过计算检验。计算方法如下：各个省份的数据可以被看作一个个的独立随机事件：虽然地方自治局在对农民进行分类时，分类标准是农民的经济生存能力，但是，究竟哪些县最终被统计了，这个过程是随机的，受很多因素影响。根据1个省的数据（即1次观察的结果），每次得出错误结论的概率为1/2。但如果每次选取两个省的话，出错的概率就会减半，为1/4。3个省出错的概率为1/8，以此类推。而根据7个省的数据进行研究，得出错误结论的概率为1/24③，还不到1%。因此，有超过99%的概率可以证实，列宁得出的结论是可靠的。实际上，列宁并不是仅仅根据7个省的数据就着手进行分析，他依据的是13个县的数据，所以结论可靠的概率甚至还要更高。

---

① 参见 Кайберг Г. Вероятность и индуктивная логика / Пер. с англ. М. , 1978。
② Ленин В. И. Развитие капитализма в России Гл. II // Ленин В. И. Полн. собр. соч. Т. 3.
③ 应为1/128。——译者注

对结论的概率进行计算,在研究的过程之中即可进行。这种方法不仅可以被应用于社会经济史研究,在研究其他类别的历史现象时,特别当研究对象同时隶属多个历史门类时,计算概率的方法同样有效,并且可以避免将历史研究淹没在图表的汪洋大海中。

总之,在历史研究中,存在一整套检验历史认识真理性的方法。这些方法有的依赖有效的实践,有的依赖科学的认知。

3.5 科学性的检验标准

最后,有必要再谈两个与真理性认识有关的问题。第一个问题是科学性的检验标准,第二个问题是科学认知的价值及检验方法。

"科学性的检验标准"[①] 之所以能成为一个问题,是因为认识的真理性只是科学性的标准之一。认识的真理性能反映出认识的客观性和充分性。不过,真理性虽然是科学性的最高标准,但它并不是唯一标准。首先,知识不一定具有真理性。人类在日常与客观实在的互动中产生的认识可能是客观真实的,但它不一定具有真理性,真理性存在于艺术作品(特别是写实艺术)之中。其次,尤为重要的是,科学认知不仅仅由真理性认识组成。具有真理性的科学认知只是复杂的认知过程的最终结果,在这个过程中,认识是科学的,但还不具备真理性。这一阶段的认识是假设,并且不是所有的假设都能成为真理性认识。因此,从广义上讲,认识的真理性不能作为检验其科学性的标准。我们所能达到的极限,是使研究冲破种种谬误,最终达到真理的程度。但是在这个过程中,真理性认识同样也是相对的:它一方面包含着某些绝对真理的特点,另一方面又包含着一定的局限性,甚至个别谬误的成分。从这一点考虑的话,广义上的科学性应当是"一整套方法论规

---

① 可参见 Сороко Э. М. Концепция уровней, отношение, структура. Минск, 1978; Заботин П. С. Преодоление заблуждения в научном познании. М., 1979; Старостин Б. А. Параметры развития науки. М., 1980; Идеалы и нормы научного исследования: Сб. статей. Минск, 1981; Корюкин В. И. Проблема уровней научного познания // На пути к теории научного знания. М., 1984; Кезин А. В. Указ. соч; 等等。

定，能够在很大程度上确保认识朝着真理的方向前进"。① 因此，科学性的标准至少必须包括：问题性（проблемность）、直观性（предметность）、可靠性（обоснованность）、主体间可验证性（интерсубъективная проверяемость）和知识的系统性（системность знания）。② 之所以我们要这样划分科学性的标准，是因为科学认知总要解决某些客观存在的问题，解决这些问题是科学在发展的特定阶段必须完成的任务。科学认知的过程具有解释性（объясняющий характер）。在解释的过程中，研究者提出的观点得到验证，研究对象的本质得到了揭示。科学在本质上是开放的，其观点、结论应当可以供其他的认知主体进行验证，也就是说，它们是主体间可验证的。最后，科学认知的特点是所提出的结论、构建的概念具备有序性、逻辑连贯性和一致性。

凭借这些判断科学性的标准，我们可以将科学认知与其他类型的认知活动区分开来。但这些标准本身并不能创造出判断科学性高低的尺度（эталон）。一项研究该选用哪种方法论作为指导，取决于研究方法背后的科学性的高低。由此随之而来的问题便是该如何判断科学性的高低（或者说，检验科学性的尺度是什么）。长期以来，无论是理论学者还是实证研究者，都对这个问题争执不休。因此，本书将省略前人对这一问题探索的历程，③ 只将目光聚焦于那些由前辈学者所提出并沿用至今的基本方法。

如何判断认识的科学性的高低？主要有两种方法：方法论简化法（методологический редукционизм）和方法论多元法（методологический плюрализм）。

方法论简化法的实质在于，科学性的标准应当以"最发达""最完美"的认识为基础，其他层次的认识应该以此为标杆尽力赶超。与之相反，方法论多元法则认为，不存在单一的判断科学性的标准，相反，判断标准必然是相互独立且等效的。方法论多元法在现代资产阶级学界较为流行。但

---

① Кезин А. В. Указ. соч. С. 31.
② Кезин А. В. Указ. соч. С. 35 – 36.
③ 可参见 Кезин А. В. Указ. соч.（第二章）及其他著作。

第六章 历史认知的主观与客观

总的来说（无论是在过去还是在现代），在检验认识的科学性时，一般还是以方法论简化法为主。

我们认为，检验科学性高低的尺度可以有以下三点：

1. 主要基于数学的尺度；
2. 主要面向实验性的自然科学（如物理学）的尺度；
3. 基于社会"基本"特性和人文科学的尺度。①

从历史上看，科学性的数学尺度起源于古代数学，然后在现代哲学中得到了进一步发展。例如，康德认为："在任何特殊的自然学说中所能找到的本义上的科学，恰好和其中所能找到的数学一样多。"② 20 世纪，科学性的数学尺度有了新的突破，涌现出了以演绎推理为代表的一批认知方法。数学尺度的主要特征，在于科学认知方法的推理性越来越强、逻辑学越来越清晰：科学认识通过一系列的前提（посылка）、逻辑推论，最终以公理（аксиома）的形式被表达出来。不过，随着实验科学的发展，用数学尺度来衡量认识的科学性，这种方法日益引起了学者们的质疑。除此之外，这一尺度在具体科学应用中的弊端也日益暴露。主要原因是数学家认为，"虽然他们创造出了一个经验宇宙，但其他学者只能被迫在一个不是由自身创造的宇宙中进行试验"。③ 除此之外，很多事物，例如自然界和人类社会中客观的、固有的特征和联系，以及影响这些特征和联系运行、发展的情况，都不可能仅仅通过公理演绎的方法，就能判断其科学性。当然，在必要的时候，我们依旧可以在具体研究中使用数学分析的方法。

科学性的物理学尺度是在近代实验科学的发展过程中逐渐形成的。弗朗西斯·培根（Francis Bacon）是这一尺度的发现者。物理学尺度的理论基

---

① Кезин А. В. Указ. соч. С. 38.
② Кант И. Соч. М.，1966. Т. 6. С. 58.
③ Чайковский Ю. В. Многотрудный поиск многоликой истины. 引文出自 Кезин А. В. Указ. соч. С. 51。

历史研究方法

础是：科学认知的基础是经验实验（эмпирический опыт），而经验实验的方法具有归纳演绎性，因此，认识在一定程度上具有概率性，其真理性需要通过感性经验信息来验证。物理学尺度的拥趸总是千方百计地强调这一尺度的普遍意义。在他们看来，数学仅仅是一种辅助工具，甚至在检验科学性的时候参考数学仅仅是"出于形式"，是一种象征性的行为。这些人认为：无论是自然科学还是社会科学，其科学性都可以通过物理学尺度来检验。在社会科学领域，这一点体现在学界尝试创立"社会力学""社会物理学""社会工程学"等领域上。又比如，"物理主义"（физикализм）的新实证主义认为，要将包括社会科学和人文科学在内的一切学科全部用物理学语言翻译、表达出来。

当然，和其他检验科学性的尺度相比，物理学尺度的层次最高。在苏联，物理学尺度被认为是检验科学性的首要尺度。

科学性的人文科学尺度形成于19世纪末，主要受到了"批判哲学"（如狄尔泰等）和新康德主义［主要是H. J. 李凯尔特（Heinrich John Rickert）］的影响。这种尺度一方面与人文科学（主要是历史学）的发展有关，另一方面则源于对机械的唯科学主义和实证主义的批判。人文科学尺度的特征在于尽一切可能强调主体在认知过程中的作用，甚至将认知主体的作用绝对化，认为主体既可以确定研究的方式和方法，又可以推动科学认知的形成、建构，还可以评价认知产物。换言之，主体的需求、兴趣、欲望和目标既是认知的基础，又是检验认知结果真理性的标准。通过对过去事物的"感觉"、直觉，并在认知主体的经验和他所认可的价值观的基础上，人可以解释过去的客体及其表现形式所体现出来的"意义"。

人文科学尺度的支持者同样试图论证这一标准具有普遍意义。例如，R. G. 柯林武德（Robin George Collingwood）认为，历史方法"适用于一切认知问题"，因为"一切实在都是历史的"。① 李凯尔特指出：只有个体才是真正存在的。因此，历史"与从特殊上升到一般，从现实性上升到强制

---

① Коллингвуд Р. Дж. Идеал истории: Автобиография. М.，1980. C. 199.

性的自然科学相比,是一种真正的关于现实的科学"。① 当代,一些非马克思主义哲学家(如汉斯-格奥尔格·伽达默尔、恩斯特·卡西尔、赫伯特·马尔库塞等)同样试图将科学性的人文科学尺度提升至一种普遍存在的、元理论式的地位。

总之,科学性的人文科学尺度的主要特征,在于认知主体作用的绝对性(甚至已经达到了将认知主体看作认识来源的地步)。这种对认知过程的解释是站不住脚的,将这一尺度推而广之更是无从谈起。同时,与自然科学相比,社会科学和人文科学有着自身的优势,例如,社会科学和人文科学的认识不仅能够反映出社会历史的客观实在,其中还包含了某种世界观取向,并且能够考察、检验人类活动的目标和意义。

从马克思主义的角度而言,将检验科学性的尺度简化为某一种或几种相互独立的条条框框并不合理。在确定检验科学性的标准这一问题上,无论是方法论简化法,还是方法论多元法都站不住脚,只有辩证法才是解决这一问题的合理方法。辩证法认为,客观世界一方面具有统一性,另一方面具有多样性。在认知上,这种情况导致我们必须在估计认识固有的科学性原则的同时,有针对性地采取不同的认知方法,并且使认知方法能够在某些方面交互、重合,从而促进个体化的科学及其复合体(自然—技术科学和社会—人文科学)相互渗透、相互融合。在这方面表现得最为显著的是哲学和数学,尽管二者的研究内容和研究目的都有所不同。

3.6 科学知识的客观意义及主观评价

当今科学发展的特点,就在于各学科间相互整合的趋势越发明显。这一趋势对一切学科都大有裨益。数学和自然科学的方法逐渐被引入社会科学和人文科学,大大提高了相关研究的深度,增强了说服力和准确性。反过来,社会科学和人文科学的理念和方法也有助于自然科学和技术科学的发展。在当代,随着科学逐渐成为一种极其强大的直接生产力,确定一种

---

① Риккерт Г. Границы естественнонаучного образования понятий. СПб., 1903. С. 223.

评价科学认知的方法就变得越来越重要。想要解决这些新出现的复杂问题，人文科学的参与不可缺少，因此，自然科学与人文科学同样需要融合。否则，科学将无法充分地为社会发展服务。苏格拉底也说过："知识一旦与正义等美德分离，便将不再是智慧，而将成为阴谋。"[1] 当今，科学技术的发展往往不以社会进步为目的，这种倾向非常危险，甚至会造成全球性的灾难。

那么，我们应当如何评价科学知识？这个问题离不开科学认知的社会意义。总而言之，社会生活作为人类活动的一个方面，是人类同自然界及人类社会的各种表现形式的相互作用。这些表现形式，或以物质形式存在，或以精神状态存在，但对人都具有特定的意义和价值，也就是说，能够满足人类的某些需求。所谓价值（ценность），体现在主体、客体的关系当中，体现了独立于主体的现实属性。[2] "某一历史时期的行为、活动、事物的价值既在于它们对社会进步的贡献程度，也在于它们对当今的认知主体自我完善的贡献程度。"[3] 任何一个社会，在其发展的任何一个阶段，都有着自己的物质价值、精神价值的判断体系。

如果希望在实践过程中产生的价值能够对实践活动起到反作用，那么这种价值必须由人来实现。通过人对价值的评价（оценка），我们可以更好地对其进行理解。"评价可以帮助人们理解行为的意义，同时也是满足其自身需求的一种手段。"[4] 不过，与价值的客观性相反，评价是一个完全主观的范畴，主要由研究者的主观社会立场和党性决定，但有时，也取决于其他的主观个人因素。

---

[1] 引文出自 Сачков Ю. В. Научный метод: Вопросы его структуры // Вопросы философии. 1983. №2. С. 41。

[2] 详见 Василенко В. А. Ценность и оценка. Киев, 1964; Тугаринов В. П. Теория ценностей в марксизме. Л., 1968; Коршунов А. М., Шаповалов В. Ф. Творчество и отражение в научном познании. М., 1984 (гл. II); Порус В. Н., Пятницын Б. И. Оценка, ценность и развитие научного знания // Творческая природа научного знания. М., 1984; 等等。

[3] Коршунов А. М., Шаповалов В. Ф. Указ. соч. С. 71.

[4] Коршунов А. М., Шаповалов В. Ф. Указ. соч. С. 72.

第六章 历史认知的主观与客观

无论是价值还是评价，都是社会实在的组成部分。因此，二者与社会实在的其他表现形式一样，都是历史学家的研究对象。通过研究社会实在，历史学家给出了自己的评价，这种评价能够反映出过去的事件在当代历史学家眼中的价值。这种基于价值论（аксиология）和价值评价方法（оценочно-ценностный подход）而对过去的事实进行研究的方法，是历史学研究的有机组成部分（在其他学科中也是如此）。而评价的本质，以及认知客体对于当下的价值意义，则是由社会立场、党性，以及研究者个人的学术兴趣所决定的。

以上，笔者从一个方面介绍了科学认知中的价值和评价问题，但事实上，价值和评价与在具体研究中所获得的认识本身也有关联。这种认识一旦产生，就成为相应社会实在的客观组成部分，这种认识便具有了客观的内在价值。这一价值可以在时人及后人对其的评价中体现出来。这种评价既来自社会，也来自个人，但无论如何都是主观的，并且是根据这一认识对客观实践及认知活动的重要程度高低，从整体上进行的。不过，这种评价未必一定能对某一认识做出完全的、圆满的评价，有时甚至根本无法反映出认识的客观价值。认识的价值可能不会马上被发现，同样，也存在许多认识，虽然在当下看来已经失去了现实意义，但在多年之后又能重新焕发生机，类似的例子不胜枚举。这就需要我们从各类历史方法入手，重新总结、归纳评价某一认识价值的原则和方法。如此，将极大提高各个领域的人类活动的认知效率[①]——这同样也是历史学家所面临的任务。

总的来说，确保所获得的认识的真实性，就是要在研究的具体实践中，充分考虑到认识的特点，并以此作为依据，选择适当的研究方法。

3.7 对当前历史研究的总体评价

在对历史研究的主要阶段、研究层次、研究方法进行分析的时候，一定要注意，历史学家并不总是能处理好上述问题。接下来，笔者将简述几

---

① 参见 Порус В. Н. , Пятницын Б. Н. Указ. соч.

个与此相关的重要问题。

在许多研究中，尤其是某些在时间或空间上局部性较强的研究，研究者经常没有将研究置于合理的依据之上，也没有对研究目标做出适当的表述。

所谓缺乏合理依据，指的是经常会出现对于某一问题要么完全没有研究，要么相关著述寥寥的情况。由于历史学所研究的都是过去的现象或过程，因此，研究对象究竟有何现实意义？通过研究，人究竟能在多大程度上了解历史发展的来龙去脉？

所谓缺乏适当表述有两层含义。首先，指的是许多先期进行的研究只是文献综述，仅仅是参考书目的堆砌。其次，指的是在对研究成果进行分析时，人们更多关注那些研究中尚未完成的部分，而对研究过程中取得的建设性成果及其意义，则往往较少关注。对后者的评价也往往流于形式，这部分内容的意义有时甚至会被低估。以上种种，都会制约研究的根据和表述，对研究任务产生负面影响。

当人们研究某项研究的信息来源时，常常会使用到描述法，但当研究很难（甚至不可能）被验证或重复时，则通常会去分析具体数据。当面对一些大规模历史数据时，历史学家在选择对史料加工、处理的方法时，应尽量别出心裁，避免落入前人的窠臼，随着研究方法的改变，研究的创新之处往往就会凸显，无与伦比的杰作便会随之应运而生。

总的来说，研究的薄弱之处容易出现在以下几个地方。首先，研究仅仅停留在经验认识阶段，也就是说，研究仅仅局限于描述史实、概括其中明显的因果关系。许多研究都存在这一不足，对此来自各个领域的学者早已反复指出了。这一问题是普遍现象，因此表明，该问题之所以会频繁发生，除了存在一些来自研究者的主观因素外，必然存在一定的客观因素。正如我们在上文所指出的那样，历史事实承载着巨大的社会政治、道德和心理使命，因此，即使是对它们进行识别、系统化、直接分析和评价的过程，也依旧具有重要的认知、实践意义。当然，这指的是那些记录了重大历史现象的史实。其次，在历史研究中，无论是从经验认识迈向理论认识，还是从理论认识迈向认识的最终阶段——具体的理论认识——都面临很大的困难。这与抽象理论分析（形成研究对象的理想状态，或者将这种理想状态还原为原始的"骨骼"）的复杂性有关，但是唯有如此，才能实现从抽象到具体的上升，也就是说，才能获得具体的理论认识。

为什么在历史研究中普遍存在经验主义？显然，根本原因在于上述客观因素（当然，也不能忽略其中的主观因素），但这绝不意味着这种缺陷就是合理的。相反，如果这个问题只是受到主观因素的限制，那么就更需要将其克服掉。

还应该指出的是，如果任凭经验主义之风在历史研究中肆虐，那么必然会导致历史研究沉湎于细碎而烦冗的"小题大做"。因为"小题大做"的本质不仅在于认知客体在空间和时间上过于狭隘、局限，更严重的是，这会导致学者对认知客体的研究将仅限于经验认识层面，而高度专业化的研究在经验认识层面无法得出有价值的结论。因为在经验认识层面，历史研究中所引用的史实不能"为自己"大声说话，研究的外部分析也不能就研究对象的发展得出什么重要结论。但是这些史实一旦能够广泛而深入地反映客观实在，就可以成为重要的参考因素，并对结论产生影响。因为在社会历史的发展中，任何个人和事物都有一定的共同点。但是，只有在理论认识层面，才能将这些共同点揭示出来。因此，克服"小题大做"的主要方法不是像人们通常认为的那样，拒绝高度专业化的研究，而是在研究中克服经验主义。

历史研究的另一个缺陷（同时也是历史研究的一个普遍特征）在于，某些研究在理论认识层面上只局限于对研究对象的本质进行假设性的解释。当然，假设是科学认知的自然和逻辑形式。但是，假设的真实性并不总是可以用现有的认识水平来验证。因此，这一缺陷的结果并不仅仅是假设性的认识大行其道，更会导致某些研究者认为这些假设性认识是真实的，所以往往不会试图对其进行检验，即使客观上具有对假设做出检验的条件。

不过，某些假设性解释在证明某些现象本质的真实性时，也不是完美

历史研究方法

无缺的:通常,这类解释会对假设结论的实际基础进行简单扩展,但这种归纳并没有考虑到经验观察本身的立场,也就是说,无论史实的数量有多少,经验观察都无法揭示出研究对象的内在本质。为了检验假设的真实性,我们需要一些史实,使我们能够将研究对象与更加广泛的史实联系起来。某些解释流于空泛的原因,往往就在于忘记了这些问题。

历史研究中存在的种种缺陷表明:首先,我们需要更多地关注历史研究各个阶段的方法论问题;其次,我们需要在历史研究的各个阶段使每一项工作都尽可能达到高的水平。这既是提高历史研究质量和效率的重要途径,同时也是历史研究的现实意义所在。1964年,Ю. П. 弗兰采夫院士写道:"在历史研究中,应当特别强调做到历史与逻辑的辩证统一①。在不久的将来,如果每一个历史学家都能在自己的著述中做到这种逻辑与历史的辩证统一,那么我们在历史研究领域一定会取得重大进展。历史学家通过有意义的具体史料和对史料的总结概括,进一步丰富了历史唯物主义,对历史唯物主义相关问题的研究必将继续向前发展。"②

在过去的一段时间里,历史学的发展虽然已经有了明显的进步,但这项任务在今天仍然有意义,它将永远是历史学家的首要任务。

---

① 换言之,即做到经验认识和理论认识的统一。——作者注
② Францев Ю. П. История и социология. М., 1964. С. 334.

第二部分

历史研究中的计量方法

引 言

在本书的第二部分,笔者将主要探讨计量史学的方法论问题。之所以要这样设置,是因为当今科学研究的内容已越发深入,基础性研究日新月异,这对于科学研究的思想理论、科学方法、实践意义等方面的意义均十分深远。当前,科研成果的理论水平越发提高,研究方法越发完善。研究方法上最引人瞩目的成果,莫过于在历史研究中使用了计量方法和电子计算机(ЭВМ)。如今,数学在科学研究中所发挥出的作用越来越强。虽然与其他学科相比,历史研究中的数学化趋势还相当缓慢,但仍取得了相当客观的成果。未来,历史学的发展将离不开计量方法和电子计算机。

在过去的25年内,学者们通过运用计量方法与电子计算机,无论是在俄国史,还是在外国史研究领域,都产出了大量的研究成果。计量方法和电子计算机首先被应用在对具体历史问题的研究当中。因此,笔者没有必要(也并不可能)对各类研究一一分析。在后面的几章,当笔者谈及各个问题的研究成果时,还会继续对它们进行回顾。[①] 这些已有的研究成果,有的着

---

① 关于在历史研究中使用计量方法和电子计算机的主要方向及研究成果,参见由苏联科学院历史学分部"推动历史研究使用数学方法和电子计算机"委员会出版的论文集:Математические методы в исторических исследованиях. М., 1972; Математические методы в исследованиях по социально-экономической истории. М., 1975; Математические методы в историко-экономических и историко-культурных исследованиях. М., 1977;(转下页注)

眼于理论、方法论，有的则专注于实际应用；有的是教科书，有的则在实践中被历史学家用作计量史学教材。接下来，笔者对它们进行简要介绍。

1964年，В. А. 乌斯季诺夫在其著作《计算机在历史学中的应用》中首次将电子计算机引入历史研究领域。① 书中，乌斯季诺夫对数学、计算技术、计算机编程以及用计算机处理数据的方法进行了简要介绍。在结论部分，作者总结了多位历史学者通过计算机进行研究的经验。该书唤起了历史学者对电子计算机的关注。但是，在20世纪60年代初，历史学者还没有意识到了解、使用电子计算机的必要性，因此，该书实际上在计算机程序员中引起的反响要远胜于历史学者。尽管如此，该书为介绍、推广计量史学积累了经验，有助于学者撰写计量史学的相关著作，为计量史学的研究提供了直接的指导作用。

Б. Н. 米罗诺夫和 З. В. 斯捷潘诺夫于1975年出版的《历史学家与数学——历史研究中的数学方法》② 一书向历史学者介绍了一系列经典的数学方法，以便能够更为高效地开展相关研究。书中所介绍的方法并不需要专业的数学基础，历史学家完全可以在实践中加以使用。该书介绍了通过相关性检验、回归分析、方差计算等手段量化历史现象的方法；同时通过举例，归纳了可以通过计量方法来解决的问题类型。书中还涉及了计量史学研究中一些具有共性的问题，比如如何划分、界定定量研究的各个阶段等。不过，对于这些问题，两位作者只是匆匆带过，并没有从专业角度进行审视。

Т. И. 斯拉夫科的著作同样介绍了一系列数学方法。③ 他在《数学统计

（接上页注①）Математические методы в социально - экономических и археологических исследованиях. М. , 1981；Количественные методы в советской и американской историографии: Материалы советско - американских симпозиумов в г. Балтиморе, 1979 г. и г. Таллине, 1981 г. М. , 1983; Математические методы и ЭВМ в исторических исследованиях. М. , 1985；等等。

① Устинов В. А. Применение вычислительных машин в исторической науке. М. , 1964.

② Миронов Б. Н. , Степанов З. В. Историк и математика: (Математические методы в историческом исследовании). Л. , 1975.

③ Славко Т. И. Математико - статистические методы в исторических исследованиях. М. , 1981.

方法与历史研究》一书中将数学统计方法（如平均数、方差、抽样调查、相关性测量、相关性及统计学分析等）用于大规模历史数据的处理分析。不过，作者虽然讨论了一些方法论问题，但总的来说非常粗浅，对计量史学的宏观方法论并没有过多涉及，所以，斯拉夫科所提供的仍然只是一个个的历史分析工具而已，并没有形成系统性的计量史学的研究方法。

除了上述著作，还有莫斯科大学历史系史料学教研室为历史学及数学系学生编写的专业教材《历史研究中的计量方法》。该书最完整地阐明了在历史学领域应用计量方法、统计分析法及其他处理数据的基本方法。[①]

该书为两门教程的基础教材。早在20世纪70年代，这两门课就已被编入莫斯科大学历史系的教学大纲之中，但在此之前，这两门课一直为对计量方法感兴趣的学生开设的专业选修课。第一门课为历史系学生开设，旨在将计量方法引入历史学研究之中，明确计量史学的方法论特质，指出定量研究在历史研究中的基本分析方法及其作用。第二门课为数学系学生开设，该课程讲授了数学、统计学分析的基本方法。

《历史研究中的计量方法》由三部分组成。第一部分旨在介绍历史数学统计方法论，介绍了在历史研究中应用数学、统计方法的场合问题，历史事件的计量维度问题，具体史料数量、质量的典型性问题，数学模型的适用性问题以及如何对历史事件及历史发展过程进行建模（模拟）等问题。第二部分阐述了一些数学、统计学分析的基本方法（如变量指数分析法、抽样调查法、相关性分析法、动态分析法、定性分析法、统计假设检验法、多变量分析法、计算机处理方法等）。第三部分主要介绍的是历史研究中的计量方法，介绍了用数学方法解决政治史、经济史以及思想文化史研究问题的基本类型。

该书对计量方法的归纳总结以及对计量史学的相关介绍比较全面，也足够简明，便于历史学者理解。《历史研究中的计量方法》一书中归纳了计量方法应用的场合，介绍了一些宏观的方法论问题，研究了数学方法在具

---

① Количественные методы в исторических исследованиях: Учебное пособие. М., 1984.

体实践中的有效性。编写这类教科书的难点，在于如何让历史学家理解书中介绍的数学方法。这类作品不像传统的历史研究著作那样容易为人接受，需要细细研读。当然，这类作品本身也还需要继续改进、完善，尤其是在数学、统计学的方法上。

虽然在苏联史学界，关于计量历史研究的著作已经比较丰富了，但应当指出的是，海外（如英国、美国）学者同样对这些问题颇为关注，出版了大量著作。总体来看，这些著作对学者数学、统计学学理的提升当然是有益的，[1] 但它们对定量研究的宏观理论问题着墨不多。然而，在历史学及其他学术研究中，特别需要理顺的问题是理论应用的前提与原则——这决定了当理论应用到具体历史研究中时，是否还能准确、有效。因此，任何针对定量研究的学术著作，特别是教科书，不应只局限于描述数学、统计方法的技术，还应该多多关注定量研究的方法论问题，归纳其理论特征。

除教科书之外，在苏联的计量史学领域，不少历史学家、数学家也撰写过关于定量研究的著作。在这些著作当中，学者最为关注的问题，在于探究如何将数学方法应用到历史研究之中。这些著作从数学方法出发，在具体的历史研究中展现了定量研究的有效性。除此之外，这些著作还在具体历史问题中，通过计量方法来分析当前拥有的史料。对于不同的历史问题，学者们使用的解决方法也多种多样，从通过图表进行解析，到分析具体事件的历史意义……不一而足，但主要还是着眼于寻找解决问题的原则、观点和具体方法。

例如，Л. И. 鲍罗德金论述历史研究中的多维统计分析的著作《历史研究中的多元统计分析》，向读者介绍了一些在历史研究中可以用到的数学方法，并展示了这些方法的使用过程。[2] 该书由历史学家和数学家共同完成，

---

[1] 可参见 Гарскова И. М. Количественные методы и ЭВМ для историка：(Обзор англо - американских изданий) // Математические методы в социально - экономических и археологических исследованиях. М., 1981.

[2] 参见 Бородкин Л. И. Многомерный статистический анализ в исторических исследованиях. М, 1986.

毕竟后者对于数学分析更加擅长。著作的第一部分介绍了历史学多维分析的理论问题，这是苏联乃至全世界首次对历史学多维分析的全部基础方法（如自动分类、模式识别、因素分析、多元回归分析、多维标度法、多维分类法等在理论层面还不清楚的研究方法）进行归纳介绍。该书的第二部分回顾了在进行类型学研究，以及在对19~20世纪欧俄各省的农业、工业发展情况进行研究时，使用多维分析方法的经验。第三部分则讲的是该如何通过多维分析法，对描述性史料进行分析（即如何通过数学方法对古代文书进行分类，以及如何在历史研究中对史料的内容进行分析）。

多维分析增加了历史分析的深度，加深了人们对社会现象的认知。在某种程度上，一切社会现象都是多维的，也就是说，社会现象的特征是综合而多元的，这就是多维分析研究的价值所在。

同类型的著作还有 В. А. 乌斯季诺夫和 А. Ф. 费林格尔的《历史社会研究、电子计算机及数学》。① 两位作者探讨了在历史学、社会学研究中，以数学为工具探究信息的容量及比例的可能性。该书中最先探讨的是如何基于信息学理论，通过数学方法，对事物的属性特征进行相关性分析——这对于历史学家来说是一件非常重要的任务，因为历史现象总是具有各不相同的属性特征。乌斯季诺夫和费林格尔呼吁，历史学界应当多多使用数学方法进行研究。此外，两位作者还在书中介绍了对社会、历史数据进行抽样的方法。

但应当指出的是，乌斯季诺夫和费林格尔在书中将有关方法过度理想化了。比如，二人完全没有提到在数量指标被转换为数值表达式的过程中有可能出现的信息流失问题；没有将其选用的方法与其他定性研究法进行对比；也没有指出各类分析方法彼此究竟是相互补充，还是相互抵牾的——这个问题往往在揭示历史现象的本质的过程中起着决定性作用。

以上便是计量历史学著作的第一种类型。

---

① Устинов В. А., Фелингер А. Ф. Историко-социальные исследования, ЭВМ и математика. М., 1973.

历史研究方法

***

第二类计量历史学著作的特点在于，学者们利用史料，从历史现象和特定的史料中获取、总结研究方法，进而解释历史现象的本质。这类著作也可以再细分为多种类型。比如，有的著作能够根据当前可利用的史料，通过各种数学方法来分析特定历史时期内的历史现象及历史发展过程。在这类著作中，值得留意 К. В. 赫沃斯托娃的专著。① 赫沃斯托娃在《中世纪社会经济史的计量方法》中总结了自己在计量史学领域耕耘多年的心得体会。该书详细而审慎地介绍了在中世纪社会经济史研究中应用数学方法的可能性、难点及研究局限。作者认为，就中世纪史研究而言，当前研究的问题在于，众学者只是在利用计量方法来研究历史现象和历史发展过程，但还远远达不到利用数学工具进行定量分析的程度。作者这种谨慎的观点是可以理解的，但似乎又有些夸大其词了。具体而言，作者在书中利用数学方法，分析中世纪的社会经济现象，结果表明：数学方法的使用范围可以相当广阔。况且，赫沃斯托娃自己也认为，定量分析是中世纪历史研究未来的发展方向。②

赫沃斯托娃一向特别关注计量史学以及中世纪史研究的理论问题。她认为，要先将定量历史分析置于特定的理论框架之内，之后再利用数学分析进行研究。只有这样，计量方法才能真正被使用。作者认为，在中世纪社会经济史研究领域，当前定量分析的局限一方面在于难以构建用来描述封建时期历史现象的概念，另一方面则在于史料有限。因此，将社会史研究推进至具体化、理论化的层面绝非一日之功，个中困难将长期存在，关键是要找到解决上述问题的方法。

---

① Хвостова К. В. Количественный подход к средневековой социально – экономической истории. М.，1980.
② Хвостова К. В. Количественный подход к средневековой социально – экономической истории. М.，1980. С. 197.

计量方法就是解决方法之一。通过使用计量方法，研究结论会更加清晰，过去的历史现象可以被表述为理论化的、具体的历史概念。但也很明显，这种概念只能通过计量方法形成。以"拜占庭帝国晚期的农民税收问题"为例，这一概念就是赫沃斯托娃通过使用计量方法，在对相关史料具体地、历史地分析研究的基础上提炼而成的。

还有一些著作，在回顾了诸多研究方法之后认为，除了计量方法，传统的历史研究方法在研究中也不应忽视，例如集体研究（коллективное исследование）。有关学者就通过这种研究方法，研究了17世纪前期俄国农业的发展状况。① 对于17世纪俄国世袭领地及封建领地的经济状况、农民受剥削的程度等问题，目前相关研究还很薄弱，并且在很大程度上，学者们对这些问题各有各的解释，还远未达成共识。研究以上问题，唯一的史料就是《税册》（《Писцовые книги》）。《税册》是古罗斯时期一种特殊的土地登记簿，上边记载了较为详细的历史信息，是对上述问题进行研究的珍贵史料。

但是，由于《税册》中的数据相对单薄，无法直接说明历史现象的性质。因此在分析时，研究者往往会使用电子计算机进行综合定量分析。随着电子计算机的使用，学者们开始对地主田产以及贵族世袭领地进行相关性分析、回归分析、因素分析以及多维分类。如此，最终我们可以得到在旧有的分析方法之下未能得到的信息，从而总结出对农业关系的新认识。

上述著作在使用计量方法时，非常注重考察特征与该特征的发展方向之间的关系（线性或非线性）。这些著作详细介绍了线性相关模型的检验方法以及各系数的含义，故而，在这些著作中，计量方法的使用准确性非常高。书中阐释的检验方法在其他领域内同样有着强大作用。

另一类著作则主要关注如何揭示各类历史现象及发展过程的本质。也

---

① Милов Л. В., Булгаков М. Б., Гарскова И. М. Тенденции аграрного развития России в первой половине XVII столетия. М., 1986.

历史研究方法

就是说，尽管这类作品着眼于具体问题，但它们归根结底仍是方法论著作。这些著作指出了计量方法的特点：计量方法旨在具体地、历史地分析特定历史现象及过程。这类著作所阐明的许多方法论问题具有独特的学术意义。《18～20世纪初的全俄农业市场》及《18世纪下半叶至19世纪上半叶的俄国国内市场》便是这类著作的杰出代表，两部著作论述了18～19世纪全俄统一农业商品市场的形成过程。①

值得注意的是，《18～20世纪初的全俄农业市场》强调，应当首先对数据进行正确的相关性分析，之后再对数据进行历时性的动态定量分析——这一点具有非常重大的学术意义。

《18世纪下半叶至19世纪上半叶的俄国国内市场》一书则强调了通过表格，进行数量指标分析的重要性，并且叙述了该如何针对国内贸易发展这一问题对多源史料中的数据进行分析。

除了专题研究之外，通过定量分析的方法来研究历史现象及过程的文章也有不少。② 接下来，笔者将列举一些以定量分析方法来研究描述性史料的文章。

通过定量分析方法来研究描述性史料，是为了解决某些史料学问题。例如：首先，为名目繁复的描述性史料建立学术谱系；其次，考证某些古罗斯时期未具名的文献，揭示其语言、语法特征，分析其属于哪个时代，出自何人之手。③ 想要解决这些问题，必须借助集合论（теория множеств）

---

① 参见 Ковальченко И. Д. , Милов Л. В. Всероссийский аграрный рынок. XVIII - начало XX в. : (Опыт количественного анализа) . М. , 1974; Миронов Б. Н. Внутренний рынок России во второй половине XVIII - первой половине XIX в. Л. , 1981.
② 许多文章收录于苏联科学院历史学分部"推动历史研究使用数学方法和电子计算机"委员会出版的论文集及其他出版物中。
③ 参见 Бородкин Л. И. , Милов Л. В. Некоторые аспекты применения количественных методов и ЭВМ в изучении нарративных источников // Количественные методы в советской и американской историографии. Материалы советско - американских симпозиу мов в г. Балтиморе, 1979 г. и г. Таллине. Методы выявления генеалогии многосписо чных памятников рассматриваются также в указанной монографии Л. И. Бородкина.

和图论（теория графов）通过计量方法来考证文本，这在各项研究中都有用武之地。

对描述性史料进行定量分析的另一个目的，在于揭示史料的内容。① 虽然这种方法目前还处于形成阶段，但取得的成果已经证明，这一分析方法是可行且高效的。

想要对描述性史料进行定量研究，研究者首先要解决的问题在于明确研究的尺度。研究的尺度与被研究的文本有关，而被研究的文本又受到文本数量的影响。上述著述不仅为我们很好地演示了该如何解决这一复杂而又极其重要的问题，还向我们展示了该如何将计算结果编入数量指标的体系之中。

***

计量史学提升了史料学在历史研究中的地位，从而使我们可以思考"拓展历史研究的对象"的问题——因为在过去，除了史料学，很少有学科专门探讨历史研究方法。想要通过计量方法进行历史研究，首先要解决一系列或宏观或微观的理论、方法论问题。苏联历史学者对此十分关注，他们在自己的著作中就定量研究这一主题进行了各种程度的探讨。此外，对这一问题的专业研究也屡见不鲜。② 学者们关注的问题主要有：历史研究中

---

① 参见 Деопик Д. В. Опыт количественного анализа древневосточной летописи "Чуньцю" // Математические методы в историко－экономических и историкокультурных исследованиях; Брагина Л. М. Методика количественного анализа философских трактатов эпохи Возрождения // Там же; Луков В. Б., Сергеев В. М. Опыт моделирования мышления исторических деятелей: Отто фон Бисмарк 1866－1876 гг. // Вопросы кибернетики. Логика рассуждений и ее моделирование. М., 1983; 等等。

② 参见 Ковальченко И. Д. О применении математико－статистических методов в исторических исследованиях // Источниковедение: Теоретические и методические проблемы. М., 1969; Кахк Ю. Ю. Нужна ли новая историческая наука? // Вопросы истории. 1969. № 3; Кахк Ю. Ю., Ковальченко И. Д. Методологические проблемы применения количественных методов в исторических исследованиях // История СССР. 1974. № 5; Хвостова К. В. Методологические проблемы применения математических методов в исторических исследованиях // Вопросы истории. 1975. № 11; Ковальченко（转下页注）

历史研究方法

应用计量方法的必要性，计量方法在历史研究中的作用，计量方法和传统研究方法的关系，实质内容分析、定性分析、形式定量分析三者的关系，使用计量方法时的历史认知理论、方法论基础（如历史认知的内在本质、历史认知客体的特殊性、历史学的任务及实现方法等问题）。又比如：在处理具体历史数据时，如何平衡定性方法和定量方法的关系？对历史现象、历史过程、历史分期进行定量研究是否可行？对这三个问题的研究有无特殊性？使用数学方法对历史现象及发展过程进行研究，得出的结论的准确性、真实性究竟如何？该如何检验其真实性？

诚如所见，笔者只是简单罗列了一些在定量历史研究中可能会遇到的问题，就已经可以感受到这些问题的多样性和困难性了。苏联时代的历史学家和数学家也远未能全部解决所有的问题，他们对许多问题的论述还比较模糊。但已经可以确定：计量历史研究结论是否可靠，受制于历史学者的理论、方法论水平的高低和对具体问题处理方法的优劣。

苏联的历史学者是如何看待资产阶级计量史学（或者更准确地说，非马克思主义史学）的？从根本上讲，双方在定量方法的理论、方法论上具有本质区别。苏联时代的历史学者对此当然特别关注，他们指出：只有马克思列宁主义的历史认识论、历史方法论，才能确保计量史学的科学性和有效性。类似的论题在史学理论、方法论著作及各类具体研究中多有涉及。① 这些著作指出，资产阶级计量史学对历史学发展有一定的积极作用。

（接上页注②） И. Д. О моделировании исторических явлений и процессов // Там же. 1978. No 8; Хвостова К. В. Роль количественных методов в историческом познании // Там же. 1983. No 4; Ковальченко И. Д. Применение количественных методов и ЭВМ в исторических исследованиях // Там же. 1984. No 9; 等等。此外，在各类国际会议上，苏联历史学家均反复强调在历史学中使用定量方法的理论、方法论问题。

① 可参见 Мелихов С. В. Количественные методы в американской политологии. М., 1979; Промахина И. М. Количественные методы в работах представителей "новой экономической истории" (США) // Математические методы в исследованиях по социально - экономической истории; Ковальченко И. Д., Сивачев Н. В. Структурализм и структурно - количественные методы в современной исторической науке // История СССР. 1976. No 5; Селунская Н. Б. Количественная история в США: Итоги, проблемы, дискуссии // Математические методы в историко-экономических и историко- （转下页注）

它使历史研究所关注的问题增多,以及拓宽了史料的范围。① 最重要的是,西方资产阶级计量史学使历史学开始关注各种大规模、群体性的历史事件及历史过程。在此之后,西方的历史学者开始研究计量史学的研究方法、研究技术,在欧美国家创建了各种电子历史信息库来容纳多来源、大批量的历史信息。信息库可以用于各类历史研究,既减轻了历史学家的研究负担,同时又推进了历史研究的进程。②

但与此同时,计量史学(或者按西方的称呼,为"量化历史研究")在很多地方没能很好地满足人们的期望。首先,"数学历史学"这一全新的历史学派还远未建立。人们希望这种全新的历史学能够做到完全意义上的客观,克服资产阶级学者在进行历史分析时流于主观化、理想化的弊病——然而事实并非如此。其次,虽然当前史料库显著扩大,但具体的研究成果仍相对薄弱,二者之间的不协调性非常明显。通常来说,研究成果不会脱离于原有的对历史现象及过程的研究而达到新的层次。总体上看,当前的研究成果还维持在旧有层次上,并且绝大多数的研究还很不充分。

苏联历史学者强调,资产阶级学者在研究计量史学时效率不高的主要原因,从他们一贯的研究来看,在于其理论、方法论前提的局限性和错误。虽然资产阶级学者不排斥新理论,但他们的研究总体上还是在沿用旧有的

(接上页注①) культурных исследованиях; Бородкин Л. И. , Селунская Н. Б. Методы изучения социальной истории в американской историографии: (По поводу "Проекта социальной истории Филадельфии") // История СССР. 1978. № 2; Гаджиев К. С. , Сивачев Н. В. Проблемы междисциплинарного подхода и "новой научной" истории в современной американской буржуазной историографии // Вопросы методологии и истории исторической науки. М. , 1978. Вып. 2; Соколов А. К. О применении новых методов в исследованиях историков США // Математические методы в социально‐экономических и археологических исследованиях; Бородкин Л. И. , Соколов А. К. Историк и изучение социальных процессов // История СССР. 1983. №1; 等等。

① 论文集《苏联和美国史学中的定量方法》(莫斯科,1983 年)中收录了美国学者对美国计量史学的研究方向、研究成果、优势与不足等问题的具体评价。
② 关于电子历史信息库,可参见 Моисеенко Т. Л. Об использовании банков машиночитаемых данных по истории в новейшей зарубежной историографии // История СССР. 1985. № 5。

理念和观点。因此，虽然也有观点认为"计量史学推动了资产阶级历史研究的发展"，但实际上，计量史学并没有提高资产阶级历史研究的层次，也没有使其摆脱自身的危机。

西方资产阶级学者自己也很清楚自身研究的局限，他们也试图构建一种普遍的理论，以克服定量研究和处理电子数据时的局限性。当然，在他们的认知中，这种"新理论"一定不是马克思主义的，而且还要与之针锋相对。很显然，这种尝试注定是旷日持久，但徒劳无功的。

值得注意的是，虽然西方资产阶级学者并不承认马克思主义的"优越性"，但也有一些学者感受到了马克思主义理论的优势，即"马克思主义是历史认知理论和方法论的统一"。对此毋庸置疑的证据是，随着苏联历史研究在国际学术地位的提高，越来越多的西方资产阶级历史学者不断寻求与苏联学者建立交流、合作关系。在计量史学领域同样如此。苏联学者一直维持着与西方同道的合作，并积极参与其中。这种交流合作使马克思主义历史认识论的一些论点更加深入。苏联学者也从西方资产阶级学者的研究中借用了一些定量研究的方法、技巧，汲取其构建历史电子信息数据库的经验，学习西方学者在新方法的指导下开展研究的程序。但是，所有这些，都只有在马克思主义历史认识论、方法论的指导之下才有可能实现。

***

以上，笔者回顾了历史学的理论、方法论以及在历史研究中使用定量方法的方法论问题。相关问题千头万绪，笔者所谈到的，只是那些亟待解决且在任何研究中都会遇到的问题：例如定量方法在历史研究中的地位、定量方法和传统历史研究方法之间的关系、数量指标的代表性及数学方法的合理性、如何对历史现象进行形式化及量化、如何对历史现象及过程进行模拟等。笔者试图总结苏联历史学者在研究中遇到的困难及其解决之道，从而揭示马克思主义计量史学的基本原则。不过，笔者不打算系统比较苏

引 言

联和西方资产阶级学者在这些方面的异同,也无意对后者进行批判。想要对二者进行系统比较,必须首先具有正确的理论、方法论。只有马克思主义,才能为我们提供真理性的认知道路。

为了使相关理论、方法论原则及其实现方式不那么抽象,笔者援引了大量具体示例,以期提高相关原则的可用性(尤其是针对那些对计量史学还没有足够经验的人而言)。

由于当前,计量史学研究的主体仍是历史学者,故而文中相关的数学理论都仅涉及最基本的层面。

第七章
计量方法在历史研究中的地位

想要探讨计量方法在历史研究中的地位，首先要明确两个概念：计量方法（количественный метод）和数学方法（математический метод）。在历史学及其他人文学科中，这两个概念常常被混为一谈。在研究社会生活的现象及过程时，对于这两个概念，学者通常不予区分。在本书之前的章节中，对二者的差异也没有明确分析。但严格来说，这两个概念是不同的，二者之间存在下列差异。

一般来说，计量方法是从定性分析（性质分析）的角度，分析研究现象及过程的数量指标系统。请注意，这里的"数量指标系统"，指的是那些能够全面揭示研究对象基本特征的数量指标，不能将其仅仅理解为简单的数据。之后，就可以使用一些最简单的数量指标数学处理方法（如计算平均值、百分比以及离散率等）进行分析了。但是，如果只是构建定量模型，还是不能得到研究对象的本质特征，因为任何数量指标系统都可以构建研究对象的定量模型。与构建模型相比，接下来的数学处理其实更加困难。但总的来说，在处理时，一定要基于研究对象的内容及本质，预先构建模型。

严格来讲，计量方法是一种基于数量指标系统对历史现象及历史过程进行的最简单的分析方法；数学方法则是基于大量的数据，对历史现象及历史过程构建定量数学模型。

总之,在一般情况下,定量分析的基础在于数量指标系统。定量分析需要借助一定的数学手段来实现。计量方法与数学方法具有相似性,导致二者经常被混为一谈。

虽然在历史学领域,计量方法和数学方法被混用的例子实在是不胜枚举,但我们还是应当对二者在术语上进行科学界定,指出二者在概念上的区别以及在应用时的差异。

第一节　科学研究的数学化及其在历史研究中的应用

1.1　数学化与计算机化——当代科学研究的特征

在如今这个科技革命时代,科学发展的特点,就在于它的数学化、计算机化程度不断加深。当前,没有一个学科能够在研究中完全不使用数学方法、电子计算机及其他技术手段。[①] 毫无疑问,这反过来,也使在科学研究中应用数学方法和以电子计算机为代表的电子技术成为可能。虽然初代的电子计算机也能实现普通计算器所无力进行的大规模计算,但随着技术的发展,如今最新型的电子计算机已经拥有了无限内存和高速的运算能力。计算机和数学研究的发展,使我们提出、解决新的研究问题成为可能。

但是,就像人们有时所做的那样,如果将科学研究的数学化与计算机化主要归功于数学和计算机的发展,那就是大错特错了。这种错误的认识

---

① 关于科学认知的形式化、数学化问题的著述有很多,其中概述性的著作,可参见 Глушков В. М. О гносеологических основах математизации наук. М., 1965; Кураев В. И. Диалектика содержательного и формального в научном познании. М., 1977; Лукьянец В. С. Философские основания математического познания. Киев, 1980; Моисеев Н. Н. Человек. Среда. Общество: Проблемы формализованного описания. М., 1982; Рузавин Г. И. Математизация научного знания. М., 1984; 等等。

在不少学者那里反而很有市场。① 如果真的是这样的话，那么，无论是宏观的、不同领域内的人类活动，还是微观的、各类科学研究数学化的趋势和程度都应当是同时且同样的。但事实显然并非如此。无论是不同的学科门类，还是某一学科内部不同的研究方向，其数学化和计算机化的趋势和程度，都是先由其内在的发展决定。某一学科是否已经"准备好"面对数学化和计算机化的趋势，主要由该学科发展的内在需求决定。

无论哪一门学科，只要其自身的发展达到了特定阶段，具备了定量地分析现象的客观前提，就会产生数学化的需求。总之，口号式地呼吁"通过使用自然科学实证主义式的研究方法，将社会科学转变成一门精确的科学"，只能是徒劳无功的。

***

接下来，我们将探讨对自然界、人类社会中的现象进行定量分析的客观前提，换句话说，我们将讨论在本体论意义上，人类对世界的认知过程究竟有多大可能被数学化。事实上，这种可能不仅存在，而且是无限的。认知过程数学化的基础在于，整个自然界和人类社会中数（数量）和质（性质）应当有机地结合在一起。在客观世界中，不存在任何"纯粹"的质，也不存在"独立于质的数"，质和数总是彼此相连，相互作用。

质和数反映着客观实在相互对立的两个方面，因此，二者是一对完全对立的概念。但同时，质和数在对立的同时，又相互统一。质与数的对立统一是一种尺度（мера）。尺度是一个更为复杂的综合概念，它能够体现出质与数的属性。"两个矛盾方面的共存、斗争以及融合成一个新范畴，就是

---

① 例如，В. А. 乌斯季诺夫和 А. Ф. 费林格尔认为：之所以能够在社会科学（特别是历史学）中使用数学方法和计算机，主要仰赖于控制论和应用数学的发展，以及数学方法和计算机在自然科学中得到了有效使用。社会科学自身的发展和需求只是"有助于引入新的数学方法和控制论工具"的主要因素之一。参见 Устинов В. А, Фелингер А. Ф. Историко социальные исследования，ЭВМ и математика. М.，1973. С. 320 – 321。

辩证运动的实质。"① 尺度作为质与数对立统一的综合体，深刻地揭示着、真实地表达着二者的辩证关系。尺度能够显示出质和数的边界，揭示出数量的性质本质。通过数的变化，尺度还可以表现出数的动态变化以及这种变化的强度。最后，通过尺度，可以实现数的积累，逐渐过渡到新的质。②

因此，只有在确定某一特定性质的定量尺度后，才能充分揭示出现象的本质（这种本质同时也是现象的性质规定性）。这就是为什么马克思认为，正如保尔·拉法格（Paul Lafargue）所指出的，"一种科学只有在成功地运用数学时，才算达到了真正完善的地步"。③ 这一点适用于科学的任一门类。

在客观世界中，现象的数量与性质的有机结合，决定了在科学的发展中，始终存在对研究对象的数量特征进行识别，以及对其个体特征和一般性质进行定量评价的趋势。为此，研究者需要使用一些数学方法，来对数量指标进行处理和分析。当然，在科学发展的不同阶段，以及不同的学科领域内，上述趋势的使用范围以及对这一趋势的认知程度是不一样的。比如，定量研究在社会科学中的运用总是落后于自然科学和技术科学，尽管社会现象和自然现象的数量和性质都是相互联系、彼此耦合在一起的。主要原因就在于社会生活现象的复杂性。这种复杂性，导致在数量方面，人们难以对社会生活现象以一个统一尺度进行计量；在性质方面，想要认知社会现象的性质的本质，也比较困难。

总之，由于社会生活现象的客观性，我们不仅可以通过使用计量方法和数学方法对社会生活现象进行研究，而且，只有在利用这两种方法的基础上，我们才能对社会生活现象进行最深入的理解。当前，科学的发展既取决于社会实践的迫切需要，又取决于科学和认知活动自身的不断深化，这就更需要我们在研究中更加广泛地使用计量方法和数学方法。

---

① Маркс К., Энгельс Ф. Соч. 2 - е изд. Т. 4. С. 136.
② 众所周知，黑格尔是第一个提出"质—量—尺度"三段论的人。但是，黑格尔唯心地将其视为一种概念运动，而不是这些概念所反映的客观实在的属性在运动。
③ Воспоминания о К. Марксе и Ф. Энгельсе. М., 1956. С. 66.

历史研究方法

***

随着研究的不断深化，马克思主义学者在社会、人文科学研究中逐渐开始使用计量方法，逐渐对社会生活现象展开定量分析。

举一个历史研究领域的例子，通过这个例子我们可以看出，为了加深认识，研究者有必要利用数学方法。在研究"封建农奴制经济出现危机并逐渐瓦解的时期，俄国农民阶级的阶级斗争"问题时，我们知道，这一时期的特征一方面在于专制制度对农民的封建剥削日益加剧，另一方面在于农民运动蓬勃发展。这两个方面的特征已经在苏联历史学家的众多著作中得到了具体展示，这些著作有的致力于分析其中的某一个特征，有的则对二者同时进行了研究。然而，最重要的问题在于，当时俄国对农民的封建剥削究竟达到了何种程度；封建剥削究竟在多大程度上加剧了农民斗争；农民的阶级斗争究竟达到了何种程度。对于上述问题，目前完全没有具体研究。之所以没有研究，是因为学者们普遍认为，封建剥削对农民斗争的决定性作用似乎是显而易见的。这种判断的基础是，农民的阶级斗争是封建生产关系内部对抗性的体现，而对农民剥削的加强则是加剧这种对抗性的最重要的因素。因此可以得出结论：农民阶级斗争加剧的主要原因，在于专制制度对其封建剥削的加剧——这是完全合乎逻辑的。如果泛泛而言，这样的认识无疑是正确的，因为相对于封建生产方式来说，农民经济斗争的主要原因，在于专制制度对农民的剥削，专制制度对农民剥削的加剧造成了阶级斗争日趋激烈。

但是，一旦对这一历史现象进行更加深入的研究，这种虽然正确，但过于抽象、笼统的理解便自然再难令人满意。因此，对这一问题的理解必须更加具体，必须同特定的历史时期联系起来。于是，必须对这一现象的内在逻辑进行认知，迫使认识从抽象上升到具体。对此，Ю. Ю. 卡赫克和 X. M. 利吉提出，认识深化的关键，在于直接揭示农民运动的规模对封建剥削程度的依赖性，二人以这种方法研究了19世纪初爱沙尼亚的农民运动。①

想要解决这一问题，就需要通过数学方法，来揭示农民受剥削的程度与其反封建斗争范围之间关系的密切程度。为了进行分析，二人引用了爱沙尼亚南部的地产数据，对其中每一块土地都用 14 项反映农民生活状态的指标（如 1804 年改革前后农民劳役的繁重程度、有无农民运动等）加以统计，并通过相关性分析研究了所有指标之间的关系。最终得出的结论是：农民参与运动与否，从总体上看与其生活状态如何、受到剥削程度的关系很微弱，相关系数在 0.35~0.56 波动。可知，在其他条件相同的情况下，农民生活地位和受剥削程度对农民运动的决定性只有 12%~31%。所以，农民运动主要不是由这两个因素决定的。那么，究竟是何种因素决定了农民运动的爆发？卡赫克和利吉用农民斗争的自发性来解释。总之，当总体上，对农民的剥削程度处于极高水平时（即农民暴动的客观前提已无处不在），农民所采取的具体行动不是由他们悲惨的生活状态造成的，而是另有其因。

综上，严重的阶级对立和严酷的封建剥削无疑是农民阶级斗争的条件，但农民运动的具体规模以及农民斗争自发性的强弱并不是由这两个因素具体决定的，很可能另有其因。显然，此结论并没有否认阶级对立和封建剥削对农民运动的影响，而是对这一解释的具体化和深化。这足以说明，通过运用数学方法，我们可以将性质和数量的相关性综合到某一个尺度上。类似的例子还能举出很多。

总之，很明显，究竟是否需要通过数学方法来研究某一现象或过程，主要取决于相关学科的研究状态以及对进一步深化研究的需求。就当前科学研究（包括历史学）的研究状态而言，这一需求可谓日趋强烈。

1.2 微分与综合在科学发展及科学研究中的关系

当前，科学发展可谓日新月异——这俨然成为科技革命时代科技发展

---

① Кахк Ю. Ю., Лиги Х. М. О связи между антифеодальными выступлениями крестьян и их положением // История СССР. 1976. № 2.

的主要特征。有学者认为，1900~1975年，在短短的数十年间，人类所积累的科学知识已经远远超过了过去的科学知识。许多学科在未来12~15年内，科学知识的数量将翻一番。这一局面可以被称为"信息爆炸"。在这种情况下，科学研究面临着许多重要的新任务，例如对科学知识进行系统化、存储，在科学研究的实践中进行使用，想要完成上述任务，离不开全新的事实数据，更离不开更加先进的信息识别方法、处理方法和分析方法。以上种种，都促使科学研究逐渐开始越来越多地使用数学方法和电子计算机。

在苏联的历史学研究中，新知识同样得到了快速积累。众所周知，战后，新知识的数量急剧增加。时至今日，无论是俄国史还是世界史，事实上已经再也没有无人涉足的研究领域了。与此同时，每年各类历史学研究的新成果都数以千计。当然，这绝不意味着研究空间被瓜分殆尽。相反，随着知识不断积累，越来越多的历史问题反而更加需要得到研究。而且，很重要一点的是，在历史学中，有的问题通过前期积累的知识即可得到解决，但有的问题则需要利用更多的具体数据。想要做到这一点，要么需要充分利用此前从未被人使用过或较少被使用的史料来拓展研究的史料基础（主要指的是史料中所包含的各种原始数据），要么需要从常见史料中挖掘出更多的新信息。如果不改进挖掘、批判性评估、处理和分析事实数据的方法（其中包括数学方法和计算机），想要达到上述目标，无异于天方夜谭。

除此之外，随着当代科学总体水平不断提高（以及进一步提高的需求），各种门类的科学知识日趋融合。

在科学的发展中，微分（дифференциация）与综合（интеграция）总是形影相随的。不过，在科学发展的特定阶段，在二者中，可能只有某一个方面会表现得比较明显。当前，在科技革命的条件下，各个学科门类的知识日趋综合。随着科学研究日趋集约化、细碎化、专业化，如果没有一套整体性、概括性的方法，就无法对客观实在产生全面、整体、更加深入的认识——毕竟，客观实在是客观现实一般性、特殊性和个别性的有机统一。① 历史学也同样如此。当然，尽管科学知识既日趋微分，又逐渐综合，但这两种倾向究竟能够在多大程度上表现出来，实际上取决于多种因素。微分与综合，这两种倾向对科学发展的影响是直接且明显的，二者都应当被我们接受。

在科学研究中，实现科学知识的综合比较困难，特别是当该研究以微分方法为主时。此时，需要对学者进行各种培训、组织、协调，改变其对综合研究的通常认识。因此，在很大程度上，各类科学知识能否成功被综合，取决于研究者对这一趋势的主观作用。当然，在此之前，需要研究者运用综合观点考察客观世界中的现象的客观前提和需要。考虑到这一点，我们需要更为详细地了解一下苏联历史学研究的综合化趋势。

在苏联的历史研究中，微分、综合趋势的阶段性非常明显。在马克思主义历史学的形成和建立期间（1917年至20世纪30年代中期），苏联史学界的任务是利用马克思主义历史认识论的理论、方法论，对贵族史学和资产阶级史学的遗产进行批判性的重新评价；并在此基础上，提出能够描述历史发展总进程的全新概念。② 想要提出这种概念，需要对历史发展的进程进行广泛而全面的考察，也就是说，需要对历史发展进行融合性、综合性的整体研究。当然，这并不排除对历史发展的各个方面、阶段和事件进行有针对性、微分性的差异化研究。但总的来说，微分的趋势、差异化研究，在这一阶段并没有起到主要作用。

在马克思主义历史认识论的理论、方法论的基础上，从20世纪30年代末期（特别是二战结束后）开始，苏联史学界开始根据新发现的具体史料，

---

① 参见 Ставская Н. Р. Философские вопросы развития современной науки：（Социологические и методологические проблемы интеграции науки）. М., 1974; Маркарян Э. С. Интегративные тенденции во взаимодействии общественных и естественных наук. Ереван, 1977; Мирский Э. М. Междисциплинарные исследования и дисциплинарная организация науки. М., 1980; Урсул А. Д. Философия и интегративно общенаучные процессы. М., 1981; Чепиков М. Г. Интеграция науки：（Философский очерк）. М., 1981; Готт В. С., Семенюк Э. П., Урсул А. Д. Категории современной науки：（Становление и развитие）. М., 1984; 等等。

② 参见 Очерки истории исторической науки в СССР. М., 1966. T. IV.

对历史发展的各个方面、阶段、现象和过程进行充分研究，具体表现为：无论是俄国史还是世界史，对历史过程、时空探讨和问题本身的研究彼此之间的差异性越来越大，历史研究微分的趋势越发明显，各种新的历史知识不断涌现。历史研究在日趋微分的同时，并未放弃综合性的整体研究，许多关于某些国家、地区的历史的概括性著作仍不断涌现。多卷本《世界通史》的诞生，标志着苏联史学综合性、概括性研究达到巅峰。《世界通史》首次通过马克思主义的视角，描述了世界历史发展的进程。不过，在这一阶段，占主流的依然是差异化、微分性的研究。

大约从20世纪70年代中期开始，历史研究过于专业化的弊端开始越来越明显地暴露出来。由于研究过于专业化，只有一小部分该领域内的专家方能了解其中三昧；但与此同时，这类研究仍以极快的速度增加。受众狭窄还不是此类高度专业化研究的主要缺点。从历史学一般任务的角度看，这类研究的主要缺陷在于结论缺乏综合性、概括性。通常情况下，这一缺陷本不可能出现，因为对同一现象或过程的研究，有时虽然各学者依据的史料类型相同，但选取的时间、地点不同，或者是出于研究者个人的考虑，在研究任务的提出、具体史料的选取、对史料的处理与分析、对研究结果的总结与归纳等方面一定会存在差异。但是，那些专业化的研究虽然对研究对象进行了充分研究，却没有概括出其特征，这种情况显然令人难以接受。如果我们此时想对研究对象进行综合性、概括性的研究，仅仅依靠这些专业化、专题性的研究是远远不够的。专题性研究虽然一方面需要独立分析、运用史料，但其研究成果，也应当体现出微分性研究的特点。否则的话，将无法实现微分性和概括性的综合，也就无法对历史发展的一般性、特殊性和个别性进行相互关联（非孤立性）的分析。在这种情况下，苏联史学研究的综合性大大加强。当前，苏联史学以概括性、综合性的研究为主，注重研究特定国家或地区的历史，以及历史发展的某些方面。还要特别注意的是，集体性著作是历史研究走向综合性、融合性的一大力证，是历史研究向纵深发展的表现。

但是总的来说，尽管当今苏联历史研究中融合性、综合性趋势正在加强,但差异化的、往往高度专业化的研究仍占据着主导地位。因此,必须继续加强历史研究的综合性。问题的关键不是简单地、以各种可能的方式推动历史研究走向一体化、融合化,而是需要考虑微分与综合二者关系的复杂性,以及二者关系在当前历史研究领域内的特点。然而不幸的是,历史学家并没有对这一重要问题给予应有的重视。故而,当前克服研究过度微分的主要方法,是抨击对所研究问题的"小题大做"。但事实上,想要实现综合研究,主要方法应该是创作多卷本的、综合性的、概括性的集体性著作。同时,正如其他科学(主要是自然科学)的发展所表明的那样,从研究方法的角度看,微分趋势的一个显著特征,在于对研究对象既有概括性的描述,又不偏废于专业化,做到将二者结合起来。如此,在各学科日趋微分化的同时,科学研究也越来越走向综合。科学家的目光开始转向那些新兴的研究领域,开始越发关注那些独立的学科,特别是交叉学科,例如生物物理学、生物化学、物理化学、控制论、信息学、仿生学、天体生物学、空间医学——这类学科本身既是科学知识微分化的产物,同时也是综合化的结果。再比如,各种复杂的跨学科研究方兴未艾,同样既体现了研究的微分化,又体现了综合化。

在专业化、差异化研究的基础上,对微分化研究的研究成果所进行的综合性、整体性研究,具有不同的层次。综合程度最高的是一般科学层面(общенаучный уровень)的综合。想要实现一般科学层面的综合,需要各种科学门类、各个学科的共同努力。否则,将无法解决那些"全球性问题"(即那些攸关全人类共同利益的现象),例如热核战争、生态战争等。

现代科学发展需要各学科实现在一般科学层面上的综合。因为随着自然科学、技术科学和社会科学之间联系不断加强,客观世界中的一切现象才会真正实现统一。正是基于这一点,马克思指出:"历史本身是自然史的即自然界成为人这一过程的一个现实部分。自然科学往后将包括关于人的科学,正像关于人的科学包括自然科学一样:这将是一门科学。"[1] 一致的

---

[1] Маркс К., Энгельс Ф. Соч. 2 - е изд. Т. 42. С. 124.

历史研究方法

历史主义将成为这门科学的特征。马克思和恩格斯都注意到了这一点，他们写道："我们仅仅知道一门唯一的科学，即历史科学。"①

当然，科学的普遍综合绝不会消除科学知识的专业性，因为客观世界在统一的同时，同样具有多样性。因此，只有在最高层次的微分的基础上，才能对科学知识进行最高程度的综合。

综合的另一个层次是在许多学科的共同努力下，依靠各学科的研究方法，所进行的跨学科研究（междисциплинарное исследование）。参与综合的可以是相同类型的学科（如自然科学学科与自然科学学科综合，社会科学学科与社会科学学科综合，技术科学学科与技术科学学科综合），也可以是不同类型的学科。例如，生物物理学、生物化学属于前者，而经济地理学、工程心理学则属于后者。

再一个层次的综合指的是学科内部的综合性研究（внутридисциплинарное исследование）。这一层面的综合可以使同一个学科之内的各个研究方向彼此交融。

上述三个层次的综合在各类方法论著作中得到了普遍认可。我们之所以要对这些层次一一列举，是因为能够更清楚地理解历史学综合的过程。历史学的综合，涵盖了上述的各个层次。不过，历史学的综合也有一定的特殊性。和历史学在科学体系中的地位一样，历史学具有复合性和综合性的内在特征。因此，历史学家往往需要掌握各个学科的研究方法，否则，将无法在适当的层次上进行研究。所以，历史学家需要利用其他学科的思想、方法，来提高综合研究的效率。

深化各学科之间的交叉渗透，无论是对历史学，还是对参与这一过程的其他学科而言都是必要且有益的。历史学科就是如此。随着历史研究与其他社会、人文学科日趋综合，不仅传统的社会研究方向（如文学史、经济史、政治思想史）蓬勃发展，也涌现出了一些全新的研究方向（如历史社会学、历史心理学、民族史等）。不过，后者的研究主体并不是历史

---

① Маркс К., Энгельс Ф. Соч. 2-е изд. Т. 3. С. 16.

学者。

学科内部综合研究的趋势同样发生在历史学当中,具体表达为将各种时空范围完全不同的研究综合到一起。不过,近来逐渐出现了另外一种综合方式,即问题间的综合(межпроблемная интеграция)——将各种与历史发展密切相关的问题、方面进行综合分析。例如,先前有学者将经济现象与社会现象综合起来进行研究。苏联的马克思主义史学非常注重对社会经济发展进行综合研究。鉴于以往的历史研究通常将政治或经济单方面地进行分析,相比之下,马克思主义史学显然是一个进步,因为它能够涵盖研究对象的各个方面。除此之外,如今的苏联史学界还试图将社会思想与社会运动联系起来,将二者置于同一个研究任务下共同研究。虽然这一尝试目前还并不十分深入,但学者们正在努力使社会政治、社会文化、社会心理现象参与到历史研究当中。这些尝试提高了历史研究的层次,也凸显了历史研究的意义。

但是,历史学科内部综合的主要任务,在于寻找能够用来指导高度专业化的历史研究的方法和范式,这样才能使历史学之下的各从属学科共享研究成果。数学方法可以极大地推动这一问题的解决。

各个层次的科学知识想要实现彼此融合,必定需要遵循一定的方式,也就是说,学科融合有其自身的内在机制。这种机制,首先是学科思想和理论前提的互通,这样才能使思想、理论从一个学科转移至另一个学科;其次是概念和方法的相互借鉴。换言之,研究的深化是通过对各个学科(彼此或远或近)领域内的成果的交流和融合来实现的。但在融合的过程中,也可能会出现对新观念、新观点和新方法的需求,于是进而产生了一般科学的观点和方法。

然而,想要使这种融合卓有成效,无论是新观念、新立场、新方法,还是新概念、新范畴,都必须可以还原。毕竟,即使同属于一门学科,由于研究对象、研究任务、研究方法各不相同,观念、方法、概念、范畴等事物往往也很难还原。为了克服这一问题,首先,需要普及科学语言;其次,需要发展能够涵盖各个学科(即一般科学的)、适用于各种问题(有时也被称为"区域性"的）的研究方法、认知方法，以及与之相应的理论概念——总之，必须通过抽象化和体系化的方式。而众所周知，在科学研究中，抽象化、体系化的最高表现形式就是数学化。

当前，科学界在形成新的、能够涵盖各个学科的一般科学方法，以及相应的概念—范畴系统方面取得了突出的成就，形成了一系列一般科学方法，其中最重要的是：系统方法（системный подход）和结构分析（структурный анализ）、功能分析（функциональный анализ），概率方法（вероятностный подход）和数学统计分析（математико-статистический анализ），模拟方法（модельный подход）和数学模拟（математическое моделирование），多元方法（многомерный подход）和多元数学分析（многомерный математический анализ），信息方法（информационный подход）和熵分析（энтропийный анализ）。在此，笔者需要特别强调系统的方法的根本性，因为在实际应用中，上面列出的这些一般科学方法通常都以系统方法为基础，都是结构分析和功能分析的具体细化，它们都在使用的过程中实践着系统方法的原则。

为什么系统方法对数学化有如此强大的"内在吸引力"？这是由于任何系统（在此我们指的是社会系统），都是由其构成要素所构成的或大或小的集合；而我们用来计量的，既可以是系统的构成要素，也可以是这些构成要素的固有的性质和联系，所以我们才有机会使用计量方法、数学方法，通过引入"度量"这一概念，来对研究对象进行更加深入的分析。计量方法和数学方法，可以使研究者更加系统、更加全面地表达出研究对象的现象与本质、形式与内容、数与质之间的关系。

以上便是科学发展中的数学化倾向。上述因素不仅决定了数学化在当前科学（也包括历史学在内）研究中的发展现状，而且决定了数学化未来的发展态势。随着时代的发展，科学数学化的程度必然会日益加深。

1.3 系统的观点与系统的方法在科学中的普及

随着以数学方法、电子计算机为代表的研究方法、研究工具的不断发

第七章 计量方法在历史研究中的地位

展、改进,科学数学化的发展速度大大加快。计算机在数学化趋势中扮演着特别重要的角色,因为它的出现不仅为科学数学化和数学本身的发展提供了一个强大的工具,而且从根本上提高了精神活动的可能性:在科学研究上,计算机促进对精神活动的研究;在人类实践活动上,促进了精神活动自身的发展。在评价计算机的作用时,笔者认为下面这一观点是非常合理的:"只有两个发现可以与计算机相提并论——那就是火和蒸汽机。"①

虽然数学学科的不断发展,为数学方法在科学中的应用创造了一定条件,但这种应用能达到多大地步,在很大程度上仍取决于科学及其他社会实践的需要。正如恩格斯指出的,"推动哲学家前进的,决不像他们所想象的那样,只是纯粹思想的力量",而"主要是自然科学和工业的强大而日益迅猛的进步"。②

恩格斯的这一论断同样适合于当代的数学领域。随着数学方法的广泛使用,数学方法的一般科学性越来越强;与此同时,数学方法自身也越来越专业,所服务的研究领域越来越细。为了适应各个不同的学科认知领域的特殊性,有必要根据各学科自身的情况,对数学方法进行有针对性的调整,同时也需要总结、归纳出专门适用于社会领域的数学方法。

在上文,笔者归纳了引起当代科学研究日趋数学化的决定因素,描述了数学化趋势在历史学当中的反映。这些因素整体表现为科学认知趋于理论化、辩证化(许多研究科学认知理论、方法论的苏联专家都注意到了这一点),并在此基础上,出现了一种全新的科学思维方式。这种思维方式的特点,在于能够更广泛、更深入、更复杂、更严谨地认知客观实在。虽然,在历史学中,这种思维方式还不像在其他学科中那样得到充分认识,在实践中也没有被明确地表现出来,但是,历史学的发展与其他学科没有什么差别。因此,随着历史学家更加积极地了解科学认知的新趋势,将最新动态运用到历史研究之中,历史学的发展必将一往无前。

---

① Моисеев Н. Н. Математика ставит эксперимент. М., 1979. С. 19.
② Маркс К., Энгельс Ф. Соч. 2 - е изд. Т. 21. С. 285.

第二节　计量方法在历史研究中的地位

2.1　对"在历史研究中使用计量方法"的可能性及有效性的争议

首度使用数学方法研究社会现象（也包括历史现象）的尝试可以追溯到 19 世纪末 20 世纪初。① 当时，数学方法还主要是被用来分析社会经济现象，处理统计数据。不过，直到 20 世纪上半叶，受制于社会科学研究的总体情况（当然，也由于应用数学自身发展尚不完全，缺乏强大的计算技术，无法处理庞杂的信息），数学方法一直没有得到普遍使用。

数学方法真正应用于历史学领域，那已经是 20 世纪 50~60 年代的事了。在那之后大约十年的时间里，"战斗侦察"一直在进行，学者们一直试图确定，究竟对历史学的哪些领域可以进行"数学化"，可以在其中使用数学工具。20 世纪 70 年代以来，数学方法在历史学中的应用范围越来越广，通过数学方法进行研究的领域不断增多。从历史学的各个新兴领域开始，越来越多的领域开始利用数学方法进行研究。

不过，自从数学方法进入历史研究以来，直到现在，关于其合理性、可行性和局限性的争论便一直没有停止。这一争论在资产阶级史学中尤为尖锐。资产阶级历史学家认为，描述方法与计量方法是两种相互对立的研究方法。

主观主义历史学否认人能够客观认知过去的事物，因此，历史学家的任务仅仅是在主观上重现"过去的样子"，并从研究者的角度对其进行评价。主观主义历史学认为，在历史研究中，唯一合理的方法就是描述性方法，坚决反对在历史研究中使用计量方法。根据主观主义历史学的理论，计量方法不适合于历史研究，因为计量方法过于抽象，过于强调研究对象的共性，于是历史现象中一些细节的特征就被隐去了，这就好比在泼水的

---

① 参见 Любович Н. Статистический метод в применении к истории. Варшава, 1901。

时候，连同孩子带水一起泼出去了——因为社会生活的主要表现形式往往就是这些个别的、特殊的事件，而历史研究的主要任务恰恰是对这类事件做出阐释。此外，主观主义历史学家总是千方百计地强调，对于许多历史现象和过程而言，根本不存在所谓的数量指标，就算存在，也极难对其进行度量。

与主观主义历史学针锋相对的是结构主义历史学。结构主义历史学反对主观主义的论断，总体上承认人能够客观地认识过去的事物。结构主义历史学家遵循实证主义的优良传统，认为可以在历史研究中使用自然科学、技术科学的方法，尤其是数学模拟。但是，结构主义史学家虽然支持在历史研究中使用计量方法，但又强烈反对使用描述性方法，这就又把问题绝对化了。

事实上，无论是主观主义还是结构主义，双方对历史研究方法的分歧，体现了二者在历史客观性、历史发展的本质，历史学的潜力、任务以及历史研究的主要观点、方法等问题上存在根本差异。也就是说，主观主义和结构主义在历史认知理论、方法论上存在明显区别。

2.2 形式定量分析与内容定性分析的关系

在资产阶级史学家中，也有人试图客观评价描述方法和计量方法，尝试将二者结合起来。但是，要想使二者真正做到有机结合，而不是机械地简单相加，必须先在历史认知的理论、方法论上，对两种方法进行统一。由于资产阶级史学恰恰缺乏这样的原理、方法论，所以，即使试图将二者结合起来，实际上也不可能有什么令人满意的结果。因此，试图将描述法和计量方法合二为一的"调和论者"经常同时遭到来自双方的攻讦。

苏联历史学家一般认为，描述法和计量方法这两种方法各有各的合理性和必要性。苏联历史学家通常会综合考虑研究对象的性质、史料来源和研究任务等因素，希望通过某种合理的方式将二者结合起来。但是，这并没有消除他们关于"计量方法在历史研究中的地位和作用"的争论。之所以会产生争论，是因为不同的苏联学者对社会现象认知过程的论述存在抵

历史研究方法

悟之处。例如，有人认为，定量分析（количественный анализ）与定性分析（качественный анализ）是两种截然对立的研究方法（此说在学界颇有市场，甚至一些专门研究科学认知的学者也表示认同）。① 之所以造成这种情况，原因之一在于术语使用得过于模糊。在实践中，术语"定性"（качественный，定性分析、定性方法、定性的观点）一词有时用于揭示现象的实质内容、属性性质，有时也用于描述研究对象描述性的、自然语言形式的特征。显然，"定性"一词只应用于前者。

结果便造成了，有的历史学家力图强调实质内容分析、定性分析在历史研究中的主导作用，却并没有注意到它们和定量分析有什么矛盾之处。虽然这些学者并不直接反对在历史研究中使用计量方法，但却在实践中表现得极为谨慎。

还有一些人（他们一般并非来自历史学领域）虽然支持在历史研究中使用计量方法，但他们同样认为定量分析和定性分析彼此互不相容，并将后者视为"描述法"。他们一直强调，无论是计量方法，还是历史分析，都不完善。但事实上，这些人不仅将计量方法绝对化，对历史分析的重要性也估计不足——这样不仅降低了计量方法的有效性，还导致了严重的错误。②

不可以将（实质内容意义上的）定性分析与定量分析视为两种相互对立的研究方法。因为定性分析的目的在于揭示研究对象的内在性质——这是历史研究的首要任务，与使用哪种研究方法无关。但是，想要在实践中

---

① 比如，А. И. 拉基托夫在论及数学方法在历史研究中的应用时，提出了这样的一个问题："那些从前通过定性的研究方法无法获得，如今通过定量（计量史学）方法却可以获得的新的历史信息，究竟是怎样的信息？" 参见 Ракитов А. И. Историческое познание: Системно-гносеологический подход. М.，1982. C. 297.
② 我们不妨回顾一下某些数学家试图通过自己的方法"独立"进行历史研究的故事。这些学者忽略了定量方法和实质内容分析的作用，造成了研究与理论、方法论脱节，最终导致其研究完全沦为无稽之谈。参见 Голубцова Е. С.，Кошеленко Г. А. История древнего мира и "новые методики" // Вопросы истории. 1982. No 8; Голубцова Е. С.，Завенягин Ю. А. Еще раз о "новых методиках" и хронологии древнего мира // Там же. 1983. No 12; Клименков Е. Я. Об истолковании так называемого династического параллелизма // Математические методы и ЭВМ в исторических исследованиях. М.，1985.

使用定性分析（实质内容分析），必须先掌握研究所需要的信息。这些信息，首先可以被处理和分析；其次一般以两种形式呈现：一种是描述性（叙述性）即以自然语言的形式表达出来，另一种则是以数量的形式表达出来。① 因此，任何一种历史分析，都既可以是内容描述性（叙述性）的，又可以是内容数量性的。所以，将定性分析与定量分析割裂开来的做法并不合理，但我们可以比较二者在表达、处理和分析特定历史数据时的差异。

任何客观的社会实在（包括历史学在内），都是现象与本质、内容与形式、数（数量）与质（性质）的统一体，这几组对子都必须在科学认知的过程中被详细考虑，方可加以揭示。众所周知，科学认知的主要任务即在于，通过理论性的实质内容分析，确定认知客体的实质内容特征（性质特征）——这就是定性分析。最高层次的定性分析体现在为研究对象建立理论性的实质内容模型。这一模型既可以是抽象的，也可以是具体的。

实质内容分析一般是以自然语言的形式或描述性的形式来进行的。例如，封建主义生产方式的特点是农民对封建地主的人身依附关系，而在资本主义制度下，工人则是自愿出卖自己的劳动力，这些差异的原因只能以描述方法来表述。不过，实质内容分析除了可以通过描述法、自然语言形式表达之外，也可以通过计量方法，通过处理和分析特定数据的方式来实现，也就是说，实质内容分析的实现方式有三种，三者都不可偏废。但研究对象内在的内容、本质和性质规定性，无法被表面化，不能被直接表现出来，能够被外化、直接表现出来的是研究对象的现象和形式。通过描述法，研究对象的现象和形式可以被很好地表现出来，并且，现象和形式的描述特征往往比数量特征更加完整、生动。

但是，除非已经明确了数量和性质的比例，否则我们不能认为对客体的认知已经足够充分了。所谓"明确数量和性质的比例"，指的是通过确定某一尺度，明确二者的统一性。描述法对此是无能为力的，只能通过计量

---

① 在对实物史料和图像史料（包括自然—图像史料、艺术—图像史料和表格—图像史料）进行历史分析时，相关数据应当被转化为描述性或定量的形式。

历史研究方法

方法完成（当然，前提是可以使用计量方法）。

接下来，笔者将通过一个具体的历史事例进行说明。众所周知，农民运动在俄国1905～1907年革命中扮演着重要的角色。在农民的各种形式的斗争中，占据了突出位置的是"决议运动"（Приговорное движение）。决议运动是一个确定的历史事件，可以独立作为历史研究的对象。作为一则历史现象的"决议运动"，它指代的是如下的历史事件：在村社集会上，农民做出了某些决定，以文书的形式将它们正式化，并将文书发送至各级政府（主要是国家杜马）。而这一现象的本质，一般来说，首先是农民要求改变农业及其他社会关系体制，提高农民在经济、法律和政治关系中的地位，其次要求实现俄国社会的普遍民主化。①

决议运动作为一种历史现象，既有内容，也有形式。其内容体现在农民试图说服当局，根据自己的意愿进行改革。当时，无论是俄国农村的现实状况，还是俄国国内事务的总体状况都证实，农民的这种需求是真实存在的，于是俄国出台了一系列措施试图对现状进行改善，并对所采取的措施进行了评估。决议运动还具有一定的形式。此外，这场运动还存在一定的内部机制，比如运动发展的过程、运动纲领的形成，农民的行为及后续反应等。

长期以来，学界对决议运动的研究一直是通过描述法进行的。凭借这种方法，人们得以在经验层面和理论层面充分认识这一历史事件。但是，如果想将对运动的认识提升至逻辑结论的高度，则必然需要将其置于1905～1907年革命的背景下，将其作为俄国农民阶级总斗争中的一个方面，定性地对运动爆发的必然性进行整体评价。这一评价应当充分揭示出现象的本质，突出决议运动有别于其他农民运动的地方。

这当然可以通过描述法实现，历史学家长期以来也的确是这么做的。然而事实证明，学者们并没有得出什么令人信服的成果。在论及"决议运

---

① 许多研究1905～1907年革命的著作都讨论了农民决议运动的特点。专门探讨决议运动的著述也有很多，如可参见 Нильве А. И. Приговоры и наказы крестьян во II Государственную думу // История СССР. 1975. No 5.

动的斗争形式"时,学者们尚且言人人殊:有人认为农民政治意识的觉醒促成了运动的爆发,因此决议运动是俄国农民运动的最高形式;有的学者则恰恰相反,认为决议运动是农民运动的一种被动形式,因为斗争的形式是农民向上呼吁,这恰恰反映了农民的政治无意识。

那么事实究竟如何?这个问题比较复杂。革命期间,各个政党都在农村开展工作,彼此之间因为农民事务产生了激烈的冲突。因此,如果认为"农民决议反映了党派对农民的态度",这一论断是完全可以接受的。由此,我们得出的最终结论是:决议一般反映的不是农民自己的意见和要求,而是政党的意见和要求。所以,想要搞清楚"决议运动的斗争形式",并进而明确阐释决议运动的性质,只能通过以下两种方式:首先,将农民的生活状况同各种形式的农民运动进行比较,选取研究对象时需要注意,要兼顾爆发了决议运动的地区和没有爆发决议运动的地区;其次,直接分析农民的自我意识,分析他们的思想意识和社会心理随着决议运动的开展呈现出了何种特点。这两种研究方式通过描述方法都无法实现,我们必须使用计量方法和数学方法。

О. Г. 布霍韦茨通过计量方法,根据萨马拉省(及沃罗涅日省)的数据,以有无发生决议运动为变量,比较了农民生活状况和农民运动的形式的数量指标。[1] 结果显示,在农民的土地供给(这是决定农民地位的主要因素)方面,从整体来看,爆发了决议运动的村庄要优于没有爆发决议运动的村庄;并且和后者相比,在那些爆发了决议运动的地区,其他形式的农民运动同样开展得非常积极,运动的规模更大,范围也更广。

总的来说,借助数量指标,我们只需对数据稍加处理,便可发现决议运动主要爆发在那些农民阶级斗争比较尖锐的地方。这一结论定性地表明:

---

[1] Буховец О. Г. методике изучения "приговорного" движения и его роли в борьбе крестьянства в 1905 – 1907 годах: (По материалам Самарской губернии) // История СССР. 1979. № 3. 亦可参见 Буховец О. Г. Массовые источники по общественному сознан ию российского крестьянства: (Опыт применения контент – анализа при изучении приговоров и наказов 1905 – 1907 гг.) // История СССР. 1986. № 4.

决议运动是农民运动的最高形式。上述方法也可以作为这一论断的重要论据。

那么，我们该如何通过数学方法分析农民的社会意识？

需要注意的是，在研究纷繁复杂的历史现象时，一旦将研究上升至逻辑的高度，所揭示的事物就是现象与本质、内容与形式、数（数量）与质（性质）的有机结合。此时，我们更加需要使用计量方法和数学方法。

可见，描述法和计量法总是以某种统一的方式出现，并且在这种统一体当中，只有一种方法能够起到主导作用。

描述—叙述方法（описательно-повествовательный метод）是历史分析的主要方式。这并不是因为许多社会生活现象目前还无法计量，而是因为大多数史料都是叙述性的。随着科学的发展，未来，还有可能实现在更大程度上对历史研究对象进行量化（如根据某些描述性特征对研究对象进行计量）。但即使在未来的某个时候，即使当历史发展中的一切事物都可以被量化时，对历史发展的定性分析也仍将是描述性的，仍将以各种实质内容的概念—范畴系统为基础，仍将通过自然语言形式表达出来。尽管数学看似无所不能，其发展也的确迅猛，但终究无法取代概念和语言。社会生活现象的复杂性在于，其概念—范畴系统只能在自然语言形式中得到充分的体现，因为意识是真实的、有效的，并且只有在语言（思维的物质形式）和人类的交流中才能被表达出来。[①] 任何人工语言（包括数学语言），无论它们有多么完美，都无法取代意识的地位。人工语言的优势在于其逻辑的严密性和概念的明确性，而这也正是它们无法反映各种社会现象的原因。与之相比，自然语言，由于其概念具有流动性，并且限定得相对不那么严格，因此反而更能充分地反映社会现象。虽然数学这种"抽象的、定量概念的语言，像自然语言一样，不但可以表达思想，而且有助于思维过程本身"，但事实上，它只能"在一定程度上对自然语言进行补充、解释，促进

---

① 参见 Маркс К., Энгельс Ф. Соч. 2 - е изд. Т. 3. С. 29.

自然语言更准确有效地认知现实"。① 因此，在资产阶级学者中，某些计量方法的拥趸宣称，名为"数学史学"的所谓"新新学科"已经产生，甚至鼓吹将其从历史学中独立出来——这种说法是不恰当的，众多苏联学者对此表示了批判。

我们应该记住，尽管在历史研究中使用计量方法的必要性和必然性已经深入人心，但我们永远也不需要对历史发展中的一切事物全都进行量化。在历史学所具有的社会功能中，有些功能（比如历史学的教化功能）只有在描述方法的基础上才能最充分地发挥作用。

描述法的优势在于其普遍性、可用性、具体性和鲜明性。但辩证法的哲学在于，事物的弱点恰恰是其力量所在。如果单纯依靠描述法的话，通常难以突出研究对象的代表性。特别是当所研究的历史现象或历史过程在数量上极其庞大时，单纯依靠描述法，结论往往要么流于泛泛，要么过于雕琢——在第一种情况下，可能会得出未经证实的结论；而在第二种情况下，则往往错置了主要和次要、典型和偶然之间的关系。

此外，当需要讨论研究对象的某些特征和性质时，描述性方法恰恰无法显示出特征和性质的尺度。描述性方法可以研究某些现象，也可以显示出某些事物的特征和性质之间的关系，却无法计量二者相关性的强弱，也无法展现某一因素对其他因素影响的程度。

由此，在使用描述法时，一旦需要评估研究对象的规模、比重、发展水平，以及某一事物与其他事物相似或不同的程度、不同事物、现象、过程以及事物的特征或性质相关性的强弱时，便很容易模糊"更多—更少""较强—较弱""显著—无关"几组对子的界限，也就是说，描述法将很难对研究对象进行定量的分析。

以上便是描述—叙述方法的局限性。研究方法的局限性将不可避免地产生与之相对应的历史思维，即结论多多少少也会带有一定的不确定性，最终将制约我们对研究对象进行下一步的研究。

---

① Рузавин Г. И. Математизация научного знания. М., 1984. С. 151-152.

最后，为什么历史学家既没有用心完善自己的研究方法，总体上也没有从其他学科处汲取养分？原因（之一）在于描述法的普遍性和可用性。

以上便是描述法与计量方法在历史研究中的关系。

2.3　历史研究数学化的条件

接下来，我们将更为具体地讨论计量方法究竟在历史研究中占据着怎样的位置？

笔者再次提醒，定量分析的本质并不像人们通常所认为的那样，只是简单地在研究中使用数量指标，因为定性分析同样可以使用数量指标。定量分析是通过对研究对象的数值特征进行识别，经过一定的数学处理，从而揭示对象的数量特征，为实质内容分析奠定基础。

因此，当被问及"与描述法相比，计量方法能够为我们提供哪些新的历史信息"时，人们通常会忽略一个问题：虽然计量方法和描述方法都能够传达客观世界中的信息，但二者归根结底是两种不同的研究方法。通过对原始数量指标进行数学分析和处理，我们可以得出一些新的信息，但这些信息不是通过数量指标直接表达出来的，也无法通过描述方法来获取。

与描述性方法相比，计量方法的主要优势在于：通过定量分析，可以度量研究对象的特征和性质，也就是说，可以克服描述法主要的局限性。

从理论上讲，计量方法适用于对客观世界中一切现象或过程的研究（其中自然也包括历史现象、历史过程），因为事物的每种性质都寓于一定的数量之中。不过，想要在实践中使用计量方法，对历史现象或历史过程的研究必须事先达到某一阶段。那么，这究竟是一个怎样的阶段？可以使用定量方法的标志又是什么？

一般而言，这两个问题的答案是：一旦我们能够对所研究的现象或过程的特征进行度量，我们就可以应用计量方法和数学方法。即使史料本身是叙述性的，我们依然可以对其中的关键信息进行度量，提炼出有代表性的数量指标。但前提是，我们对研究对象的认知必须事先达到理论认识的高度。具体来说，必须事先以实质内容分析的方式揭示研究对象的性质规

第七章　计量方法在历史研究中的地位

定性。

马克思指出:"不同物的量只有化为同一单位后,才能在量上互相比较。不同物的量只有作为同一单位的表现,才是同名称的,因而是可通约的。"① 因此,"知识数学化的最大困难,在于揭示不同种类的现象的性质同质性,从而使这些现象可以在数量上进行比较"。② 只有事先对研究对象的认知达到了理论认识的层面,才能揭示现象的性质同质性及同类性。

可见,"只有当相关学科③已经高度成熟,已经具备了复杂的概念系统之后,数学化才能卓有成效,也就是说,学科中那些最重要的概念、假设、推论、规律都必须建立在数量的基础上"。④

所以,有时一些计量历史学家,特别是这方面的初学者,往往会对他们的前辈学者抱有虚无主义的态度,嘲笑其仅仅依靠描述法做研究,或者即使偶尔用到了数量指标,也没有使用那些专业的定量处理方法。笔者对此绝不赞同。如果没有前辈学者尽力将相关研究提升至可以应用数学方法的水平,如今这些计量历史学家试图通过数学方法来研究历史学,何异于缘木求鱼、痴人说梦? 我们应当记住:科学之妙,就在于没有人能够穷尽真理。

通过上文的表述,我们已经明确,为什么许多历史学家既不理解究竟为何必须在研究中使用计量方法,又没有感受到历史研究对计量方法的实际需求——原因就在于这类学者的研究领域尚未"成熟"到足以进行数学化的地步。目前,这样的领域还非常多。会出现这种状况,完全是历史研究中经验主义之风盛行的必然结果。未来,要想在历史研究中成功地使用数学方法,必须先克服这一问题。

---

① Маркс К. , Энгельс Ф. Соч. 2 - е изд. Т. 23. С. 58 - 59.
② Рузавин Г. И. Указ. соч. С. 189.
③ 以及这些学科中的某些研究方向。——作者注
④ Рузавин Г. И. Указ. соч. С. 191.

2.4 借助数学方法可以解决的研究任务的类型

借助计量方法和数学方法，我们可以解决科学研究中的许多问题。如果将这些问题进行分类的话，大致可以分为三种类型。这三种类型也统一被称为数学化的形式（форма математизации）。①

第一种类型指的是用数字来表示研究对象，以便确定研究对象性质的定量尺度和边界。这一类型可以用列宁对资本主义时代俄国农民各阶层性质的研究来示例。列宁以"农民个体劳动在经济形式中的比例"和"是否买卖劳动力"为标准，划定了农民的三个阶层：无产者农户、农民农户、资本主义农户。如此，列宁定义了区分这些性质不同的农民经济的数量边界：他把"基本上是雇佣工人"的农户划分为无产者农户；把"大部分是独立农民，并且本户劳力人数超过雇佣工人人数"的农户划分为农民农户；把"雇佣工人人数超过本户劳力人数"的各类农户划分为资本主义农户。②

由此可见，要解决重要且复杂的社会经济问题，就要对其实质内容进行分析；而这种分析实质内容的水平，则取决于有没有综合定性研究和定量研究双方的优势。在数学中，二者最容易结合在一起。有时，如果想要将研究对象的性质定量地呈现出来，可能会用到比较复杂的数学方法。但同时，研究的效果与研究方法的复杂程度并没有直接的联系。

第二种类型是对研究对象构建形式数量的数学模型。这种类型是科学知识数学化的主要方式。数学模型的数学化程度显然很高。至于如何对历史现象或历史过程进行模拟（建模），笔者将在下文单独讨论，并会给出相关示例。在此，笔者只强调一点：是否需要对研究对象进行模拟，通常是研究方法所要求的。模拟的目的在于分析研究对象的结构和功能。无论是研究对象的结构、功能，还是数学模型（对单一历史现象的模型或对某一历史过程的模型）本身，都有可能会特别复杂。

---

① Рузавин Г. И. Указ. соч. С. 192.
② Ленин В. И. Полн. собр. соч. Т. 19. С. 329.

第七章 计量方法在历史研究中的地位

第三种类型是利用数学方法，论证、解释固有的学术概念，以及构建全新的学术理论，换句话说，就是对科学认知成果进行形式化。

在历史学中，某些历史现象或历史过程存在的时空范围特别广泛。在对这些问题进行研究时，当前只能使用计量方法或数学方法。

想要理解历史发展的规律性和内在条件性，必须首先应用数学方法。上文已经指出，由于在历史发展中，客观因素和主观因素彼此之间是错综复杂的，因此，历史发展的规律通常并不是多么明显，况且历史发展往往具有某种随机性、偶然性。马克思指出："规则只能作为没有规则性的盲目起作用的平均数规律来为自己开辟道路。"①

很明显，这些规律和趋势只能通过数学方法、统计学方法和概率方法来识别、表达。

尽管在历史发展中，功能依赖（функциональная зависимость）并不常见，但在某些特殊情况下，"秩序、规律性等等概念在一定条件下可以用数学上规定的函数关系来表达"。② 这一点在研究历史发展问题时候特别适用。马克思同样认为："为了分析危机，我不止一次地想计算出这些作为不规则曲线的升和降，并曾想用数学方式从中得出危机的主要规律（而且现在我还认为，如有足够的经过检验的材料，这是可能的）。"③

借助数学方法，我们不仅可以在纷繁复杂的历史现象中，抓住历史发展的规律，还可以推导出众多单个事件所导致的最终结果。对此，我们需要再次回顾恩格斯的教诲，即在历史发展中，"最终的结果总是从许多单个的意志的相互冲突中产生出来的，而其中每一个意志，又是由于许多特殊的生活条件，才成为它所成为的那样。这样就有无数互相交错的力量，有无数个力的平行四边形，由此就产生出一个合力，即历史结果"。④ 许多政治事件、社会事件（如阶级斗争、革命运动、选举活动、各种集体接受的

---

① Маркс К., Энгельс Ф. Соч. 2 - е изд. Т. 23. С. 112.
② Ленин В. И. Полн. собр. соч. Т. 18. С. 164.
③ Маркс К., Энгельс Ф. Соч. 2 - е изд. Т. 33. С. 72.
④ Маркс К., Энгельс Ф, Соч, 2 - е изд, Т, 37, С, 395.

建议和决定等)、军事行动等都具有这种特征。因此,不使用数量指标,仅仅通过描述性方法进行研究,通常很难切中肯綮。总之,不使用计量方法和数学方法,就无法全面理解上述事件的本质。

***

　　社会生活现象是各种系统的复杂组合,这意味着,我们需要使用系统的方法来研究这些系统的结构和功能。对此,我们先要做的,是识别系统内部和各系统之间的关系。一般来说,我们可以认为,历史研究的主要任务,就是研究各种各样的关系(当然,其他学科也是如此),舍此则无法揭示出历史发展的规律、动力、普遍性和特殊性。一旦选用了系统的方法,想要对上述问题进行深入研究,就必须使用数学方法。

　　此外,虽然历史事件纷繁复杂,但仍能分出某些固定的类别和类型。历史过程也是如此。在进行历史研究时,需要对研究对象进行类型学分类(типологическая классификация),而这种类型学分类必然是多维的。要知道,通过描述法进行多维分类非常困难,甚至可以认为根本无法做到。所以,想要充分解决这一问题,便需要使用到多维定量分析方法(метод многомерного количественного анализа)和多维数学分析方法(метод многомерного математического анализа)。

　　历史发展是由内在条件决定的。这些内在条件产生的原因多种多样,能够产生的影响也各不相同。然而,由于内在条件的多样性、复杂性以及表现形式的随机性,每种条件所发挥的作用并不相同。因此,历史研究最重要的任务,就在于明确决定研究对象的本质及其发展变化的主要条件,并指出这些条件相对于其他次要条件所起到的作用,以及对研究对象的影响程度。如果说"明确主要条件"可以通过实质内容分析和描述性方法来实现,那么"指出它们的作用及影响程度"就只能通过数学方法来做到了。

　　由此可见,一旦历史研究触及大规模的群体现象,就需要使用到计量方法和数学方法。不过这两种方法在研究个体现象时也有可能会被用到。

所谓个体现象，应该被理解为某种个体活动的结果。个体现象在大规模的历史现象或历史过程中同样存在，但此时，它只是众多"互相交错的力量"中的一支，只是构成最终导致了历史结果的合力的一部分而已。在个体现象中，个人的作用具有决定性的意义。当然，有时个人会受到其他人的影响，但这种影响是通过影响创造事件的个人的想法、愿望、目标和意志，间接地施加的。个体事件广泛存在于政治领域，特别是精神世界中。

描述性方法是研究个体事件的基础。但在许多情况下，仅依靠描述法还远远不够。比如，在研究中，经常需要在相互抵牾的观点、语句、需求中抓住事件的本质，或者在变量不充分的情况下比较不同个体的立场。因此，在评价某一项决策时，选用数学方法进行研究有可能会比选用描述性方法更加有效，但前提是，所选用的数学方法，其依据必须是真实、客观的，不可是历史学家人为臆造的结果。

以上，笔者从本体论的角度（即从历史现实的角度），探讨了一般在何种情况下可以使用计量方法和数学方法。除了这些问题之外，还有一些关于使用数学方法的认识论问题（即一些具体的研究问题）。这类问题事实上也不胜枚举。接下来，笔者将择其要点，进行阐述。

首先，借助数学方法，我们可以有效核实史料中信息的可靠性。无论信息的规模是大（群体性）是小（个体性），信息的形式是定量的还是描述性的，都可以使用数学方法进行检验。数学方法还可以增强史料的信息反馈。关于这一点，上文已经提到过，检验史料中信息的可靠性，增强史料的信息反馈，都是史料学研究的核心任务。

其次，该如何选取代表性数据？当研究对象（统计学将之称为"一般群体"）的数量异常庞大，数据数量过多的时候，这个问题尤其复杂——因为很难对这些数据进行连续处理。要选取具有代表性的数据样本，就必须求助于数理统计学中发达的抽样方法（выборочный метод）。数学方法可以帮助我们确定自然样本的代表性。"自然样本"，指的就是数据集，其容量大小不可改变。

再次，许多史料都包含大量关于研究对象的信息，而数学方法可以根据相应的研究任务，帮助我们从这些信息中确定研究对象最重要的特征。当难以确定研究对象的主要特征，或者一旦选择了某些特征，将导致信息显著缺失时，则有必要对信息进行"压缩"，即从整个原始集合中选取少量综合指标。这也只能通过数学方法解决。

通常，在对历史现象的特征进行研究时，我们需要通过某一单一的综合指标来描述该现象的整体状态或发展水平。此时，也需要用到数学方法。

我们还可以继续往下列举。所有的这些问题，如果没有计量方法、数学方法、电子计算机的参与，都很难解决，或者说根本无法解决。在此，笔者再就电子计算机赘言一二。虽然计算机已不再被仅仅视作大型的、自动化的"计算器"，但计算机辅助计算的功能仍不可轻视，因为数学方法总是离不开大量的计算，没有计算机是万万做不到的。电子计算机是提升人类智力的强大工具，更准确地说，它能够显著提高人类智慧的效率和生产力。第一，计算机扩展了人类记忆的范围。如今，有了储存科学（包括历史学在内）信息的数据库，科学家无须再主动或被迫地记忆海量的信息，也不用耗费大部分时间去搜索、记录它们。第二，在面对诸如信息检索等费时费力的技术问题时，计算机比人类更准确、更可靠。第三，计算机以人机对话的方式工作，极大地扩展了信息检索的可能性——而这恰恰是一切科学研究的基础。

最后，数学方法可以厘清历史学的概念，使各个概念的语言表述在一定程度上统一起来，有助于使历史研究融入普遍的科学认知之中。

以上所列举的，都将有助于解决历史研究的种种弊病（如过度微观化、高度专业化等）。借助数学方法来研究历史学，取得的成果都将反哺历史学，推动历史研究的发展。

总之，大量的历史问题只能借助数学方法和电子计算机，才能得到充分研究。

2.5 数学方法的使用条件

虽然计量方法和数学方法功能十分强大，可以提高研究效能，但二者

第七章 计量方法在历史研究中的地位

并不是历史研究的常用方法。这是因为,首先,上文已经提到过,在历史研究中,计量方法和数学方法仍不可撼动描述性方法的地位;其次,历史研究对象的特点、历史学和数学的研究水平限制了这两种研究方法的使用效果。

在历史学(其他学科也是如此)中,使用数学方法解决问题的前提,在于获取数量指标。为了获得这一数据系统,需要对历史现象和历史过程进行量化,也就是说,用某些数值把研究对象呈现出来。但是,计量历史现象往往非常困难。

此外,并非所有的数学方法都可以被应用到历史研究之中。虽然数学方法的适用性很强,但其中大多数旨在分析自然现象。因此,并非所有的数学方法都能充分表达社会现象。专门用于分析社会现象的数学方法直到最近才有所突破,这也限制了历史研究数学化的可能性。

随着科学的不断发展,用数学方法对社会现象进行分析、处理的程度显然会越来越深。但同时,这也会带来一些新的问题。想要解决这些新问题,就必须对研究方法不断更新。

社会科学和人文科学能在多大的范围和深度上实现数学化,同样受制于数学本身。数学的核心性质在于其公理性:知识的核心是一组无须证明即可被接受的命题,所有基本观点都源于逻辑推导。但与这一原则大相径庭的是,在社会、人文科学中,我们不可能将所有的知识都简化为某几种公理,更遑论用这些公理得出什么基本结论——毕竟社会科学认知对象实在过于复杂。这就是为什么,就目前来说,社会科学和人文科学还无法用数学的方式来呈现其研究成果(即社会、人文科学中的一些理论、假设、概念和范畴等)。

总之,历史研究(其他学科也是如此)中数学方法的使用效果和应用范围既受到历史学的研究目标、研究水平的限制,又受到数学方法的使用效果、数学学科自身特性的局限。

笔者在上文论述了计量方法和数学方法在历史研究中的实质和地位。从中我们可以清楚地看出,如果不聚焦于历史研究的理论,特别是其中的

历史研究方法

方法论问题和逻辑问题，就不可能成功使用计量方法和数学方法。然而，虽然理论问题非常重要，特别是其具有重大的认识论价值，但在具体研究中，学界对这些问题的关注度与其重要性显然不成正比。只有具备高度的理论水平、深厚的方法论积淀、全面的历史学专业训练，计量历史学家才能深入地进行历史研究，避免出现谬误。

在此不妨引用英国著名博物学家托马斯·赫胥黎（Thomas Huxley）的一个比喻："数学好比磨盘，磨碎它下面的事物。如果说，无论怎样研磨杂草，我们也不会得到面粉，那么，公式铺得再满，也无法在错误的假设中找到真理。"[1]

总之，当使用数学方法进行历史研究时，研究的各个阶段（从设定研究任务、选择研究方法，到得出数据、对数据进行数学分析和解释，最终得出结论）都应当基于明确的方法论和逻辑。如今，历史学的数学化进程普遍存在一定的局限性，原因一方面在于历史学界普遍轻视数学方法，另一方面则在于当前还比较缺乏适用于历史学的数学理论、数学方法。这一问题在资产阶级史学中同样存在，甚至比在苏联史学中的情况更为严重。但同时，我们应当明白，马克思主义历史学虽然具有毋庸置疑的优越性，但这并不能保证马克思主义历史学家在使用数学方法进行研究时就一定会成功。使用数学方法，必须首先做到正确，其次做到熟练，任何研究都是如此。

因此，我们需要对历史学家进行计量方法和数学方法的专门训练。人们普遍认为，这种训练主要指的是，或者说完全指的是使历史学家尽可能掌握数学知识。掌握数学知识毫无疑问是必要的。历史学家应首先理解数学方法的逻辑本质，否则，他们将无法确定在具体研究中究竟应当采用哪种数学方法，也很难对数学分析的结果做出历史学的解释。至于具体的技术层面，应当使历史学家做到能够独立进行一定的数据处理工作（如对历史数据进行计算等）。

---

[1] 引文出自 Рузавин Г. И, Указ, соч, С, 201。

第七章 计量方法在历史研究中的地位

当前，历史学家和数学家在同一研究团队（小组、实验室、研究室、教研室等）内共同工作。这是历史研究日益深化的真实体现。经验表明，这种合作保证了数学方法在历史学中能够最有效得到应用。历史学的发展，未来可期。历史学家和数学家团结协作，研究互补，联合出版学术著作。

当然，这种合作想要获得成功，不仅需要历史学家必须具备一定的数学背景，还需要数学家了解历史知识。而且，事实证明，难度并不在于让历史学家掌握具体的数学知识，而恰恰在于让数学家掌握历史知识。不过，事实证明，无论是对历史学家来说，还是对数学家来说，掌握对方的知识都绝非无法做到的事。除此之外，历史学家和数学家在立足于各自领域的同时，还必须掌握一种全新的、对方领域的思维方式：历史学家应当掌握数学的思维方式，而数学家则应当掌握历史的思维方式——这才是真正的困难所在。对历史学家而言，他们更容易理解诸如相关性、回归分析等数学方法的逻辑本质，甚至可以"徒手"完成复杂的计算。可是，一旦涉及用形式逻辑或数学思想来思考，将历史现象、历史过程的本质转化为数学语言，或者是需要从对历史数据的数学分析中读出相应的历史信息，历史学家往往就束手无策了。同样，数学家容易记忆历史发展过程的种种表述，但难于理解其中的内在本质，即使这种本质是以数学的方式呈现出来的。

总之，历史学、数学两个学科应当相互交融。实质内容方法、人文方法、形式逻辑方法、数学方法犹如四条丝线，彼此交织在一起，共同打成了一个绳结，共同推动数学方法成功应用于历史研究之中。而具体该如何做到，这是留给历史学家和数学家最重要的任务。如果这个问题解决不好，会降低数学方法的研究效能，甚至会导致严重错误。

综上所述，显然，认为"仅需数学家独自努力，就可以取得历史研究的根本性突破"的观点是站不住脚的，继续重复这种论断不仅会制约数学方法在历史研究中的应用，也可能有碍其他学科的发展。

以上便是计量方法和数学方法在历史研究中的地位。这些最基本、最普遍的方法论问题值得我们加以注意。

第八章
对历史现象的形式化与量化

在研究任何一种客观实在的现象时，想要使用计量方法和数学方法，都必须先对现象进行量化（измерение）。量化是一项复杂的研究程序，量化社会现象（其中包括历史现象）更是难上加难，因为对于这类现象而言，一些内在的属性、联系、发展趋势通常由主观因素和客观因素共同决定。

对于量化社会、历史现象的具体方法，本章将不做讨论，相关认识论、方法论和具体方法已有专文论述。[①] 笔者在此仅以"计量社会现象"为主

---

① 可参见 Маликов И. Ф. Основы метрологии. Ч. I. Учение об измерении. М., 1949；Методика и техника статистической обработки первичной социологической информации. М., 1968；Мельников О. А. О роли измерений в процессе познания. Новосибирск, 1968；Волович В. Н. Надежность информации в социологическом исследовании: Проблемы методологии и методики. Киев, 1974；Экономическая информация: Методологические проблемы. М., 1974；Суслов И. П. Теория статистических показателей. М., 1975；Он же. Основы теории достоверности статистических показателей. Новосибирск, 1979；Методы анализа, сбора и обработки социально - экономической информации. М., 1976；Осипов Г. В., Андреев Э. П. Методы измерения в социологии. М., 1977；Рябушкин Т. О. Ленинское наследие и статистика. М., 1978；Социальные исследования: Построение и сравнение показателей. М., 1978；Исследование построения показателей социального развития и планирования. М., 1979；Суслов И. П., Турова М. И. Методология статистических сравнений. М., 1980；Нерисова Е. Х. Гносеологический аспект проблемы социальных показателей. М., 1981；Стандартизация показателей в социологическом исследовании. М., 1981；Анализ нечисловой информации в социологических исследованиях. М., 1985；等等。

题，就那些在历史研究的实践中实际出现，但尚未引起历史学家足够重视的问题展开论述。

第一节 对社会现象进行形式化和量化的一般问题

1.1 对数量特征的量化

广义上的量化，是一种建立各对象之间关系（属性、联系、发展趋势等）的方法。量化的核心，在于这种关系是通过数字表达出来的。

上文提到过，只有当比较对象之间具有性质同类性（качественная однородность）的时候，我们才有可能对其进行量化，否则，我们无法将同类性抽象出来，更遑论识别对象之间的定量关系了。对此，马克思指出，"事物的同类性决定事物的数量差异"，① 同样，列宁认为，"物质的同类性是测量和数学计算的适用性的条件。物质的同质性是测量和数学计算的适用性的条件"。②

在开始量化之前，应首先确定各研究对象之间存在同质性、可比较性——这是在计量社会现象时最重要，同时也是最困难的步骤。因为一般来说，在现有的研究阶段，我们很难，甚至往往无法确定各研究对象之间是否存在性质同类性。

例如，在研究某一特定地区封建时代的农民运动时，对于马克思主义历史学家来说，这些历史现象的性质同类性是显而易见的，因为农民反抗封建地主的一切行动，都是封建主义生产关系对立（即阶级斗争）的表现。这就为定量分析农民运动的范围和规模奠定了基础，我们可以很清楚地确定农民运动的次数、爆发运动的村庄的数量、运动参与者的数量等信息。但是，一旦需要定量地确定研究对象的相互关系，问题就不那么简单了。比如，以运动爆发的原因为例，我们很难定量地区分各种

---

① Архив Маркса и Энгельса. М., 1935. Т. IV. С. 119.
② Ленин В. И. Полн. собр. соч. Т. 18. С. 316.

类型的原因。由于当前史学界对农民阶级斗争问题的研究还不够充分，我们很难对运动爆发运动原因进行分类，甚至连各原因之间是否具有性质同类性都不能确定。如果在这种情况下，贸然使用计量方法，很容易会得出与实际情况大相径庭的结果。

总之，能否进行计量，既取决于我们对研究对象的实质内容的认知程度，又取决于各研究对象之间到底存在着多少的性质同类性。

社会现象的内容通过其固有的标志、属性表现出来，这种标志和属性被称为特征（признак）。特征按照其形式的不同，可被分为数量特征（количественный признак）和属性特征（атрибутивный признак，顾名思义，属性特征通常是定性的）。数量特征一般通过数字表示出来，而属性指标则通常是口头的或文字描述性的。数量特征表示事物性质的程度，而属性特征则仅表示这些性质的存在，但有时，也能表现性质的相对强度。

属性特征通常是描述性的，它既可以很简单，也可以比较复杂。简单的属性特征表示研究对象单值的、单一方面的属性（如性别、国籍等），而复杂的属性特征则能够表现研究对象综合性的、多方面的属性。此外，复杂的属性特征还可以反映出研究对象的同时代者对对象的标志、属性的综合性的、主观性的评价，这些评价也被称为评价性特征（признак-оценка），例如某种产品的质量、工人或农民阶级斗争的强度和效果、某一社会力量的活动等。评价性特征也是一种属性特征。

所以，很明显，对于数量特征和属性特征而言，二者能否进行量化，具体的量化方法如何，情况各不相同。无论简单属性特征，还是复杂属性特征，都是如此。

应用计量方法，应当先确定计量的目的，之后对研究对象的实质内容进行定性分析（请不要将其与定性属性特征相混淆）。在这一点上，计量方法与其他任何一种认知过程别无二致。每一个社会对象的属性都是取之不尽的，所以，我们有必要事先选定究竟要去量化研究对象的哪一种属性，选择依据由研究任务决定。只有在确定了量化的目的之后，才能进而确定该使用哪种计量方法。

第八章 对历史现象的形式化与量化

根据量化的原理，形成了不同的计量尺度（шкала измерения）。所谓计量尺度，指的是为相关特征赋值的规则。如果计量的尺度不同，即使计量对象一致，得出的信息在完整性和准确性上也是不一样的；在某些情况下，甚至可能导致无法进行后续的数学分析与处理。

当前，计量的原理和方式可以被归纳为以下四种计量尺度。

其一是定类尺度（шкала наименований 或 номинальная шкала）。定类尺度指的是根据研究对象的某些特征对其进行分类，这是一种最简单的为研究对象进行赋值的方法。根据定类尺度，数值用来指出研究对象的类别，只是一个代号，因此可以与其他数值互换。用定类尺度进行计量，要求研究对象具有类内的同一性或类间的差异性。

其二是定序尺度（шкала порядка）。定序尺度要求按照某种特征，对研究对象进行排列。定序尺度会根据研究对象某种特征的表现强度来显示物体的位置，例如，根据"更多"—"更少"进行排序，但无法指出"多"和"少"的程度。使用定序尺度进行计量时，数值表示研究对象在有序数列（упорядоченный ряд）中的位置，而这个位置也可以被看作研究对象的等级。定序尺度的数值可以用其他数字代替，但不可改变研究对象的排列顺序。

除了定类尺度和定序尺度，还有两种计量尺度，分别是定度尺度（метрическая шкала）和定量尺度（количественная шкала）。这两种尺度通过某种计量尺度或计量单位来确定研究对象某一特征的数值。

定距尺度（шкала интервалов 或 интервальная шкала）是定量尺度和定度尺度的一种。定距尺度具有定序尺度的一切属性，但不同之处在于，定距尺度可以根据某种公认的计量单位精准确定某一间距的大小——这一点是定距尺度与定序尺度最大的不同。定距尺度可以任意选择计量单位和参照点，比如可以选用温度尺度（摄氏度、列氏度、华氏度）或日历时间尺度（如旧儒略历、新格里高利历、阴历）等。在其他的计量方法中，参照点的选取都是有条件的，但定距尺度的参照点却与众不同。通过线性变换，定距尺度的参照点可以相互转换。

定比尺度（пропорциональная шкала）或比例尺度（шкала отношений）

是一种定度尺度,其对研究对象的数量特征进行计量。定比尺度的特点是"以公制单位为计量单位"和"以零为初始参照点"。基于这两个特点,定比尺度能够表示研究对象的某个属性和其他对象相比强多少倍。也就是说,定比尺度能够准确揭示事物属性的数量比例(因此,定比尺度也被称为"比例尺度")。定比尺度的计量单位可以是空间、时间、面积、体积、重量,也可以是相应对象的单位(如工厂的数量、居民的数目等)。定比尺度通过数值进行计量,是一种真正意义上的计量方式。

不同的计量尺度之间存在一定的联系,每一种尺度都建立在前一种尺度的基础之上。

定类尺度和定序尺度仅表明各研究对象之间不同的属性或者各属性之间不同的表现强度,不可以进行算术处理——这是定类尺度和定序尺度的局限性所在。因此,有人认为二者并不是计量方法。但是,我们可以根据定类尺度和定序尺度,建立研究对象之间的关系,所以,从这一意义上,二者仍然属于计量方法的范畴。

一般而言,计量尺度的特点是:随着刻度的增加,信息的内容(反映在计量数据上)也会增加。

选用了哪种计量尺度,直接决定了该使用哪种计量方法。经过计量,我们会获得一些数字。这些数字被称为计量数据(показатель измерения)。计量数据是计量对象的特征的数值表达,是一种计量对象定量信息的表达形式。选择了不同的计量尺度,也就使用了不同的计量方法,进而得到不同的计量数据。计量数据分为三种类型。

关联数据(ассоциативный показатель)由定类尺度获得,仅表示属于不同群体的对象彼此间的相似性。

次序数据(показатель очередности)能够根据对象某一属性的表现强度,确定对象的排列顺序。次序数据通过定序尺度获得,和关联数据相比能够提供更多的信息。

数量数据(показатель количества)是信息容量最大的数据,因为数量数据可以在一定程度上表示对象本身的规模或其特征。

第八章 对历史现象的形式化与量化

上述三种数据的数值是根据区间和尺度的比例，通过量化获得的。三种数据在各自的计量程序中彼此不可替代，我们只能去转换计量单位。

无论是上述的几种计量尺度，还是在计量尺度的基础上获得的计量数据，都能清楚地表明：在测量事物数量特征和属性特征时，测量结果必然存在显著差异。在测量结果中，由于各种计量数据的信息含量不同，因此，对这些数据进行数学处理的可能性也各不相同。实际上，关联数据和次序数据是描述性的、定性的数据，我们可以通过定比尺度对其进行计量。也就是说，我们可以根据关联数据，建立事物的数量数据，从而确定具有某些质量特征的对象在总体中的数量和比例。

而对于次序数据（表示事物属性特征的表现强度）来说，我们可以通过对其赋值的方法，将次序数据变成数量指标。这一过程是通过专家评级（экспертная оценка）来完成的，我们将在下文进行讨论。

1.2 量化的单位

选择量化的单位，是在对事物进行量化的过程中最重要的问题。计量单位和计量本身一样，已经是一个历史范畴了。计量单位在漫长的过程中逐渐形成，并得到了人们的普遍接受。这些计量单位，或是人为规定的，或是约定俗成的，但都在长期的使用中逐渐被人接受。例如，古代通过测量成年男子脚长来计算长度的方法（该单位被称为"一脚长"[①]）时至今日仍在使用，即使如今的人们已不会意识到这一单位和"脚"有什么关联。类似的情况并不鲜见。例如，一些长度单位经历了若干个世纪的岁月洗礼，从古罗斯时代一直流传下来：一庹长[②]、一肘长[③]、一拃长[④]、一指宽[⑤]、一

[①] Фут，古罗斯长度单位，为成年男子一只脚的长度，约等于 30.48cm，后演变为长度单位"俄尺"。——译者注
[②] Сажень，古罗斯长度单位，为成年男子左右两臂平伸两中指指尖的长度，约等于 1.76m，后演变为长度单位"俄丈"。——译者注
[③] Локоть，古罗斯长度单位，为成年男子肘弯至指尖的长度，约等于 46cm。——译者注
[④] Пядь，古罗斯长度单位，为成年男子拇指至中指的长度，约等于 18cm。——译者注
[⑤] Перст，古罗斯长度单位，为成年男子一指的宽度，约等于 2cm。——译者注

指甲盖宽①。

　　随着时代的发展，人们对计量精度的要求越来越高，于是对计量单位也提出了更高的要求，希望对其进行扩展和完善。

　　一旦决定开始计量，就必须保证计量特征具有单一结构性（одно-структурность），计量对象具有单一范围性（одномасштабность），计量单位（在统计学中又被称为"统计单位"）具有不变性（неизменность）和刻度上的一致性（однородность），否则便无法正确地进行计量。即使进行了"计量"，计量结果极有可能在空间或时间上不可比较。计量特征、计量对象、计量单位具体该如何选取，取决于计量的目的和计量对象的特点。

　　自然科学已经发展出了一套最发达、最稳定的标准计量单位（如米、千克、秒等），有的单位也可以用于计量社会现象。但从整体来看，用自然科学的计量单位来测量社会现象，其空间还是非常有限的。对此恩格斯指出："用体力量度来表示经济关系是完全不可能的。"② 列宁也强调："再没有什么事情比给危机、革命、阶级斗争等等现象贴上'唯能论的'或'生物社会学的'标签更容易了，然而，也再没有什么事情比这种勾当更无益、更烦琐和更死板了。"③

　　能够计量社会现象的单位有很多。具体该如何选择，取决于研究对象的性质（反映在研究任务和研究对象的具体特征上），或者说，取决于计量的目的和实际的可行性。在计量具有数量特征的社会现象时，或者说在使用定距尺度和定比尺度时，应广泛使用各种实物计量单位和公制计量单位。但是，有时即使计量单位一致，计量对象的性质也有可能相去甚远，因为实物计量单位往往很不精确，有时甚至会将性质完全不同的对象混为一谈。例如，不同油田产出的石油可能品质不同，不同品牌的汽车、飞机在功率等方面也有可能不尽相同。所以，如果仅以"吨"来计量石油的产量、以"辆"来计量

---

① Ноготь，古罗斯长度单位，为成年男子指甲的宽度，是 1 俄寸的 1/4，约等于 11mm。——译者注
② Маркс К.，Энгельс Ф. Соч. 2 - е изд. Т. 35. С. 110.
③ Ленин В. И. Полн. собр. соч. Т. 18. С. 348.

第八章 对历史现象的形式化与量化

汽车的产量、以"架"来计量飞机的产量的话,显然是非常粗略的。想要提高信息的精确度,要么使用双重计量单位(例如在计量货车的负荷量时同时使用辆数和吨数,在计量牲畜量时同时使用数量和重量等),要么使用假定实物计量单位(условно-натуральная единица измерения)或折合计量单位(приведенная единица измерения)。折合计量单位经常用于计量多元对象,旨在以一定的比例将对象从某一种形式转换为另一种形式。折合计量单位包括"质量"(如将计量牛奶转化为计量脂肪含量,将计量甜菜转化为计量含糖量等)、功率(如15马力的拖拉机、100千瓦的电动机等)等。

一般而言,上述单位主要用于计量同类型的或可以相互替代的事物。随着计量客观事物,实物计量单位和公制计量单位也逐渐开始被用于计量社会发展问题,尤其是计量人口数量、劳动力资源等人口统计学问题。此时,计量单位通常是"人"(全体居民)、"成年工人"、"工日"、"工时"、疾病或休息的时间等。不过,和实物计量单位相比,使用这类单位计量出的数据往往更具多元性。例如,某人参加体育运动,时间为两个小时;另外一个人阅读文学作品,时间同样是两个小时。很明显,两人休闲的时间相同,但休闲的形式是不一样的,并且这种差异无论如何也不能等量齐观。此时,如果想要比较数据,那么不仅应当记录现象(休闲)本身,还应当记录现象的结构(休闲的形式)。

之所以使用了同样的计量单位,仍有可能得到不同的结果,是因为社会现象的特征、性质本身就非常多元。所以,鉴于很多时候无法对数据进行直接比较,人们将固有的计量单位进行整合,形成了一批新的计量单位,以便对社会现象进行计量。例如,当需要比较机械工业和棉纺织业的生产规模时,我们显然不能以拖拉机的数量和布匹的长度为标准,于是我们引入了计量单位"价值"(стоимость)。"价值"作为一种计量单位,被广泛应用于多种社会现象(主要是生产技术类现象或社会经济类现象)计量之中。凭借"价值",我们就可以对多元信息进行比较、概括了。

在使用"价值"(货币)这一计量单位时,也存在一些难点,主要是价格的设定（以价值评估为基础）常常在一定程度上是模糊的，甚至是主观的，而价格本身又具有很强的流动性。所以，在使用"价值"这一计量单位时，必须兼顾"价格数据的准确性"和"价格与价值的可比性"两个问题。总之，作为一种计量单位，价值无论是在社会生活中，还是在研究社会问题时都发挥着重要作用。

另一个被广泛应用于衡量多元数据的计量单位是指数（индекс）。指数的构建非常复杂，需要使用不少数学方法。

总之，用于计量社会现象的计量单位是多种多样的。随着计量对象数量的不断增加、多元性的不断扩大，计量单位也变得愈发复杂。

1.3 数量特征的量化特点及专家评级

虽然数量特征涉及的客体非常广泛，但如果和属性特征的范围比起来，便可谓小巫见大巫了。属性特征主要通过定类尺度和定序尺度来量化，这两种尺度以及所获得的关联数据、次序数据都不具备定量的计量单位，对它们的计量是定性的。对属性特征进行计量时，最常见（或简单或复杂）的方式是通过计数来确定客体中某种性质的数量。例如，我们可以通过计算某一企业中受过技能培训的工人的数量，从而掌握该企业中工人的受教育情况、专业技能情况等。综上，属性特征同样可以以数量的形式表示出来。不过，用这种方法表示出的信息内容比较有限，因为它无法显示出相应属性的强弱。由此，只有在计量比较简单的属性特征时（即属性的特征明确且唯一时），这种方法才能正常发挥作用。

在计量社会现象时，一个非常现实的问题是：对于那些复杂的属性特征，我们该使用怎样的计量单位进行定量分析。属性特征通常非常复杂，其内部往往包括了众多属性，急需一套可以对其进行综合研究的计量单位。最近出现的应用数学学科——质量计量学［квалиметрия，来自拉丁语的quali（意思是"质量""性质"）和希腊语的 metreo（意思是"计量"）］便致力于归纳、总结计量复杂属性特征的普遍原则和方法，相关学者还成功研究出了一整套综合计量事物属性的方法。质量计量学学者相信，对任何定性的特征，都可以给出完整的定量评价。①

在计量复杂属性特征的实践中，逐渐产生了一个新的计量单位：等级（балл）。等级是对事物属性特征的一种综合定量表示。在具体实践中，等级的高低通常基于专家评级。

在计量社会现象时，最困难的一步，在于对复杂的属性特征、评价性特征做出专家评级。首先，事物的属性特征非常复杂，且彼此各不相同。属性特征可以向下继续被拆分为若干部分，有时，这些组成成分比较简单，但有时却很复杂；并且，往往事物的属性特征恰好是由这些复杂的、成体系的内部成分的性质决定的。这种"内部成分"，就是反映事物内部属性的特征。例如，由社会必要劳动时间决定的价值是由商品内部隐含的、成系统的属性决定的。当然，无论是寻找构成复杂属性特征的各个组成成分，对其进行计量，从而获得对事物整体的评价，还是识别事物内部成体系的性质的实质，再以此为基础，对其进行评价，我们认为，虽然这两种研究路径都非常困难，但二者并非穷途死路，还是有可能实现的。当然，对于后一种情况，也可以变计量事物的直接属性为计量各属性间直接的关系，但这又使问题复杂化了。

其次，等级对复杂属性特征的评价，虽然总是保留着一定的主观性，但也同时或多或少地有一些模糊性。所以，专家评级是一种最不确定、最多元的计量单位。尽管我们可以对其进行数学处理，但专家评级不具备数量数据应有的特性。在这方面，应该注意，所有计量数据都分为粗放型数据（экстенсивный показатель）和集约型数据（интенсивный показатель）两种。粗放型数据可以涵盖所有研究对象的共同性质，其数值等于每个研究对象特定性质的数值的总和。集约型数据则不存在这一属性。粗放型数据可以通过定比尺度获得，并以实物计量单位或公制计量单位表示出来。例如，第一个家庭由两口人组成，第二个家庭由3口人组成，第三个家庭由5口人组成，那么这三个家庭的总人数是10。但是，在考查学生对知识

---

① 参见 Азгальдов Г. Г., Райхман Э. П. О квалиметрии. М., 1973.

的掌握程度时,一名学生考了4分,另一名学生考了3分(教师打分是一个典型的专家评级),他们二人对知识的总体掌握程度却并不为7。

不过,尽管专家评级具有模糊性甚至局限性,但是和描述性分析相比,专家评级可以对复杂的属性特征进行计量,显著深化了对社会生活现象的研究。另外,专家评级之所以会暴露出上述缺陷,主要是由于目前科学水平还不够高。随着科学水平、实践水平不断提高,相信专家评级的计量方法也能够扬长避短,吐故纳新。①

在科学发展日新月异的今天,我们需要对社会现象进行多维分析。想要深刻认知社会现象,就需要尽可能多地计量事物的特征。在研究社会生活现象时,如今,学者们经常需要讨论数十甚至数百种特征,这给分析、处理数据造成了一定困难。我们可以"压缩"原始数量数据的规模,减少各种指数的数量。如果将这种方法发展到极端,那就是把研究对象表示为多维特征空间里的一个点。

多维空间虽然无法具象化,但如果研究对象很多,那么多维空间中将会形成一个由研究对象的特征组成的点阵。原则上,研究对象和特征的数量可以任意多,只受到计算机数据处理能力的限制。通过这种方式,无论是事物的数量特征,还是属性特征,我们都可以对其进行计量。

对计量结果的这种极尽形式化的表达引起了许多社会科学家(也包括历史学家在内)谨慎甚至消极的态度。他们怀疑:这种形式化(формализация)是否意味着与现实的脱节?或者说,如此表达,研究对象是否失去了现实中的某些基本特征?不过,如果这些学者认同可以对社会现象进行计量,也认同在研究中使用数学方法,那么,这种担心就是没有根据的,因为形式化充分考虑到了全部需要计量的特征。也就是说,真正重要的,不在于是否形式化,而在于计量的充分性和准确性。计量结果的形式化可以充分实现对社会现象的多维研究,并且有助于加深对社会现象的认

---

① 参见 Бешелев С. Д., Гурвич Ф. Г. Экспертные оценки. М., 1973;Статистические методы анализа экспертных оценок. М., 1977。

识。列宁指出:"数学逐渐脱离可感知的空间而上升到几何空间,但是它并不脱离实在的空间,即不脱离事物之间的真实关系。它反而更接近事物之间的真实关系。"①

以上便是一些在计量与历史现象直接相关的社会现象时可能会遇到的问题。

第二节 计量历史现象时的特点

2.1 计量数量特征:构建有代表性的变量序列、动态序列

在计量历史现象时,计量的主要特点在于:历史学家受史料的限制,无法像社会学家、经济学家那样自由地选择研究对象的特征。在接下来的阐述中,笔者会先默认史料中对研究对象的记载完全可信。但即使如此,仍然会产生许多问题。

笔者先分析史料里记录的数量指标。数量指标是计量的结果,受特定的研究目标、计量理论和计量能力的制约。不同的研究目标、计量理论和计量能力同时也会影响到计量的内容、计量方法和对计量结果的归纳汇总。所以,历史学家在进行计量之前,必须先确定以下几个问题:能否根据史料中的信息形成计量数据;计量数据的代表性如何;形成的计量数据究竟能够在多大程度上反映研究目标的要求。笔者先假设,第一个问题是肯定的。

成体系的计量数据可以是变量序列(вариационный ряд),也可以是动态序列(динамический ряд),动态序列也被称为时间序列(временной ряд)。变量序列由一组数量指标组成,这些数据表示不同研究对象的某些特定特征;动态序列则能够反映某一个或某一组研究对象在不同时间内的不同特征。变量序列里的数据本质上是离散的(不连续的);而动态序列里

---

① Ленин В. И. Полн. собр. соч. Т. 29. С. 482.

历史研究方法

的数据则表示一组连续值，这些数值表示一个个被固定在时间点上的属性特征，它们在对研究对象进行计量的过程中逐渐变得离散。史料中所包含的数量指标主要是变量序列。在计量历史现象时，很难构建某一特征的动态序列，尤其是当历史现象的时间周期相对较长的时候。此外，相关数据也很难获取。所以，历史学家不得不遍寻史料，利用各种研究方法以期获得数据，进行研究。在构建变量序列时，数量指标一般需要从数量较多、性质各异的史料中获取。这就产生了两个问题：数量指标能否被还原；各数量指标之间能否互换。想要回答这两个问题，我们需要借助专门的研究方法（其中也包括数学方法）。遗憾的是，这两个重要问题到目前为止还没有得到专门研究，现有的研究经验也没有得到应用。

　　史料中的数量指标能够反映研究对象的相应特征。研究对象的规模、空间（更准确地说是结构）范围、时间范围等信息都非常重要。无论是在计量的初始阶段，还是在之后汇总计量结果时，这些信息都有可能发生变化。

　　如今，随着统计学不断发展，计量社会现象的理论不断更新，逐渐形成了一整套针对社会现象的计量方法。一般来说，研究者会利用计数法来计量研究对象的最小单位（或特定对象的初始单位）。例如，各类人口统计、职业调查会以人数为初始单位（在统计学中被称作"核算单位"）。在计量生产情况等经济现象时，初始单位一般是某个经济体、某个企业、某个机构。如果研究对象数量较大，最后一定要将计量结果进行汇总（сводка）。如果各结果需要被汇总的程度各不相同，研究者还须做出选择，明确究竟应该使用哪些数据。如果研究涉及未经处理的原始信息，则需要对其进行综合。例如，在研究俄国资本主义时期的农民经济时，计量对象可以是：户、村、乡、县、省、地区（即若干省的范围）、欧俄部分、俄国全国。计量对象的研究范围需要根据研究任务进行选择，但无论如何，研究范围必须能够体现出研究对象固有的、最本质的特征。如果我们以整个欧俄地区的范围来讨论农民经济，那么数据便无法以村或乡的规模呈现，即使扩大到县的规模，也会嫌之过繁，无法判断数据的主要结构特征。以省为单位进行研究是比较合适的做法，可以做到数据典型性和特殊性的统

第八章　对历史现象的形式化与量化

一。如果难以确定计量对象的研究范围，则需要将不同层次的数量指标进行综合。虽然对数据进行综合会导致某些初始信息流失，但我们也可以由此确定研究对象最普遍、最本质的特征。尤其是当研究范围较小时，计量对象的特征会特别明显。

在综合（取平均值）研究对象的初始信息时，这些信息很有可能千差万别。所以，在进行计量时，一些基本的方法论要求必须明确，那就是：进行计量的前提是研究对象的性质必须相同。这意味着，初始信息被综合之后的产物性质也必须相同，否则，综合就是无效的。综合产物又组成了更高级别的系统。如果我们以单个村庄的范围研究农民经济，那么——举个例子——粮食产量，也会被压缩到以村庄为单位的规模。于是，我们得到的信息便只能是对农民经济整体状况的歪曲反映，因为各个村庄在性质上并不一致：有的村庄贫农较多，有的村庄富农较多，各村庄贫农、富农相互混杂，无法同一看待。如果要分析某个小范围内（如乡或县）农民经济的社会经济结构，由于这个小范围自身也是一个整体的系统，内部的要素是该区域内职能相同的各个村庄，那么合理的方法是以户为单位计算粮食产量。一般而言，综合数据应当考虑到所研究的社会系统的等级、层次。此外，还必须特别注意社会系统内部各构成要素的同类性。

在利用某些当代事件的计量结果之前，必须先对其进行严格的、历史学的处理。研究者必须关注被计量的特征是否单一，特征的结构是否同一，计量对象的尺度是否唯一，计量单位是否发生过改变。这四个要素非常重要，舍此，将无法对数据进行时空比较。例如，如果研究对象是农户（这是农民经济的原始构成要素），那么我们必须时刻牢记，农户的人口数量在不同地区是不一样的。根据1897年全俄人口普查数据，各省平均每户人口数莫吉廖夫省最多（8.1人/户），雅罗斯拉夫尔省最少（4.6人/户）。并且随着时间的推移，各户的人口数量也会发生显著的变化。一般来说，农民经济的研究范围可以多样。在研究土地占有情况、农业、工业企业、一些农业设施等事务时，研究范围同样是多样的。通常，被计量的对象根据空间管理原则（пространственно-административный принцип），具有不同的尺度和范围。

· 367 ·

历史研究方法

　　对于计量对象而言，其特征的结构也必须在计量过程中保持一致。如果计量对象的特征比较复杂，且时空范围特别广泛的话，想要构建计量对象的动态特征，就必须保证结构在计量的过程中保持一致。

　　最后，计量单位也必须保持不变。史料中记载的数量特征通常以各种不同的计量单位（实物单位或公制单位）表示。研究者可以继续沿用原有的计量单位，也可以将其转换为其他单位。重要的是我们要考虑到，在古代、中世纪甚至现代，有时计量单位的名称相同，代表的尺度却大相径庭。例如，直到19世纪中叶，俄亩①一直是俄国丈量土地面积的主要单位。但这一单位代表的面积却不是一成不变的。按官制俄亩，1俄亩等于2400平方俄丈（80俄丈×30俄丈），然而在民间，1俄亩等于3200平方俄丈（80俄丈×40俄丈）。因此，我们需要核验史料中计量单位的实际尺度，使名义尺度与实际尺度保持一致。

　　总之，想要获得正确的计量结果，必不可少的条件是计量过程中每个数量特征的结构同一、计量对象的尺度唯一、测量单位保持不变。接下来笔者将用一个具体的例子，阐释在计量历史现象时上述条件的必要性。这个例子，就是Д. И. 奥帕林对18世纪至20世纪初俄国对外贸易的研究。②奥帕林通过深入研究相关出版物和档案资料，收集到了俄国175年间的对外贸易额，并在此基础上，建立了进出口商品价值以及进出口商品比例的动态序列。动态序列以现代卢布和过去的金卢布同时计算，并且考虑到了现代卢布对黄金的汇率。此外，奥帕林的动态序列涵盖了1742~1917年（除1801年外）每一年的情况，这是绝无仅有的。在俄国史的范围内，我们不知道还有哪个动态序列既能做到全面，又能涵盖如此长时段的历史信息。由于奥帕林的动态序列讨论的是进出口商品的价值，所以，评判序列

---

① 俄亩（десятина），俄国传统面积单位，约等于2400平方俄丈或1.09公顷。——译者注
② 参见 Опарин Д. И. Схематический анализ развития внешней торговли России за 175 лет (1742–1917 гг.) // Методологические вопросы в статистических исследованиях. М., 1968. С. 96–128。

第八章　对历史现象的形式化与量化

正确与否最重要条件是确保序列的计量单位（卢布）保持不变，换句话说，卢布的购买力在所讨论的时间范围内应当是相同的。奥帕林当然清楚这个道理。为了尽可能做到准确，他将现代卢布折算为黄金。但问题是，黄金的购买力依然不是一成不变的。于是，奥帕林选择从英国商品对黄金价格指数的走势入手。最终，他得出的结论是："从长期来看，世界市场上黄金对商品的购买力是相对稳定的。"但对于金卢布的购买力，奥帕林认为，也可以用类似的方法来讨论，这样就不必计算金卢布实际购买力的变化情况了。因此，他指出："可取的方法是，不考虑俄国金卢布购买力的变化情况，而是以外贸交易额的实际数量来反映俄国的进出口情况。"奥帕林的解决方案虽然正确，但实际上并不可行（至少在当前对俄国外贸情况的认知水平下），因为目前缺乏所有进出口货物实际数量的系统数据。综上，总的来说，在构建动态序列时，奥帕林为力求做到准确，尽可能使计量进出口动态情况的单位（卢布）前后不发生变化。

但奥帕林没有做到另一项要求——计量对象特征的结构需在计量过程中保持一致。不过，对于"进出口商品的价值"这类综合数据（商品本身数量庞大、类别各异，况且还要对商品的价值继续综合），这一要求根本无法做到。况且，随着时间的推移，商品进出口的比例同样有了显著差异，这些将不可避免地影响到商品进出口的价值。奥帕林也意识到了这一点，因此他指出，需要以单一商品为例，揭示商品进出口价值的变化情况（虽然笔者认为是总体变化情况）。但这还需要专门研究。

奥帕林真正疏忽的地方，也是唯一一处可以被指摘的地方，是"计量尺度是否唯一"的问题。在他的研究中，计量对象是整个俄罗斯帝国。但是，在奥帕林研究的时间范围内，俄罗斯帝国的边界得到了显著拓展。18世纪后期至19世纪，包括黑海北岸、比萨拉比亚、北高加索、外高加索、中亚在内的广大土地被纳入俄国，这也推动了俄国对外贸易的发展。当然，使计量对象保持唯一的尺度也比较困难，要么需要将土地换算至可以进行比较的程度，要么转而比较进出口的相对规模（计算人均进出口的份额或商品进出口的数值占社会生产总值的比例）。可是无论哪种方法，都缺乏能够同时涵盖进出口两个方面的数据。一般来说，在某种程度上，动态序列对国家社会经济发展几乎是无能为力的，通常反映不出什么信息。但是，对外贸易额显然与国家经济发展状况、经济发展趋势存在密切联系，其中的因果关系是显而易见的。对外贸易额的动态数据的主要价值在于，它能够为分析对外贸易的发展提供额外的信息。但同时，由于这些数据的信息含量较低，所以它们对经济发展过程的特点反映得不多。175 年间，俄国对外贸易发展经历了几个明显不同的阶段（18 世纪中叶农奴制经济占统治地位—18 世纪末至 19 世纪上半叶农奴制经济的危机与解体—改革后资本主义的胜利及其快速发展—20 世纪初向帝国主义过渡及垄断资本主义的快速发展），且具有一定的周期性，各个时期对外贸易的发展速度也各不相同。奥帕林正确地指出，俄国对外贸易额至少应该反映出其中两三个阶段的特征。然而，根据所获得的数据，俄国对外贸易额除了在对外局势不利时（主要是战争时期）出现了明显衰退，其余时期都呈直线快速增长趋势。在这 175 年中，如果以黄金为单位计算，俄国对外贸易额增加了 400 倍；如果以现代卢布计算，则增加了 1400 倍。之所以会出现这种情况，是因为在构建相关序列时没有做到研究对象特征的结构同一，没有做到计量对象的尺度唯一，计量单位发生了改变。笔者所援引的示例是一个非常复杂的计量历史学问题，所以错误非常明显。但如果研究对象比较简单，错误或许就不会如这般明显了，甚至会令人毫无察觉。但无论如何，在计量历史事件时，始终要牢记相应的规范和要求。

2.2　计量的误差、错误及补救方法

对于一切形式的计量而言，数量特征的准确性都至关重要。数量特征是否准确，在很大程度上取决于计量的不同阶段是否存在误差。

形成计量误差的原因有很多，大致可以分为以下两种类型：第一，计量所依据的理论、方法的前提与实际不符或具有某种局限性；第二，计量本身不准确。如果使用的理论没有揭示出研究对象最普遍的本质，或者理论对研究对象的理解有限或有误，那么显然无法对相应特征做出正确的计

第八章 对历史现象的形式化与量化

量。例如,资产阶级政治经济学忽视了资本家对剩余价值的攫取,从而无法揭示出资本主义生产方式的固有本质。他们还试图鱼目混珠,用利润率取代剩余价值率,将资本家的利润率与社会生产效率混为一谈。很明显,资产阶级的所作所为是对社会经济现象的歪曲,一定会产生计量错误。

如果特征不能充分地反映历史现实,不仅有可能是相关理论较贫乏,还有可能是统计学、数学的计量前提不够完善。从一般性的理论中发展而来的概念,虽然能够揭示事实的面貌,但必须被翻译成符合统计学和数学概念的语言,以便进行计量。这种"翻译"绝非易事,即使一般理论是正确的,也依旧有可能造成谬误,更何况计量的对象本就极为复杂。例如,生产力、生产关系、生活水平等现象,即使我们对这些现象的本质做到了理论认识,但是,从目前的科学发展水平来看,我们也很难用某一个指标将其表达出来(使用多重指标同样难以奏效),过去的学者就更是如此了。

计量社会历史现象的难点在于,随着计量的展开,逐渐产生了两种类型的数据:一种旨在反映现实的客观属性,另一种则负责对这些属性进行评价。① 之所以会产生如此两种类别,是因为人类活动的结果既具有客观的社会价值,又受到同时代人的主观评价。正确的计量应当将二者结合起来。但出于种种原因,两种数据可能会存在某些差异,例如:某项活动的客观社会价值很有可能与人们对它的评价并不相符。因此,我们在使用由当代人产生的计量数据时,首先,考虑眼前的数据究竟属于上述两种类型中的哪一种;其次,要判断该数据在多大程度上反映了现实,否则便可能出现谬误。

接下来我们以资本主义时代的俄国农业史研究为例,借助俄国粮食播种和收获的数据(农民份地和地主私有土地都算在内),可以确定农民经济和私营(地主)经济在农业生产方面的比例,并对二者的对比关系进行动态研究。根据这些数据,在19世纪末20世纪初,地主经济的播种面积有所增加,这与根据其他数据所得出的结论相矛盾。经过仔细研究,我们发现,

---

① 参见 Зотов А. Ф. Гносеология и некоторые методологические принципы анализа практики управления экономикой // Вопросы философии. 1986. № 2. С. 83 等处。

这是因为俄国官方的统计结果与事实不符。俄国官方不仅将地主自己的作物算作地主经济，就连农民在购买或租借到的土地上所耕种的作物也被算作了地主经济。后者显然应当被算作农民经济。如此，不是地主经济的播种面积有所增加，而是农民经济的播种面积有所增加。① 俄国官方如此计算，是为了强调和美化地主经济的作用。由此可见，俄国官方的统计数据属于评价性的数据，与真实情况存在较大差异。类似的例子还有很多。

计量的理论、方法论前提不仅会影响计量的充分性，还会制约对原始数据的汇总。例如，在19世纪末20世纪初，《俄国地方自治局统计资料》（以下简称《统计资料》）明明收集到了非常有价值的原始资料，但这些资料却在汇总时遭到了严重破坏。和民粹派一样，《统计资料》将俄国资本主义发展视为一种衰落和倒退，并且没有注意到俄国农民在这一过程中的分化。此外，地方自治局将平均数据的意义绝对化了，所以在编写《统计资料》时，经常将数据汇总，而没有将那些经济生存能力各不相同的农户的实际情况单独列出。

计量不准确还有可能是由于数量特征归纳不准或计算错误。特征归纳不准可能是系统误差（систематическая ошибка）所致，也有可能是偶然误差（случайная ошибка）使然。之所以会产生系统误差，原因一般可以确定。系统误差可能是有意的，也可能是无意的：前者通常是单向的（如工厂主故意低估利润，高估成本；地主低估封建地租的数额；等等），而后者往往与四舍五入（如年龄）、准确数据被遗忘了（如《农民家庭收支统计资料》中的支出）等原因有关。

偶然误差则受多种因素影响（如记录者的疏忽、计量装置的故障、计量方法的不完善等）。偶然误差是多向的（数据有时会被高估，有时则会被低估）。在观测值数量较大的情况下，偶然误差会服从正态分布（нормальное распределение），并相互抵消。

---

① 参见 Ковальченко И. Д. Соотношение крестьянского и помещичьего хозяйства в земледельческом производстве капиталистической России // Проблемы социально-экономической истории России. М., 1971。

第八章　对历史现象的形式化与量化

　　在处理数量指标时，在原始数据不准确的情况下反复计算，或者用近似值代替精确计算、多次四舍五入等情况，都会出现计算错误。

　　一般来说，如果计量结果与对象的真实特征之间存在偏差，通常不仅不会是单一原因所导致的，而且往往误差的种类也不唯一（并且误差通常会比较显著）。史料中所记录的一切数量指标，都具有一定的准确性，这种准确性被称为真实准确性（реальная точность）或实际准确性（фактическая точность）。[①] 此外，任何基于数量指标的研究，所提出的解决方案同样需要具有一定准确性，这种准确性被称为必要准确性（необходимая точность）。对于历史研究而言，必须掌握好数量指标的实际准确性与解决方案的必要准确性之间的吻合程度。如果实际准确性高于必要准确性，说明史料中的数量指标还有进一步挖掘的空间。如果实际准确性低于必要准确性，有两种解决方案：要么在可接受的情况下，降低必要准确性；要么改变研究任务。

　　该如何判断原始数据中数据的实际准确性？该如何检验数量指标的实际准确性是否符合研究任务的要求？这两个问题都可以通过概率统计方法（вероятностно-статистический метод）来解决。如果我们手头只有综合数据或平均数据，那么可以根据经验事实（基于大量的观察）来核实所需指标的实际准确性。如果说原始数量指标的误差为10%~20%，那么被综合过的数据的误差大约为3%~5%。

　　与原始数据相比，综合数据的准确性更高，这是因为原始误差被相互抵消了。例如，假设在某工业企业中，工人的平均工资是175卢布，而在另一家企业，平均工资是200卢布。我们感兴趣的问题是：如果数据误差正好为5%，是否可以认为后者的工资高于前者。在5%的误差下，第一家企业工人的实际工资经四舍五入，大约在166~184卢布的范围内，第二家企业工人的实际工资则在190~210卢布的范围内。两个区间之间没有交

---

① 详细计量过程参见 Эдельгауз Г. Е. Точность, надежность и устойчивость экономических показателей. Л., 1971。

集。因此，上述问题的答案是肯定的。但是，如果第一家企业工人工资恰好为 180 卢布，而第二家企业工人工资恰好为 195 卢布，在误差为 5% 的情况下，两家企业工人实际工资的区间有交集部分，那么，我们便不能认为第二家企业的工资高于前者。

  这个例子表明，核对数量指标的准确性非常重要。但遗憾的是，历史学家很少对此加以核验。应当注意，随着史料的形成年代越来越近，史料中数量指标的准确性也会越来越高。如果研究中使用到的数据准确性不同，并且后续还要使用数学方法对其进行分析处理，历史学家则必须特别关注那些准确性有问题的数据，将其按照"是否适合进行分析处理"的标准分为两类，决不可得过且过。但非常遗憾，敷衍了事的情况经常发生。我们关键要搞清楚数据的缺陷究竟所在何处，并找到克服这些缺陷的方法。

  还应当牢记一点，这一点是许多数量指标的固有特征，尤其是对于那些反映大规模的历史现象或历史过程的数据来说，体现得尤为明显。那就是：误差主要发生在确定特征的绝对数量的时候。虽然此时研究对象的绝对数量特征不够准确，相对比较特征却非常精确。这是因为，在计量能力和计量方法相同的情况下，计量的误差程度也大致相同，所以，此时各对象之间的比较特征的准确性反而会比较高。

  想要对研究对象进行计量，一个基本的要求是数据必须完整。但是，史料中的数据可能本身就不是完整的。因此，我们需要自行对数据进行补充。对数量指标进行补充的方法有很多。这些方法的基础都在于数学计算。最简单且在某些方面最为合理的方法是将数量指标替换为整个研究对象的某种属性的平均值。除此之外，还可以借助回归方程（уравнение регрессии）、动态序列分析修匀（аналитическое выравнивание динамических рядов）等数学方法。

  但是，任何试图通过数学计算来补充数据的行为，实际上都会降低数量指标的准确性，因为计算总是近似的，做不到绝对精确。所以，通过数学计算来补充数据，效果总会受到种种限制。尤其是当需要将事物晚近时期的某一特征向前推，推广至较早时期的时候，推论的有效性必须得到全面证实。在这种情况下,如果我们需要得到一个没有信息缺陷的数据系统,通过数学计算的方式来补充数据显然是不可能的。此时,为了保证原始数据的完整,我们可以去掉那些存在很多信息缺陷的计量对象,或者去掉某些普遍缺乏数据的特征。

以上便是在"通过史料,形成原始定量指标"的过程中需要注意的几个问题。

2.3 相对值

我们在计量的初始阶段所获得的数量指标能够体现研究对象性质的表现范围(这种"范围"即研究对象特征的一般规模或绝对规模)。但是,如果想要揭示出研究对象的本质,那么,我们不仅需要了解研究对象的性质和性质的表现范围,还需要了解性质的表现程度。研究对象的性质的表现程度通常不反映在原始的计量信息之上。例如,如果我们知道某个村庄(或更大范围内)的农民拥有多大面积的土地,或生产了多大数量的农作物;再或者,假设我们想要了解某家工厂的生产量,此时,我们只知道这些特征的绝对数值,对这些特征的表现程度一无所知。可是,想要解释清楚研究对象的本质,必须掌握特征的表现程度。或者还可以这样类比:在物理学中,重力(T)的测量公式写作 $T = mv^2$,即重力等于物体的质量(m)与其速度(v)平方的乘积。① 如果不充分考虑各个特征的表现程度,仅仅根据某一个特征的绝对值,便试图去揭示现象的本质,何异于认为"物体的重力仅由其质量这一个因素决定"?

目前,历史学家(以及所有的社会科学研究者)没有,而且显然也永远不会像自然科学家那样,拥有一套严格而准确的方法来表示研究对象性质的表现程度。但是即便如此,对于性质的表现程度,社会科学学者也可以以自己的方式来揭示——这就是在计量历史现象的第二阶段,摆在我们面前最重要的任务。

---

① 原文如此。——译者注

历史研究方法

那么，我们该如何从研究特征的表现范围，走向了解特征的表现程度呢？基本方法是将特征的绝对值（абсолютный показатель）转换为相对值（относительный показатель）。通常，这种转换早在编写原始计量资料时就已经存在了。因此，我们需要先去评估史料中的特征的相对值是否准确，再从中选择那些有助于解决研究问题的特征。

一般来说，特征的相对值是研究者自己根据特征的绝对值计算得出的。因此，最重要同时也是最复杂的问题在于该如何选择相对值的单位。例如，要计算农民的生产、生活情况，可以把这个问题转换为计算农户数、平均人口、人头数、牲畜数、农具数、工业产品的总价值、工人数、生产基金总值、劳动力成本、生产成本、其他成本等。如此，经过转换，我们便可以获得各种实物数据或公制数据的相对值。通常，相对值是以分数（或百分数）的形式呈现的，此时，我们得到的是无量纲数（безразмерный показатель）。例如，在计算农民地租的规模时，可以转换为计算土地占有的规模或农作物的规模；在计算工人工资时，可以转换为计算生产成本、企业的社会文化开支、奖金等。在计算无量纲数时，我们既可以横向排列，也可以纵向排列。所谓横向排列，上面给出的农民地租和工人工资的例子，就是在计算横向排列的相对值。而纵向排列，指的是用一组对象中某一个事物的特征来代表这组对象的某一特征。例如，将"求某一行业的总产值"转化为"求该行业内某一企业的产值"。

在将绝对值转换为相对值时，在一般情况下，我们可以得到的信息远不仅仅只有比例。和比例信息相比，我们可以认为相对值能够提供的信息更多。但这也是极其相对的，因为任何一种数据的信息价值都取决于它能使我们的研究达到何种程度。

相对值是如何表现数值的意义的？每一个数值都反映了研究对象的某个方面或某种性质。因此，在处理相对值时，主要任务就在于确定这一数值究竟代表了什么，它能为分析数量指标提供怎样的信息。通常，想要回答这两个问题，必须经过后续的处理和分析（例如确定各数值之间的关系）。当然，能否对相对值成功进行选择、分析，归根结底，还是取决于研究方法的效果。

总之，在计量历史现象的第二阶段（以绝对数量指标为基础计算相对值），历史学家必须对一系列重要问题做出解释。对数量指标进行计量的结果，就是建立了一套绝对特征和相对特征的体系。在此之后，我们才可以对数量指标进行数学处理。

2.4 计量属性特征：内容分析

大多数历史现象的特征都是性质特征（качественный признак），即属性特征。属性特征没有计量单位，也就是说，属性特征的性质无法进行度量。计量属性特征的最简单方法是计数法（счет），即计算具有特定性质的对象在总体中的数量。例如，我们可以在车间、企业、行业、城市等范围内，计算男工或女工的数量、成家工人或单身工人的数量，计算从事某一特定工种的工人数量，计算专业工人和非专业工人的数量，根据教育水平计算各类工人的数量，等等。特征的总数可以以频率的形式呈现，此时，频率反映的是具有某一特定特征的对象在总体中所占的比例。

与计量数量特征不同，在计量属性特征时，数值不是指每个对象（对象可能具有该特征，但也有可能不具有该特征），而是指代特征的总体。此外，数量特征本身不具有度量性。也就是说，数量特征不能显示属性的强弱，只能显示具有该性质的对象的数量和占总体的比例。但尽管如此，计数法依然被广泛使用在对属性特征的计量上。

在研究简单属性特征时，计数法实际上是唯一可行的计量方法。所谓简单属性特征，是指在所有具备某一特征的对象中，该特征的表现程度都相同。在研究简单属性特征时，先要确定具有某一属性的对象在总体中所占的比例。同时，计数法也是计量复杂属性特征（如评价性特征）的有效手段。以企业里的工人为例，我们可以将其分为"专业工人"和"非专业工人"两种。工人"专业"与否便是一种复杂属性特征，因为工人之间的专业程度可能不同，对"专业"或"非专业"的定义也有可能不同。虽然，在具体研究中，属性的表现程度的差异往往可以忽略不计。但是，如果想

历史研究方法

要获得更为详细的信息，还是应当试着在复杂属性特征中，选择那些更为简单的特征。例如，在"不专业"的工人中，可以分别选取"有一定工作经验"的工人和"没有工作经验"的工人；而在"专业"的工人中，则选取那些"受过专业训练"的工人和"在工作中自行掌握了专业知识"的工人。当然，能否将复杂属性特征进一步"分解"为简单特征，也取决于史料（即是否存在可用信息）。

一般而言，通过计数法，在合适的范围内，我们可以对过去任意一种对象、事件、现象的属性特征进行计量，无论研究对象是来源于单一史料，还是多元史料。特别是在研究某些大规模的历史现象或历史过程时，我们根本离不开对属性特征的计量，因为只有这样，我们才能得到一个关于研究对象的特征的数量指标系统，而不是一个个孤立的数据。

计数法也可广泛用于解释历史发展过程中的各类性质相同但重复发生的事件或现象（如农作物歉收、人瘟兽疫、火灾、战争、各类国内外政治决策等）。计数法可以确定这些事件的空间和时间频率，从而探究这些事件对历史发展的进程究竟产生了怎样的影响。[①]

在研究社会生活中的复杂个体现象时，通过计数法计量对象的属性特征，同样十分有效。个体现象一般见于描述性（叙述性）史料之中，计量这种现象要比简单计算对象中某一特征的数量，或者某些性质相同但重复发生的事件的数量困难得多。想要在研究个体事件或个体现象时使用计数法，必须将研究对象视为具有某种内在构造、结构（即内部的构成要素以及各要素之间的联系）的系统，之后去计算构成要素及要素间联系的数量。在研究个体现象时，计量的难点在于确定研究对象的初始元素。为了克服这些困难，需要我们事先对"能否确定研究对象的初始元素"进行彻底的分析，明确研究对象内在构成的逻辑。

我们不妨假设，某位学者正在研究一篇科学论文，论文阐述了原作者

---

① 详见 Деопик Д. В. Опыт количественного анализа древней восточной летописи "Чуньцю" // Математические методы в историко‑экономических и историко‑культурных исследованиях. М., 1977。

对某些问题的观点。作者的这些观点正是一种复杂的个体现象，我们可以将其视作一种具有初始元素且这些初始元素之间存在联系的系统。初始元素构成了作者对研究对象的总的观点，作者的观点通过某些概念表现出来。所以，我们可以认为文中存在一个揭示了作者思想本质的概念系统。我们可以通过计数法，对这个系统进行定量研究。计数法的任务是计算特定概念在研究对象中出现的次数，明确该概念同研究对象中的其他概念还有哪些结合。最终，我们可以获得一组能够反映论文内容的数量指标。①

在使用描述性史料时，我们不仅可以通过定量研究的方法，来分析史料中的内容，还可以以此分析史料创作者的风格。如果史料作者佚失，我们便能够以此考据作者归属：我们可以将作品的语法结构视为一个系统，将各种组合形式的词语（名词、形容词、动词、副词、连词）作为初始元素进行计数，用数字的方式体现出作品的写作风格，最后再利用数学方法，形成作品风格的数量特征。②

总之，通过对某些历史客体、历史事件、历史现象进行计数，或通过计算研究对象的属性的数量，或通过分析研究对象内部结构的初始元素，我们可以在历史研究领域通过计量方法，研究对象的属性特征。

＊＊＊

在研究社会现象的属性特征时，广泛使用量化分析、定量分析的可能性和必要性，推动形成了一种专门对属性特征进行量化、形式化的研究方法——内容分析法（контент-анализ）。③ 内容分析法适用于研究属性特征

---

① 详见 Брагина Л. М. Методика количественного анализа философских трактатов эпохи Возрождения // Математические методы в историко - экономических и историко - культурных исследованиях. М., 1977。
② 参见 Бородкин Л. И., Милов Л. В., Морозова Л. Е. К вопросу о формальном анализе авторских особенностей стиля в произведениях Древней Руси // Там же。
③ 关于内容分析法在历史研究中的应用，可参见 Бородкин Л. И. Многомерный статистический анализ в исторических исследованиях. Гл. VIII。

历史研究方法

（简单属性特征和复杂属性特征都适用），特别适合处理数量庞大、内容众多、类型复杂的描述性史料（如新闻报道、各类描述或记录、各类调查等）。内容分析法的本质在于，它能够从研究任务出发，充分考虑到研究所使用的描述性史料的信息潜力，确定研究对象的属性特征系统。也就是说，内容分析法可以先对属性特征进行分类，之后再分门别类地处理史料中的信息。在这之后，内容分析法还会计算具有这些特征的对象的数量。如有必要（例如在计算机上处理时），还可以对这些特征进行编码（用数字符号来表示）。最终，关于研究对象的叙述性信息被形式化，并以数字系统的面貌呈现出来。借助数字，研究对象的特征便可被编入表格，从而使特征更加简洁明了、一目了然，也便于后续的处理。

以上便是对史料中的属性特征进行量化的主要方法。对属性特征进行量化的时候，我们无须考虑研究对象某些属性的表现强度。

笔者在上文已经强调过，无论是量化过去的社会现象，还是量化现在的社会现象，最大的难点在于评价研究对象固有属性的表现程度。这种属性为研究对象所固有，并通过研究对象的复杂属性特征表现出来。这也就是为什么历史学家在研究属性特征时，总会尽力避免对属性的表现程度进行量化，而是仅对属性本身进行描述。例如，在衡量工农阶级斗争的激烈程度时，学者通常会使用诸如"积极""消极""尖锐""微弱"一类的评价性词语来描述。当然，这些词语也可以对阶级斗争的程度做出一定的描述，但这种描述非常模糊。因此，如果要计量复杂属性特征的表现程度，我们需要对其进行专家评级。

在历史学中，到目前为止，"依靠专家评级来计量复杂属性特征"这一研究方法尚未普及。尽管专家评级有其局限性，但它可以极大地深化我们对历史现象、历史过程的分析。例如，在对工人运动进行研究时，如果考虑到罢工的次数、罢工持续的时间、参与罢工的人数、罢工的整体强度等因素的话，显然可以更加充分、更加深入地揭示工人运动的性质和意义。如果用专家评级的方法进行研究，可能的步骤是这样的：根据一般情况，专家会将工人的行为分成多个级别。例如可以分为以下七种：非常弱—弱

—中等偏弱—中等—中等偏强—强—非常强。这是一个定性的、定序尺度的评价，相关专家很容易以此对工人的行为进行评级。当然，这需要首先充分认知研究对象，如果对研究对象的认知还未达到特定阶段，则无法对研究对象的属性特征进行多元的、定性的评级。

更难做到的是对工人运动的强度进行定量的评级。因为强度，何者为高，何者为低？最高和最低之间的定量间距总是难以确定，毕竟间距总是有条件的。在这种情况下，引入"等级"这一尺度便显得很有意义，通过等级，我们可以对复杂属性特征的表现程度进行定量的评价。尽管这种方法仍非常粗略，但至少聊胜于无。

如此，通过专家评级的方法，我们可以对历史现象的复杂属性特征的表现程度进行量化。但是，以上笔者所介绍的，还仅仅是一种最简单的专家评级法。更复杂但也更准确的方法是：必须先将复杂属性特征拆分为一个个较为简单的部分，然后对每个部分进行评级打分，分数的总和就是对复杂属性特征表现程度的综合数量指标。举个例子，在研究诸如"工人运动的总体强度"这类复杂属性特征的时候，我们可以转而研究其中的一些主要构成要素：比如工人的自觉性、工人斗争的目标、工人要求的高低、工人斗争的形式和工人的组织程度等。虽然每个构成要素也是一个复杂属性特征，但评价这些特性的表现程度显然比评估工人运动的强度要容易得多。而且很明显，相对于其他构成要素来说，"工人的自觉性"在工人运动当中起到了决定性作用。工人的自觉性越强，工人斗争的目标和工人的要求就会越广泛，工人斗争的形式就会越激烈，工人的组织程度就会越高。所以，"工人自觉性"的等级应该高于其他构成要素。

当然，对某些属性来说，不适合通过专家评级的方法来评估其表现程度，但是，通过专家评级的方法，最终的结果会更加准确、合理。如果复杂属性特征被包含在研究对象其他的数量指标系统中，并与它们一起进行数学处理和分析，在这种情况下，专家评级的研究效果最好。

总之，通过专家评级的方法分析历史现象、历史过程的复杂属性特征（特别是当研究对象的规模比较大的时候），有助于推动相关研究向纵深发展。想要成功且广泛地在历史研究中使用专家评级法等方法量化研究对象的复杂属性特征，一方面，我们必须解决好与之相关的宏观理论、方法论、具体研究方法等方面的问题；而另一方面，历史学家需要更加主动、更加深入地掌握计量方法。社会学家在量化分析非数字信息方面的经验非常宝贵，可供参考。①

2.5 对数量特征和属性特征、统计数据和动态数据的综合量化

至此，笔者已详细讨论了该如何量化数量特征和属性特征的问题。不过，在上文中，笔者一直对二者单独进行讨论。实际上，历史客体、历史现象、历史过程往往既具有数量特征，又具有属性特征。因此，在研究时，我们必须同时考虑到数量特征和属性特征两个方面的因素，需要将数量特征和属性特征结合起来，一并进行量化；并根据研究任务，将这两种特征用数量指标系统表示出来。具体的实现方法有很多。不过，在实践中，历史学家最常使用的还是下面这种方法：利用量化属性特征的方法来量化数量特征。

上文已经提到，对属性特征的计量通常是由历史学家进行的，量化过程一般是利用计数法，确定总体中具有某一特征的对象的绝对值（之后确定其占总体的比例）。研究对象的数量特征还会被翻译为数学语言。为此，研究者会设置相应的定量间距，然后通过计数法来确定在相应的间距内具有某一特征的对象的数量。例如，某一史料中记载了某机构职工的职位和年龄，利用计数法，我们可以获得职工总人数，以及担任特定职位的职工占总人数的比例。然后，我们可以划分出职工的年龄组（例如，20岁以内、21~30岁、31~40岁等），确定职工在各自年龄组中的数量和比例，或者可以确定担任某一职位的职工的人数，二者的操作方法是相同的。

借助上面这种方法，我们可以综合分析事物的数量特征和属性特征。虽然这种方法有着毋庸置疑的优势，但它也绝非完美：如果将数量指标转化为间距的话，则势必会导致数据中的信息大量流失。具体来说，上述方

---

① 参见 Анализ нечисловой информации в социологических исследованиях. М., 1985 等。

第八章 对历史现象的形式化与量化

法将特征的定量表达（示例中为精确的年龄）转换为了不精确的间距评价——从本质上讲，这意味着将数量特征转换为了信息容量较少的属性特征。

这种方法的另一个缺点在于，它不可度量，也就是说，特征本身不可以用数学方法进行分析、处理（因为只确定了研究对象的数量和比例）。但同时，这种方法又使我们可以准确地对数量数据进行数学处理，而这通常不能被用于计量属性特征。

那么，用这一方法来量化研究方向的数量特征究竟是否可行？能否以此构建综合涵盖数量特征和属性特征的数量指标系统？这个问题关系到我们能否使用度量数学方法（метрический математический метод）来处理数据。要找到这个问题的答案，我们需要知道度量数学方法可以处理哪种计量结果。答案很明显：通过度量数学方法，我们可以处理一切由数量指标构成的变量序列和动态序列。这意味着，计量属性特征的方法，应该是得到一系列的数据，而不是仅仅得到各种数量特征的总和。在研究群体性事件的属性特征时，获得变量序列和动态序列的方法，在于综合。也就是说，要将主要的计量对象综合成为更大的对象，旧对象将作为新对象的构成要素。笔者还以上文的那个例子为例，展示一下究竟应该怎样进行综合。假设，这个机构内部有若干部门（这些部门可以作为综合的对象），以 20 个部门为例，这 20 个部门又按职能分为 10 类，所以，该机构的变量序列中包含着 20 个对象。这 20 个对象具有 10 种特征，能够反映各部门的职能结构（职能结构可以反映各部门从事特定事务的职工的数量）。除了职能以外，各部门职工的平均年龄也能体现，如果有必要的话，从事每一项事务的工人的平均年龄都能明确。于是，这 20 个对象的特征将不再是 10 个，而是 20 个。各部门从事特定事务的职工数的绝对值既可以用比例或百分数来表示，也可以用横向指标或纵向指标来表示（部门内从事特定事务的职工数占部门全体职工人数的百分比，或从事特定事务的职工数占职工总人数的百分比，再或者二者兼而有之）。这样的变量序列矩阵，既包括了计量结果，又包括了数量特征，还包括了属性特征。并且，我们可以通过度量数

历史研究方法

学方法对其进行处理。

通过上面的这种方法，我们可以实现对研究对象的数量特征和属性特征进行综合量化。这种方法不仅与第一种方法一样有效；并且在许多方面，比第一种方法更为可靠，它不仅弥补了第一种方法的缺陷，而且对第一种方法进行了深化：因为此时，我们计算的不再是一个个的职工的数量，而是机构中一个个部门的数量。

请注意，量化复合特征的方法早已为人所知。例如，历史学家在处理史料中的错综复杂、相互交织的数量指标、性质指标时，或者学者在利用度量数学方法，处理由人口普查数据所组成的变量序列、动态序列时，都会用到类似的研究方法。

还要提醒一点，变量序列也是通过量化个体历史现象的属性特征而获得的。也正是因为如此，变量序列也被视为一种系统，其中的一些概念构成了变量序列的初始元素。通过计算这些元素出现的频率和确定其顺序，我们可以获得一系列可以利用量化数学方法处理的数量指标。① 可见，综合处理数量特征和属性特征的方法有很多。如果历史研究仅偏重其中的某一种方法（特别是在研究某些具体的社会问题时），显然是不合适的。那样的话，必然会削弱定量分析的效果。

在量化历史现象时，另一个重要的问题是：数量特征需要做到共时性和历时性的统一。也就是说，我们既需要揭示数量特征系统的稳定状态，又需要指出该系统的内在发展趋势。② 由于在计量时，历史现象的历时性和共时性分别体现在变量序列和动态序列中，无法通过单个数据呈现出来。因此，乍一看，这个问题似乎无法解决。但事实并非如此。

这是因为，在某历史现象某一特定时刻的变量序列中，可能恰恰包含能够反映序列中某些构成要素的动态变化的数据。不过，这些数据未必会直接出现在序列中，有时可能需要经过数学处理（如分析修匀系数）才能

---

① 参见 Л. М. 布拉金娜、Л. И. 鲍罗德金、Л. В. 米洛夫、Л. Е. 莫罗佐娃等人的相关著作。
② А. И. 拉基托夫正确地指出了这一问题的必要性，参见 Ракитов А. И. Указ. соч. С. 298。

第八章 对历史现象的形式化与量化

显现出来。

根据结构性（共时性）数据，我们同样可以获得研究对象可能存在的动态性质及可能发生的变化过程——毕竟，任何发展，都只能是现实的固有可能性的实现。为了获得动态信息，需要对结构性数据进行特殊的数学处理，比如回归分析（регрессионный анализ）。自然回归方程①（натуральное уравнение регрессии）② 的系数可以显示被计量的特征在原因因素（фактор-причина）影响下的变化程度。根据其他特征的变化，这些系数可以反映出特征可能的变化方向、变化程度；在这之后，我们才能具体地讨论这些变化是否真实。最后，我们可以将研究对象在某一特定时间范围内的变化情况与所有可能的变化情况进行对比，从而确定研究对象合理的变化情况。

总之，能够使我们同时地、共时地、历时地研究历史发展的方法有很多。想要应用这些研究方法，需要更为复杂的计量方法，以及更为完善的处理、分析方法。但是，到目前为止，类似的分析方法还没有被应用到历史研究领域。

在计量历史现象的过程中，很重要的一步在于构建各种综合指标。综合指标是历史研究的强有力武器，能够帮助我们整体地、多维地分析历史现象。目前，在构建数量特征的综合指标方面，我们已经积累了大量相关经验，形成了多种研究方法（主要是在经济学研究领域），并且还在继续总结、研究新方法（主要是在具体的社会学研究当中）。例如，在专家评级的基础上，形成了对数量特征的多维评级方法（многомерное шкалирование）。③ 这些方法同样可以被应用于历史研究。

可见，在计量历史现象时，历史学家必须解决一系列重要且复杂的问题。其中许多问题迄今为止尚未得到充分研究。今后历史学家、哲学家和数学家都应对此多多关注。

---

① 又称"回归方程的自然形式"，即线性回归方程。——译者注
② 参见 Количественные методы в исторических исследованиях. М., 1984. Гл. 6。
③ 参见 Бородкин Л. И. Указ. соч. Гл. II；Терехина Ю. А. Неметрическое многомерное шкалирование. М., 1977；等等。

第九章
构建历史现象、历史过程的模型

根据既定的研究任务，对所研究的历史现象进行量化之后，我们可以获得相应的数量指标。接下来，究竟该选用哪种数学方法对数量指标进行处理、分析？数学方法的选择，取决于研究的目的。研究目的不同，采用的方法也不同。

在揭示历史现象及过程在内容、实质和数量三个方面的规定性时（即在本体论方面），数学方法的应用有两个层次。第一个层次是量化研究对象的特征，对所获得的数量指标进行最简单的属性处理。处理方法通常很简单，如计算平均数、百分数、方差、标准差等。这些处理方法对定量分析非常重要，可以帮助我们完成既定的研究任务。

第二个层次的要求比较高，主要是对初始数量指标系统进行数学处理，以形式化的数学语言去揭示研究对象的实质。所谓形式化的数学语言，指的是研究建立对象的数学模型（модель）。建立数学模型需要用到复杂的研究工具，比如电子计算机。

科学知识的数学化是现代科学发展的显著特征，数学模拟（математическое моделирование）是这种发展趋势的终极表现。尽管在对社会生活现象的研究中，数学模拟的地位还没有像在自然科学和技术科学中那样稳固，但毫无疑问，数学模拟在社会科学研究中发挥的作用已越来越大。

利用数学模拟的方法，对社会生活现象进行研究的事例已经屡见不鲜了。特别是在历史人口学及经济史的某些领域中，数学模拟的方法得到了广泛应用。

第九章 构建历史现象、历史过程的模型

当前，针对社会生活现象的数学模拟方法可谓日新月异，这一方面固然是科学和社会实践发展的需要所致；而另一方面，随着应用数学、控制论和计算技术的不断发展，人们得以通过数学方法和数学模型的方式对某些问题进行评价（如工业生产、社会经济系统、决策出台、规划制定、社会预测等）。

在历史研究中，数学模拟的作用也越发引人注目。但与此同时，相关理论、方法论问题仍悬而未定，没有得到妥善论述。理论探讨，无论是对于正确理解数学模拟方法的实质，明确构建历史模型的原理和方法，还是对模型做出有效解释而言，都是极为必要的——这也是本章的主要任务所在。

无论是从理论（认识论）角度，还是从纯技术角度，将构建模型看作一种普遍性的研究方法，对相关问题进行探讨的文章、著作可谓浩如烟海，实在不胜枚举。① 除此之外，还有大量专门讨论对社会现象进行建模的文献（大多出自经济学家②和社会学家③之手）。

---

① 在此仅列举部分基础性著作，如：Штофф В. А. Роль моделей в познании. Л., 1963; Он же. Моделирование и философия. М.; Л., 1966; Глинский Б. А. Моделирование как метод научного исследования. М., 1965; Он же. Моделирование сложных систем. М., 1978; Уемов А. И. Логические основы метода моделирования. М., 1971; Бирюков Б. В., Геллер Е. С. Кибернетика в гуманитарных науках. М., 1973; Мамедов Н. М. Моделирование и синтез знаний. Баку, 1978; Кодрянц И. Г. Философские вопросы математического моделирования. Кишинев, 1978; Яглом И. М. Математические структуры и математическое моделирование. М., 1980; Батароев К. Б. Аналогии и модели в познании. М., 1981; Неуймин Я. Г. Модели в науке и технике: История, теория, практика. Л., 1984; 等等。

② 可参见 Добровольский В. К. Экономико - математическое моделирование: (Вопросы - методологии). Киев, 1975; Левицкий Е. М. Адаптация в моделировании экономических систем. М., 1977; Юдин Д. Б., Юдин А. Д. Экстремальные модели в экономике. М., 1979; Постышев Л. П. Основы экономико - математического моделирования. М., 1979; Майминас С. В. Методологические проблемы построения и применения экономических моделей. Вильнюс, 1979; Методы анализа взаимодействия экономических систем. Новосибирск, 1980; Дадаян В. С. Глобальные экономические модели. М., 1981; 等等。

③ 可参见 Математика в социологии: Моделирование и обработка информации. М., 1977; Филатов Д. А. Методологические вопросы моделирования объектов прошлого, настоящего и будущего в социальной науке. Саратов, 1977; Цыба Т. В. Математико - статистические методы в социологическом исследовании. М., 1981; Молчанов В. И. Системный анализ социологической информации. М., 1981; 等等。

这些文章、著作讨论了对历史现象、历史过程进行模拟分析的宏观问题，但可惜的是，历史学界对此重视不足，反响寥寥，笔者在此仅能举出个别例子。① 对历史现象、历史过程进行模拟（建模）是一项非常重要的历史研究方法，其中包含的问题有很多，笔者无暇一一顾及。本章仅就一些主要内容进行阐述。

第一节 模拟的目的、阶段以及模型的分类

1.1 模拟的实质与目的

众所周知，模拟（моделирование）是一种认知客观实在的一般科学方法。模拟的基础，在于反映（或再现）客观现实的模型（модель）。模拟的种类非常多样，可以根据研究领域、研究目的以及模型本身划分出多种类型。根据性质不同，模拟可以分为实物模拟（предметное моделирование，或物质模拟）和理想模拟（идеальное моделирование，或符号模拟）两种。本书仅讨论后者。

模拟作为一种认知方法，其历史已经源远流长了。虽然学界目前对模拟的讨论主要集中在"模拟的概念""构建、分析模型的原理和方法"等问题上，但是，对于"什么是模型"的问题，学界至今仍然没有达成共识。② 最普遍接受

---

① 可参见 Завьялова М. П. О моделировании в историческом исследовании: Автореф. дис.... канд. ист. наук. Томск, 1970; Она же. Метод ретроспекции и моделирование в историческом исследовании // Вопросы методологии истории и историографии. Томск, 1974. Вып. 3; Товма Т. Д. Роль моделирования в познании социально - исторических явлений // Методологические вопросы науки. Саратов, 1977. Вып. 5; Ковальченко И. Д. О моделировании исторических явлений и процессов // Вопросы истории. 1978. № 8; 等等。И. Д. 科瓦利琴科和 Н. В. 西瓦切娃在《当代历史学中的结构主义与结构—数量方法》一文中对当代资产阶级史学研究中数学模拟的应用情况进行了批判性评价，参见 Ковальченко И. Д., Сивачева Н. В. Структурализм и структурно - количественные методы в современной исторической науке // История СССР. 1976. № 5.

② 例如，А. И. 乌耶莫夫提出了 37 种不同的"模型"概念。参见 Уемов А. И. Указ. соч. С. 23 等处。

的观点是将模型定义为一种系统,认为模拟是"一种获取关于其他系统的信息的手段"。① 下面这则定义同样是在探讨科学模型的概念:"模型是一种由主体创建或选择的系统,它能够根据研究任务,再现被研究的客体的本质方面……并且由于这一点,模型与客体之间具有了某种可替代性和相似性……所以,模型可以作为一种获取有关该客体的知识的间接手段。"②

简单来说,模型是模拟对象的主要性质的抽象表达,是模拟对象的模拟物、"替代品"、准客体。在符号系统中,模型的表现形式可以是自然语言形式(естественноязыковая форма),也可以通过形式语言(формал-изованная форма)表现出来。形式化程度最高的模型是数学模型(математическая модель)。数学模型是一种"描述所研究的过程或现象的数学关系"③ 的系统,用数学的概念符号(方程、不等式、系数、图表等)来反映模拟对象的本质。根据解决问题的方法,数学模型(方法)可以分为解析模型(анал-итическая модель,或公式模型)和数值模型(численная модель,或算法模型)。解析模型主要借助公式,数值模型则主要使用算法。历史学主要使用的是数值模型。构建数值模型通常需要繁复的计算,因此常常需要使用到计算机。

能否建立模型,依据的是相似理论(теория подобия),而能否使用模型进行研究,依据的则是类比原则(принцип аналогии)。结构—逻辑模拟的主要类型是同构(изоморфизм)和同态(гомоморфизм)。同构是指两个系统的关系具有同一性、相等性(具体到模拟上,主要指的是模拟对象及其模型存在同一性、相等性)。一旦两个系统之间存在同构性,我们便可以将在研究某一系统的过程中所获得的认识转移到另一个系统上。同态的两个事物不是平衡、对称的,二者只是在一定程度上具有相似性。对于同

---

① Уемов А. И. Указ. соч. С. 48.
② Батороев К. Б. Указ. соч. С. 28. 不过,请注意,К. Б. 巴托罗耶夫指出:А. И. 乌耶莫夫关于"模型所提供的,不是关于模拟对象的信息,而是关于模型自身的信息"的论断是不正确的。模型仍然能够提供可以被转化为知识的信息(以理论形式,并且这一信息只是实质内容分析的产物)。
③ Энциклопедия кибернетики. Т. 2. С. 42.

态的事物而言，认识只能从形象转移到原型上，从模型转移到模拟对象上。在研究历史现象、历史过程时，想要进行数学模拟，必须遵循同态原则。

不过，虽然通过分析某一历史现象的数学模型，我们可以获得一定的知识，但是，并非该现象所有的性质都体现在了模型之中。打个比方，精心编绘的地图可以帮助我们确定想要到达的地点，但所有现实中存在的地点都被绘制在了地图上吗？显然不是的。

建立模型的意义，在于深化对模拟对象的性质、功能和发展状况的研究——这是完全可能的。原因有二：首先，通过对模型的系数进行理论分析，我们可以获得研究对象某些可能存在的状态的范围；其次，通过对反映了研究对象具体状态的数量指标系统进行数学处理，我们可以获得全新的、在原始数据中没有被明确表达出来的（潜在的、结构性的）信息。接下来，对这两种信息的实质内容进行分析——这能够显著深化对模拟对象的研究。当然，前提是模型充分、如实地表达了研究对象的本质，并且模型本身使用得正确无误。一般来说，想要模拟成功，必须遵守构建模型的基本方法论原则：清楚地了解模拟的目的、过程，模型的分类以及构建模型、分析模型的原则——所有这些都是由相关科学认知理论、方法论的性质决定的。

和任何一种历史研究方法一样，在对历史现象进行模拟时，我们可以将模拟过程划分出若干个不同的阶段。接下来，笔者将从"认知客体的选择"和"研究问题的制定"两个问题开始谈起。一些一般性的问题在本书第一部分已有详细讨论。在此，笔者仅探讨那些特殊性的、会在模拟过程中产生的问题。

首先，我们需要制定明确的研究任务。研究任务决定了我们该构建哪一种模型，以及在模拟的过程中，我们该使用哪种数学方法。

在历史学家眼中，使用数学方法，对研究对象进行模拟研究的流程通常是这样的：研究任务必须以某种假设的形式表述，然后通过数学方法建立适当的模型，再对假设（研究任务）进行验证。最终，假设要么被证实，要么被证伪。

第九章　构建历史现象、历史过程的模型

模拟方法可以检验历史假设，但这远非模拟方法唯一的作用，甚至不是其主要作用。模拟方法虽然可以有效地检验假设，但在认知上，"检验假设"还没有完全发挥出模拟方法的优势，因为此时，模拟方法只能揭示出研究对象在某一方面的特征。那么，最高认知层次的模拟是什么样子呢？那就是：建立能够揭示研究对象根本性质的模型，将研究对象视为一个特别的系统进行研究。这也正是模拟方法最重要的任务所在。想要实现这一层次的模拟，必须依靠演绎的方法和从抽象上升到具体的方法。先要形成一个理想化的、抽象的理论认知客体，这个客体要能反映出研究对象的根本性质和性质规定性。然后，根据研究对象的特定形式（即从抽象上升到具体的结果），揭示研究对象根本性质的变化。加之，从抽象上升到具体的方法还可以展现研究对象的细节特征，揭示研究对象所固有的一般性和特殊性。最后，再对二者进行综合。由于最终结果会以数学的形式表现出来，所以，模拟方法也可以揭示出属性在变化过程中的定量尺度。

显然，只有在具备了对研究对象的理论认识之后，我们才有可能通过演绎方法和从抽象上升到具体的方法，构建研究对象的实质内容模型。对于某些历史现象、历史过程而言，目前已经完全具备了这样的研究水平。在这种情况下，数学模拟是进一步分析、研究最有效的手段。

不过，即使不通过演绎方法，或者不提出假设，我们依然可以通过模拟方法进行历史研究。在这种情况下，我们可以在对研究对象的经验分析的基础上，构建关于对象的模型。此时，模拟方法将推动认识从经验认识转向理论认识。这种模拟方法的层次虽然比起前两种要低一些，但在历史研究中，这种模拟方法却是被运用得最广泛的。

总之，对历史过程及现象的模拟，彼此之间的目的与层次可能存在很大差异。如果要根据认知价值，对模拟方法进行排序的话，那么由小到大的排列是：经验模拟（эмпирическое моделирование）、对假设的数学验证（математическая верификация гипотез）、演绎模拟（дедуктивное моделирование）。

历史研究方法

***

到目前为止，我们一直在从本体论方面谈论对历史现象、历史过程的模拟，也就是说，我们一直在尝试揭示研究对象的客观本质。不过，在历史学中，模拟方法也可以被用来解决一些具有认识论和方法论性质的问题（即那些与实际的认知过程有关的问题）。接下来笔者将对这些问题进行阐释。

在制定了研究任务、确定了模拟方法之后，随之而来的问题是获取该研究方法所需要的数量指标。根据研究任务和研究方法，形成研究所需的数量指标系统——这是历史研究中最重要往往也是最困难的过程。此时，我们可以通过一些数学方法，来检验史料中数量指标或描述性信息的可靠性、准确性、代表性，考证历史文本，确定历史遗迹的来龙去脉，填补数量指标的信息空缺，综合各类信息。总的来说，模拟方法是一种构建认知客体的模型的手段。模拟所构建的模型，能够反映出认知客体的特征。模拟方法当然也有着自身的特点。目前，苏联历史学家在应用数学方法和构建数学模型方面，已经具备了一定的经验。

最后，在历史研究中，我们还可以通过模拟方法研究历史认知本身，用数学的形式对历史学的理论、假设、概念进行研究。对科学认知本身的建模，是科学数学化的最高层次。上文已经提到，虽然社会人文学科数学化的难度比较大，但就目前来说，如果研究能够被控制在一个比较有限的范围内，那么对社会人文学科的数学化，仍然是有可能做到的。苏联的历史学家也曾尝试使用模拟方法对某些历史理论进行研究，例如 К. В. 赫沃斯托娃就曾利用模拟方法解释中世纪社会经济史的一些概念。[①] 这类尝试值得学界关注、鼓励。

---

① 参见 Хвостова К. В. Количественный подход в средневековой социально－экономической истории. М.，1980。

第九章 构建历史现象、历史过程的模型

可见，在历史学中，模拟方法可以解决非常多样的问题，并且模拟具有不同的层次。然而，由于研究任务的多样性、建模水平的差异性，以及在模拟的过程中可供使用的数学工具的丰富性，我们所能够构建出的模型（针对社会现象）同样是多样的。但纵使各类模型千变万化，根据其研究目的和数学工具的不同，都可以被简化为两种类型。

1.2 反映测量模型与仿造预测模型

模型本身具有多样性，对模型进行分类的目的各不相同。因此，对模型进行分类的方法有很多，划分出的类型多种多样。① 比如，我们可以根据模拟的认知目的对模型进行分类。认知目的可以决定模拟的方式和方法、模型的数学类型，以及通过建模我们可以获得知识的性质。所以，从实用的角度出发，根据认知目的对模型和模拟方法进行分类似乎比较可取。

在社会科学学者的研究实践中，数学模型可以用来揭示社会发展过程的各个方面、模式和特征，完成既定的研究任务。在这种情况下，数学模型能够反映出现实中真实发生的社会生活现象的特征和属性，并且是这类现象的计量单位（измеритель），也就是说，数学模型是对模拟对象的属性、状态和发展情况进行定量测量的尺度。这类模型被称为反映测量模型（отражательно-измерительная модель）。构建这种模型的方法在现代科学中被称为"数据分析"（анализ данных）。数据分析法是数学方法在科学研究中的一个发展方向，使用广泛，效果良好。

数学模型还可以被用于预测研究对象下一步的发展过程，或者以各种方式选择社会系统运行的最佳选项。这类模型不仅能够反映模拟对象的基本属性，还能仿造模拟对象可能发生的状态（即使这种状态与其当前的状态大相径庭）。这种模拟方法是对诸如生产、管理等社会功能进行预测、规划和优化的强大工具。通过仿造，我们可以获得研究对象发展的

---

① 参见 Баторoев К. Б. Указ. соч. Гл. II。

最佳选项。① 与反映测量模型相反，这种模型可以被称为仿造预测模型（имитационно-прогностическая модель）。虽然许多反映测量模型也可以解决预测问题，但总的来说，反映测量模型和仿造预测模型是两种不同类型的模型。

反映测量模型的主要任务，在于充分反映、测量模拟对象的实际状态。仿造预测模型则应考虑到模拟对象可能发生的变化，并将其正确地再现出来——这就需要借助可供仿造的数学方法，增强模型对模拟对象未来发展趋势和功能变化趋势的"敏感性"；但同时，这也极大加大了模拟的难度。

由于社会系统的运行、发展情况受多种因素影响，并且这些影响因素的表现程度各不相同，彼此之间的关系差异很大，所以，模型往往很难如实地表现出模拟对象可能发生的变化。因此，尽管可供研究者使用的信息较为丰富，可用于构建预测模型的数学工具多种多样，再加上电子计算机为仿造创造了便捷条件，但是，学者们做出的预测并不总是合理的，特别是当研究对象比较复杂，或是涉及复杂的社会发展的过程或现象时。在当前的研究水平下，复杂的预测模型只有在稳定运行的时候，才能提供令人满意的预测产物。②

历史学家显然会使用到各种类型的反映测量模型。因为从本体论的角度（即建模的目的在于量化、揭示历史现象或历史过程的本质）来看，这种模型是模拟所必需的，无论模拟的层次如何。通过反映测量模型，我们可以解决许多史料学或量化方面的问题。除此之外，反映测量模型对于历史认知的数学形式化同样是必要的。

仿造预测模型则不然。借助仿造预测模型进行历史研究，情况会比较

---

① 参见 Никитина А. Г. Предвидение как человеческая способность. М.，1975；Нейлер Т. Машинные имитационные эксперименты с моделями экономических систем. М.，1975；Бестужев - Лада И. В. Поисковое социальное прогнозирование：Перспективные проблемы общества. Опыт систематизации. М.，1984；等等。

② 参见 Левицкий Е. М. Адаптация в моделировании экономических систем. М.，1977. С. 16。

第九章　构建历史现象、历史过程的模型

复杂。因为仿造预测模型的应用理论和应用方法到目前为止尚未得到充分发展；并且，对于这一模型在历史学中的用途，众学者也是各执一词。我们可以在前人实践的经验之上，解决以下三种问题。

  1. 对未然事件的模拟。所谓未然事件，指的是在客观上和主观上有可能发生，但实际上并没有发生的历史事件。对未然事件进行模拟，有助于更加深入地描述研究对象的实际发展过程。
  2. 对反事实事件的建模。"反事实事件"指并未真实发生的事件。历史学家会将对反事实事件进行模拟，作为评价真实发生的历史事件的标准。
  3. 对历史现象或历史过程的仿造。这种模拟一般用在缺乏必要的具体史实，反映测量模型无法反映研究对象一般特征的情况下。

  总之，反映测量模型主要适用于对历史认知客体和历史认识本身真实的阐释和分析，仿造预测模型研究的则是研究对象中可能存在的或希望存在的事物。由此可见，这两种模型在历史学中的意义和地位存在显著差异。具体差异，笔者将在下文进行阐释。

1.3　实质内容模型与形式数量模型

  显然，如果没有定性模型（качественная модель）的话，我们无论如何也不能建立定量模型（количественная модель）。所以，任何一种科学模拟都包含两个阶段：实质内容阶段（сущностно-содержательный этап）和形式数量阶段（формально-количественный этап）。从这个角度看，我们也可以认为模拟，包括构建定性模型和构建定量模型两种类型。
  实质内容模型（сущностно-содержательная модель）是对模拟对象的某一特定的科学概念进行理论分析的产物。这种模型以概括的形式，表达了研究对象运行和发展的主要面貌、规律、特点，体现了研究对象在理论上的存在状态。只有借助实质内容模型，我们才可以对数学模拟的结果进行正式的、定量的、有意义的解释——这也决定了在构建实质内容模型的过程中，研究对象定性的、实质内容方面的特征发挥着决定性作用。

马克思主义对历史发展的分析已经达到了相当的深度。因此，马克思主义可以为历史发展的各种表现形式（例如社会经济形态的主要特征、各种类型的社会生产及其发展阶段、阶级、革命形势等）构建实质内容模型。马克思是世界上第一个为资本主义生产方式建立定量模型的人。[1]

形式数量模型（формально-количественное моделирование）可以在内容反复的观念的基础上，确定研究对象必要的数量特征以及相应的数学处理方法。数学处理的结果可以形式化地反映出模拟对象的基本属性。构建形式数量模型必须先解决两个重要问题：第一，需要获得能够反映模拟对象的代表性（性质指标或数量指标均可）、可靠性、准确性的数量指标；第二，需要选择用于处理、分析数量指标的数学工具。在形式数量阶段，模拟的主要问题在于数学模型能否充分反映出模拟对象的性质。

以这种方式构建的数学模型，可以帮助我们获取那些并不直接表现在原始数据中的信息。基于实质内容的方法，通过对这些信息进行内容分析（содержательный анализ），可以获得关于研究对象的新认识。所以，从认知的角度来看，如果我们所构建的数学模型能够提供关于模拟对象的新信息，而不是仅仅以不同的形式复述已知的信息，那么，这个模型就是合理的。由此可见，在数学模拟的各个阶段（从提出研究问题到解释计算结果），模型的实质内容都具有决定性的意义。虽然有时，我们无法将实质内容分析引入定性模型的构建过程中，但是，这并不妨碍我们做出上述结论。在经验模型的构建过程中，研究者同样应当以实质内容分析的方法研究模拟对象（尽管这方面暂时还没有特定的理论，仅见于某些前提和假设当中）。

以上便是一些在对历史现象及过程进行模拟的过程中可能会遇到的问

---

[1] 参见 Маркс К., Энгельс Ф. Соч. 2-е изд. Т. 23. С. 578-591. 笔者指的是马克思对资本主义简单再生产和扩大再生产所构建的模型。

题。由于可用于研究社会发展的模型有两种,且二者性质完全不同,因此,我们有必要更加具体地讨论两种模型对历史研究的意义。

第二节 历史现象、历史过程的结构测量模型

2.1 构建结构测量模型的原则和方法

上文已经提到,苏联历史学家在构建历史现象、历史过程的反映测量模型方面积累了一定的经验。反映测量模型可以在各个层面上分析社会历史系统的结构,所以我们不可能实际上也没有必要再详细描述该模型使用到的数学方法,以及相应的数学处理过程。笔者以19世纪末20世纪初俄国土地制度为例,探讨结构测量模拟(структурно-измерительное моделирование)在历史研究中的本质、有效性和研究前景。这是因为:首先,结构测量模型(структурно-измерительная модель)已经在研究实践中得到了充分应用,这使我们能够对其进行具体描述;其次,笔者本人对这一问题也有所研究,故而,笔者不但有能力探讨结构测量模拟的一般方法,还可以根据俄国史研究的实践,从具体的角度进行研究。接下来,笔者以俄国资本主义时期的农业制度为例,阐述历史研究中的结构测量模拟。

苏联历史学家一直非常重视对19世纪末20世纪初俄国农业制度的研究——毕竟,舍此将无法揭示两次资产阶级民主革命和十月社会主义革命的历史前提,更无法获悉俄国历史发展的特点。改革后,俄国农业发展的主要趋势是农民经济和地主经济的资本主义化。因此,相关研究主要聚焦于确定农业资本主义在俄国全国或某一地区的发展速度、发展水平。由于俄国农业保留了大量封建农奴制残余,俄国农业资本主义化的过程异常复杂。在这种情况下,加之缺乏足够数量的统计数据,且现有的史料大多也并没有直接记载俄国农业资本主义化的规模和程度,种种因素相互叠加,使得本就复杂的问题变得越发扑朔迷离。因此,如果依旧以传统方法分析俄国的农业制度,并不能具体地分析出不同社会经济结构之间的关系,更

遑论揭示俄国农业资本主义的发展程度。综观前辈学者们的研究成果，这些研究与其说是对农民经济、地主经济内部结构的分析，不如说研究的其实是俄国农业资本主义化的条件和形式。

但是客观地说，前辈学者的研究是必要的。如果没有他们所做的前期准备，如今我们何谈使用更为先进的研究方法？我们需要通过系统的方法，对俄国的农业制度进行结构—功能分析；进而充分挖掘史料，从史料中提取能够反映资本主义关系本质特征的隐性结构信息。从20世纪70年代初期起，相关尝试便不断涌现。学者们对这一问题的研究日益登堂入室，从抽象阐释上升到具体探讨，逐渐以一种理想化的形式来研究农业制度（无论是从整体上研究农业制度，还是研究农业制度的两个主要构成要素：农民经济和地主经济）。这种尝试在理论和实质上的前提，是马克思和列宁对资本主义生产方式（以及农业生产方式）的分析。马克思、列宁的相关论断，已经为世界各国的具体历史、经济研究所证实。

以下几条论断至关重要。在资本主义商品生产中，马克思指出，与其他形式的商品生产（当"商品生产者自身互相对立"，① 并且商品按价值出售）不同的是，"商品不只是当作商品来交换，而是当作资本的产品来交换"；② 而价格该定多少，依据的是商品的生产价格，具体等于"商品的成本价格加上一般利润"。③ 于是，出售商品"能为生产它们所预付的等量资本提供等量利润"。④ 所以，平均利润率规律是资本主义生产最重要的规律。只有当资本主义生产处于较高阶段时（即"当它不只是偶尔存在，而是使社会的生产方式从属于它时"⑤），生产价格和平均利润率规律才能成为社会生产的调节器。与此同时，促使形成统一的平均利润率的经济杠杆是竞争，平均利润率规律发挥作用的舞台是资本主义统一市场。

---

① Маркс К. , Энгельс Ф. Соч. 2 - е изд. Т. 25. Ч. I. С. 213.
② Маркс К. , Энгельс Ф. Соч. 2 - е изд. Т. 25. Ч. I. С. 192.
③ Маркс К. , Энгельс Ф. Соч. 2 - е изд. Т. 25. Ч. I. С. 172.
④ Маркс К. , Энгельс Ф. Соч. 2 - е изд. Т. 25. Ч. I. С. 191.
⑤ Маркс К. , Энгельс Ф. Соч. 2 - е изд. Т. 26. Ч. III. С. 436.

总之，在抽象—理想化的形式中，资本主义生产在自由竞争条件下运转的先决条件，是资本主义统一市场和统一的一般利润率（针对一切类型的商品和社会生产的各个领域）。这一点也同样适用于农业生产，因为不可能存在"资本主义社会中农业的非资本主义演进"。① 相反，在资本主义条件下，列宁指出："工业和农业的演进规律却非常一致。"②

以上便是对资本主义生产方式的生产、经济本质的抽象—理想模型（абстрактно-теоретическая, идеальная модель）的介绍。这一模型是对19世纪末20世纪初俄国农业制度进行具体分析的基础。我们可以以此确定资本主义的发展程度。抽象—理想模型允许使用从抽象上升到具体的研究方法，对模拟对象进行分析。

2.2 俄国资本主义农业市场的结构模型

从内容上看，在研究俄国农业制度的实质时，我们可以从以下几个方向入手。在研究的初始阶段，可以研究俄国农业统一简单商品市场和统一资本主义农业市场形成和发展的过程。③ 研究对象是俄国的欧洲部分。欧俄地区虽然只是俄国的一部分，但这里的社会经济发展对俄国全国具有决定性作用。在研究简单商品市场时，用于分析的具体指标是基本农产品（黑麦和燕麦）的价格；研究资本主义农业市场时，则是以土地、牲畜和劳动力价格为主要分析指标。随着研究不断深入，我们的研究对象也将逐渐转向两个农业市场的运行。也就是说，在研究的综合性、系统化阶段（此时系统的构成要素是一个个的省），我们研究的是俄国农业统一简单商品市场和统一资本主义农业市场的运行机制。为了确定市场发展的程度，学者们以当时的俄国国界为基础，分析了农产品的价格水平、价格变动的方向、

---

① Ленин В. И. Полн. собр. соч. Т. 27. С. 135.
② Ленин В. И. Полн. собр. соч. Т. 1. С. 87.
③ 参见 Ковальченко И. Д., Милов Л. В. Всероссийский аграрный рынок. XVIII – начало XX века. Опыт количественного анализа. М., 1974。

变动速率、变动程度；并以十年为一个阶段，分析了总体价格变动和随机价格波动的密切程度。价格的原始动态序列经过了数学处理，主要是通过计算相关系数来确定欧俄 50 个省中，每一个省份与其他各省价格变动的紧密程度。① 价格变动、价格波动的地域范围和紧密程度能够反映出价值规律的统一性和表现程度，并进而反映出农民经济和地主经济对市场规律的服从程度。

在资本主义制度下，商品生产具有普遍性，也就是说，商品不仅是劳动的产品，也是生产工具、生产资料和劳动力。所以，想要研究资本主义统一农业市场的发展程度，分析的对象应该是农产品、土地、牲畜数和劳动力。对这些要素的相关性分析（корреляционный анализ）简要罗列如下。

到 19 世纪 80 年代，俄国农业商品统一市场已经发展起来。19 世纪 80 年代，欧俄各省之间随机价格波动的关系非常紧密。欧俄 49 个省份中，每个省价格波动的平均相关系数为黑麦：0.89；燕麦：0.78。19 世纪末，俄国牲畜统一市场形成——这是农业生产和劳动力的动力基础。到 20 世纪初，总的来说，针对农业生产各个构成要素的统一市场均已形成。欧俄 50 个省春季牲畜价格的平均相关系数为 0.82，欧俄 42 个省份劳动力的平均相关系数为 0.77。

20 世纪初，基本农产品、牲畜和劳动力的统一市场的形成表明，俄国农业资本主义统一市场已基本形成；进而，俄国统一的农业生产平均利润率也已经形成。但是，农业生产平均利润率不可能与工业生产平均利润率相同，因为土地（农业主要生产资料）的统一市场还没有形成。20 世纪初，俄国的土地市场尚处于形成各自独立的区域性市场的阶段。

土地统一市场的缺失阻碍了俄国农业、工业统一利润率的形成，进而阻碍了资本从一个领域到另一个领域的自由流动。半封建的贵族土地所有

---

① 对动态序列数据的相关性分析，详见 Ковальченко И. Д., Милов Л. В. Всероссийский аграрный рынок. XVIII - начало XX века. Опыт количественного анализа. М., 1974. Гл. II.

制保留了大量贵族特权,加之农民份地的阶级性,不仅阻碍了俄国农业、工业统一平均利润率的形成;而且,地主经济中的劳役制,造成地主与农民之间的经济关系不平等(在劳役制下,农民的劳动报酬约为自由雇佣劳动下的一半),也阻碍了地主经济统一利润率的形成。

由此可见,基于系统方法和数学方法,对农业资本主义统一市场发展程度的研究,使我们能够确定俄国农业发展的许多重要特征。首先,事实证明,20世纪初,俄国的农业发展服从于资本主义商品生产的基本规律。因此,就其内在本质而言,这一时期俄国的农业是资产阶级性质的。同时,俄国农业资本主义关系也达到了一定的高度。其次,地主土地所有制对俄国农业发展存在抑制作用——这是俄国农业发展的主要特点。

从20世纪初期的史实来看,俄国农业资本主义统一市场已基本形成,统一的农业生产平均利润率(至少在农民生产领域)也已经形成。不可否认,在当时的俄国,农民经济和地主经济的生产—经济结构具有平衡性。农民经济和地主经济的生产—经济结构必然与各自经济形式的主要构成要素(各种类型的生产资料、成本、收入)存在相关性。竞争规律要求将生产维持在与社会必要劳动条件和开支相匹配的水平。只有这样,预付给生产的资金才能成为资本,从而产生平均利润率。

不过,尽管上述结论显然无可争辩,但也存在几个问题:首先,没有直接、明确的证据可以证明结论所描述的过程;其次,某些商品生产者的个别生产条件与社会必要劳动条件很可能相距甚远——这意味着,我们还需要对俄国农业问题做出进一步的分析,确定现实中农民经济和地主经济的生产—经济结构的协调程度究竟如何,以及农民经济和地主经济究竟获得了多少平均利润。对此,我们需要对农民经济和地主经济进行具体的、历史的研究。接下来,笔者将仔细分析作为俄国农业生产主要形式的农民经济的内部结构。

需要指出的是,现有史料足以支持我们对农民经济的生产—经济结构和社会经济结构进行广泛的(指从空间和时间两个方面)分析。我们所依据的史料主要是地方自治局的统计资料、农业普查资料、土地银行的资料等。不过，这些资料能否直接反映各种不同类型的农民经济的收入与支出情况呢？不得不说，直接数据非常少，因为在19世纪末20世纪初，对农民经济的收支状况调查时有时无。但是，就仅存的收支调查而言，其信息价值也堪称独一无二。

对中央黑土区诸省的农民收支情况的分析，可以直接揭示奔萨省、沃罗涅日省、辛比尔斯克省、哈尔科夫省、图拉省省内各类农民经济的收支比。① 笔者根据农作物的种植规模（辛比尔斯克省、哈尔科夫省和图拉省）、总收入的多少（沃罗涅日省）、经营中的劳动力成本和劳动力买卖成本的比例（奔萨省）等标准，为每个省份划分出了四组经济状态各不相同的农户：第一组是最为贫苦的无产者和半无产者农户；第二组是贫困的中农农户；第三组是中农农户；第四组是最富裕的农户。在本研究中，将农户分为几组其实并不重要，关键是各组农户的经济状态需要有明显的差异。

各组农户的收支情况参见表9-1。在同省份中，四组农户每俄亩的种植成本实际上是相同的。并且在5%~7%的数据误差下，各组农户的区间都有交集。因此，各类农户的农业生产支出都维持在与所在地区的生产条件相适应的水平上。

表9-1　各地农民的收支情况

单位：卢布/俄亩，卢布

研究指标	农户类型			
	第一组	第二组	第三组	第四组
奔萨省(1913年,根据261份农民家庭收支表整理)				
种植成本	38.4	39.4	40.5	39.1
各项生产支出中每卢布的总收入	1.44	1.43	1.43	1.30

---

① 参见 Ковальченко И. Д. О буржуазном характере крестьянского хозяйства Европейской России в конце XIX – начале XX века：（По бюджетным данным среднечерноземных губерний）// История СССР. 1983. № 5.

续表

研究指标	农户类型			
	第一组	第二组	第三组	第四组
沃罗涅日省(1877~1896年,根据230份农民家庭收支表整理)				
种植成本	26.4	23.1	25.4	25.1
各项生产支出中每卢布的总收入	2.68	2.48	2.54	2.69
辛比尔斯克省(1913年,根据220份农民家庭收支表整理)				
种植成本	20.5	16.6	18.9	18.4
各项生产支出中每卢布的总收入	3.54	2.58	2.18	2.10
哈尔科夫省旧别利斯克县(1910年,根据101份农民家庭收支表整理)				
种植成本	33.0	29.5	31.1	32.3
各项生产支出中每卢布的总收入	1.23	1.27	1.24	1.24
图拉省(1911~1914年,根据655份农民家庭收支表整理)				
种植成本	41.6	38.4	43.0	45.6
各项生产支出中每卢布的总收入	2.20	2.28	2.15	1.91

资料来源：Ковальченко И. Д. О буржуазном характере крестьянского хозяйства Европейской России в конце XIX – начале XX века：（По бюджетным данным среднечерноземных губерний）// История СССР. 1983. № 5.

各项生产支出中每卢布的总收入也出现了类似的情况。各省四组农户的收支情况均彼此一致，唯一的例外是辛比尔斯克省的第一组农户。

为了最终确定各类农民经济是否同样地服从资本主义商品生产规律，总支出中不仅包含生产支出，还要计入包括个人消费在内的各项其他支出。后者服务于劳动力的再生产——生产活动中最主要的构成要素。

各项支出中每卢布的总收入显示了农民经济的整体盈利能力。如表9-2所示，无论是从组别的角度看，还是从省份的角度看，农民经济的整体盈利能力都几乎相同。如果将研究的空间扩大，在一个比较广阔的范围内审视的话，会发现农民经济的平均利润率是一致的。

表 9-2　农民经济的整体盈利能力（总收入）

单位：卢布

研究指标	农户类型				平均收入
	第一组	第二组	第三组	第四组	
奔萨省	1.20	1.13	1.16	1.15	1.16
沃罗涅日省	1.07	1.10	1.13	1.23	1.13
辛比尔斯克省	1.09	1.11	1.16	1.18	1.14
哈尔科夫省	1.25	1.22	1.19	1.21	1.22
图拉省	1.11	1.18	1.20	1.22	1.18
平均收入	1.14	1.15	1.17	1.20	1.17

资料来源：Ковальченко И. Д. О буржуазном характере крестьянского хозяйства Европейской России в конце XIX – начале XX века：（По бюджетным данным среднечерноземных губерний）// История СССР. 1983. № 5.

可见，奔萨省等五省的农民经济完全服从竞争规律和平均利润率这两条资本主义生产方式中最重要的规律。这说明：我们所研究的这几组农民经济，其内部结构都是资产阶级（事实上大多数都是农民—小资产阶级）性质的。最后，还有一点需要注意。虽然各类本质不同的农民经济都获得了平均利润，其总体盈利能力也大致相同，但这绝不意味着各组农民的经济地位是相同的。不同组别的农民在经济地位上的差异特别大，最明显的一点是：由于劳动生产工具（能够反映生产支出的多少）水平的不同，各组农民劳动的总收入水平（这主要反映在人均总收入上）差异巨大。所以，经济地位较低的农户，其生产率比经济地位较高的农户低得多（见表 9-3）。

表 9-3　劳动总收入水平和劳动生产工具水平

单位：卢布

研究指标	农户类型			
	第一组	第二组	第三组	第四组
人均生产支出				
奔萨省	87.4	143.4	209.0	326.3
辛比尔斯克省	23.1	33.4	50.9	59.7
哈尔科夫省	74.5	114.9	175.3	269.6
图拉省	56.8	74.7	106.5	193.6

续表

研究指标	农户类型			
	第一组	第二组	第三组	第四组
人均总收入				
奔萨省	98.6	113.9	157.8	214.2
沃罗涅日省	37.3	54.6	75.5	113.5
辛比尔斯克省	41.5	43.6	64.2	80.8
哈尔科夫省	75.1	134.3	190.0	286.0
图拉省	133.7	158.7	200.6	315.8

资料来源：Ковальченко И. Д. О буржуазном характере крестьянского хозяйства Европейской России в конце XIX – начале XX века：（По бюджетным данным среднечерноземных губерний）// История СССР. 1983. № 5。

综上，农村中贫苦农民和富裕农民的收支比数值相近，并不是因为二者所拥有的劳动生产工具情况相近，而是因为前者的劳动强度大，所以他们的劳动支出较多。各类农民在市场上的平等地位与他们总体经济状况和地位的显著差异相结合：各类农民的经济地位不同，总体经济状况不同，但他们在市场上的地位却是平等的——这三方面的因素彼此交织，导致各类农民经济的发展前景也大不相同。随着农村平均利润率规律的出现，"大农户的生产率较高，因而也较为稳固"的规律将不可避免地显现出来，并导致"农民资产阶级排挤中等农民和贫苦农民"。[1]

可见，通过从抽象上升到具体的研究方法，我们可以揭示出 19 世纪末 20 世纪初俄国农民经济内部结构的本质特征。我们所进行的分析无须使用任何特殊的数学方法，因为仅凭各项指标，已足以对农民经济的结构做出分析了。以上便是一个通过最简单的定量分析方法，来揭示复杂系统特征的例子。

***

各类农民经济的发展情况都受到资本主义商品生产规律的制约。既

---

[1] Ленин В. И. Полн. собр. соч. Т. 3. С. 66.

然如此，农民经济的生产—经济结构自然也应当具有某种相似性。想要继续研究农民经济的内部结构，势必要对农民经济的生产—经济结构进行分析。接下来，笔者以沃罗涅日省为例，阐释这种分析的实质。笔者拟定了数十个用来反映农民经济特征的指标，并且计算了各个指标之间的相关性。

表9-4展示了第一组（最贫苦的）农户与第四组（最富裕的）农户之间的相关系数。笔者共拟定了7个参考指标。前3个指标反映了农民经济的基本生产物资（房屋、工商企业，生产工具，牲畜、家禽数）的总体水平；指标4~6反映了农民支出的基本结构和水平（生产支出、食品支出和总支出）；指标7反映了农民生产活动的最终结果——人均总收入的多少。

表9-4 19世纪末沃罗涅日省两组农户的相关性

单位：卢布/人

指标	房屋、工商企业	生产工具	牲畜、家禽数	生产支出	食品支出	总支出	人均总收入
成本							
房屋、工商企业	×	0.33	0.48	0.34	0.51	0.56	0.59
生产工具	0.74	×	0.67	0.39	0.41	0.51	0.46
牲畜、家禽数	0.41	0.43	×	0.40	0.53	0.70	0.68
人均支出							
生产支出	0.73	0.63	0.58	×	0.37	0.75	0.70
食品支出	0.82	0.83	0.39	0.67	×	0.82	0.83
总支出	0.77	0.77	0.60	0.93	0.83	×	0.98
人均总收入	0.72	0.68	0.57	0.78	0.74	0.88	×

注：对角线下方为第四组（最富裕的）农户，对角线上方为第一组（最贫苦的）农户。

事实证明，对两组农户而言，所有指标之间都存在直接的相关关系，某些指标间的相关关系甚至非常密切。通过对21个数据进行计算，贫苦农户的平均相关系数为0.57，富裕农户的平均相关系数为0.69。总的来说，通过这两组农户的情况，可以反映出俄国的农民经济存在内部平衡性。虽然对于富裕农户来说,这种平衡性比贫苦农户更强,但这也是很自然的事情。关键是,我们能够据此确定:两种经济地位大相径庭的农户都具有这种平衡性。从表9-4我们还可以看出:无论是贫苦农户还是富裕农户,农户的人口数都与其生产—经济结构没有任何明显的联系,也就是说,劳动力资源不属于农民经济生产—经济结构的特征。

除了共同特征外,相关性分析也能反映出贫富农户生产—经济结构中的差异之处。例如,对于富裕农户,雇佣劳动力支出与表中的7个指标直接相关(平均相关系数为0.41);但对于贫苦的农户来说,二者的相关性非常微弱(仅为0.20)。此外,对于富裕农户来说,地租支出与总支出的比重与其他7个生产特征无关,这表明地租支出对富裕农户的经营并不重要;但对于贫苦农户,地租支出与劳动工具(0.40)、食品支出(0.40)和总支出(0.48)都显著相关,这说明:首先,地租对贫苦农户的经营非常重要;其次,贫苦农户的地租支出具有消费性。土地租赁造成的结果是:在贫苦农民中,个体雇佣收入在总收入中占比较高的那部分农民,被迫出租了更多的土地。也就是说,那些无力耕种的农民被迫出租土地,农民本人不得不离开土地,另外,富裕农民获得的土地大多来自那些每俄亩雇佣劳动力支出更高的农民。所以,对于富裕农民来说,他们在被卷入资本主义生产关系的同时,自身也有通过租赁土地来增加收入的愿望。换言之,此时资产阶级式的小农还没有和高利贷富农区别开来。

还有,在贫苦农户中,非农收入与个体雇佣收入显著相关(相关系数为0.97),对富裕农户来说,非农收入则大多来自工商企业的收入(相关系数为1.00)。同时,在富裕农民中,工商企业收入与农业、畜牧业收入显著相关(0.97),这意味着,此时从事工商业活动的,主要是那些家底殷实的富裕农民。由此可见,通过对农民经济内部结构的相关性分析,我们可以具体地确定各种不同类型的农民经济的一般性和特殊性。

在研究了第一、第四组农户之后,第二组和第三组农户的情况如何?这两组农户的生产—经济结构同样存在高度的平衡性。经过计算7个特征的平均相关系数,第二组农户为0.68,第三组农户为0.62,从数值上看,两组农户的平均相关系数位于第一组和第四组的系数之间。这意味着总体而言，农民的"中间群体"的生产—经济结构同样是平衡的。

综上，无论是哪类农民经济，其生产—经济结构中的各个主要部分都彼此保持平衡。不过，我们还需要将这种平衡性放在农民经济生产—经济结构系统的整体中进行考察。也就是说，我们还需要不对各类特征进行区分，从整体上确定农民经济的各个构成要素在农民经济中的关系。对此参见表9-5。7个特征的总体平均相关系数为0.72，这一数值与富裕农户各要素之间的相关系数（0.69）非常接近。当然，这是很自然的事情，因为富裕农民的发展趋势决定了整个农民经济的生产—经济结构的性质。

表9-5 19世纪末沃罗涅日省农民经济各主要构成要素之间的平均相关性

单位：卢布/人

指标	房屋、工商企业	生产工具	牲畜、家禽数	生产支出	食品支出	总支出	总收入
成本							
房屋、工商企业	×	0.72	0.51	0.74	0.71	0.75	0.75
生产工具	0.72	×	0.55	0.68	0.69	0.74	0.72
牲畜、家禽数	0.51	0.55	×	0.55	0.48	0.64	0.65
支出							
生产支出	0.71	0.68	0.55	×	0.75	0.94	0.88
食品支出	0.71	0.69	0.48	0.75	×	0.88	0.84
总支出	0.75	0.74	0.64	0.94	0.88	×	0.96
总收入	0.75	0.72	0.65	0.88	0.84	0.96	×

以上是沃罗涅日省的情况。奔萨省和辛比尔斯克省的情况也类似。在研究这两个省时，笔者没有详细考虑各个指标的情况，而是只讨论了两省农民经济各特征之间的平均相关性（见表9-6）。在奔萨省，我们选择了10个特征；在辛比尔斯克省选择了11个。这些特征表明了两省农民经济的生产规模、基本生产设施的供应、支出以及收入的情况。

表9-6 奔萨省、辛比尔斯克省农民经济生产—经济结构各特征间的平均相关系数

农户类型	省份	
	奔萨省	辛比尔斯克省
第一组	0.67	0.59
第二组	0.70	0.63
第三组	0.62	0.68
第四组	0.76	0.69
总体	0.72	0.71

我们可以看到，在这两个省份中，各组农户的生产—经济结构都非常平衡。并且，各特征的总体相关性最接近上层农民的相关性。最有趣的是，在沃罗涅日省、奔萨省、辛比尔斯克省三个省份中，各指标在农民经济整体中的平均相关性是相同的——这是因为，三个省的平均利润率是统一的，并且三省农民经济的生产—经济结构也一致。

如果直接分析平均利润率规律在农民经济中的表现程度，以及农民经济生产—经济结构的平衡性的话，会发现二者的结论高度重合——这有助于我们根据相关数据，研究农村资本主义商品关系的发展程度。研究所依据的《农民家庭收支统计资料》（以下简称《资料》）是一个独特的史料源，其中包含海量的、成系统的数据，可供分析农民经济的内部结构。此外，重要的是，想要研究资本主义商品生产的一般规律对农民经济运行的影响程度，我们不仅可以通过反映各组农户生产—经济结构的指标来判断，还可以通过各组农户生产—经济结构的吻合程度来判断。也正是因为如此，我们在分析农民经济的内部结构时，也可以利用那些没有按照经济状态，将农户进行分组的数据。恰恰这些数据，是我们研究农民经济时能获取到的最主要的数据。

于是，自然而然地会产生这样一个问题：如果仅对《资料》中的一小部分进行分析，就可以得出一个如此广泛的结论，况且这些调查仅涵盖了极少数的农户（样本），那么，得出的结论是否符合实际？对于这个问题，可以通过概率方法进行检验。

《资料》中的每一部分信息不是一个必然事件，而是一个特殊的、个别的事件，其概率值是0.5。由概率论可知，两个或多个随机事件（此处我们讨论的是结论出错的概率）同时发生的概率等于各自概率的乘积。三次调查结论出错的概率为0.125（0.5×0.5×0.5），也就是说，准确率恰好为87.5%，接近90%。所以，我们可以认为，三次调查的结论反映了中央黑土区的真实情况。如果《资料》中的数目更多，准确的概率还会更高。如果五次调查的结论（收支比的数额）都一致，那么准确率将约为97%，说明结论完全可信。当然，这里的"可信"与否，指的是"事件"本身（农民经济内部结构的平衡性），而不是这一特性的数量表达（相关系数的数值）。

总之，通过在最低系统（农户）层面分析农民经济的内部结构（因为农户是其中不可分割的要素），我们可以揭示规律在个体中的表现程度。

***

上文，笔者通过初级（指针对农户）数据，分析了资本主义时代俄国农民经济的内部结构。不过，这只是农民经济研究的方向之一。可供研究俄国农民经济的内部结构的初级数据还有许多，比如地方自治局对农民经济的统计资料。《统计资料》中包含各类农户的信息，我们可以借此研究不同的经济状态下的农民。《统计资料》按照村庄、乡镇和县的规模，将各种类型的农民经济作为一个整体进行记录。就广义的地域分析而言，最有价值的数据是县组数据。但是，处理、分析县组数据有以下难点：除了反映农民经济的指标的选取标准不一之外，《统计资料》中对农户进行分类的标准也不唯一（例如种植面积、牲畜数目等），甚至各类农民经济内部的组别数也各不相同。

列宁独出心裁地克服了上述困难。他认为，占总体50%的农户是经济地位较低（最贫苦）的农户，占总体20%的农户是经济地位较高（富裕）的农户。在这个份额的基础上，再去揭示这些群体在总人口、土地、生产资料等其他农民经济的构成要素中的份额。列宁的方法为我们揭示各类农民经济在农村中的作用开辟了道路。就这样，列宁处理了19世纪80年代

第九章　构建历史现象、历史过程的模型

21 个县的数据,简明扼要但令人信服地描绘出了俄国农民分化的图景。①

在这之后,俄国的农民分化又发生了怎样的变化?为了确定这一点,笔者按照列宁的方法,对《统计资料》重新进行了研究。相关数据涵盖了 20 个县的范围。② 我们没有过多讨论传统上对这些数据的分析,只是更多地注意到以下两点。

首先是 20 世纪初黑土区农民的分化。黑土区的农业生产主要是种植粮食,粮食种植业是当地农民经济的主要组成部分。与 19 世纪 80 年代相比,此时农民的分化程度明显提高,证据是从粮食产量的角度来看,贫苦农民在总体中的比例下降,富裕农民的比例增加。贫苦农民的比例从 21.2% 下降到 17.5%,富裕农民的比例从 47.0% 上升到 50.1%。由于在 19 世纪 80 年代和 20 世纪初这两个时期内,贫苦农民和富裕农民在总人口中的比例大致相同(贫苦农民:39.5% 和 38.1%,富裕农民:28.5% 和 28.2%),这意味着,不但两类农民在粮食种植中的份额发生了变化,而且,从人均农作物的数量上看,当地农民经济的总体水平也发生了变化。所以,尽管双方在牲畜使用条件不变的情况下(贫苦农民:18.5% 和 19.0%,富裕农民:47.0% 和 45.9%),起初,富裕农民的人均粮食产量是贫苦农民的 3.1 倍,但后来,富裕农民的人均粮食产量是贫苦农民的 3.9 倍。

其次是农村贫苦农民和富裕农民的生产资料。对此,我们选定的研究依据是每俄亩役畜③和犍牛的数量。这两项指标在三省的情况大体一致。按"每俄亩的役畜数量"计算,在黑土区,贫苦农民平均拥有 0.17 头役畜,富裕农民平均拥有 0.18 头役畜;在中央黑土区,贫苦农民平均拥有 0.09 头役畜,富裕农民平均拥有 0.08 头役畜;在北乌拉尔地区,贫苦农民平均拥有 0.1 头役畜,富裕农民平均拥有 0.1 头役畜。若按"每俄亩的犍牛数量"

---

① 参见 Ленин В. И. Полн. собр. соч. Т. 3. Гл. II。
② 其中 5 个县位于黑土区,10 个县位于中央黑土区,5 个县位于北乌拉尔地区。笔者在资料获取方面得到了 Л. В. 拉祖莫夫的帮助。
③ 除犍牛外,牝牛、马匹等也可作为役畜。详见《列宁全集》第 3 卷《俄国资本主义的发展》。——译者注

统计,三个地区贫苦农民和富裕农民占有的犍牛数量分别为:0.17/0.09、0.16/0.14、0.09/0.08。可见,在黑土区,富裕农民占有的犍牛数量反而比贫苦农民要少得多。对此可以解释为:随着该地区生产专业化程度提高,当地的富裕农民更热衷于生产粮食,对牲畜养殖的关注有所减退。不过,上面的数据中没有涵盖小型牲畜的养殖情况,而富裕农民在这方面更有优势。

总之,通过大范围、长时段地审视,相关数据证明:随着俄国农村的商品货币关系不断发展,各类农民都被迫将生产资料的供给维持在平均水平之上。并且,从数据中我们可以看出,19世纪末20世纪初,在我们所研究的范围内,这个"平均水平"已经达到了相当的高度。

我们以20个县最贫苦和最富裕的农民为研究对象,对这两类农民经济的内部结构进行结构分析(структурный анализ)。笔者共拟定了15个指标,确定了各指标之间的密切程度。得到的相关系数见表9-7。

农户内部的人口数可以反映农民经济劳动力资源的供应情况。贫苦农户的劳动力数量与种植面积呈弱相关关系(相关系数为0.42),与农户的经营规模(户均指标)和经营水平(人均指标)等不相关。在富裕农户中,劳动力数量与这些指标同样不相关。因此,从总体上看,农户的人口数并不影响农民经济的规模和水平。也就是说,农户内人口数量的多少与农民经济经营规模的大小、经营水平的高低无关。

对于最贫苦农户和最富裕农户来说,家庭成员的数量和人均土地使用面积之间呈微弱的负相关关系(相关系数分别为-0.41和-0.56)。家庭成员数量越多,人均土地使用面积自然越少。富裕农户的每户人口数与人均产畜数之间呈密切的负相关关系(-0.63)。①这说明,在奶牛密度最高的地区(主要是奶牛养殖区),当地的家庭规模最小。

根据土地使用、种植面积、役畜、产畜的信息,我们可以判断当地农业生产的规模和水平。我们分别以"户"和"人"为单位,计算了上述指标各户和人均的情况,发现其中呈正向且总体密切的相关关系。

---

① "产畜"一栏中只统计了肉牛,但实际上,大部分的产畜是奶牛。

第九章 构建历史现象、历史过程的模型

表 9-7 19 世纪末 20 世纪初欧俄黑土区和非黑土区两类农民经济的内部结构（相关系数）

指标	1	2	3	4	5	6	7	8	9	10	11	12	13	14	15
1	×	—	—	—	—	−0.56	—	—	−0.63	—	—	−0.45	—	0.64	—
2	—	×	0.78	0.85	0.43	0.95	0.89	0.89	0.48	0.80	−0.57	缺数据	−0.54	—	—
3	0.42	0.50	×	0.59	—	0.61	0.98	0.80	—	0.59	−0.62	—	—	—	—
4	—	0.59	0.68	×	—	0.74	0.93	0.96	—	—	−0.62	—	—	—	—
5	—	0.58	—	0.64	×	0.47	—	—	0.93	—	—	—	—	—	—
6	−0.41	0.97	0.43	0.55	0.43	×	0.78	0.87	0.63	—	−0.51	缺数据	—	−0.47	—
7	—	0.63	0.96	0.68	—	0.61	×	0.87	—	0.74	−0.64	—	—	—	—
8	—	0.62	0.59	0.96	0.58	0.64	0.67	×	—	0.46	0.59	—	−0.43	—	—
9	—	0.64	—	0.59	0.94	0.58	—	0.62	—	×	−0.58	0.41	—	—	—
10	—	—	—	—	—	—	—	—	—	—	×	—	0.82	0.42	—
11	—	缺数据	−0.54	—	−0.46	—	−0.62	—	—	0.93	—	—	—	—	—
12	—	—	—	—	—	—	—	—	—	0.78	—	×	缺数据	缺数据	—
13	—	—	—	—	—	—	—	—	—	—	—	缺数据	×	×	—
14	0.45	−0.52	—	−0.48	—	−0.59	—	0.59	—	—	—	缺数据	0.58	—	0.48
15	—	−0.48	—	—	—	−0.47	—	—	—	—	−0.54	缺数据	—	×	—

注：对角线下方为第四组（最富裕的）农户，对角线上方为第一组（最贫苦的）农户。

表列：1. 户均人口数；2. 户均土地使用面积；3. 户均种植面积；4. 户均役畜数量；5. 户均产畜数量；6. 平均人口数；7. 人均种植面积；8. 人均役畜数量；9. 人均产畜数量；10. 存在雇佣劳动力的农户；11. 存在外出打工的农户；12. 拥有工商业设施的农户；13. 买卖份地份额；14. 租赁土地份额；15. 出租土地份额。

不过，农民经济各个主要的组成部分之间的相关性并不仅限于此。各户均指标和人均指标之间同样呈相关关系，这生动地诠释了列宁的观点：在农民经济中，农业生产的总体发展水平（人均指标）主要由农民经营的规模（户均指标）决定。

指标2~9反映了农民农业生产的结构。通过计算这些指标之间的平均相关系数，我们发现：在贫苦农户中，平均相关系数为0.66；在富裕农户中，平均相关系数为0.77。这说明，在二者的农业生产当中，各要素相互平衡，且二者的平衡程度彼此相近。但是，两类农民经济的结构是不同的。在贫苦农民中，雇佣劳动与是否拥有工商业设施（0.93）和是否曾购买份地（0.78）之间呈密切的正相关关系；但与农业生产的规模和水平不相关。富裕农民则正相反，雇佣劳动的规模虽然与役畜数量相关，不过相关关系并不强烈（若按户均指标，相关系数为0.59；若按人均指标，相关系数为0.46）；但与种植规模（若按户均指标，相关系数为0.80；若按人均指标，相关系数为0.74）和购买土地的面积（0.82）紧密相关。

由此可见，富裕农民雇佣劳动的程度主要取决于农业生产的规模和水平（农业生产是此类农民经济的主要部分）、农民土地所有制的普及程度和富裕农民所购土地的面积。但对于贫苦农民来说，雇佣劳动主要与工商业活动有关，而不是农业活动。雇佣劳动与所购土地面积之间之所以存在这样的联系，可能是因为这类土地的所有者，同时也是工商业设施的开办者。

贫苦农民的收入与其种植规模以及租赁土地的面积呈负相关（无论是按户均指标，还是按人均指标都是如此），也就是说，种植面积较小、租赁土地较少的农民更有可能从事雇佣劳动。前者很好理解，后者的意思是，对贫苦农民来说，越是在自己的土地之外参与雇佣劳动（外出打工），他们租赁的土地就越少。此时，雇佣劳动是维持他们农业生产的经济来源——这一点对于揭示贫苦农民生产活动的特殊性而言至关重要。

富裕农民的收入与种植面积、土地面积、役畜数量呈负相关。而所属土地产量较差的农民在金钱的驱使下成为富裕农民的剩余的劳动力。

在贫苦农民中，工商业设施与雇佣劳动之间存在直接关系（0.93）。也

第九章　构建历史现象、历史过程的模型

就是说，哪类农民的资本主义发展水平较高，工商业活动就在哪个阶层中分布得更广泛。当然，这在很大程度上是因为经济地位最低下的农民无法开展工商业活动。富裕农民更愿意在家庭成员数量较少、牲畜养殖水平较高的地方开展工商业活动。换句话说，对于富裕阶层而言，越是耕种条件较差的地方，工商业活动开展得越广泛。

在雇佣劳动、出租份地比例较高的地方，贫苦农民出卖份地的比例也较高。广泛使用雇佣劳动推动了自由土地所有权的形成。由于租赁土地的费用很高，部分具有一定经济实力的贫苦农民急于从租地转变为买地。这部分人主要是那些拥有工商业设施的贫苦农民。

富裕农民买卖土地的情况非常常见。这类农民每户的土地使用量较少，雇佣劳动特别普遍（0.82）。特别有趣的是，富裕农民租赁土地的比例也很高（0.73）。换句话说，富裕农民资产阶级式的自由土地使用权不仅与当地资本主义关系的发展状况显著相关，并且受到了其自身渴望扩大土地使用权的意愿的影响。这些购买来的土地不仅由富裕农民自用，还会被出租给其他农民（此时，富裕农民充当了收取地租的收租者）。

占有土地、牲畜较少的贫苦农民很容易选择租赁别人的土地。也就是说，贫苦农民的土地租赁是一种消费性质的租赁，选择租赁是生活所迫。因为一般来说，租赁土地的主要是那些土地占有较少或牲畜短缺的农民；而经济条件较好的农民租赁土地，往往是因为家庭成员的数量较多（即家庭劳动力较多）、人均使用的土地较少，或是由于雇佣劳动较频繁、购买来的份地面积较大——此时，租赁的经营性是显而易见的。由于几乎所有的富裕农民都租赁了大量土地，毫无疑问，从租赁土地的规模上看，大部分的土地租赁是经营性质的。

最后再来分析农民失去土地的情况。失去土地的农民，往往是那些土地使用面积较小且大多没有收入的贫苦农民。也就是说，失去土地的主要是贫苦农民，他们占有土地较少，也较少参与雇佣劳动。这些农民是贫苦农民中的贫苦者，是最贫穷的那部分人。

富裕农民出租的土地的份额与买来的土地的份额呈正相关（0.79），这意味着他们出租的土地主要是买来的那部分土地。正如上文提到的，这是

富裕农民的收入来源之一。

可见，贫苦农民和富裕农民两种农民经济的内部结构存在本质性的差异。这种差异基本上只能通过结构分析来明确。

在俄国农村，经济地位迥异的两个阶层在生产—经济结构方面尚且存在相似性，这表明，整个俄国农民经济的结构都存在这种相似性。相关性分析已经证实了这一点。在农民经济中，户均和人均拥有的牲畜数量，与租赁来的土地的比例紧密相关，平均相关系数为0.80，和富裕农民的经济结构相接近。此外，"雇佣劳动"与"购买土地"（0.51）及"拥有工商业设施"（0.80）同样相关，这反映出工商业活动和购买土地具有资产阶级性质。同时，在人均农作物种植面积较小的地方（−0.51，这些地方位于非黑土区，耕作条件不利，且存在大量贫苦农民，所以耕作水平较低）以及使用役畜（0.40）和产畜（0.49）较频繁的地方，有收入的农民占比较大。后者意味着，在农业生产资料（主要是牲畜）较充足的条件下，一方面，对雇佣劳动的需求在增长；而另一方面，农业所需的劳动力却普遍过剩。所以，"弃农从工"和"弃工从农"的现象同时存在，并且都愈演愈烈。

因此，在按农户的类型来分析农民经济的内部结构的同时，我们还可以明确俄国农民经济资本主义化的程度及特点。在系统分析中，我们所利用的汇总数据，就内容而言，是非常有价值的资料：第一，数据涵盖了系统内部各个不同的层次；第二，数据中各个层次的代表对象是同质的。

对资本主义时代俄国农民经济的内部结构的探讨可以在以下层面进行：分别是农户、村社（村庄）、乡镇、县和省。具体选择哪一层面，取决于具体的研究任务和史料的情况。在微观分析中，研究的层面一般是村庄；在研究经济或地理区域问题时，研究的层面一般是县；在宏观分析中，则一般是省。通过建立与研究对象性质相同的典型对象的集合，我们可以更为详细、深入地处理演绎模型，从而揭示研究对象的一般性和特殊性，获得最为具体的理论认识。

空间层面上的典型对象集合可以是村庄、乡镇、县等经济地理区域。具体如何选择，取决于其中是否包含能够反映农民经济状况的特征。列宁指出，必须充分考虑到各种影响农民经济发展的因素，他在《谈谈地方自

第九章　构建历史现象、历史过程的模型

治局的统计任务问题》（1914 年）一文中写道："我们要指出，为了利用地方自治机关极其丰富的统计资料，至少有几种分类是能够而且应当进行的。最好是按情况把县和省①划分为若干区，之后按非农业性的副业和外出做零工，按地主经济的条件，再按商业发达程度和一般资本主义周转的发达程度，再按村庄的大小。"② 除此之外，我们还可以利用其他特征，如农民的土地供给情况、役畜产畜情况、雇佣劳动情况等等。

为了最合理、最全面地研究农户、村庄、乡镇、县和省这几个典型对象集合，必须采用多维类型学的方法（метод многомерной типологии）。③ 借助演绎相关测量模型（дедуктивная корреляционная измерительная модель）来研究农民经济的社会经济结构，我们不仅能够得到结构在某一时刻的状态，进而得到某一或一般或特殊的特征的表现程度；还可以通过模型本身的信息，判断研究对象过去或将来可能存在的状态。这就是演绎相关测量模型的功能所在。线性相关系数的数值在 -1 和 1 之间波动，系数越接近 1，系数所表征的结构就越稳定；相反，如果系数越接近 0，则代表结构越不稳定。所以，通过相关性分析，我们可以捕捉到特定结构从最初的特征到最终的理想状态之间各个阶段的状态。在上文中，我们所计算的农民经济的生产—经济结构的平均相关系数，无论是从某一类别计算，还是从整体计算，其最高值都在 0.70 左右波动——这证明俄国农民经济的生产—经济结构的稳定性已经很高了。但尽管如此，这一数值距离理想状况仍然相去甚远。所以，尽管俄国农村的资本主义发展已经达到了很高的水平，资本主义关系已经在俄国农业发

---

① 文中指奔萨省。——作者注
② Ленин В. И. Полн. собр. соч. Т. 24. С. 279 – 280.
③ Обычные и многомерные методы выделения типических волостей и селений при изучении внутреннего строя крестьянского хозяйства среднечерноземной полосы были применены К. Б. Литваком Литвак К. Б. Опыт количественного анализа пообщинных сводок земских подворных переписей начала XX в. // Математические методы в социально - экономических и археологических исследованиях. М., 1981; Он же. О пределах информативности пообщинных сводок земских переписей при изучении типов крестьянских хозяйств // Математические методы и ЭВМ в исторических исследованиях. М., 1985.

展中起到了决定性的作用,但这种生产方式依旧没有取代传统的农业生产方式。

如果现有的数据足以分析所研究的系统在不同时间节点上的结构,那么,我们就可以以此具体地追踪系统的发展的情况。结构分析的一个重要优点是:当某一结构的状态在某一时刻下,即使其内部的特征彼此相互冲突,结构分析依旧可以派上用场。因为结构分析法并非像传统方法那样,比较相同特征的数值,而是比较能够反映结构状态的综合指标。当然,这些指标应当能反映各基本的、成系统的特征之间的相关性。还应注意的是,结构的稳定性并不意味着系统内的每一个特征,都与其他特征具有同等的相关性。结构的稳定性是由众多彼此相关的特征所组成的"核心"(ядро)来决定的,而这个"核心"周围的"环境"(окружение)与"核心"的关系往往并不紧密。

结构相关模型(корреляционная модель структур)可以有效反映农民经济内部结构的变化情况。下面是这个模型的具体示例。笔者根据各县的数据,建模分析了19世纪80年代和1906~1913年中央黑土区农民经济的内部结构(见表9-8)。①

表9-8 中央黑土区农民经济的内部结构(相关系数)

人均指标	份地	种植农作物	役畜	产畜	租来或买来的土地	耕犁
份地	×	0.77	0.55	0.61	0.39	—
种植农作物	0.98	×	0.61	0.37	0.39	—
役畜	0.96	0.95	×	0.43	0.50	—
产畜	0.97	0.92	0.91	×	0.35	—
租来或买来的土地	0.72	0.91	0.83	0.89	×	—
耕犁	0.77	0.80	0.81	0.67	0.73	×

注:对角线下方为1906~1913年的情况,对角线上方为19世纪80年代的情况。

---

① 表格使用的数据很有代表性,涵盖了19世纪末的57各县(数据处理:Т. Л. 莫伊谢延科)和20世纪初的59个县。

第九章 构建历史现象、历史过程的模型

可见，19 世纪 80 年代，5 个特征的平均相关系数为 0.50；到了 20 世纪初，5 个特征的平均相关系数达到了 0.85。很明显，在我们所研究的时间范围内，农民经济内部的生产—经济结构的平衡性有了很大程度的提高。类似的研究，如果仅仅通过比较相应时间段内农民经济的各项指标，是绝对做不到的。

2.3 回归分析与因素分析

对农民经济内部结构的相关性分析还可以辅之回归分析和因素分析（факторный анализ）。回归分析能帮助我们确定某些特征性因素（признак-фактор）对结果的影响程度。① 我们先来研究，究竟是哪些生产要素决定了农民生产活动的最终结果。我们以农民总收入的多少来衡量农民生产活动的最终结果；并用农民总收入除以当地农民的人数，以此来反映奔萨省农民经济的总体盈利水平。表 9-9 中列出了影响奔萨省农民总收入的 10 个因素。

表 9-9 1913 年奔萨省农民总收入与各种因素的相关性

单位：%

因素	农户类型			
	第一组	第二组	第三组	第四组
	因素权重			
每户人口数	0.1	—	0.2	0.4
人均每俄亩土地使用面积	68.1	—	0.1	2.3
人均每俄亩种植面积	0.2	42.7	8.5	2.7
人均建筑物成本	1.0	4.7	2.6	0.1
人均牲畜数量成本	4.1	3.4	46.9	20.3
人均劳动工具成本	1.6	0.5	0.2	1.7
人均劳动力买卖成本	—	—	—	—
人均劳动力雇佣成本	1.2	—	—	2.7

---

① 回归分析除了能确定某一特征对结果的影响的具体权重（如本例）之外，还能帮助我们确定，当特征性因素变化时，结果特征的变化程度。

历史研究方法

续表

因素	农户类型			
	第一组	第二组	第三组	第四组
	因素权重			
金钱在总收益中的份额	0.8	2.1	—	0.5
单位生产成本的收益	15.2	29.4	31.3	64.5
总权重	92.3	87.1	90.1	99.9

可见，起决定性的作用的是以下四个因素：人均每俄亩土地使用面积、人均每俄亩种植面积、人均牲畜数量成本和单位生产成本的收益。其中最重要的是单位生产成本的收益，该因素反映的是生产成本的效率，对农民总收入具有显著影响，且显著程度从第一组到第四组逐渐提高。在第四组农户中，生产成本的效率高低在一定程度上影响到了总收入水平（64.5%）。对贫苦农民（第一组农户）来说，人均每俄亩土地使用面积比例（68.1%）发挥了主要作用。在第二组中，收入情况主要取决于人均每俄亩种植面积和单位生产成本的收益。在第三组中，主要发挥作用的是人均牲畜数量成本和单位生产成本的收益。

总之，回归分析能够揭示各类农民经济生产过程的特征。一般来说，回归分析的两种形式①都是进行结构—功能分析的强大工具。

***

社会及其他系统的特征形态多样，数量巨大，因此，我们需要一种专门的分析、处理方法，以便在"压缩"原始信息的基础上，对这些特征进行综合处理。也就是说，我们需要通过某些办法，将数量较多的原始特征转换为数量较少的因素（фактор）。

因素是一种反映原因的综合指标。原始数据中的因素通常会具有一定的数值。因素分析②可以解决许多问题。接下来，笔者将继续利用在上文多

---

① 指简单（一元）线性回归分析与多元线性回归分析。——译者注
② 参见 Бородкин Л. И. Многомерный статистический анализ в исторических исследованиях. М.，1986.

第九章　构建历史现象、历史过程的模型

次使用过的数据，以 19 个县（其中 20% 为富裕农户，50% 为贫苦农户）①的情况为例，在揭示当地农民经济经济结构的同时，对与因素分析相关的一些问题予以说明。

在贫苦农民和富裕农民所具备的全部特征中，我们先选择了其中的 13 项特征作为研究的指标（见表 9-10），其中包括：农作物种植面积（按户均和人均两种方式进行统计）、役畜及产畜的蓄养情况（按户均和人均两种方式进行统计）、各户人数、每组农户数占总人口数的比例、每组农户的种植面积占总种植面积的比例、每组农户产畜和役畜的数量占总产畜和役畜的比例、每组农户每俄亩产畜和役畜的数量占总产畜和役畜的比例。这些信息能够反映农民经济的规模、生产—经济水平以及贫苦农民和富裕农民在总生产中所占比重。

然后，利用主要成分分析法（метод главных компонентов），对两类农户的情况进行分析。我们确定了三条能够综合反映农民经济不同方面的特征的因素。

表 9-10　19 世纪末 20 世纪初富裕农民和贫苦农民的经济发展状况

单位：%

县名	因素权重							
	富裕农民				贫苦农民			
	第一条	第二条	第三条	总计	第一条	第二条	第三条	总计
1. 别尔江斯克县	5.38	1.56	1.14	8.08	-3.45	2.91	-1.60	-2.14
2. 加佳奇县	-3.21	4.82	2.79	4.40	0.90	-3.78	0.30	-2.58
3. 克罗梅县	0.70	0.81	-1.06	-0.45	-1.50	0.83	0.64	-0.03
4. 德米特洛夫县	0.28	1.90	-1.84	0.34	-1.03	0.50	0.99	0.46
5. 叶皮凡县	1.00	1.54	-2.51	0.03	-2.81	-1.32	3.51	-0.62
6. 卡卢加县②	-2.56	-0.53	0.28	-2.81	4.54	0.92	-0.10	5.36
7. 佩列梅什利县	-2.61	1.08	-0.05	-1.58	4.27	1.06	0.98	6.31
8. 利赫温县	-1.40	0.30	-1.29	-2.39	2.93	1.61	-0.39	4.15
9. 特维尔县③	-3.11	-1.09	-0.38	-4.58	2.51	0.78	-0.94	2.35

---

① 维亚特卡省的斯洛博茨基县由于数据问题未计入。
② 卡卢加县为卡卢加省的下辖县，县治所在卡卢加城。——译者注
③ 特维尔县为特维尔省的下辖县，县治所在特维尔城。——译者注

续表

县名	因素权重							
	富裕农民				贫苦农民			
	第一条	第二条	第三条	总计	第一条	第二条	第三条	总计
10. 新勒热夫县	-0.52	0.15	0.22	-0.15	0.51	0.17	-0.08	0.60
11. 波克罗夫县	0.16	-1.46	-0.36	-1.66	0.24	-1.16	-0.32	-1.24
12. 佩列亚斯拉夫县	1.09	0.09	-0.71	0.47	0.83	-0.26	0.14	1.71
13. 科夫罗夫县	0.27	-0.70	-0.20	0.63	-0.70	0.43	0.32	-0.05
14. 莫洛加县	-0.43	-2.14	-0.11	-2.68	-0.81	-1.07	-0.17	-2.05
15. 梅什金县	-2.17	-2.26	0.95	-3.48	1.06	1.13	-0.53	1.66
16. 格里亚佐韦茨县	-0.63	-2.51	1.92	-1.22	-1.50	-0.70	-0.25	-2.45
17. 伊尔比特县	2.41	-0.71	0.13	1.83	-2.06	2.21	-0.25	-0.10
18. 维尔霍图里耶县	2.80	-1.99	1.32	2.13	-0.78	-4.80	-2.46	-8.04
19. 沙德林斯克县	4.76	0.15	0.35	5.26	-3.78	1.44	-0.77	-3.11

对富裕农民来说，第一条因素可以反映以下特征（特征与因素之间的相关性在括号中表示）：

1. 人均农作物种植面积（0.32）；

2. 户均农作物种植面积（0.30）；

3. 每组农户在产畜总数中所占的比例（0.25）；

4. 每组农户在农作物种植面积中所占的比例（0.21）。

从本质上讲，这一条因素反映了富裕农户农业生产的规模和水平，以及富裕农户在农业生产中的作用。

第二条因素可以反映以下特征：

1. 每组农户在役畜总数中的所占的比例（0.44）；

2. 户均役畜数量（0.38）；

3. 人均役畜数量（0.34）。

这一条因素代表农民经济的生产和技术水平（确切地说，是动力水平）。

第三条因素可以反映以下特征：

1. 每组农户在产畜总数中所占的比例（0.41）；

2. 人均产畜数量（0.30）。

第九章 构建历史现象、历史过程的模型

这一条因素代表富裕农户的牲畜饲养比例和水平。

对贫苦农民来说，第一条因素可以反映以下特征：

1. 户均役畜数量（0.40）；

2. 人均役畜数量（0.39）；

3. 每俄亩农作物种植面积（0.24）。

这一条因素代表其生产和技术水平。

第二条因素可以反映以下特征：

1. 户均农作物种植面积（0.45）；

2. 每组农户在农作物种植面积中所占的比例（0.32）；

3. 户均人口数量（0.23）。

这一条因素代表其农业生产的规模和自身劳动力资源情况。

第三条因素可以反映以下特征：

1. 人均产畜数量（0.35）；

2. 户均产畜数量（0.22）。

这一条因素代表其牲畜养殖的规模和水平。

每种因素都有各自的权重。权重的数值表示在特定因素的作用下，各原始特征的变化（离散）程度。换句话说，权重反映了系统的一般状态（发展水平）对其中某一方面的功能的依赖性。权重是一个非常重要的概念，请务必准确理解。上述因素的权重如下：在富裕农民中，第一条为46.7%，第二条为23.6%，第三条为12.6%；在贫苦农民中，第一条为43.5%，第二条为27.8%，第三条为11.5%。

无论是对富裕农户，还是对贫苦农户来说，第一条因素的作用都最为显著。通过这一因素，我们可以大概确定各县农民经济的差异情况。对于富裕农民来说，经济状况的好坏主要取决于农业的发展程度、总体规模以及在总生产中所占的比例。除了第一条因素，农民经济的动力水平和牲畜养殖的发展程度也很重要。这几条因素的权重占到了70.3%。这意味着，富裕农户通过扩大农业生产、提高农业水平、将农业的动力水平维持在适当的程度，来保证自己的经济地位。

贫苦农户的经济状况则主要取决于役畜的供应程度，其次是农业生产和劳动力资源的规模，最后是牲畜养殖的规模和水平。前两条因素的权重为71.3%。可见，贫苦农户和富裕农户的情况存在显著差异。贫苦农民作为小生产者，时时刻刻挣扎在生存的边缘。贫苦农民想要生存，必须首先拥有马匹，其次才是粮食和劳动力。

总的来说，虽然因素分析的结论证实了我们之前的判断，但毋庸置疑的是，因素分析可以清晰反映各类决定农民经济状况的因素之间的相关性。

对每条因素进行因素分析之后，我们可以得到与研究对象一一对应的量化指标。这一指标被称为因素权重（факторный вес）。因素权重体现了对象在特点因素下的发展水平。发展水平以零为界，正值表示该对象的发展水平高于平均水平，负值表示该对象的发展水平低于平均水平。笔者在表9-10中已经将各条因素的发展水平一一列出。因为表中归纳出的因素都反映了农民经济的生产—经济结构，所以各个数值可以相加。如此，我们得到了一系列反映各县两类农民经济总体生产—经济水平的综合指标。这些指标可以反映相应因素的特点，从而帮助我们确定富裕农民和贫苦农民的经济发展水平。例如，从富裕农民的农业生产规模和水平（第一条因素）来看，别尔江斯克县（5.38）和沙德林斯克县（4.76）的数值排在第一、二位，加佳奇县（-3.21）和特维尔县（-3.11）的数值排在倒数第一、二位。从富裕农民的农业总体发展水平（三条因素的总和，不考虑因素各自的权重）来看，别尔江斯克县（8.08）和沙德林斯克县（5.26）的数值排在第一、二位，特维尔县（-4.58）和梅什金县（-3.48）的数值排在倒数第一、二位。

我们不仅可以利用因素权重为对象简单排序，还可以对其进行多维视觉分类（многомерная визуальная типизация）和多维分析分类（многомерная внзуальная типизация）。

关于多维分析分类，笔者将在下文详细解释，此处先对多维视觉分类进行说明。我们可以以前两条因素为标准（因为这两条因素的权重都超过了70%），根据富裕农民和贫苦农民的经济地位，单独划分出一组县。不过，要说最有趣的分类方式，莫过于对各县按照两类农民经济的总体发展程度（由三条因素的总和反映）进行分类。如此，我们可以确定哪个县的农民分化程度最高，哪个县的农民分化程度最低。显然，如果某县的富裕农民最富有（即农业生产水平最高），贫苦农民最贫穷（即农业生产水平最低），当地农民分化的程度也就最高（见图9-1）。图9-1清楚地表明，农民分化程度较高的县分别是：别尔江斯克县（编号1）、加佳奇县（编号2）、沙德林斯克县（编号19）、伊尔比特县（编号17）、维尔霍图里耶县（编号18）。在这5个县，富裕农民的经济水平较高，贫苦农民的经济水平较低。值得注意的是，这5个县的农民两极分化的表现还有差异：前3个县是富裕农民极度富有，而在后两个县，则是贫苦农民极度贫穷。但不管怎样，在这一组县中，农业资本主义关系发展得最为深刻。

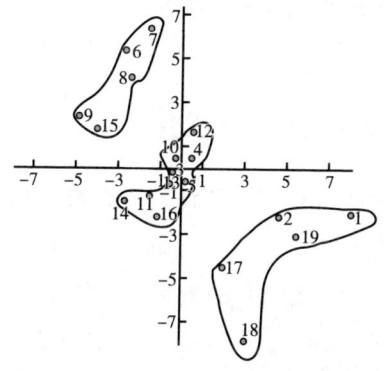

图9-1　19世纪末20世纪初别尔江斯克等19县俄国农民分化情况

注：横轴表示富裕农民，纵轴表示贫苦农民；图中各县编号同表9-10。

以下5个县农业资本主义关系发展得较不充分：卡卢加县（编号6）、佩列梅什利县（编号7）、利赫温县（编号8）、特维尔县（编号9）、梅什金县（编号15）。这5个县农民经济两极分化的程度最低，主要是因为前3个县贫苦农民的经济地位"特别高"，后两个县，富裕农民的经济条件"特别低"。不过，图9-1只是从农业生产状况的角度反映了农民分化的具体情况。考虑到并不是所有的农民都会从事农业生产，所以，图示内容显然并不完全准确。

除了上述的10个县之外，其余的9个县处于两种极端状态之间的中间地带，表示农民分化的程度较为和缓。

历史研究方法

在明确了农民分化的类型之后，我们可以以此为基础，在村庄、乡镇的层面上对农民经济的内部结构进行更为详细的分析。

可见，因素分析可以显著深化对农民经济内部结构的研究。虽然因素分析并不要求数学模拟，但其定量结果（对象的因素权重）可以用于相关性分析、回归分析等分析方法。因此，我们可以利用从抽象上升到具体的研究方法和演绎测量模型，通过因素分析，对社会系统进行研究。

反映测量模型成功地将理想化的实质内容模型所反映的一般性与特定时空状态下研究对象特征的特殊性、个别性相结合，并且将这一结合通过数量指标的形式表达出来——这既是反映测量模型的主要作用，也是其优势所在。可是，将现实理想化也是需要条件的，笔者会介绍其他可用于构建反映测量模型的方法。①

2.4 通过反映测量模型证实假设

反映测量模型在证实（证明真实性）各类对研究对象本质的假设方面发挥着重要作用。众所周知，假设是一种广泛存在的科学认知形式，它能以抽象理论的形式揭示出研究对象的本质。检验假设真实性的方法有很多，模拟方法就是其中之一，即通过构建研究对象的模型，从而检验假设的真实性。究竟该如何检验某些特征的表现形式与现实特征之间是否存在联系？举一个最简单的例子，在根据农民经济的生产—经济结构的特征，研究资本主义关系在农民经济中的发展程度时，我们可以假设资本主义关系的深化与农民识字率（农民总体文化程度）的提升有关，然后根据农民识字率与能够反映农民经济资本主义化的指标的相关程度，对这一假设进行检验。例如，在中央黑土区，根据1906~1913年地方自治局的统计，我们发现，农民家中有无识字者或学生，与下列指标均显著相关（相关系数超过

---

① 在研究俄国资本主义时代的农业史时，演绎模型也常被用来分析地主经济的社会经济结构，参见 Ковальченко И. Д., Селунская Н. Б., Литваков Б. М. Социально-экономический строй помещичьего хозяйства Европейской России в эпоху капитализма: (Источники и методы изучения). М., 1981。

第九章　构建历史现象、历史过程的模型

0.70)：有无耕牛、耕犁，土地占有规模、农作物种植面积，土地买卖、租赁的次数，商业活动。特别有趣的是，识字率与富裕农民（多马户、多产户）和贫苦农民（无马户、独马户、低产户）均呈直接、显著的关系。这意味着，第一，农民的文化程度并不是只与资本主义关系的发展情况有关，农民识字率是一个复杂的问题，受多种因素共同影响；第二，农村资本主义两极分化越严重，农民的识字率就越高。所以，我们提出的假设是正确的。

类似的假设在历史研究中很常见。使用数学方法验证假设，主要就是确定研究对象的特征与该对象的一般本质之间的相关程度。不过，一旦问题复杂起来，可能需要建立一个特殊的模型来检验假设的真实性，或者直接对假设进行修正。关于这一"特殊的模型"，笔者以19世纪末俄国农民的土地租赁为例，阐释该模型的构建原则。土地租赁在19世纪末的俄国农村非常普遍。对农民土地租赁性质的判断，对于分析农民经济的社会经济结构，明确农业总体发展的进程都具有重要意义。所以，农民土地租赁问题早就引起了历史学家的广泛关注。但尽管如此，许多重要问题至今仍旧悬而未决。我们的任务是厘清消费性租赁（потребительская аренда）和经营性租赁（предпринимательская аренда）这两类农民土地租赁之间的关系，也就是说，要分清哪类土地租赁是出于农民自身的需求，是生活所迫；哪类土地租赁的目的是扩大商品生产。之所以通过构建模型的方式来研究这一问题，是因为现存数据既不成体系、数量也不足，不足以按照"探讨农民经济的社会—经济类型"的方式来研究。否则的话，我们甚至可以直接确定哪类农民经济集中了大部分的土地。

不过，还有大量地方自治局收集的统计资料有待利用。我们可以借此研究土地租赁的性质，但是需要特殊的分析方法。Т. Л. 莫伊谢延科处理了其中的部分信息，[①] 共涉及中央黑土区5省57个县的土地租赁情况。但是

---

① 参见 Моисеенко Т. Л. Методы изучения крестьянской аренды в России по данным земской статистики конца XIX века // История СССР. 1979. № 4。

历史研究方法

在这些数据中，由于无马户和独马户的数据比例不同，所以一般的分析方法无法揭示消费性租赁和经营性租赁的关系。于是，我们决定转而使用数学方法。因为土地租赁的性质主要由租地户的规模和类型决定，所以，合理的做法是在分析农民经济结构的基础上研究土地租赁问题。以上便是研究这一问题的主要方法。我们需要对农民经济的内部结构进行模拟（建模），通过分析农民经济的内部结构，来确定土地租赁的性质。

在模拟的实质内容阶段，模拟的意义在于通过分析农民经济的内部结构，从理论上证实土地租赁的性质。也就是说，在实质内容阶段，我们构建的是研究对象的定性模型。具体步骤如下。

"经营性租赁和消费性租赁的性质差异，决定了土地租赁与其他能够反映农民经济内部结构的要素之间的相关关系必然具有矛盾性。农村贫困阶层之所以参与粮食租赁（продовольственная аренда），是因为急需土地。粮食租赁越普遍，份地的规模就越小，下层农民的比例就越高，他们基本生产资料的供给就越差。而经营性租赁的参与者是富裕农民，他们的土地、牲畜条件更佳。对于富裕农民来说，其土地租赁与各要素之间的相关关系与贫苦农民的情况正好相反。所以，对富裕农民而言，土地租赁应与其经济状况、土地、役畜产畜的指标显著正相关，对贫苦农民而言则是负相关。"①

不过，消费性租赁和经营性租赁并不是泾渭分明的，二者往往彼此交织。因此，二者通常有三种状态：以经营性租赁为主（指占土地总租赁的一半以上）、以消费性租赁为主、二者比例大致相等。在第一种状态下，土地租赁与其他要素之间的关系类似于经营性租赁；在第二种状态下，土地租赁与其他要素之间的关系类似于消费性租赁；在第三种状态下，二者相互抵消，根本不具备显著的相关关系。

以上便是通过实质内容模型，分析土地租赁性质的过程。从实质上讲，实

---

① Моисеенко Т. Л. Методы изучения крестьянской аренды в России по данным земской статистики конца XIX века // История СССР. 1979. № 4. С. 72 – 73.

质内容模型是一种假设—演绎模型（дедуктивно-гипотетическая модель），因为这种模型可以检验资本主义时代俄国租赁关系的主要类型的假设。

＊＊＊

我们对研究范围内（57 个县）的每一个县，都分别拟定了 11 个用来反映土地租赁关系（以及农民经济的其他方面）特点的原始特征。之后，我们将这些数量指标分别按户均、人均和百分比进行计算，最终得到了 30 个相关指标。最后，确定各个指标间的相关关系，也就是说，建立关于农民经济结构的相关性模型（корреляционная модель）。相关性模型可以为我们提供大量反映农民经济内部结构且在原始数据中未曾显现的信息（见表 9－11）。

表 9－11　土地租赁规模与农民经济各主要要素间的相关关系

指标	相关系数		
	户均	人均	（非份地的）租地面积[1]
全部份地	0.46	0.46	0.81
宜耕份地[2]	0.35	0.38	0.70
役畜	0.43	0.50	0.21
无马户、独马户的份额	－0.34	－0.17	－0.18
马匹数量≥4 的农户的份额	0.51	0.33	0.54
平均相关强度	0.42	0.37	0.49

该研究的主要任务是确定土地租赁关系的性质。我们发现，首先，土地租赁的规模与份地的面积具有直接相关性。按"（非份地的）租地面积"来计算的话，相关性将更为显著，这表明经营性租赁在租赁关系中占主导地位。莫伊谢延科指出，农民份地面积实在过小——这是大多数租地户参与土地租赁的原因，但这并不一定是决定其土地租赁类型是消费性租赁的

---

[1]　指农户在份地之外的租地面积。——译者注
[2]　广义上讲，农民份地包括宅园地、耕地、割草地、林地等，"宜耕份地"指的是耕地、割草地等。——译者注

原因。其次，租赁规模与农民的经济地位（根据役畜养殖情况和多马户的份额）呈正相关关系，与贫苦农民的份额呈负相关关系，这说明富裕的经营性阶层通过"截留"土地，将大部分用于租赁的土地集中到了自己手中。

所以，19 世纪末，即使在中央黑土区这类大量保存农奴制残余的地区，占优势的土地租赁形式依旧是经营性租赁。但是，这种优势的程度并不高。比如在表 9-11 中，土地租赁规模与农民经济各主要要素之间平均相关强度并不高。

相关性模型还可以揭示土地租赁关系的其他特征（如农民租赁土地的原因、租赁交易的形式等）。

总之，在所需信息可以量化的情况下，利用数学方法和模拟方法可以检验假设的真实性。不过，在历史研究中，如果将这两种方法的功能仅仅限定在检验假设上，恐怕就大材小用了。上文已经阐明，演绎模拟是一种可以从抽象上升到具体的方法，与检验假设无关。此外，许多问题是通过构建归纳经验模型（индуктивно-эмпирическая модель）来解决的。接下来，笔者将对此举例说明。有趣的是，这个例子研究的是社会—意识形态现象。众所周知，这类现象的特征不是定量的，而是定性（属性）的。

2.5 归纳经验反映模拟

这个例子便是 1905~1907 年革命期间以决议运动的形式进行的农民阶级斗争。相关学者发现，决议讨论与农民阶级斗争的激烈程度有关，于是对农民的社会意识进行了分析。① 为此，学者们分析了萨马拉省和沃罗涅日省农民提出的 200 条决议，运用内容分析的方法，对其中的讨论、请愿、要求、质询、号召、标语、警告、采取行动等内容（共 177 条）进行了处理。

学者们将 177 条决议分为了 79 类，确定了各种类别在决议文本中出现的次数。去除掉那些重复出现的类别后，还有 60 类（特征）。为了揭示这些特征的相关性，学者们用到了丘普罗夫相倚性系数（коэффициент сопряженности Чупрова）。该系数的取值范围为 0 到 1，系数大于 0.15 即

---

① 参见 Буховец О. Г. Математика в исследовании общественного сознания крестьян: Крестьянские приговоры и наказы 1905–1907 гг. // Число и мысль. М., 1986. Вып. 9.

第九章 构建历史现象、历史过程的模型

可认为存在相关关系。就这样,学者们一一明确了 42 个特征的相关关系。这些相关关系能反映出农民意识的结构(见图 9 - 2)。

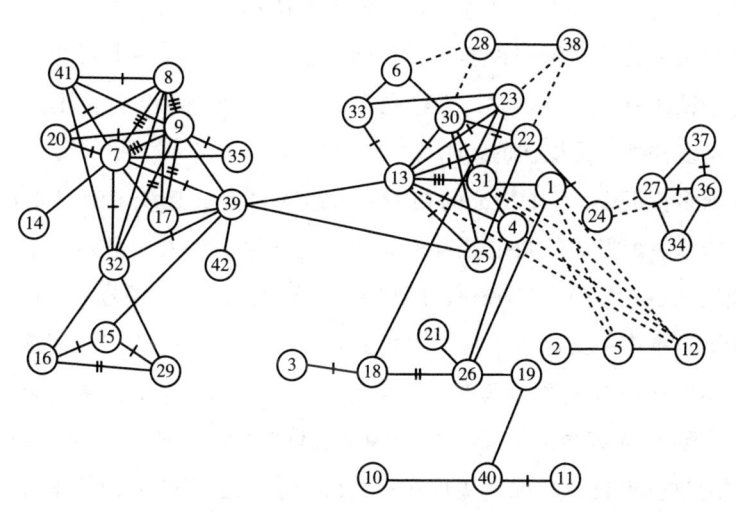

图 9 - 2　1905 ~ 1907 年萨马拉省和沃罗涅日省农民政治意识特征相关关系的结构

注:圆圈中的数字为农民政治意识特征的编号。特征之间的连线表示相关关系的方向。三条短线表示相关关系在 0.40 ~ 0.80 的范围内,两条短线表示相关关系在 0.30 ~ 0.40 的范围内,一条短线表示相关关系在 0.20 ~ 0.30 的范围内,无短线表示相关关系在 0.15 ~ 0.20 的范围内,虚线表示相关关系在 0.10 ~ 0.15 的范围内。编号分别代表:1. 要求土地国有化;2. 没收地主的土地及财产;3. 土地问题必须由立宪会议决定;4. 实现耕者有其田;5. 关于村社土地使用权及平均使用土地的问题;6. 额外分配土地以换取赎金;7. 必须将份地交由村社使用;8. 对农民土地银行持消极态度;9. 在国家的帮助下推广小土地所有制、扩大土地贷款规模;10. 降低土地租赁的价格;11. 减轻在地主土地上的劳动;12. 取消各类苛捐杂税;13. 引入所得税;14. 恶性税收;15. 在收成不好或牲畜死亡的情况下增加对农民的援助;16. 取消酒垄断;17. 允许赎回地主的土地;18. 召开立宪会议;19. 农民要准备好为自身利益而抗争;20. 呼吁所有"劳动人民"团结起来;21. 谴责立宪民主党与政府勾勾搭搭;22. 要求民主、自由;23. 要求举行直接普选、秘密普选;24. 废除死刑,特赦"为了人民的事业"而战的将士;25. 结束战时状态,取缔警察,罢免地方长官;26. 农民不信任杜马;27. 承诺在选举中支持杜马和政府;28. 俄国各民族一律平等;29. 实行城乡工人八小时工作制;30. 法院和地方政府改革;31. 普及免费教育;32. 改善工人状况;33. 要求杜马掌握充分权力,政府对杜马负责;34. 农民信任并支持杜马;35. 召开杜马会议;36. 呼吁杜马坚决捍卫人民权利;37. 提出口号"土地和自由""人民的权利";38. 谴责民族、宗教、性别(妇女)歧视;39. 取消宗教税,将教会财产收归国有;40. 批判贪婪的地主;41. 希望以和平方式实现人民的目标;42. 支持"统一和不可分割的俄罗斯"的口号。

资料来源:Буховец О. Г. Математика в исследовании общественного сознания крестьян: Крестьянские приговоры и наказы 1905 – 1907 гг. // Число и мысль. М., 1986. Вып. 9. С. 44.

图9-2可以再被细分为左右两个部分，每个部分都很复杂。

从农民决议书的内容来看，农民的主张从希望局部改善现有的社会关系，到激进的政治诉求、口号，无所不包。从农民的自觉性来看，由于各个特征间相关关系的紧密程度各不相同，农民提出的各种主张的自觉程度也各有千秋，所以，可以说，无论是在内容上，还是在自觉性上，农民的意识都是多样性、多层次的。

在众多特征中，5个特征的相关关系最为显著（连线上有三条短线）。这5个特征逐渐形成了两个各自独立的组合。第一组由"必须将份地交由村社使用"（编号7）、"对农民土地银行持消极态度"（编号8）和"在国家的帮助下推广小土地所有制、扩大土地贷款规模"（编号9）组成，反映了农民希望在现有关系的基础上，满足其对土地和资金的需求。第二组由"引入所得税"（编号13）和"普及免费教育"（编号31）组成，反映出农民希望通过改善自身状况，实现在社会经济和社会文化方面的平等。第二组的两则主张，是农民自我意识中的全新的、前所未有的内容，客观上具有一定政治性。至于农民意识的其他特征（相关关系在0.20～0.40，用一条短线或两条短线标记），它们与上述5个特征一起，共同组成了农民政治意识的全貌。但是从农民自觉性的角度看，远不如上述5个特征强烈。

在第一组特征中，第7、8、9个特征又与"希望以和平方式实现人民的目标"（编号41）、"呼吁所有'劳动人民'团结起来"（编号20）、"改善工人状况"（编号32）、"允许赎回地主的土地"（编号17）、"取消宗教税，将教会财产收归国有"（编号39）、"召开杜马会议"（编号35）相关。此外，我们还发现"取消酒垄断"（编号16）、"实行城乡工人八小时工作制"（编号29），以及"在收成不好或牲畜死亡的情况下增加对农民的援助"（编号15）之间存在相关关系。乍一看，"取消酒垄断"居然与"实行八小时工作制"有关，似乎有些令人费解。但其实，这种关系恰恰表达了农民对经济剥削及自身道德败坏的抗争，因为这些是工作时间漫漫无边和酒类专营专卖带来的恶果。

总的来说，我们可以据此清楚地看出农民传统意识的特征：对最高权

第九章 构建历史现象、历史过程的模型

力抱有幻想,同时期盼能够改善自身境况。

在第二组特征中,除第 13、31 个特征外,还包括"承诺在选举中支持杜马和政府"(编号 27)、"法院和地方政府改革"(编号 30)、"呼吁杜马坚决捍卫人民权利"(编号 36)、"要求土地国有化"(编号 1)、"实现耕者有其田"(编号 4)、"要求举行直接普选、秘密普选"(编号 23)、"废除死刑,特赦'为了人民的事业'而战的将士"(编号 24)、"结束战时状态,取缔警察,罢免地方长官"(编号 25)、"要求杜马掌握充分权力,政府对杜马负责"(编号 33),以及"提出口号'土地和自由''人民的权利'"(编号 37)。这组特征中还有几个独立的板块,表示这部分特征与主体特征的相关关系较弱,如"农民不信任杜马"(编号 26)、"召开立宪会议"(编号 18)、"土地问题必须由立宪会议决定"(编号 3)、"减轻在地主土地上的劳动"(编号 11)、"批判贪婪的地主"(编号 40)。

总体上看,农民的思想意识虽然尚未做到一以贯之,但已经非常明确。我们可以非常清楚地看到农民的政治觉醒。可以说,农民的自我意识已经出现了质变。列宁对此评价为"具有划时代意义的转折"。①

既然农民存在两种本质迥异的思想意识,那么,我们不禁发问:这究竟是意味着农民存在两种截然不同的自我意识,还是意味着两类不同的思想主张在农民的脑海中交织在一起?相关学者对此的解释是:根据农民决议书的性质,我们可以看出,农民要么支持传统的政治观点,要么支持新的政治观点。但是,大多数农民的特点是二者兼而有之,不过,总有一方占主导地位。想要最终解决这个问题,就需要继续对决议书进行多维类型学的分析。

总之,在对农民意识结构进行研究时,我们先对大量描述性信息进行了数学处理,构建了相关结构的测量模型。借此,我们可以全面而深入地利用一切可用因素(而不再是借助对象的一鳞半爪)进行研究。但是,由于在这种情况下,模拟过程使用的是归纳—经验方法(индуктивно-эмпирический подход),也就是说,在构建模型时,我们依据的不是认知客体理想化的抽象

---

① Ленин В. И. Полн. собр. соч. Т. 30. С. 315.

本质，所以，得到的结果不是关于认知客体的理想形象，也不能根据模型与现实的拟合程度来对模型进行评价。不过，这丝毫没有削弱归纳—经验测量模拟（индуктивно-эмпирическое измерительное моделирование）的认知价值。借助相应模型（即通过比较在各种时空范围内能够反映研究对象特征的一系列模型），研究对象的发展程度、其结构的平衡程度可以比较清晰地显露出来。很明显，基于内容分析的归纳—测量模型（индуктивно-измерительная модель）不仅可以用于分析大规模历史事件，对于史实的个体表现，该模型同样能够胜任。①

2.6 对反映测量模拟的总体评价

在上文中，我们以例带论，阐述了该如何在历史研究中构建反映测量模型。相关示例表明，反映测量模型的应用范围非常广泛，并且和传统的研究方法相比，模拟方法的研究效率非常高。反映测量模型可以被应用于各类历史研究之中。借助模型，研究对象的特征得以通过数量指标的形式表达出来。测量模型的各种变体虽多，但原则万变不离其宗，那就是：识别、分析研究对象的相关关系。也正是因为如此，测量模型可以揭示研究对象潜在的结构信息，为扩展研究的信息基础开辟了近乎无限的可能性。

用于历史研究的模型可以是结构模型（структурная модель），也可以是动态模型（динамическая модель）。当前，随着历史学和其他学科的发展，纵使研究对象再纷繁复杂，我们也可以针对其社会、历史发展进程，在构建具体历史数据的变量序列或动态序列的基础上，② 构建研究对象的结

---

① 构建归纳—测量模型的经验，可参见 Брагина Л. М. Методика количественного анализа философских трактатов эпохи Возрождения // Математические методы в историко-экономических и историко-культурных исследованиях. М., 1977；Луков В. Б., Сергеев В. М. Опыт моделирования мышления исторических деятелей. Отто фон Бисмарк. 1866–1876 гг. // Вопросы кибернетики. Логика рассуждений и ее моделирование. М., 1983。

② 在对动态序列中的数据进行分析的基础上，构建研究对象的结构模型和相关性模型的最新成果，参见 Бовыкин В. И., Бородкин Л. И., Кирьянов Ю. И. Стачечное движение в России в 1895–1913 годы: Структура в связи с развитием промышленности и изменением экономического положения пролетариата: (Опыт корреляционного анализа) // История СССР. 1986. № 3。

构模型。结构模型能够反映研究对象在不同时间条件下的特点,是研究研究对象发展情况的重要工具。

至于动态的反映测量模型,目前,这类模型在历史研究中尚未得到充分应用。原因在于:第一,史料中包含的共时性数据远远多于历时性数据;第二,和变量序列相比,用于分析动态序列的数学方法还不够发达、多样。所以,在研究历史发展问题时,一个很重要的任务在于将动态序列改造为变量序列。

除了能够完成笔者在上一节末尾所提到的认知任务外,反映测量模型还可以有效解决各类史料学问题(如检验数量指标的可靠性和准确性、考证佚名史料的作者身份、考订某些久经传抄的史料的源头等)。[1] 反映测量模型可以不变地反映研究对象的特征,并将特征栩栩如生地呈现出来——这既是该模型功能的体现,也是其在历史研究方面的价值所在。当然,想要做到这一点,前提是数量指标需来源可靠且代表性强,数学模型构建得较为合理,符合研究对象的内容逻辑本质。

可见,反映测量模型的研究潜力很大。这一模型可以显著深化对研究对象的认知。

对历史现象进行量化、模拟,在现代资产阶级历史学中被应用得特别广泛。这与结构主义历史认识论盛行有关。结构主义认为,社会结构是历史研究的主要对象,而模拟,是唯一具体的科学方法。在对历史现象形式化和量化上,结构主义者成功建设了电子历史信息库,完善了构建模型的方法。然而,结构主义的方法论存在普遍的局限性。首先,结构主义错误地将社会结构理解为某种不变的、缺乏内部驱动力的结构,否认事物的发展是一个渐进的过程;加之结构主义在历史认识上坚持共时性原则——所有这些缺陷都集中体现在了结构主义的模拟之中。结构主义低估了性质、实质和内容等方面的问题,反而将形式和数量的问题提到了第一位,这就

---

[1] Бородкин Л. И., Милов Л. В. Некоторые аспекты применения количественных методов и ЭВМ в изучении нарративных источников // Количественные методы в советской и американской историографии. М., 1984.

导致了过度的形式化和公式化，造成了模型与模拟对象相分离。

其次，模拟方法在研究具体的历史现象和历史过程时的认知能力，远没有被结构主义充分利用。这是因为结构主义不注重揭示研究对象普遍的内在本质，而是一味沉湎于对研究对象的某一个特征或性质进行详细定量分析。

在对历史现象、历史过程进行建模的问题上，苏联历史学家和西方资产阶级历史学家之间存在显著的差异。不过，一些西方的历史学家也注意到了苏联学者在模拟上的优越性。1979年，美国巴尔的摩举办了一场关于苏联计量史学成就的研讨会，唐·卡尔·罗尼（Don Karl Rowney）在会后出版的报告集的序言中指出了双方的本质差异，并认为这种差异"已经扩展到了能够决定统计方法的概念上"。① 这种说法正与我们的判断相同：无论是在理论上，还是在具体方法上，双方都存在一定差异。罗尼认为，苏联历史学家的模拟方法具有明显的综合性，具体体现在苏联历史学家所构建的模型总是基于一系列的综合指标。他认为，这种模拟方法实际上是多维分析法的一种变体，并且这种综合一定会导致细节流失（虽然他也承认，信息丢失的额度其实很小）。最后，罗尼总结道："我对这类综合模型很感兴趣……这种模型将苏联的定量研究同西方尤其是美国的计量历史学家的工作区分开来，双方的研究成果截然不同。"

总的来说，罗尼正确地看到了苏联历史学家在模拟方面无与伦比的优势：苏联的模拟方法具有更高认知效率。这实际上反映出，与资产阶级历史学家所依据的理论、方法论前提相比，马克思主义的历史认识论、方法论具有显著的优越性。

第三节 历史研究中的仿造模拟

3.1 对历史现实及过程的仿造模拟

反映测量模型表现的是认知客体的真实状态，仿造预测模型（ими-

---

① D. K. Rowney, ed., *Soviet Quantitative History*, London; New Delhi, 1984, pp. 22 - 23.

тационно-прогностическая модель）则是以自身来代替认知客体，将自身作为认知客体的模拟物，对认知客体的运行、发展进行模拟及人工——这是仿造预测模型与反映测量模型的根本差异。不过，仿造预测模型依然是解决与预测、控制、规划、设计等相关研究问题的有效手段。

有的仿造，仿造的是当前事实的未来发展状况；有的仿造，则是在仿造那些过去的、已经完成了的现实（即那些恒定的、明确的、不再变化的现实）。显然，对二者的仿造模拟是不同的，不可一成不变。

仿造模拟在苏联的历史研究中从未被实际使用过，只有少数学者对此有过个别尝试。不过，在西方资产阶级史学中，构建反事实的、仿造的（或者，有时也被人们称为"伪造的"）模型还是一种相对普遍的行为。

仿造模拟的实质，是历史学家出于某种目的，仿造一种反事实的，即一种不真实、在实际当中不存在的情境；进而建立它的模型，并将获得的结构与事实进行比较；最终得出历史发展"是这样"或"不是这样"的结论。所以，仿造模型在这里充当的是一种评价历史现实的标准，也就是说，仿造模型具有一定的价值论（价值）特征。

例如，美国历史学家、经济学家罗伯特·W. 福格尔（Robert W. Fogel）试图阐释，如果没有铁路，美国在19世纪下半叶的经济发展程度将会怎样。[①] 为此，他仿造了一种反事实的情况：假设所有的货物都是通过水力或畜力完成的。福格尔认为，铁路的主要作用在于降低运输成本，所以他通过复杂的计算，试图确定在没有铁路参与条件下的运输成本，进而明确此时的运输所提供的"社会俭省"有多大。计算表明，这种"俭省"是微不足道的。据此，福格尔得出结论：铁路对美国的经济发展没有起到任何实质性的作用。如果把福格尔的结论推而广之，按照他的说法，在分析历史发展时，不应过度重视任何一种技术的发明和改进，换句话说，完全不应重视生产力的发展。

---

① R. W. Fogel, "Railroads and American Economic Growth," Essays in Econometric History, Baltimore, 1964. 同类著作可参见 Промахина И. Математические методы в исследованиях по социально-экономической истории. М., 1971。

通过福格尔的研究，我们可以看出，反事实的仿造预测模拟，其显著特征，正如在现代资产阶级史学中所理解和呈现出的那样，是在各个方面的主观性、随意性和无根据性。历史学家擅自将客观的历史现实重新进行改造，例如福格尔，从美国的历史现实中抹去了铁路的作用。不过，如果我们在进行研究时，仅假设农业或工业中的某一个部门，或自然环境中的某一种因素不存在，倒未必会出现类似的谬误。

还有人武断地认为，如果可以证实铁路的修建创造了大量的"社会俭省"，那么就可以证明，铁路的确降低了运输成本。但是，众所周知，铁路对社会的作用远非只有"降低运输成本"一种；况且，即使单论"降低运输成本"，铁路所降低的运输成本也远没有想象中那么多。铁路使运输摆脱了自然条件，提高了运输速度（使许多商品得以进入市场），将许多地区拉入社会经济活跃发展的轨道，带动了许多产业的发展，等等。这些作用都没有被福格尔考虑在内。

此外，福格尔计算"社会俭省"数额的方法同样非常主观，没有根据。福格尔假设，在没有铁路的条件下，水力运输和畜力运输的价格和有铁路时的价格相同。考虑到交通量的快速增长，这种假设（即使在建设了新的运河网络的条件下）的合理性令人存疑。最后，福格尔关于"技术的发明和改进在经济发展中起到的作用微乎其微"的一般结论也毫无根据，这种论断与整个经济发展史简直背道而驰。

为历史发展构建的反事实的仿造模型，其主要缺陷就在于主观性。这类模型并不刻画真实的或者说客观上可以被人接受的历史发展的过程，而是以一种"历史学家希望看到的方式"，将研究对象呈现出来。普列汉诺夫在评价 Н. К. 米海洛夫斯基关于"历史进步"概念时所得出的结论同样适用于这类模型。普列汉诺夫指出，米海洛夫斯基的"进步公式""说的不是历史曾是怎样进行的，而是它理应如何进行，以便值得米海洛夫斯基先生赞许"。[1]

---

[1] Плеханов Г. В. Соч. М. ; Л. 1925. Т. VII. С. 112－113.

第九章 构建历史现象、历史过程的模型

3.2 对历史未然情境的仿造模拟

但是，随意重新改造历史现实的反事实模拟的失败并不意味着我们不能在历史研究中进行仿造模拟（имитационное моделирование）。仿造模拟可以成为研究历史未然情境的有效手段。此时，仿造某种可能出现的结果，可以更深入地了解历史发展的真实过程以及社会力量为此斗争的客观意义。

对历史未然情境的仿造以及对相关指标的计算总是基于某些特定的、在某种程度上可能存在的、合理的假设（допущение）。这些假设可能彼此之间很不相同。这正是仿造预测模型与反映测量模型的不同之处：在反映测量模型中，数量特征是真实的，所以在原则上，这些特征是明确的、单一的；但是在各种类型的仿造模型中，研究对象的特征是假设的、多重的。所以，仿造所依据的假设是否有效——这是一个至关重要的问题。虽然仿造替代模型（имитационная альтернативная модель）是反事实的，但在客观上，这种模型所反映的状态还是有可能存在的，因为它所依据的数据是真实的，所以能够反映出研究对象的真实状态。

为了更清楚地阐述构建历史仿造替代模型的方法，明确此类模型的在认知上的有效性，接下来，笔者将举例说明，借助历史未然情境，来分析资本主义时期俄国的农业发展问题。众所周知，在俄国农业发展的过程中，客观上存在两种趋势、两条道路：一条是农民所主张的资产阶级民主（"美国式"）的道路，另一条是地主所主张的资产阶级保守（"普鲁士式"）的道路。为此，各阶级、各派社会政治力量展开了长期的斗争。

在分析上述历史未然情境时，也可以使用模拟的方法。现有的数据也允许我们构建这种仿造替代模型。构建该模型的实质基础是以下这个众所周知的事实：生产力的发展是社会进步的最高标准。像俄国这种农业占主导地位的国家，农业生产的生产力发展水平的一般指标可以用人均粮食作物的产量来代表，而人均粮食作物产量的高低又取决于人均农作物的种植规模和粮食产量。所以，我们的任务是，明确在两种类型的经济形态（即农民经济和地主经济）下，农作物的规模和产量对农业总体水平（即粮食

历史研究方法

作物的产量）的影响程度。

为了构建模型，我们采集了1891~1900年欧俄48个省的年均数据。我们设农村人均粮食作物总产量为 y（单位：普特），农民份地上的人均农作物规模为 x_1，地主土地上的人均农作物规模为 x_2，农民产量为 x_3，地主产量为 x_4。① 五方的关系可以用公式简单表示为：$y = x_1 \cdot x_3 + x_2 \cdot x_4$。②

当时，农村人均农作物规模为 $x_1 = 0.50$ 俄亩/人（农民），$x_2 = 0.20$ 俄亩/人（地主）；产量为 $x_3 = 41.6$ 普特/俄亩（农民），$x_4 = 50.7$ 普特/俄亩（地主）。所以，农村人均粮食作物总产量 $y = 0.50 \times 41.6 + 0.20 \times 50.7 = 30.9$ 普特。

此时，我们假设，地主土地所有制和地主经济均已被废除，农业生产只在农民经济中进行，换句话说，我们假设农民式的农业资本主义发展方向在俄国农业发展道路的斗争中获胜。然后，我们再假设，农民在得到地主的土地后，会选择和地主一样的经营方式进行农业生产。于是，农民人均农作物规模将增加至0.70俄亩/人（0.50俄亩/人 + 0.20俄亩/人），产量保持不变（41.6普特/俄亩）；此时，农村人均粮食作物总产量为 $y = 0.70 \times 41.6 = 29.1$ 普特，和之前相比，数值几乎相同。不过，我们也可以认为，农民在摆脱了地主的压迫（不再需要支付巨额的土地租金、份地赎金等）后，农作物的产量也会随之增加，比如，增加到50.7普特/俄亩（在地主经济条件下的产量），那么农村人均粮食作物总产量 $y = 0.70 \times$

---

① 关于按农民份地及私人土地计算的种植面积、粮食收获量，参见 Материалы высочайше утвержденной 16 ноября 1901 г. Комиссии по исследованию вопроса о движении с 1861 г. по 1900 г. благосостояния сельского населения. СПб., 1903. Ч I. С. 156 – 171。农村人口数据，参见 Общий свод по империи результатов разработки данных переписи населения, произведенной 2 ноября 1897 года. СПб., 1905. Ч. I。根据这些数据，笔者确定了农村人均粮食产量、播种量、收获量的数额。

② 笔者在《论对历史现象及过程的模拟》（《历史问题》1978年第8期）中使用了一个线性回归方程来描述这五个因素之间的关系。虽然粮食总产量与农作物的规模和产量之间的关系是非线性的，但在本例中，通过线性方程所得到的结论与之相比并没有什么明显差异。参见 Ковальченко И. Д. О моделировании исторических явлений и процессов // Вопросы истории. 1978. № 8.

第九章　构建历史现象、历史过程的模型

50.7＝35.5普特。

农民在获得土地之后，农作物产量的增加值可能还会更高，甚至有可能会超过在地主经济条件下的产量。那样的话，农业的总体水平还会更高。

上面这个例子清楚地表明，对历史情境的仿造，以及对相关指标的计算（在本例中，计算的是粮食作物的产量）总是基于某些特定的、在某种程度上可能存在的、合理的假设——这就需要我们按照不同的情境，分别计算。所以，仿造总是多元的；并且一般来说，仿造模拟的结果始终是假设的、多重的——在这一点上，仿造替代模拟与反映测量模拟是完全不同的。

我们举出的例子还可以很好地展示仿造替代模型的认知能力。仿造替代模型可以显著深化对历史现象及过程的分析。在示例中，所有的计算都令人信服地表明：即使农村人口略有增加，废除地主所有制和地主经济也绝不会像地主利益的捍卫者或者那些主张走资产阶级农业发展道路的保守分子所断言的那样，会导致"农业水平下降"甚至"农业生产危机"。① 我们看到，正如列宁及其他布尔什维克所强调的那样，农民式的资产阶级农业发展道路要明显优于地主式的道路。仿造替代模型对于理解资产阶级农业发展的真实过程以及当时俄国社会生活其他方面的情况都非常重要。特别是对于理解无产阶级及其马克思主义政党所领导的民主力量为彻底消灭地主所有制而不懈奋斗的历史意义，理解工农联盟在资产阶级民族革命及社会主义革命中的基础性作用，都具有重要意义。

---

① 这里又引出了一个问题：如果最终获胜的是地主所主张的农业发展道路，历史将何去何从。应该指出的是，虽然两条道路彼此是相互替代的，二者都为了能够被实现而斗争，但地主式的农业发展道路在俄国是不可能获胜的。在经济方面，地主经济在农业生产中的份额微乎其微（例如在20世纪初，还不到10%）。此外，地主经济的生产技术水平较低，完全无法压制农民经济。在社会方面，地主经济还受到阶级斗争的制约。如果地主进一步强化对农民的压迫，将导致比1905～1907年革命更加暴烈的革命。所以，基于"地主道路获胜"而对俄国农业生产水平进行的仿造完全是主观建构出来的，在客观实在中不具有任何基础。

历史研究方法

总之，仿造替代模型可以成为历史研究的有效工具，但必不可少的条件是：未然情境必须是真实存在的，是不可以被历史学家随意创造的。

3.3 作为一种重建历史现实方法的仿造模拟

仿造模拟在历史研究中还有一个用途。如果史料中的信息不是明确的、单一的，那么仿造模拟还可以作为重建历史现实的手段。

重建所研究的历史现实，目的在于形成完成研究任务所必需的具体的、具有代表性的历史事实系统——众所周知，这是历史研究中最重要的阶段。在重建历史现象及过程的特征、属性时，历史学家会通过各种原则、方法，对史料进行批判性的评价和处理，最终形成具有代表性的史实系统。

对于任何一种重建来说，其客观性和充分性，除了研究所依据的理论、方法论前提之外，主要取决于必要的原始数据是否可靠，也就是说，取决于研究所依据的史料的状态。在理想状态下，史料中的信息是足以形成有足够代表性的数量、性质关系的系统（以数量指标的形式表示出来）的。此时，变量序列或动态序列中的数据彼此没有缺失，重建也最为完整。但是，史料中的数据往往并没有那么完美。不过，通过对原始数据进行计算，我们可以在一定程度上填补缺失的信息。计算的方式或许千差万别，但一般来说，其宗旨是一致的——那就是尽量填补信息空缺。

由此产生了一个极为重要的问题：评判填补的信息空缺是否合理的客观标准应该是什么。显然，评判标准的选择，应当充分考虑到填补方法会在多大程度上影响到史实系统的基本统计特征（平均数、方差）。如果某一填补方法对平均数、方差的影响很微弱，则说明该填补是合理的，相应的填补方法可行。但如果按照某种方法，计算出的（或通过其他方式获得的）数据显著影响到了史实系统的统计特征，则说明此番填补不够合理，我们需要另择他途。

但是，由于历史现象及过程在每一个特定的时刻都有具体而明确的表现形式，随着各种不同的、用来填补信息缺失的具体数据的汇入，重建的本质会发生根本性的变化：从对史实的不变重建（**инвариантная**

第九章 构建历史现象、历史过程的模型

реконструкция），即对史实明确的、单一的反映，逐渐过渡到对史实的仿造重建（имитационная реконструкция），即对史实多样的、假设性的反映。

很明显，随着重建由不变重建过渡到仿造重建，重建过程中可能会用到的数学方法和模拟方法也需要随之改变。苏联历史学家对于在不变重建的过程中可能会出现的问题，往往通过数学方法和模拟方法予以解决，并且已经积累了一定的经验。正如笔者在上文所阐述的那样，此时，模拟的具体结果，是形成了一个能够反映研究对象某些方面或某些特征（这些方面或特征起初并没有在原始数据中被直接表现出来）的事实系统。

利用仿造模拟来重建历史现实是完全可能的。但是，由于仿造模拟基于的是研究者的某些假设或结论，所以，我们需要特别注意一些仿造的前提条件和具体操作方法在理论、方法论及具体历史研究的实践中的可行性。对此，需要充分考虑以下几点。

首先，有必要明确对过去进行仿造重建的目的，以及这种重建所允许的限度。如果史料不足以支撑对研究对象的某些方面或特征进行不变重建，那么就需要我们对其进行仿造。此时的"仿造"，其实是在真实地反映过去。在这种情况下，仿造可以帮助我们确定重建所允许的限度。而数学仿造模拟（математическое имитационное моделирование）的任务，就是客观地确定某一特征的定量数值可能的变化范围。如果模型足够合理、研究者提出的假设足够有效，即使原始数据的可靠性很低，这一点依旧可以实现。

可靠的原始数据是必要的，以便我们能够对研究对象的运行、发展状况构建一个合理的（实质内容的或数学形式的）模型。建模的基础是研究对象的固有关系的性质，这一性质决定了研究对象运行及发展状况的规律。在研究研究对象的运行和发展状况时，我们应当基于具体的历史事实，而不可依据研究者个人的想法或判断。恩格斯指出："不能虚构一些联系放到事实中去，而是要从事实中发现这些联系，并且在发现了之后，要尽可能

历史研究方法

地用经验去证明。"①

其次，仿造模拟的主要目的，在于再现研究对象的未知状态，及其研究对象在不同时间条件下的动态变化。想要做到合理地对动态变化过程进行仿造，还需具备以下条件：第一，仿造的对象必须在客观条件下可能真实存在，不能是人为主观创造的产物；第二，在通过仿造所获得的研究对象的特征中，至少其中的某些特征需要与研究对象的实际特征相关——我们也可以以此来检验仿造的结果。

总之，为了构建合理的模型、正确进行仿造，我们需要明确关于研究对象的可靠的具体历史数据的最低限度。如果没有这些可靠的具体数据，模型很可能会不够合理，仿造的结果也会出现偏差甚至错误——因为在使用任何一种经过研究者修正过的数据，或者那些由数据的外延再行推断出的数据时，都存在数据被研究者移花接木的危险。尽管仿造重建是对史实多样的、假设性的反映，但归根结底，它是一种研究者对史实的主观构建。所以，应当极其谨慎地填补缺失的初始数据，综上，在许多情况下，仿造模拟可以是一种重建史实的有效手段。当然，和任何一种研究方法一样，仿造模拟也有其应用的局限性，不可将其理想化和绝对化。

在苏联的历史研究中，还鲜有通过数学仿造模拟方法来重建某些历史现象和过程的尝试。到目前为止，只有 В. А. 乌斯季诺夫等人在研究公元前5世纪的古希腊城邦时，曾试图用仿造模拟的方法来研究其社会经济发展状况。② 这一尝试应当引起历史学者们的关注。

这一尝试之所以不为苏联历史学家所重视，倒不是由于相关研究没有成效（毕竟任何研究都有可能出错），而是因为它使研究者充分认识到

---

① Маркс К., Энгельс Ф. Соч. 2 - е изд. Т. 20. С. 370 - 371.
② Устинов В. А., Кузищин В. И., Павловский Ю. Н., Гусейнова А. С. Опыт имитационного моделирования историко - социального процесса // Вопросы истории. 1976. No 11; Гусейнова А. С., Павловский Ю. Н., Устинов В. А. Опыт имитационного моделирования исторического процесса. М., 1984.

第九章　构建历史现象、历史过程的模型

了仿造、重建过去时的错误。① 该研究在方法论上的错谬之处主要在于：模拟本来是用于客观地仿造研究对象的可能状态，计算未知的定量参数；但是在相关研究中，即使在缺乏用来构建模型的必要原始信息的情况下，依旧对历史现实进行了仿造重建。在研究开始时，作者承认，"逐年计算伯罗奔尼撒战争期间古希腊各城邦的经济指标"的研究任务"无法在正式层面完成，因为这一时期保存下来的经济信息过少，远不足以支持该研究任务"。② 显然，如果现有的信息储备足够，足以在正式层面完成研究任务，那么就不需要进行仿造，直接构建反映测量模型即可。但事实是，当下掌握的信息基础不足以构建模型，相关信息无法充分反映所研究的社会经济系统的本质，更遑论仿造其发展过程？所以，这样的模型虽然"仿造出了城邦的经济发展动态（以及其他政治、社会学、文化等方面的信息），但仿造产物必须符合我们对上述因素间关系的看法"。③ 之所以会产生这些看法，是因为被我们研究的系统，其结构具有一致性。作者指出："在选择模型中的未知系数时，应当做到使在计算机上再现的经济发展动态不与研究时限内的其他信息相矛盾。"④ 但众所周知，社会系统及其结构不仅具有一定的和谐性，还具有内部矛盾性——我们在构建模型的时候必须考虑到这一点。模型应当如实地反映现实，而不能仅从研究者的设想出发（虽然这些设想也很重要）。上述研究令人难以接受的一点是：该研究中的相关关系不是从具体事实中推导出来的，而是来自那些经研究者人为构建后，再被纳入事实的东西。这意味着，模型自身的合理性、自洽性无法保

---

① 详见 Ковальченко И. Д. О моделировании исторических явлений и процессов // Вопросы истории. 1978. No 8. С. 88 等处、Хвостов К. В. Количественный подход в средневековой социально‐экономической истории. М., 1980. С. 43 等处、Андреев Э. П., Попов А. К. Рец. // Вопросы философии. 1986. No 4. С. 163–164。

② Устинов В. А., Кузищин В. И., Павловский Ю. Н., Гусейнова А. С. Опыт имитационного моделирования историко‐социального процесса // Вопросы истории. 1976. No 11. С. 21.

③ Устинов В. А., Кузищин В. И., Павловский Ю. Н., Гусейнова А. С. Опыт имитационного моделирования историко‐социального процесса // Вопросы истории. 1976. No 11. С. 41–45.

④ Устинов В. А., Кузищин В. И., Павловский Ю. Н., Гусейнова А. С. Опыт имитационного моделирования историко‐социального процесса // Вопросы истории. 1976. No 11. С. 21.

历史研究方法

证，构建模型的前提是研究者主观形成的。

由于作者手中不具备任何可供合理仿造各城邦经济动态变化的事实，所以，模型中反映出的一些指标甚至与实际情况毫不相关。在这种情况下，上述作者不仅构建了关于研究对象运行的宏观趋势，而且构建了用来表明这种运行状态的史实本身。作者写道，总的来说，仿造的过程如下：先掌握某一年各项信息的初始值，再获取各阶层的人口数量、消费情况、各种商品的价格情况，然后根据这些人群的财产状况、在生产过程中所处的位置，预估他们第二年对各类商品的供需情况；如此，就可以利用计算机计算出第二年人口阶层中商品、货币、奴隶的数量。计算结果将交给处理员，由他们对城邦的经济政治决策进行仿造。经济政治决策事关未来几年各类市场的商品供需情况、城邦对外宣战的情况、军队的组织情况、某些军事行动（如行军、围城等）的实施情况、联盟的缔结情况等。还可以通过这些决策，计算未来几年内的分析数量（如货物及货币存量、奴隶数量等）。处理员将对获得的结果进行分析、修正，并根据计算机计算的结果，对第二年的数据重复同样的步骤。这个过程通常被称为"模拟实验"（имитационный эксперимент）。① 总之，研究者不仅认为自己替古希腊政治、军事领导人所做出的决策是合理的（即认为用自己的主观构建代替真实史实是合理的），而且还修正、重新计算了许多数量指标。但是，要知道这些指标的真实数值由许多无法计量的因素决定，比如那些几乎不依赖或完全不依赖同时代人的主观决定和行动的因素。

很明显，通过上述方式，无论何种研究对象，即使我们完全不具备任何直接数据，也可以极为详细地对其进行"重建"。在上例中，作者对史实所进行的，并不是有根据的仿造重建，而是一种主观建构。最终，仿造的结果是单一的；尽管从本质上讲，仿造的结果应该是多样的。显然，作者没有找到对研究对象进行多样重建的客观依据，只好将仿造的结果限定在一个对他们来说最有吸引力的选项上，但却忽略了仿造最重要的

---

① Устинов В. А., Кузищин В. И., Павловский Ю. Н., Гусейнова А. С. Указ. соч. С. 100.

第九章 构建历史现象、历史过程的模型

特征——多样性。

总之，上述仿造重建真实历史过程的实验，总体上是不成功的。但是，正如俗话所言，"吃一堑，长一智"。此番失败清楚地表明，如果仿造模拟在重建历史现实的过程中被误用，便很有可能会产生错误的结果。

总的来说，仿造模拟在历史研究中具有广泛的用途。它在研究历史未然事件时，以及在对历史现实进行仿造重建时都非常有效。不过，在仿造模拟过程中，需要我们特别谨慎，一举一动都应充分掌握根据。

第四节 历史研究中的多维类型学

笔者曾反复强调，当前，历史研究迫切需要使用多维分析方法（многомерный метод анализа），这一方法的有效性在上文已有多次展示（如多元回归分析和因素分析）。多维分析方法的一个特殊用途是将各类历史客体典型化（типизация）。典型化在科学研究中非常重要，它能够推动某些多维类型学方法的发展。多维类型学方法对历史研究非常有效，笔者将在本节对这一方法进行集中介绍。

典型化在历史研究中最普遍的体现，莫过于地理分区（географическое районирование）。地理分区可以应用于各类研究当中。地理分区的基础在于地理（物理）空间，其优势在于：它能够划分出连续的、在各个方面（自然、民族、经济等）保持统一的整片地区——这对于揭示历史发展的许多特征来说至关重要。地理分区同样具有一些缺陷：比如，对于某些客体而言，地域的统一性并不能保证其内容的同质性。因此，在地理分区之外，历史学家还时常对研究对象进行社会典型化（социальная типизация）。社会典型化的基础不再是地理空间，而是社会空间（социальное пространство），也就是说，客体彼此之间的区别不再是地理连续性，而是内在同质性。例如，在分析某地农民经济的内部结构时，无论该地所处的空间位置如何（是在村庄的范围内，还是在某个更大的行政区域内），我们都可以划分出一组在经济生存能力方面彼此相似的农户。但此时，主要困难在于：我们无法通过传统的分析方

历史研究方法

法来研究这些农户的某些重要特征（恰恰是这些特征，决定同类对象彼此最基本的统一性）。在这种情况下，就需要使用到多维类型学的研究方法。

4.1 聚类分析法

聚类分析法（кластерный анализ）是一种多维类型学的方法。[①] 聚类分析法的实质在于：在一个与特征的数量保持一致的多维空间中，在类型识别的基础上，划分出一个由彼此相似的对象所组成的"集群"。形象地说，所谓多维空间，指的是一个由众多的点组成的"云"。每个点表示单个对象在多维空间中的位置，各点之间的接近程度反映了各个对象之间的相似程度。因此，我们可以通过对数据进行数学处理，将数据划分为一个个具有相似属性的集群和对象组（"集群"这个词来源于英语的 cluster，意思是"聚集""簇""束""团"），笔者利用聚类分析法，对19世纪末20世纪初欧俄各省的农业类型进行了研究。[②] 根据该方法的要求，笔者选定了19项反映指标，分别反映了土地关系（农民份地的规模、贵族土地占有的份额、私有土地的买卖情况、土地的价格、农民土地租赁情况及租金数额）、农业生产状况（农作物的播种量及收获量、粮食产量、劳动力数量、产畜数量、农产品价格）、农业资本主义化的程度和特点（雇佣劳动的使用、农业工人的工资、农民分化情况）。通过对相关数据进行数学处理，最终确定了15个相互关联的集群（见图9-3）。图9-3上的"距离"[③]，表示包含在相应集群中的省份与集群本身的近似程度。我们发现：在19项特征中，彼此最为相近的是第Ⅶ组（沃罗涅日省和萨拉托夫省）和第Ⅺ组（基辅

[①] 参见 Дюран Б., Оделл П. Кластерный анализ. М., 1977；Елисеева Н. И., Рукавишников В. О. Группировка, корреляция, распознавание образов. М., 1977；等等。

[②] 参见 Ковальченко И. Д., Бородкин Л. И. Аграрная типология губерний Европейской России на рубеже XIX–XX веков：(Опыт многомерного количественного анализа) // История СССР. 1979. No 1；Они же. Структура и уровень аграрного развития районов Европейской России на рубеже XIX–XX веков：(Опыт многомерного анализа) // Там же. 1981. No 1。

[③] 各集群之间的"距离"为彼此"距离最远""相异程度最高"的物体之间的距离比，一般取1。

省和波多尔斯克省）集群中的省份；彼此最不相近，并且与其他所有地区的省份都最不相近的是第 XII 组的省份（莫斯科省和彼得堡省）。此外，由于阿斯特拉罕省、奥洛涅茨省和阿尔汉格尔斯克省各自具有固有的特殊性，所以三省没有被归入任何一个集群。

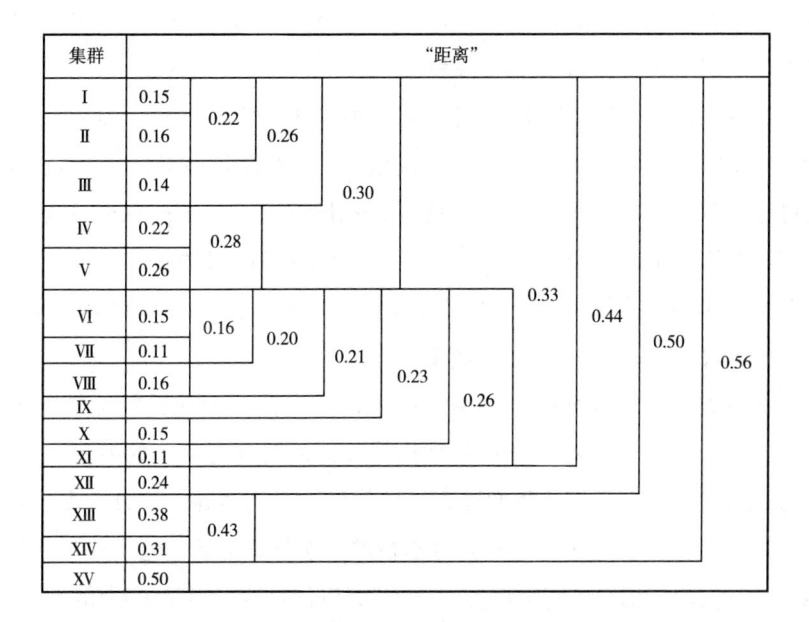

集群	"距离"							
I	0.15	0.22	0.26					
II	0.16							
III	0.14		0.30					
IV	0.22	0.28						
V	0.26							
VI	0.15	0.16	0.20	0.21	0.33	0.44	0.50	0.56
VII	0.11							
VIII	0.16			0.23				
IX								
X	0.15				0.26			
XI	0.11							
XII	0.24							
XIII	0.38	0.43						
XIV	0.31							
XV	0.50							

图 9 - 3　19 世纪末 20 世纪初欧俄各省的一般农业类型结构

注：第 I ~ XV 组集群内包含的省份分别为：第 I 组：弗拉基米尔省、科斯特罗马省；第 II 组：诺夫哥罗德省、普斯科夫省、特维尔省、沃洛格达省；第 III 组：维连斯克省、格罗德诺省、明斯克省、维捷布斯克省；第 IV 组：卡卢加省、切尔尼戈夫省、沃伦省、莫吉廖夫省、斯摩棱斯克省；第 V 组：维亚特卡省、乌法省、彼尔姆省；第 VI 组：图拉省、坦波夫省、库尔斯克省、奥廖尔省、奔萨省；第 VII 组：沃罗涅日省、萨拉托夫省；第 VIII 组：梁赞省、哈尔科夫省、波尔塔瓦省；第 IX 组：比萨拉比亚省；第 X 组：喀山省、辛比尔斯克省、下诺夫哥罗德省；第 XI 组：基辅省、波多尔斯克省；第 XII 组：莫斯科省、彼得堡省；第 XIII 组：赫尔松省、叶卡捷琳诺斯拉夫省、塔夫利达省、顿河省；第 XIV 组：萨马拉省、奥伦堡省；第 XV 组：立夫兰省、库尔良茨克省、科夫诺省、爱斯特兰省。阿斯特拉罕省、奥洛涅茨省和阿尔汉格尔斯克省未计入。

资料来源：Ковальченко И. Д., Бородкин Л. И. Аграрная типология губерний Европейской России на рубеже XIX - XX веков：(Опыт многомерного количественного анализа) // История СССР. 1979. № 1. С. 72.

历史研究方法

不过，由于许多集群之间的差异并不大，所以某些省份之间的类型差异并不明显。为了以示区别，必须将小集群（мини-кластер）重新组合为若干大集群（макро-кластер）——这同样可以借助"距离"来实现。最终，我们划分出了各省农业类型结构的差异，具体类型如下：I～V集群：非黑土区型；IV～XI集群：中央黑土区型；XII集群：首都型；XIII和XIV集群：南部草原型；XV集群：波罗的海沿岸型。

这种"将小集群组合成大集群，最终形成某一具体类型"的做法，其合理性究竟如何，还需要专门的考量，仅靠一个"距离"是不够的。我们需要通过考察19个特征中每一个特征的数值的离散程度（мера рассеивания），计算变异系数（коэффициент вариации），以此来检验大集群的"整体性"。就本例的19项特征来说，五种类型的变异系数均不超过35%，也就是说离散程度很低，这说明大集群具有内在同质性。

每种类型中的特征的平均值，可以显示出该类型最具特征性的差异（与其他类型相比）。各个特征的平均值彼此之间具有显著的差异，因此，通过比较特征的平均值，我们可以了解类型的差别所在。不过，大量特征的比较会使各类型之间的差异变得不那么明显，因此，笔者建议使用因素分析法对原始信息进行合理的"压缩"，以便可以在尽量少利用综合指标的情况下，揭示出研究对象的真实性质。笔者进行了这种"压缩"，通过极端分组法（метод экстремальной группировки），将原来的19项特征缩减为5项因素。① 在此基础上，笔者在《论对农民经济的多维分组》一文中分析了各省份农业发展的结构和水平。② 我们发现，从农业发展的面貌来看，"南部草原型"和"波罗的海沿岸型"如同南北相对的两极，二者截然不同。前者的特点在于：农业发展水平在欧俄各地区首屈一指，农民和农业雇工的经济地位最高，人地关系最佳（北部各省除外）。后者的特点是：畜

---

① 如果需要进行更为综合性的分析，还可以将这5项因素压缩至3项。
② 参见 Ковальченко И. Д. О многомерной группировке крестьянских хозяйств // Социально-экономическое развитие России: Сб. статей к 100-летию со дня рождения Н. М. Дружинина. М., 1986。

牧业发展水平全国最高（除去莫斯科省和彼得堡省），长期使用农业雇工。其他农业类型居二者之间。

总之，聚类分析法是一种非常有效的多维类型方法，可以解决各类历史类型方面的问题。当然，和任何一种方法一样，聚类分析法也有其局限性。首先，聚类分析法不会突出研究对象的类型。因此，必须将小集群重新组合为大集群，不过这可能会产生新的困难：该如何确定各种类型的边界。其次，虽然聚类分析显示了各集群以及小集群中各个对象之间的"距离"，但"距离"并不能直接测量各对象相似或差异的程度。同时，在客观的历史现实中，任何一种性质确定的事物都有以下三点特征：第一，该事物包括构成其核心的对象（这类对象，是指那些拥有最清楚地表达该事物某一类型的特征的属性的事物）；第二，该事物中存在一定数量的、构成了其核心的"环境"的对象（这类对象和事物同属于一种类型，但不像核心中的对象那样能够清楚地表达事物的属性）；第三，属于某一类型的事物也可能具有某些与其他类型的事物相似的特征。所以，如果操作得当，通过多维类型方法，我们不仅可以得到研究对象与其所属类型的接近程度（或权重），还能得到研究对象与其他类型的相似程度。

4.2 历史研究中的多维概率类型

我们还可以利用以模糊集合论（теория нечетких множеств）为基础的数学方法，划分19世纪末20世纪初欧俄各省的农业类型。在相关数学方法的帮助下，笔者依旧基于上文中的19项特征，对欧俄各省的农业类型进行了区分。[1] 通过与聚类分析的结果进行类比，最终确定了四种农业类型[2]（见表9-12）。我们注意到，前后两次类型划分的结果几乎完全吻合，

---

[1] 参见 Ковальченко И. Д., Бородкин Л. И. Вероятностная многомерная классификация в исторических исследованиях: (По данным об аграрной структуре губерний Европейской России на рубеже XIX – XX вв.) // Математические методы и ЭВМ в исторических исследованиях. М., 1985.

[2] 根据该方法，类型的数量可以由研究者自行设置。

这说明选用的方法非常合理。在前后两次分组中,"中央黑土区型"、"南部草原型"和"波罗的海沿岸型"三个类型中的省份没有变化。"非黑土区型"省份,在聚类分析下共有 18 个省,但经过概率分组(вероятностная группировка),其中又增加了彼得堡省和莫斯科省。考虑到本次笔者仅将各省分为了 4 组,故而将彼得堡省和莫斯科省划入"非黑土区型"省份是非常正常的情况——因为在聚类分析中,这两个省只是 15 个小集群中的一个;但当集群扩大,从 15 个小集群扩展为 4 个大集群时,两省便不再单独成类了。但需要注意的是,莫斯科省和彼得堡省均以相同的权重(0.50%)被计入了"非黑土区型"省份,这表明两省与"非黑土区型"省份实际上有很大的相似性。下诺夫哥罗德省也是如此,其在"中央黑土区型"省份和"非黑土区型"省份中的权重相同(0.41%)这表明该省与这两种类型都有相似之处,因此,我们将该省同时放在了两种类型当中。

表 9-12　19 世纪末 20 世纪初欧俄各省的农业类型

单位:%

省份	权重	省份	权重
一、非黑土区型			
1. 核心型			
特维尔省	0.77	沃洛格达省	0.67
卡卢加省	0.71	维捷布斯克省	0.67
普斯科夫省	0.70	弗拉基米尔省	0.63
科斯特罗马省	0.70	格罗德诺省	0.63
雅罗斯拉夫尔省	0.70	明斯克省	0.60
诺夫哥罗德省	0.69	斯摩棱斯克省	0.60
2. 其他型			
莫吉廖夫省	0.56	莫斯科省	0.50
彼尔姆省	0.57	彼得堡省	0.50
维连斯克省	0.53	切尔尼戈夫省	0.49
沃伦省	0.53	下诺夫哥罗德省	0.41
维亚特卡省	0.53	乌法省	0.39

续表

省份	权重	省份	权重
3. 属于其他类型,但与"非黑土区型"省份有类似之处的省份			
哈尔科夫省	0.31	辛比尔斯克省	0.23
波尔塔瓦省	0.25	奥格涅茨省	0.23
喀山省	0.25	阿尔汉格尔斯克省	0.21
波多尔斯克省	0.23		
二、中央黑土区型			
1. 核心型			
奥廖尔省	0.81	库尔斯克省	0.69
奔萨省	0.80	坦波夫省	0.69
沃罗涅日省	0.74	辛比尔斯克省	0.64
梁赞省	0.73	萨拉托夫省	0.63
图拉省	0.72	比萨利比亚省	0.61
2. 其他型			
喀山省	0.59	波尔塔瓦省①	0.49
基辅省	0.58	哈尔科夫省	0.46
波尔塔瓦省	0.56	下诺夫哥罗德省	0.41
3. 属于其他类型,但与"中央黑土区型"省份有类似之处的省份			
乌法省	0.37	奥伦堡省	0.21
切尔尼戈夫省	0.28		
三、南部草原型			
1. 核心型			
赫尔松省	0.73	塔夫利达省	0.65
叶卡捷琳诺斯拉夫省	0.70	萨马拉省	0.65
2. 其他型			
奥伦堡省	0.52	顿河省	0.49
3. 属于其他类型,但与"南部草原型"省份有类似之处的省份			
阿斯特拉罕省	0.25		
四、波罗的海沿岸型			
1. 波罗的海沿岸型			
爱斯特兰省	0.78	库尔良茨克省	0.65
立夫兰省	0.68	科夫诺省	0.58

---

① 原文如此。经核验《历史研究中的概率多维分类(根据19世纪末20世纪初欧俄各省农业结构数据)》论文原文,此处应为"波多尔斯克省"。——译者注

续表

省份	权重	省份	权重
2. 属于其他类型,但与"波罗的海沿岸型"省份有类似之处的省份			
彼得堡省	0.20	明斯克省	0.20
		维连斯克省	0.19
五、其他类型			
阿尔汉格尔斯克省	0.46	阿斯特拉罕省	0.41
奥洛涅茨省	0.45		

资料来源：Ковальченко И. Д., Бородкин Л. И. Вероятностная многомерная классификация в исторических исследованиях：（По данным об аграрной структуре губерний Европейской России на рубеже XIX – XX вв. // Математические методы и ЭВМ в исторических исследованиях. М., 1985. C. 18 – 19。

阿尔汉格尔斯克省、奥洛涅茨省和阿斯特拉罕省在聚类分析时，与上述各类型的相异程度（0.41% ~ 0.46%）高于相似程度（0.08% ~ 0.25%），因此未归入任何一种类型。

多维概率分组保证了分类的合理性。只有权重在 0.60% 及以上的省份才能被认定为该类型的核心省份。当然，以 0.60% 为界是有根据的。

总的来说，"南部草原型"和"波罗的海沿岸型"诸省的特点有两个：第一，各省的内部统一性最高。各省（顿河省除外）权重均高于 0.50%；第二，各省（奥伦堡省除外）与其他类型的省份都没有任何显著的相似性。与之相对照的是，另外两种类型的 10 个省份均与其他类型有明显的相似性，有时这种相似性还相当高。例如，乌法省的权重为 0.39%，属于"非黑土型"，但这一数值与"中央黑土区型"的权重（0.37%）几乎相同。所以，乌法省和下诺夫哥罗德省一样，实际上应当被视为同时属于这两种类型。

在 50 个省中，有 14 个省虽然属于某一类型或不属于任何一种类型（如阿尔汉格尔斯克省、奥洛涅茨省和阿斯特拉罕省），但与其他类型存在明显的相似性——这表明，农业结构的类型并不是封闭的，其内部各类型下的省份可以存在类型相似或交叉从属的情况。可见，多维概率分组是一

第九章 构建历史现象、历史过程的模型

种非常精确的分析方法。这种方法与聚类分析法一样，可以广泛地应用于历史研究之中。

4.3 综合多维类型

笔者再介绍一种多维类型方法。这种方法的有趣之处在于，它可以和其他分类方法综合、联动，共同发挥作用，使我们能够确定研究对象未来可能出现的功能和发展状态。

在上文中，我们在《资料》的基础上，对各类农户的社会经济结构进行了分析，并揭示了各类农户社会经济系统的异同。我们不禁要问：各类农民经济进一步的发展前景将会如何？如果用常规的分析方法，这个问题可以这样回答：最穷困的农民的前景会越来越糟，而最富裕的农民可能会转变为资产阶级化的农民。这样的解释虽然有一定的说服力，但还是过于笼统。我们可以使用某些更为具体的分析方法，例如分析各类农民的实际社会地位与总体生产—经济潜力之间的关系。笔者利用这种研究方法，对《资料》中奔萨省和沃罗涅日省的数据进行了分析。[①]

在此，对相关内容稍作赘述。在奔萨省，笔者根据一些社会指标，划分出了四类农民。第一类农民是最为贫苦的农民，他们出售的劳动力超过了在自己家中的劳动成本。这类农民是无产阶级农民。他们拥有一定面积的份地，能够进行些微的私人经营。第二类农民是半无产阶级农民，他们的劳动力大部分投入到了各自的私人经营上，但他们绝大部分的劳动力都被异化为了雇佣劳动。第三类农民是纯粹的农民，他们出卖劳动力和雇佣工人的份额都可以被忽略不计。第四类农民是富裕农民，普遍使用雇佣劳动。这类农民所使用的雇佣劳动的份额大约能占到其劳动力成本的半数。

为了确定农民是否有机会改变自身的社会地位，笔者对农民经济的相关数据进行了如下分析：笔者根据60个各不相同的指标（如农民经济的规

---

① 参见 Ковальченко И. Д. О многомерной группировке крестьянских хозяйств // Социально-экономическое развитие России: Сб. статей к 100-летию со дня рождения Н. М. Дружинина. М., 1986。

模、结构、市场化程度、生产资料的供给、支出项目和人均收入等），形成了一个能够概括全体农户经济状况的综合因素。这一因素的实质主要通过下列与其关系最为密切的指标反映出来（括号内为相关系数，表明该指标与综合因素的密切程度）：

1. 总资本支出（0.95）

2. 生产资本支出（0.93）

3. 农业资本在生产资本支出中的份额（0.86）

4. 土地占有总量（0.86）

5. 农作物规模（0.78）

6. 农具成本（0.80）

7. 牲畜成本（0.82）

8. 农业收入（0.87）

9. 畜牧业收入（0.73）

10. 总收入（0.77）

11. 食品支出（0.79）

也就是说，在全部的60个指标中，上述11个指标主要决定了农民经济的状况。从整体上看，综合因素能够反映农民经济的总体生产—经济水平。农户的生产—经济结构以指数（因素权重）的形式接受了统一的定量评估，并且各农户被按照因素权重一一分组。笔者还是将农民分为四组，以便可以在社会指标和多维分组中按组来比较各类农户的分布情况。四组农户的总体经济生存能力各不相同：第一组农户的经济状况最差；第二组农户略好；第三组农户更好；第四组农户最好。

表9-13显示，无论是从社会类型，还是从生产—经济水平来看，同类农户在分布上仍存在显著差异。这是一个很好的研究视角，我们可以由此得出许多的结论。接下来，我们将审视社会类型各异的农户有多大可能在经济上改善自身的经营状况，从而改变其未来的社会地位。只有经营状况最佳的农户，才有希望利用便利的条件向上发展。如何反映农户的经营状况？可以检验其生产—经济结构。

第九章　构建历史现象、历史过程的模型

表9-13　1913年奔萨省农民经济的社会结构及其发展水平

生产— 经济组别	社会组别				总计
	第一组	第二组	第三组	第四组	
各类农户(个)					
第一组	58	28	3	3	92
第二组	24	45	24	11	104
第三组	5	17	18	10	50
第四组	2	2	4	7	15
总计	89	92	49	31	261
生产—经济水平(%)					
第一组	62.2	30.4	6.1	9.8	35.2
第二组	30.0	48.9	49.0	35.3	39.9
第三组	5.6	18.5	36.7	32.2	19.2
第四组	2.2	2.2	8.2	22.6	5.7
总计	100.0	100.0	100.0	100.0	100.0

资料来源：Ковальченко И. Д. О многомерной группировке крестьянских хозяйств // Социально-экономическое развитие России: Сб. статей к 100-летию со дня рождения Н. М. Дружинина. М., 1986. С. 149。

从农户的社会类型来看，绝大多数的第一组农户（62.2%）总体经营水平最低，并且没有能力对其进行改善，仅有30.0%的农户总体经营水平稍高。从生产—经济结构来看，在第二组的24个无产阶级农户中，只有两个农户高于平均水平。这意味着，这些农户根本没有机会向上发展。并且第三组和第四组只有7个农户（占无产阶级农户总数的7.9%），换句话说，只有这7个农户的经营水平明显高于平均水平，即有希望利用便利的条件向上发展、提高自身经济地位的农户只有7个。只有两个农户（占无产阶级农户总数的2.2%）向上发展的可能性最大，从总体经营水平来看，他们属于生产—经济组别的第四组。综上，俄国农村的无产阶级总体上没有改善其经济状况和提高社会地位的可能。

大约一半（48.9%）的中农农户（社会组别中的第二组）的经营水平低于生产—经济组别中的第二组，一半以上的中农农户的生产—经济水平低于平均水平，30.4%的中农的经营能力最低。这类农户中的绝大部分未来的命运只能是无产阶级化。只有19个（20.7%）中农的经营水平显著高于平均水平，并且经营能力处于最高水平的农户只有两个。所以在这19个农户中，也只有一小部分有机会提高自身的经济地位。

在第三组农户中，只有1/3的农户的经营能力显著高于平均水平。这一比例已经是四类农户中最高的了。所以，尽管在有利的条件下，也只有一小部分的农户有机会向上发展。

在第四组农户中，只有略高于1/5的农户（22.6%）的整体经营水平最高。就生产—经济发展的一般情况而言，只有这些农户才有能力转变为资本主义的农业经营。

可见，20世纪初奔萨省农村主要人口的劳动方式是小资产阶级式的：在商品生产高度发展（四类农民经济的商品率在42%至53%波动）的同时，绝大多数农户的经营以个体劳动为主。此外，通过对农户的多维分组，我们可以看出：在经济方面，农民"鲤鱼跳龙门"的可能极其有限。即使存在这种可能，也只会发生在那些生产—经济水平最高的农户（生产—经济组别中的第四组）身上。这类农户仅占全体农户的5.7%，约占社会阶层最高的农户（社会组别中第四组农户）的20%~25%。

对于沃罗涅日省，我们根据总收入的额度，除了对农户进行了单维分组外，还使用了53个彼此不同的指标对农民经济进行了多维分组。指标内容与上例奔萨省的相似。

我们先将各类初始数据归纳为单一因素，再以此为基础，对农民经济进行多维分组，并对农民经济的总体发展水平进行了整体评估，农民经济的性质主要由以下原始指标决定（括号中的数字代表指标与因素的相关性）：

1. 总支出（0.93）
2. 经营开支（0.87）
3. 建筑物和工业设施支出（0.82）
4. 农具成本（0.79）

5. 牲畜成本（0.82）

6. 家庭资产的价值（0.79）

7. 总收入（0.92）

8. 食品支出（0.77）

从我们选出的、反映农民经济总体状况的指标上看，沃罗涅日省和奔萨省的情况大致类似。这表明，俄国农民经济的生产—经济水平总体上是由所具备的物质、货币资源能力决定的。物质和货币方面的因素才是在生产中发挥决定性作用的因素。

根据各类综合指标，我们确定了在农民经济总体发展水平上存在显著差异的四组农户，并对其按单维组别（总收入方面）和多维组别（生产—经济方面）进行分类，具体见表9-14。

表9-14 19世纪末沃罗涅日省农民经济的收入情况

生产—经济组别（多维组别）	总收入组别（单维组别）				总计
	第一组	第二组	第三组	第四组	
各类农户（个）					
第一组	45	10	2	—	57
第二组	32	33	24	4	93
第三组	4	14	27	23	68
第四组	—	1	3	8	12
总计	81	58	56	35	230
生产—经济结构（%）					
第一组	55.6	17.2	3.6	—	24.8
第二组	39.5	57.0	42.9	11.4	40.4
第三组	4.9	24.1	48.1	65.7	29.6
第四组	—	1.7	5.4	22.9	5.2
总计	100.0	100.0	100.0	100.0	100.0

资料来源：Ковальченко И. Д. О многомерной группировке крестьянских хозяйств // Социально - экономическое развитие России: Сб. статей к 100 - летию со дня рождения Н. М. Дружинина. М., 1986. С. 154。

与奔萨省一样，同一农户在单维和多维组别中的分布情况是不同的。笔者在此不对这些数据详细描述，只简要陈述其中最重要的几个方面。

大多数（230个中的139个）农户的经济经营能力低于平均水平。这些农户不具备大幅改善经济状况的生产—经济条件。从总收入组别来看，这些农户基本上属于第一组和第二组农户。

根据表中数据，共有91个农户的农业总体经营能力高于平均水平。同时，经营能力最强的农户（生产—经济组别中的第四组）仅占全体农户的5.2%。注意，这类农户在奔萨省的比例是5.7%。在两个不同的地区，生产—经济能力最高的农户所占比例却几乎相同，这显然绝非偶然。实际上，在其他条件相同的情况下，只有总体经营能力最强的农户客观上存在实现经济地位跃迁的机会。绝大多数的此类农户（12个中的8个）都处于总收入组别中的最高组（第四组），但只占到了总量的22.9%；而在奔萨省，这类农户在社会组别中的比例为22.6%。二者比例如此吻合，虽令人惊异，但绝不是巧合。

从总收入组别看，除第四组外，其他各组的农户在生产—经济组别第四组中所占的比例非常小（第一组农户根本没有，第二组农户占1.7%，第三组农户占5.4%）。如果将视线转到生产—经济组别的第三组中，那么上述三组农户所占的比例还能略大一些。

综上，通过对奔萨省和沃罗涅日省农民经济的综合分组，我们发现：只有极少部分的农民客观上有机会提高自身的经营水平，大多数农民的命运是先转变为拥有一定面积的份地且能够进行些微私人经营的半无产者，最终转变为纯粹的无产者。

通过以上列举的两个例子可知，多维类型学不仅可以从广泛的数据中挑选出那些构成了某些社会系统且存在实质差异的对象集，还可以对其进行综合分组（这种分组在两例中都是多维的），从而客观地揭示出研究对象未来可能存在的发展方向。多维类型学的这两种特性，是结构分析与功能分析、共时性分析与历时性分析的有机结合，具有极为重要的意义。

总之，尽管在历史研究中，能应用数学方法和模拟方法的研究选题实在有限，但这并不妨碍两种研究方法在分析问题、处理信息上的高效性。所以，对于许多关于社会历史发展的现象或过程来说，其研究程度都还有进一步深化的空间。笔者举出的例子还能表明，想要成功使用这两种研究方法，主要取决于实质内容方法和具体方法论的合理性和深度。在数学分析的各个阶段，我们都应充分考虑到：在设置研究任务时，形成的具体的数量指标系统要具有代表性；在构建、使用模型（或选择数学工具）、解释数学处理和数据分析的结果时，要具备合理性。此外，在使用数学方法时，也要保证方法的正确性，要符合实际要求。对此，笔者还要继续阐述一些问题。

4.4 代结语：如何在历史研究中正确、有效地使用数学方法

许多数学方法和统计分析方法，例如相关性分析和回归分析，都可以对那些符合正态分布的数量指标进行处理。正态分布是大量随机现象所固有的特征，其本质在于，特征的较大值和较小值的出现频率，与那些最频繁出现的值相比，总是逐渐均匀下降，也就是说，符合正态分布的随机现象，其特征分布是对称的。研究对象的总体特征应当符合正态分布。如果研究中使用的数据是从样本总量中抽选出来的，并且还要以此来归纳研究对象的总体特征的话，那么，我们需要检查归纳出的特征的排列是否服从正态分布。

检查从随机样本数据中归纳出的特征是否服从正态分布的方法有很多。[①] 当研究的是全体人口时，通常不需要检查正态分布。但是，严格来说，某个历史客体的样本总量只是该客体在进行记录时的状态的样本总量。研究对象在记录时刻之前或之后的情况，都有可能和记录时的情况不同。所以，如果需要从更广泛的意义上考察客体在某一时刻的指标，可能还是

---

① 参见 Математические методы в исторических исследованиях: Учебное пособие. М., 1984. Гл. 9。

需要检查特征的正态分布情况。

有人认为,社会现象或群体现象通常不符合正态分布——这实际上是一种广为流传但毫无根据的观念。这种观念与一个显而易见的事实相矛盾,那就是:社会现象或群体现象及其发展的内在规律和趋势具有随机性,这两种现象的表现形式是概率统计式的。所以,社会现象或群体现象的主要特征,恰恰是服从正态分布。也正是因为如此,基于正态分布的数学方法能够比人们普遍认为的那样还要广泛地应用在历史研究当中。

检查历史研究中的特征值是否服从正态分布,最大的困难在于,有的特征可能服从正态分布,有的可能接近正态分布,有的则可能完全不服从。在这种情况下,我们需要聚焦研究任务,关注最重要的特征的分布情况。在历史学接下来的研究当中,有必要找到一种能够对所研究的样本总量的分布情况进行综合评估的方法。

在用数学方法研究历史现象或过程时,最重要甚至可以说是最基本的步骤是分析相关性。最先需要确定的是各特征之间的关联形式。关联形式有两种:函数关系和随机关系(也称概率统计关系)。函数关系是指,某一因素或原因的变化总是会导致结果特征同等程度的变化。随机关系是指,因素的变化可能会导致结果特征不等程度的变化。所以首先,事物之间的相关性以及相关性的强度只能通过一系列变化来衡量(即用统计的形式表示);其次,从样本总量中抽选出来的指标只能以近似置信区间(довер-ительный интервал)的方式推广到普遍情况。

在分析随机关系时,可以从功能性的关联形式入手,换句话说,可以将这些随机关系视为关联形式中某一种形式(比如线性函数形式)的近似形式。因此,在分析概率关系时,最常见的方法——相关性分析和回归分析——便是从检验特征之间的线性关系开始。如果研究者不仅使用了从样本总量中抽选出来的指标数据,还将对其推而广之,那么这种检验就是必要的。

在相关性分析中,只有当相关系数很高(超过±0.70)时,才可以不进行单独的线性检验(проверка линейности),因为此时相关系数已经足以

第九章 构建历史现象、历史过程的模型

表明：线性关系起到了主要作用。否则就需要进行线性检验。

线性检验的主要方法，是评估线性相关系数与非线性相关系数之间是否存在显著差异。① 如果存在显著差异，那么在研究中不应使用线性相关系数，而应当使用相关比率（корреляционное отношение）。相关比率的缺点是，它不显示关系的方向（正相关或负相关）。不过，这个方向可以由线性相关系数确定——这是非常合理的，因为对于任何一种相关关系来说，线性函数是对其主要方向最为概括性的表达（尽管非常近似甚至粗略）。

如果结果特征依赖多个因素，通过多元回归分析（множественный регрессионый анализ），我们可以明确结果特征与特征因素之间的相关关系是否是线性的，从而间接明确能否使用线性回归模型（линейная регрессионная модель）。

想要正确使用回归模型，最重要的条件在于保证各特征因素之间的独立性。这种独立性可以体现在特征因素之间相关关系的紧密程度上。什么可以表示二者密切相关呢？可以是判定系数（即相关系数的平方，以百分比表示）超过50%；也可以是相关系数，如果相关系数达到了0.71，则可以表明相关性已经很高了。所以，如果将独立的特征引入回归模型，各特征之间的相关关系不会超过0.50~0.60。否则，我们可以在线性模型中只关注密切相关的特征对结果的累积影响，或者转而使用其他形式的回归模型。

在对数学和统计方法施加的其他限制中，我们注意到，对数量指标的变量序列、动态序列所进行的数学处理具有一定的特殊性。这部分问题比较复杂。数量指标包括以下几种：第一，数值（水平）能反映指标的基本属性及其变化趋势的指标；第二，能反映研究对象各种固有的、周期性波动（如资本主义生产的周期性变化、产量的周期、农产品价格的季节性波动等）的指标；第三，由各类未知因素引起的随机波动的指标。

这就需要对动态序列的实际指标做进一步分解。最常用到的方法是分

---

① 上述研究方法可参见 Л. В. 米洛夫、М. Б. 布尔加科夫、И. М. 加尔斯科娃等人的著作。

· 463 ·

析修匀法（аналитическое выравнивание，或称数学修匀法）。难点在于该如何选择进行修匀的函数，最常用的是二阶直线、抛物线方程，当然，其他函数也是可以的。

想要正确地对动态序列进行修匀，需要充分检验所使用的函数在多大程度上反映了指标的主要变化特征。检验的方法有很多。①

分析修匀法可以识别序列的水平（主要数值）、趋势（指标变化的速率和方向）以及指标的随机波动（实际值与水平的偏差程度）。对于所有的这些指标，以及原始数据，都可以通过相关性分析和回归分析的方法进行数学分析、处理。只不过对动态序列的分析具有一定的特殊性。

相关性分析的理论和方法论基础是概率方法。使用概率方法，必须做到相关序列中的指标不相互依赖。在变量序列中，这种独立性受制于变量序列的性质。变量序列包括不同对象的特征值，所以这些特征值各自也都是一个个独立的对象。动态序列则表现的是相同对象的特征值。所以在这种情况下，指标未来的特征值可能取决于过去的特征值，也就是说，指标的变化情况可能会受到不断变化的时间成分的影响。在相关性分析中，这可能会导致高估指标之间的密切程度，导致所谓的虚假相关性。很明显，序列越长，被高估的程度就会越高。

我们可以通过计算自相关系数（коэффициент автокорреляции，指实际序列的值与通过将实际值移位一个变量所形成的序列的相关性）来衡量动态序列的变化受时间成分影响的程度。当自相关系数超过 0.71（即判断系数将超过 50%）时，时间成分将会成为影响该序列中指标变化的主要因素。在这种情况下，序列中的指标将不再是各自独立的；并且，考虑到相关性分析的概率性，该序列的相关性将不再正确。

在统计学中，我们很难揭示动态序列的相关性——这早已是尽人皆知的事情了。当然，相关学者也提出了各种解决方法。

---

① 参见 Математические методы в исторических исследованиях. Гл. 7（此书汉译本已由闻一、肖吟译出，1987年以《计量历史学》之名于四川人民出版社出版。为求专有名词译法一致，翻译本书期间，译者尽可能尊重旧译，在此谨致谢忱。——译者注）。

第九章　构建历史现象、历史过程的模型

　　有学者认为，一般不适合对动态序列的实际值（初始值）进行相关性分析。"与概率计算有关的概念在这里完全不适用，相关系数、相关关系虽然可以用算术计算，但这样做缺乏逻辑意义。"在对动态序列进行相关性分析时，"必须从中排除掉那些均匀的、重复的变化"。① 所以，我们可以仅将与实际值的偏差和对动态序列对齐分析的水平相关联，因为这些偏差是由各种局部作用决定的，所以从概率和统计的角度来看，它们是相互独立的。总之，可以被关联的只有实际值与通过分析修匀法调整过的偏差，因为这些偏差是由多个局部作用共同决定的，而这些因素，从概率统计的角度来看，是相互独立的。此外，通过精心选择合适的修匀函数，各种偏差会相互抵消并符合正态分布。②

　　以上就是部分研究者在分析动态序列中各指标间的关系时经常会做的事情。但是很明显，就内容而言，动态序列的实际值之间的相关性也很有意义，因为这些数值包含了相应指标所有的动态信息。

　　为了说明对时间成分相关关系的紧密程度的影响，在自相关系数的基础上，我们提出，需要对动态序列实际值的相关系数的标准误差进行修正。当动态序列的实际值的相关性完全不存在时，这种修正的价值便能够体现出来了。接下来笔者将举例说明。

　　假设两个20年动态序列的相关系数为0.70。相关系数的标准误差为0.12，所以相关系数的真实值将在 0.70 ± 0.12 的范围内。③ 假设，两个序列的自相关程度都是0.70。那么标准误差的自相关修正将等于1.71④，也就是说，标准误差应增加到1.71倍。经过修正，相关系数的置信区间将为

---

① Четвериков Н. С. О ложной корреляции // Применение методов корреляции в экономических исследованиях. М., 1969. С. 210, 215.
② Ястремский Б. С. Некоторые вопросы математической статистики. М., 1961. С. 125.
③ 相关系数标准误差的计算公式为：$\dfrac{1-r^2}{\sqrt{n-1}}$，其中 r 是相关系数，n 是动态序列中的项数。
④ 自相关修正由 М. 伊泽基尔和 K. 费克斯提出，公式为：$\sqrt{\dfrac{1+r_{a1} \cdot r_{a2}}{1-r_{a1} \cdot r_{a2}}}$，其中 r_{a1} 和 r_{a2} 是动态序列的自相关系数。

0.70±0.21。自相关程度为 0.90，修正后为 3.09，估计误差为 0.37。于是相关系数的真实值将在 0.70±0.37 之内。总之，由于置信区间的上限超过了 1.0，所以无法再粗略地估计指标之间关系的紧密程度。同时，自相关系数的值可以接近 1.0，因此对动态序列实际值的相关系数误差的修正程度也会提高。所以，当自相关系数等于 0.95 时，相关系数的标准误差应增加到 4.42 倍，当自相关系数为 0.99 时，应增加到 9.78 倍。

那么，是否存在可用于历史研究的、能够研究动态序列中实际值的相关性的方法？答案是肯定的。但是这种方法只有在时间成分不在前后变化中发挥决定性作用（当自相关系数不超过 50%）的情况下才可用。所以，这种方法究竟是否适用，只能根据自相关系数来判断。对此，我们认为以下观点是正确的："如果不检查自相关系数，那么对动态序列的相关性分析和回归分析的结果是否有意义，都将是一件值得怀疑的事。"[①] 非但如此，这些结果还很有可能导致错误的结论。

总之，在对动态序列进行相关性分析和回归分析时，计算随机误差是非常合理的。当时间成分对序列的值的变化的影响程度较小，并能够对系数的标准误差进行修正时，我们就有可能使用这些序列的实际值。至于对序列分析修匀的程度，我们不可以对它进行相关性分析，因为它完全由趋势（即时间成分）决定。

我们之所以如此详细地讨论对动态序列中历史数据的数学处理问题，一方面是由于动态分析是历史研究中最重要的任务；而另一方面，受制于史料和数学工具，动态分析总是一件困难的事情，但这也提高了对动态分析的合理性、正确性的要求。可惜，这些要求并不是总能得到满足。[②]

在历史研究中使用数学方法的最后一个阶段，是对数量指标的数学处理、分析结果进行历史性的解释与概括。此时，我们可以得出符合逻辑的结论，这既能显示应用数学方法为历史研究带来的新变化，又能彰显应用

[①] Вайну Я. Ф. Корреляция рядов динамики. М.，1977. С. 36.

[②] 可参见 Ковальченко И. Д.，Милов Л. В. Всероссийский аграрный рынок. XVIII - начало XX в. М.，1974. С. 55 等处。

第九章 构建历史现象、历史过程的模型

数学方法的科学—认知效果。

对特定历史数据的数学处理、分析结果进行实质内容的解释，这不仅是一个极为重要的过程，也是一个非常复杂的过程。其复杂性在于，我们难以揭示数学指标的历史意义，也难以将形式逻辑概念转化为具体的历史概念。成功与否，完全取决于理论是否有足够深度，具体方法是否合理、有力。演绎模型可以揭示研究对象的定性本质，从抽象上升到具体，极为充分而有根据地对数学分析做出历史解释。历史解释的主要问题，是将真实的对象与其理想化的形象相关联，以便确定这种理想化的特征在现实中的表现程度。但是，演绎模型只有在研究进入相对较高的阶段（当事实证明已经可以初步构建研究对象的实质内容模型）时才能使用，用数学分析方法验证特定的历史假设，要么对其进行证实，要么对其进行证伪。某一历史假设是否有根据，取决于具体的历史数据是否具有代表性、充分性，以及数学模型及其应用的正确性。当然，提出假设的过程也应当得到检验。

最大的困难在于该如何解释归纳经验模型的结果。到目前为止，归纳经验模型仍然是数学方法历史研究中被最广泛应用的形式。本质上，归纳经验模型或者是对研究对象先前未知的特征进行简单陈述，或者是对其本质的假设性解释。

显然，在研究过程中，能反映研究对象的特征、特性、功能和发展的新事实不断增加。但是，简单的事实陈述会使数学分析的结果变得苍白单调。所以，我们必须更进一步，寻找方法去解释所获得的事实。

在经验模型（当形式定量分析还没有进入实质内容阶段时）中，这种解释还非常初级，只具有假设性。此时，常见错误一般是假设没有经过检验，便被直接认为是正确的。任何一种假设都需要检验。历史学家在使用数学方法时，可能往往不会对假设进行检验；但即使如此，历史学家仍需注意自己提出的历史解释的假设性，并指出对这种历史解释进行检验的方法。

我们借助经验模型获得的初步结论虽然具有假设性，但这丝毫不会削弱其科学性。首先，假设是科学认知的一种形式。其次，假设检验需要涉及新的事实以及对新事实的分析——它们能够深化我们的研究，并不可避免地将研究从经验认识阶段提升至理论认识阶段。

　　以上便是在历史研究中，如何充分、正确地使用数学方法和模拟方法的相关说明。

图书在版编目(CIP)数据

历史研究方法/(俄罗斯)科瓦利琴科著;张广翔,赵子恒译.--北京:社会科学文献出版社,2022.8
(俄国史译丛)
ISBN 978-7-5228-0320-3

Ⅰ.①历… Ⅱ.①科… ②张… ③赵… Ⅲ.①历史-研究方法 Ⅳ.①K061

中国版本图书馆CIP数据核字(2022)第109789号

俄国史译丛·历史与文化
历史研究方法

著　　者 /	〔俄〕И. Д. 科瓦利琴科
译　　者 /	张广翔　赵子恒
出 版 人 /	王利民
责任编辑 /	高　雁
文稿编辑 /	顾　萌
责任印制 /	王京美
出　　版 /	社会科学文献出版社
	地址:北京市北三环中路甲29号院华龙大厦　邮编:100029
	网址:www.ssap.com.cn
发　　行 /	社会科学文献出版社(010)59367028
印　　装 /	三河市东方印刷有限公司
规　　格 /	开　本:787mm×1092mm　1/16
	印　张:30.75　字　数:449千字
版　　次 /	2022年8月第1版　2022年8月第1次印刷
书　　号 /	ISBN 978-7-5228-0320-3
著作权合同登 记 号 /	图字01-2022-5164号
定　　价 /	128.00元

读者服务电话:4008918866

版权所有 翻印必究